実務
理論 事故法大系 Ⅳ

典型判例シリーズ

学校事故

小賀野晶一 千葉大学名誉教授
平沼　直人 弁護士

編著

HM 保険毎日新聞社

はしがき

　保険毎日新聞社から、典型判例シリーズとして、『実務理論 事故法大系』を刊行することになった。司法統計によると、2023年に全国の地方裁判所が新たに受け付けた民事事件は約62万8千件で、強制執行、労働審判などを除いた通常訴訟は約13万5千件であった。類型的にこのなかの相当割合を本シリーズにおいて取り上げる予定である。

　本シリーズにおいて私たちは、民事事件を対象に、事故法を形成する膨大な数の判例のなかから典型判例を精選し、実務理論を提示することを目的とする。典型判例とは、裁判例のうち、裁判所の法創造機能が顕著に認められ、その後の判例及び紛争処理実務に影響を及ぼすものとして位置付けられるべきものをいう。

　また、ここに実務理論とは、実務において形成され、実務の発展に寄与する理論をいう。実務理論は自由法学のもとに位置付けられる理論であり、概念法学の理論とは基本的に異なる、実務の紛争処理等において重要な役割をし実務の発展に資することができる理論をいう。典型判例は実務理論を提供し実務の発展に不可欠な判例をいう。以上のように、典型判例は基本判例であり重要判例であるが、本書ではそれ以上の意味を与えている。換言すれば、訴訟当事者が当該訴訟を遂行するにあたって最も中心に位置し、立論の骨格となるべき判例をいう。典型判例における理論、すなわち実務理論を分析、その本質を明らかにし、また、典型判例の意義を歴史的、社会的背景のもとに位置付けることによって、判例法の将来の方向を探ることができるであろう。

　事故は、偶然に基づく外的要因による生命や身体の障害（傷害）、あるいは（及び）精神上の障害を出現させる出来事をいう。本シリーズでは事故はゆるやかに捉え、交通事故、労働事故をはじめ私たちの生活の諸相において遭遇する事故を広く取り上げていきたい。本シリーズは全体として事故法として形成される分野であり、事故の定義はかかる形成過程のなかで明確になるものと考える。

本書は、本シリーズの第4巻として『学校事故』をテーマとするものである。学校事故として、広く授業中、クラブ活動、学校行事等について網羅し、いじめやアカハラ、セクハラなど社会的関心の高いテーマを設定し、給食アレルギーやSIDS（乳幼児突然死症候群）のような難しい問題についても、事故として取り上げている。『学校事故』という用語法には、事故の概念を柔軟に捉える意図も含んでいる。

　判例集については従来、優れた判例集が公刊され、歴史を築いてきたが、あえていえばそこで選択された判例のなかには必ずしも典型判例とはいえないものもあり、学習の便宜のために選択されたものも少なくない。判例集に付属する判例解説も同様の傾向を指摘することができる。このような判例集の意義は今後も維持されるべきであろう。しかし、本シリーズでは、実務家の活動にとって基本となる理論を明らかにすることを目的に、既存の判例集とは軸足の異なる「典型判例を基礎とした事故法の大系」を世に送りたい。

　本シリーズの試みが、実務の発展に貢献し、事故の未然防止、事故紛争の公平な解決に寄与することがあれば幸いである。

　最後に、本巻の構成及び内容については、学校事故を多く担当し、実務・理論に詳しい石原博行弁護士にご尽力を賜った。心より感謝したい。

　また、本シリーズの企画、出版にあたり、第1巻『交通事故』、第2巻『労働事故』、第3巻『建築事故』に引き続き、保険毎日新聞社社長の森川正晴氏、出版・メディア企画部の井口成美氏、大塚和光氏にお世話になった。厚く御礼申し上げる。

2024年9月

編著者　小賀野晶一
　　　　平沼　直人

編集・執筆者

編集者

小賀野晶一 　京都府立医科大学客員教授・弁護士・
　　　　　　　千葉大学名誉教授

平沼　直人 　弁護士・日本体育大学保健医療学部教授・
　　　　　　　昭和大学医学部客員教授・日本大学客員教授

正 誤 表

本書 iii 頁の「編集・執筆者」に誤りがありました。
お詫びして訂正いたします。

〈正〉

南部さおり 　日本体育大学スポーツ文化学部教授　　　　　　　　務所）

〈誤〉

南部さおり 　弁護士（日本体育大学スポーツ文化学部教授）　　部教授）

直田　庸介 　弁護士（眞田弁護士事務所）

小賀野晶一 　上　掲

伊東亜矢子 　弁護士（三宅坂総合法律事務所）

前田　俊斉 　弁護士（前田俊房法律事務所）

君嶋　　恵 　弁護士（弁護士法人小國法律事務所）

大森　未緒 　弁護士

多屋　紀彦 　弁護士（多屋法律事務所）

家永　　亮 　總持寺保育園園長

〈掲載順〉

❖ 法令の引用表記

本文解説中の法令名は、原則として正式題名で記述した。
カッコ内で引用する法令名は、次のように略称で表記した。

いじめ防止	いじめ防止対策推進法	学安規	学校保健安全法施行規則
学教	学校教育法	国賠	国家賠償法
学教規	学校教育法施行規則	民	民法
学安	学校保健安全法	民訴	民事訴訟法

❖ 判例の引用表記

判例の引用は、裁判所・判決年月日・出典を次のように表記した。
　　最判平27・4・9民集69巻3号455頁
　　　　←最高裁判所平成27年4月9日判決、最高裁判所民事判例集69巻3号455頁
判例の出典（判例集）は、次ように略称で表記した。

民集	最高裁判所民事判例集	交通民集	交通事故民事裁判例集
裁判集民（刑）	最高裁判所裁判集民事（刑事）	判時	判例時報
高裁民（刑）集	高等裁判所民事（刑事）判例集	判タ	判例タイムズ
東高民時報	東京高等裁判所民事判決時報	自保ジャ	自保ジャーナル
下民集	下級裁判所民事裁判例集	労判	労働判例
裁時	裁判所時報		

❖ 文献の引用表記

脚注に示した引用文献は、次のように表記した。
　　〈書籍〉　著者名（編者・監修者名）『書名〔版表示〕』（発行所、刊行年）○頁
　　〈論文〉　執筆者名「論文名」掲載誌○巻○号○頁
論文等掲載誌の略称名は、以下のとおり。

最判解説民	最高裁判所判例解説民事篇	法時	法律時報
ジュリ	ジュリスト	法セ	法学セミナー
ひろば	法律のひろば	民商	民商法雑誌
法教	法学教室		

第Ⅰ章 概　論

『解　説』 ………………………………………………………… 石原　博行　3
　Ⅰ　学校事故の現状　3
　Ⅱ　学校事故の定義　3
　Ⅲ　学校事故の特質　4
　Ⅳ　学校事故に関わる主な法令・指針等　5
　Ⅴ　学校事故の責任に関する分析の視点　14
　Ⅵ　学校事故に関わる主な保険等制度　16
　Ⅶ　終わりに　24

第Ⅱ章　教室学習中の事故

『典型判例』
1 教室内の授業時間中における安全配慮義務 ………… 飯田　豊浩　27
　静岡地裁沼津支部平成元年12月20日判決〈昭和60年（ワ）第127号〉
　Ⅰ　典型判例の紹介　27
　Ⅱ　典型判例の分析　31
　Ⅲ　安全配慮義務（又は過失）の有無に関する判断の基準及び関連裁判例　38

2 教室内の授業時間外における安全配慮義務 ………… 小國　隆輔　48
　最高裁（三小）昭和58年6月7日判決〈昭和57年（オ）第1411号〉
　Ⅰ　典型判例の紹介　48
　Ⅱ　典型判例の分析　52
　Ⅲ　類似事案の裁判例　55
　Ⅳ　展開―親権者の責任　63

第Ⅲ章　運動中・学校行事中の事故

『典型判例』

3 水泳授業中の安全配慮義務 ……………………………… 安藤　尚徳　67

最高裁(二小)昭和62年2月6日判決〈昭和59年(オ)第1058号、1059号〉

 Ⅰ　典型判例の紹介　67
 Ⅱ　典型判例の分析　73
 Ⅲ　授業中のプール飛び込み事故において教員の過失が認められた
  裁判例　76
 Ⅳ　飛び込み（スタート）に関する指針等　82
 Ⅴ　その他体育授業中の事故の裁判例　83

4 養護教諭の義務 ……………………………………………… 伊東　　晃　88

東京地裁昭和63年2月22日判決〈昭和57年(ワ)第12373号〉

 Ⅰ　典型判例の紹介　88
 Ⅱ　典型判例の分析　92
 Ⅲ　実務理論　97
 Ⅳ　関連判例　97
 Ⅴ　関連（学校医について）　105
 Ⅵ　展　望　107

5 部活動中の事故―顧問教諭の立会 ………………… 平沼　直人　109

最高裁(二小)昭和58年2月18日判決〈昭和56年(オ)第539号〉

 Ⅰ　典型判例の紹介　109
 Ⅱ　典型判例の分析　111
 Ⅲ　実務理論　115
 Ⅳ　下級審の運用・発展　121
 Ⅴ　展　望　131

6 運動に内在する危険が現実化した事故と安全配慮義務

………………………………………………………… 南部　さおり　132

最高裁(三小)平成9年9月4日判決〈平成6年(オ)第1237号〉

 Ⅰ　典型判例の紹介　132

Ⅱ　典型判例の分析　　134

Ⅲ　実務理論　　140

Ⅳ　本判決以降の裁判例　　149

Ⅴ　展　望　156

7 天災事故と安全配慮義務　……………………………………… 蒔田　覚　157

最高裁（二小）平成18年3月13日判決〈平成17年（受）第76号〉

Ⅰ　典型判例の紹介　　157

Ⅱ　典型判例の分析　　161

Ⅲ　実務理論　　167

Ⅳ　下級審の運用・発展　　172

Ⅴ　展　望　176

8 学校行事における事故と安全配慮義務　……………… 直田　庸介　178

浦和地裁平成3年10月25日判決〈昭和63年（ワ）第81号〉

Ⅰ　典型判例の紹介　　178

Ⅱ　典型判例の分析　　181

Ⅲ　実務的観点　　198

第Ⅳ章　生活指導・懲戒権行使、人格権等に関する事故

『典型判例』

9 暴行・いじめに対する安全配慮義務、自殺・死亡との因果関係

…………………………………………………………… 小賀野晶一　209

最高裁（三小）平成4年10月6日判決〈昭和63年（オ）第1421号〉

Ⅰ　典型判例の紹介　　209

Ⅱ　典型判例の分析　　211

Ⅲ　実務理論　　213

Ⅳ　下級審の運用・発展　　220

Ⅴ　展　望　222

10 懲戒権行使の際の有形力の行使、体罰 ················ 伊東亜矢子 224

最高裁(三小)平成21年4月28日判決〈平成20年(受)第981号〉

- Ⅰ 典型判例の紹介　224
- Ⅱ 典型判例の分析　225
- Ⅲ 実務理論　227
- Ⅳ 裁判例の推移　230
- Ⅴ 展　望　241

11 保護者の教員に対する人格権侵害 ·························· 前田　俊斉 244

最高裁(一小)平成元年12月21日判決〈昭和60年(オ)第1274号〉

- Ⅰ 典型判例の紹介　244
- Ⅱ 典型判例の分析　251
- Ⅲ 関連裁判例について　252
- Ⅳ 実務理論　262
- Ⅴ 展　望　265

12 アカデミックハラスメント ····························· 君嶋　恵 266

神戸地裁姫路支部平成29年11月27日判決〈平成27年(ワ)第489号〉

- Ⅰ 典型判例の紹介　266
- Ⅱ 典型判例の分析　269
- Ⅲ 参考判例　281
- Ⅳ 実務の留意点　286

13 セクシャルハラスメント ····························· 大森　未緒 289

東京地裁令和2年8月28日判決〈平成29年(ワ)第43480号 等〉

- Ⅰ 典型判例の紹介　289
- Ⅱ 典型判例の分析　292
- Ⅲ 実務理論　301
- Ⅳ 展　望　305

目　次

■■■　第Ⅴ章　生活安全、施設管理に関する事故、その他　■

『典型判例』

⑭ 給食アレルギー ……………………………………………… 多屋　紀彦　313

札幌地裁平成4年3月30日判決〈平成元年（ワ）第951号〉

　Ⅰ　典型判例の紹介　　313
　Ⅱ　典型判例の分析　　317
　Ⅲ　関連する裁判例　　325
　Ⅳ　実務への影響　　333

⑮ 乳幼児の事故—乳幼児突然死症候群を中心に ………… 家永　亮　335

東京高裁昭和57年7月14日判決〈昭和54年（ネ）第1841号〉

　Ⅰ　典型判例の紹介　　335
　Ⅱ　典型判例の分析　　338
　Ⅲ　参考判例　　341
　Ⅳ　実務理論（実務上の留意点）　　346
　Ⅴ　展　望　　353

⑯ 学校施設、設備の設置管理に関する事故 …………… 石原　博行　356

最高裁（三小）平成5年3月30日判決〈昭和61年（オ）第315号〉

　Ⅰ　典型判例の紹介　　356
　Ⅱ　典型判例の分析　　358
　Ⅲ　実務理論　　367
　Ⅳ　関連判例・裁判例　　370
　Ⅴ　展　望　　378

■判例索引　　381

第Ⅰ章　概　論

Ⅰ　学校事故の現状

　独立行政法人日本スポーツ振興センターが、令和4年度において、学校管理下の災害に関し、災害共済給付を実施した件数は、157万7442件（医療費1,577,142件、障害見舞金259件、死亡見舞金41件）であった[1]。

　あくまでも、同センターに加入している児童生徒等に限ること[2]、大学生は含まれていないこと、給付件数であり事故発生件数でないこと、医療費件数の積算方法が当該月数ごとに1件としていることなど、上記件数をもって直ちに本邦における学校事故発生件数そのものと理解することは飛躍があり不正確となるが、おおよその学校事故件数を推知するには有益である。

　独立行政法人日本スポーツ振興センターの令和4年度災害共済給付の総括によれば、小学校においては、場面別では休憩時間中の事故が最も多く、また、場所別では運動場・校庭が最も多く、次いで体育館・屋内運動場、教室が多いとしている。中学校、高等学校等においては、体育的部活動の事故が最も多いとしている。

　前記災害共済給付数としての障害件数や死亡件数は、概ね減少傾向が認められており[3]、学校安全対策が一定程度功を奏しているともいえる。

Ⅱ　学校事故の定義

　そもそも「学校事故」とは何を対象とするのか、法律上の定義が存在するわけでなく[4]、その定義に定説もない[5]。論者によって「学校をめぐって発生する種々の事故の総称」、「学校という教育の場において生じた児童・生徒を被害

---

1) https://www.jpnsport.go.jp/anzen/Portals/0/anzen/kyufu_1/pdf/R4_kyufu.pdf
2) ただし、文部科学省の学校基本調査等による令和4年度の児童生徒等総数は約1700万人であるところ、令和4年度の災害共済給付契約に基づく児童生徒等の加入状況は1678万6326人であり、学校に属する大半の児童生徒等が加入しているといえる。
3) https://www.jpnsport.go.jp/anzen/Portals/0/anzen/kyufu_1/pdf/kyufu-suii.pdf
4) 伊藤進『学校事故の法律問題』（三省堂、1983年）1頁、令和5年12月に筆者が電子政府の総合窓口（e-Gov）で「学校事故」で法令検索を実施してもヒットはなかった。
5) 伊藤進＝織田博子『実務判例解説学校事故』（三省堂、1992年）3頁。

第 I 章　概　論

者とする事故」、「学校管理下における児童・生徒の事故」と様々である[6]。

　そもそも「学校」の定義自体から一様ではない。

　学校教育法は、「学校」について、「幼稚園、小学校、中学校、義務教育学校、高等学校、中等教育学校、特別支援学校、大学及び高等専門学校」と定義する（学教1条）。

　他方、既述の独立行政法人日本スポーツ振興センターの災害共済給付制度において制度の対象としている学校については、大学を含まず、保育所等を含んでいる。この点は、「Ⅵ　学校事故に関わる保険等制度」の項で詳説する。

　本書においては、保育所、大学も含む「学校」概念の理解の下、学校生活をめぐって発生した、児童・生徒に限らず教員をも被害者とする、人身傷害、人格権侵害に関する事故を「学校事故」としてひとまず定義し、その典型判例について解説していきたい。

　ただし、本書執筆時点で典型判例シリーズとして既に刊行されている「交通事故」、「労働事故」、「建築事故」の領域に関わる内容はこれらに譲り、本書の対象とはしない。

Ⅲ　学校事故の特質

　私見であるが、学校事故の特質として、第1は、交通事故と異なり、学校事故の当事者間には、在学契約という法律関係に基づいた特別な社会的接触の関係が存在する。これにより、学校側には、児童・生徒・学生に対し、施設、設備を提供し、所定の課程の教育を実施する義務を負うのみならず、その付随義務として、学校における教育活動並びにこれに密接に関連する生活関係における生命及び身体の安全を保護する義務（安全配慮義務）が観念されることとなる（名古屋高判平24・12・25判時2185号70頁等）。

　第2は、労働契約と異なり、学校事故の当事者の一方である児童・生徒・学生は、心身の成長途上段階にある（少なくともそのように位置付けられている）ことである。それゆえ、学校側に求められる安全配慮義務の内容は児童・生

---

6)　伊藤＝織田・前掲注5) 3頁。

徒・学生が心身の成長途上段階にあることを前提に課される内容となり、一般に、その程度、内容は、高度なものが要請される傾向にある。ただし、心身の成長途上段階といっても、保育園児と大学生とでは大きな相違があることは明らかであり、学校の種別によって求められる安全配慮義務の内容は異なる。

Ⅳ　学校事故に関わる主な法令・指針等

1　学校教育法

　教育基本法の定める理念や目的の実現のため、学校教育制度の根幹を定める法律である。

　義務教育として行われる普通教育においては、「運動を通じて体力を養い、心身の調和的発達を図ること」が目標の一つとなっており、学校生活における児童・生徒の運動が予定されている（学教21条8号）。

　また、小学校、中学校、高等学校・特別支援学校等においては、教育指導を行うにあたり、児童の体験的な学習活動、特にボランティア活動など社会奉仕体験活動、自然体験活動その他の体験活動の充実義務の規定があり（学教31条・49条・62条・82条等）、校外活動が予定されている。

　さらに、学校教育法3条に基づく省令として、小学校設置基準、中学校設置基準、高等学校設置基準、大学設置基準等があり、運動場、体育館その他施設、設備、校具、教具等の安全な設置が義務付けられている。

2　学校保健安全法

　まず、法2章において、「学校保健」に関する定めがある。23条において、学校医、学校歯科医及び学校薬剤師の配置義務が定められ、施行規則22条から24条において、学校医、学校歯科医及び学校薬剤師の職務執行の準則が定められている。例えば、学校医においては、法の定める健康相談、保健指導、健康診断、疾病予防処置に従事することはもちろん（学安規22条1項3号ないし6号）、その他にも、学校保健計画及び学校安全計画の立案への参与（同項1号）、学校の環境衛生の維持及び改善に関し、学校薬剤師と協力して、必

5

第 I 章 概 論

要な指導及び助言を行うこと（同項 2 号）、校長の求めによる救急処置への従事（同項 8 号）等も職責とされており、学校における保健管理に関する専門家として幅広い役割が期待されている。

次に、法 3 章において、「学校安全」に関する定めがある。同法は、元々、昭和 33 年に「学校保健法」として制定されたが、数次の改正を経て、平成 21 年に「学校保健安全法」として全面改正されたものであり、この改正は、国会審議において、「学校保健のみならず、学校安全についても規定する法律であることを明確にするため学校保健安全法と改める」と説明されており、「安全」の部分を強化することが改正の 1 つの目的であり、「事故の予防」と「事故後の対応」が強化されていることが期待されている[7]。

26 条は、「学校の設置者は、児童生徒等の安全の確保を図るため、その設置する学校において、事故、加害行為、災害等（以下この条及び第 29 条第 3 項において「事故等」という。）により児童生徒等に生ずる危険を防止し、及び事故等により児童生徒等に危険又は危害が現に生じた場合（同条第 1 項及び第 2 項において「危険等発生時」という。）において適切に対処することができるよう、当該学校の施設及び設備並びに管理運営体制の整備充実その他の必要な措置を講ずるよう努めるものとする」として、学校安全に関する学校の設置者の責務を定めている。

また、学校の施設及び設備の安全点検義務（学安 27 条。これの具体化として、施行規則 28 条 1 項で定期の安全点検、同条 2 項で臨時の安全点検、施行規則 29 条で日常の安全点検義務が定められている）、児童生徒等に対する通学を含めた学校生活その他の日常生活における安全に関する指導義務（同条）、学校安全計画の策定義務（同条）、校長による学校環境の安全確保義務（学安 28 条）、危険等発生時対処要領（危機管理マニュアル）の作成等義務（学安 29 条）の定めもある。

なお、令和 4 年 9 月、静岡県内の幼保連携型認定こども園において送迎用バス内での園児置き去り死亡事案が発生したことを受け、学校保健安全法施行規則が改正され、令和 5 年 4 月 1 日より、同規則 29 条の 2 に基づいて、学校に

---

7) 武藤芳照 = 望月浩一郎「学校における事故と対策」日本医師会雑誌 141 巻 7 号 1523 頁。

おいては、児童生徒等の移動のために自動車を運行するときは、乗車及び降車の際、点呼その他の児童生徒等の所在を確実に把握することができる方法により、児童生徒等の所在を確認しなければならないこととなり、また、幼稚園及び特別支援学校においては、通学目的の自動車を運行するときは、当該自動車にブザーその他の車内の児童生徒等の見落としを防止する装置を備え、降車の際の前記所在確認を実施しなければならないこととなった。

3　国家賠償法、民法（債務不履行、不法行為）

　学校事故により児童、生徒、学生等に身体傷害等の損害が生じた場合、児童、生徒、学生等に対する損害賠償責任が問題となるが、その際の損害賠償責任の根拠は、学校の種類や法律構成によって異なる。

　まず、国公立学校・国立大学法人においては、通常、国家賠償法に基づく損害賠償責任が問題となる。

　教職員の違法な言動等を理由とする場合には、公務員の違法な公権力行使による損害賠償責任が問題となる（国賠1条1項）。ただし、同責任を追及できる相手方は、国又は公共団体のみであり、当該公務員への直接請求は否定されている（最判昭30・4・19民集9巻5号534頁）。そして、国又は公共団体が当該公務員に求償し得るのは、当該公務員に故意又は重大な過失があったときに限られる（国賠1条2項）。

　例えば、県立高校の生徒が剣道の部活動中に熱中症で死亡した事故につき、生徒遺族の教員に対する損害賠償請求が否定され、県に対する国家賠償法に基づく損害賠償責任のみが認められたが、その後賠償金を弁済供託した県が当該教員に対して求償権を行使しなかったところ、県の求償権不行使に対して住民訴訟が提起された事案において、福岡高判平29・10・2判例地方自治434号60頁は、原審に続き、元顧問の教員の重過失と賠償責任を認め、県に対し、求償権を行使して100万円を元顧問に請求することを命じた。

　学校内の施設・設備等の設置又は管理の瑕疵を理由とする場合には、営造物責任に基づく損害賠償責任が問題となる（国賠2条）。

　次に、私立学校において、教職員の違法な言動等を理由とする場合には、学校法人に対する、民法上の安全配慮義務違反を理由とした債務不履行に基づく

第Ⅰ章　概　論

損害賠償責任（民415条）、不法行為に基づく損害賠償責任（民709条、使用者責任も関係する場合は715条）が問題となる。国家賠償法と異なり、教員個人に対し、不法行為に基づく損害賠償責任を追及することも可能である。

学校内の施設・設備等の設置又は管理の瑕疵を理由とする場合には、土地工作物責任に基づく損害賠償責任が問題となる（民717条）。

なお、稀であると思われるが、学校において飼育していた動物が人に損害を与えた場合には、動物占有者責任に基づく損害賠償責任が問題となる（民718条）。

また、保育園・幼稚園の園児、小学校低学年の児童等が他人に対する違法行為により損害を与えた場合には、園児や児童は、責任能力がないとして責任を免れることになるが（民712条）、教職員や保護者の監督義務者責任に基づく損害賠償責任が問題になる（民714条）。

例えば、責任を弁識する能力のない未成年者の蹴ったサッカーボールが校庭から道路に転がり出て、これを避けようとした自動二輪車の運転者が転倒して負傷し、その後死亡した事案において、最判平27・4・9民集69巻3号455頁は、①本件児童が、友人らと放課後に、児童らのため開放されていた本件校庭において、使用可能な状態で設置されていた本件ゴールに向けてフリーキックの練習をしていたのであり、本件ゴールの後方に本件道路があることを考慮に入れても、本件校庭の日常的な使用方法として通常の行為であること、②本件ゴールにはゴールネットが張られ、その後方約10mの場所には本件校庭の南端に沿って南門及びネットフェンスが設置され、これらと本件道路との間には幅約1.8mの側溝があり、本件ゴールに向けてボールを蹴ってもボールが本件道路上に出ることが常態であったとはみられないこと、③本件事故は本件ゴールに向けてサッカーボールを蹴ったところ、ボールが南門の門扉の上を越えて南門の前に架けられた橋の上を転がり、本件道路上に出たことにより、折から同所を進行していた者がこれを避けようとして生じたものであり、本件未成年者が殊更に本件道路に向けてボールを蹴ったなどの事情もうかがわれないこと等の事情を摘示した上で、「責任能力のない未成年者の親権者は、その直接的な監視下にない子の行動について、人身に危険が及ばないよう注意して行動するよう日頃から指導監督する義務があると解されるが、本件ゴールに向け

たフリーキックの練習は、上記各事実に照らすと、通常は人身に危険が及ぶような行為であるとはいえない」、また、「親権者の直接的な監視下にない子の行動についての日頃の指導監督は、ある程度一般的なものとならざるを得ないから、通常は人身に危険が及ぶものとはみられない行為によってたまたま人身に損害を生じさせた場合は、当該行為について具体的に予見可能であるなど特別の事情が認められない限り、子に対する監督義務を尽くしていなかったとすべきではない」、本件未成年者の「父母である上告人らは、危険な行為に及ばないよう日頃から…通常のしつけをしていたというのであり、…本件における行為について具体的に予見可能であったなどの特別の事情があったこともうかがわれない」として、父母の監督義務者責任を否定した。

4　文部科学省「学校事故対応に関する指針〔改訂版〕」（令和6年3月）

　文部科学省は、学校における事故の発生を未然に防ぐとともに、学校の管理下で発生した事故に対し、学校及び学校の設置者が適切な対応を図るため、平成26年度に、「学校事故対応に関する調査研究」有識者会議を設置して検討を行い、平成28年3月、「学校事故対応に関する指針」を取りまとめた。令和6年3月には改訂版を取りまとめた。

　本指針の内容は、大きく4つに分けることができる。

　1つ目は、事故前における、事故発生の未然防止のための取組み、事故発生に備えた事前の取組み等についてである。

　2つ目は、事故発生後の対応についてである。

　本指針の対象とする「事故」は、原則として、登下校中を含めた学校の管理下で発生した事故とされており、「学校の管理下」の判断については、後述の独立行政法人日本スポーツ振興センター法施行令5条2項が定める「学校の管理下」を参照することとされている。

　事故発生後の取組みとして、事後発生直後の取組み（応急手当の実施、被害児童生徒等の保護者への連絡、現場に居合わせた児童生徒等への対応）、初期対応時（事故発生直後〜事故後1週間程度）の取組み（被害児童生徒等の保護者への対応、学校の設置者等への報告・支援要請、国への一報、基本調査の実施、保護者への説明、記者会見を含む情報の公表及び関係機関との調整）、必要に応じた詳細調査

第Ⅰ章　概　論

の実施などを定めている。

　学校の設置者等への報告が必要となるのは、「死亡事故」及び「治療に要する期間が 30 日以上の負傷や疾病を伴う場合等重篤な事故」が起こった場合である。

　調査は、事実関係を整理する「基本調査」と、得られた情報に基づく、事故に至る過程や原因の分析を行う「詳細調査」で構成される。

　調査の「目的」は、基本的に、「日頃の安全管理の在り方等、事故の原因と考えられることを広く集めて検証し、今後の事故防止に生かすため」、また、時には、「被害児童生徒等の保護者や児童生徒等及びその保護者の事実に向き合いたいなどの希望に応える役割も併せて担うため」である。調査は、「民事・刑事上の責任追及やその他の訴訟等への対応を直接の目的とするものでなく、学校とその設置者として、上記目的を踏まえて事実に向き合うものである」。

　調査の「目標」は、「①事故の兆候（ヒヤリハットを含む）なども含め、当該事故に関係のある事実を可能な限り明らかにする」こと、「②事故当日の過程（①で明らかになった事実の影響を含む）を可能な限り明らかにする」こと、「③上記①②を踏まえ今後の再発防止への課題を考え、学校での事故防止の取組の在り方を見直す」ことである。

　「基本調査」の要点を解説すると、その「対象」は、登下校中を含めた学校の管理下において発生した「死亡事故」（死亡以外の事故については、治療に要する期間が 30 日以上の負傷や疾病を伴う場合等の重篤な事故のうち、被害児童生徒等の保護者の意向も踏まえ、設置者が必要と判断したとき）であり、その「調査主体」は、設置者の指導支援のもと、原則として「学校」であり、原則として 3 日以内を目途に関係する全教職員から聴き取りを実施するとともに、必要に応じて、事故現場に居合わせた児童生徒等への聴き取りを実施し、得られた情報の範囲内で情報を時系列にまとめ、事実と推察は区分し情報源を明記するなどして情報を整理し、学校の設置者等に報告する。取りまとめられた基本調査の経過及び整理した情報等について適切に被害児童生徒等の保護者に説明する。必要に応じて適時適切な方法で経過説明があることが望ましく、最初の説明は、調査着手からできるだけ 1 週間以内を目安に行う。

「詳細調査」は、基本調査等を踏まえ、必要な場合に、学校事故対応の専門家など外部専門家が参画した詳細調査委員会において行われる詳細な調査であり、事実関係の確認のみならず、事故に至る過程を丁寧に探り、事故が発生した原因を解明するとともに、事故後に行われた対応についても確認し、それによって再発防止策を打ち立てることを目指すものである。

　詳細調査に「移行するかどうかの判断」については、基本調査の報告を受けた「学校の設置者」が行い、原則全ての事案について詳細調査を行うことが望ましいが、少なくとも、教育活動の中に事故の要因があると考えられる場合、事故発生直後の対応の中に適切ではない点が認められる場合、基本調査により事故の要因が明らかとならず再発防止策が検討できない場合、被害児童生徒等の保護者の要望がある場合、その他必要な場合には、詳細調査に移行することとされている。ただし、保護者の詳細調査を望まない意思が明確に確認される場合は、この限りでない。

　詳細調査は、（原則として）学校の設置者が実施主体となり、中立的な立場の外部専門家等が参画する「詳細調査委員会」を設置して実施し、調査委員会は、報告書を作成し、調査結果を調査実施主体に報告し、調査実施主体は必要な範囲で報告書を公表し、報告書の調査資料を保存する。調査委員会での調査結果について、調査委員会又は学校の設置者が被害児童生徒等の保護者に説明する（なお、調査の経過についても適宜適切な情報提供を行うとともに、被害児童生徒等の保護者の意向を確認する）。

　なお、調査委員会の構成は、学識経験者や医師、弁護士、学校事故対応の専門家等の専門的知識及び経験を有する者であって、調査対象となる事案の関係者と直接の人間関係又は特別の利害関係を有しない者（第三者）について、職能団体や大学、学会からの推薦等により参加を図ることにより、当該調査の公平性・中立性を確保することが求められている。また、調査委員会の構成員については、守秘義務を課すこと、氏名は特別な事情がない限り公表することが望ましいとされている。

　3つ目は、再発防止策の策定・実施についてである。

　4つ目は、被害児童生徒等の保護者への支援についてである。

第 I 章 概 論

5 文部科学省「子供の自殺が起きたときの背景調査の指針〔改訂版〕」（平成 26 年 7 月）

児童生徒の自殺又は自殺が疑われる死亡事案が発生したときの背景調査に関し、定めた指針である。

6 いじめ防止対策推進法、文部科学省「いじめ防止基本方針」（平成 25 年 10 月、平成 29 年 3 月改定）、「不登校重大事態に係る調査の指針」（平成 28 年 3 月）、「いじめの重大事態の調査に関するガイドライン」（平成 29 年 3 月）

いじめ防止対策推進法は、平成 23 年、滋賀県大津市で中学 2 年の男子生徒がいじめを苦に自殺するなど全国でいじめをめぐる問題が深刻化したことを受けて、成立した法律である。

同法において、「いじめ」は、「児童等に対して、当該児童等が在籍する学校に在籍している等当該児童等と一定の人的関係にある他の児童等が行う心理的又は物理的な影響を与える行為（インターネットを通じて行われるものを含む。）であって、当該行為の対象となった児童等が心身の苦痛を感じているもの」と定義された（いじめ防止 2 条 1 項）。

同法 28 条 1 項は、「いじめにより当該学校に在籍する児童等の生命、心身又は財産に重大な被害が生じた疑いがあると認めるとき」（1 号）や、「いじめにより当該学校に在籍する児童等が相当の期間学校を欠席することを余儀なくされている疑いがあると認めるとき」（2 号）を「重大事態」と定義し、重大事態発生時の調査義務を課している。

これを受け、文部科学大臣は、同法 11 条 1 項の規定に基づいて、いじめの防止、いじめの早期発見及びいじめへの対処のための対策を総合的かつ効果的に推進するため、「いじめの防止等のための基本的な方針」（平成 25 年 10 月）を策定し、「重大事態への対処」に関し、学校の設置者又は学校による調査の方法や留意事項等を示した。

また、同方針の策定を受け、いじめが背景にあると疑われる自殺が起きた場合の重大事態の調査について「子供の自殺が起きたときの背景調査の指針」が改訂されるとともに（平成 26 年 7 月）、同法 28 条 1 項 2 号の不登校重大事態の

場合の調査についても、「不登校重大事態に係る調査の指針」（平成 28 年 3 月）が策定された。

しかし、その後も不適切な対応があった経過を受け、文部科学省が設置した「いじめ防止対策協議会」において同法の施行状況について検証を行った。その結果、平成 28 年 11 月、同協議会より「いじめ防止対策推進法の施行状況に関する議論のとりまとめ」が提言され、これを受け、同法 28 条 1 項のいじめの重大事態への対応について、学校の設置者及び学校における同法、上記方針等に則った適切な調査の実施に資するため、平成 29 年 3 月、「いじめの重大事態の調査に関するガイドライン」が策定された。また、同月に、「いじめの防正等のための基本的な方針」が改定された。

7 　内閣府・文部科学省・厚生労働省「教育・保育施設等における事故防止及び事故発生時の対応のためのガイドライン」（平成 28 年 3 月）

平成 27 年 4 月に施行された子ども・子育て支援新制度（平成 24 年 8 月成立の子ども・子育て支援法ほか 2 法）においては、「特定教育・保育施設及び特定地域型保育事業の運営に関する基準」32 条 1 項 1 号及び 50 条において、特定教育・保育施設及び特定地域型保育事業者は、事故が発生した場合の対応等が記載された事故発生防止のための指針を整備することとされている。

そこで、特に重大事故が発生しやすい場面ごとの注意事項や、事故が発生した場合の具体的な対応方法等について、各施設・事業者、地方自治体における事故発生の防止等や事故発生時の対応の参考となるよう本ガイドラインが制定された。

8 　文部科学省「学校給食における食物アレルギー対応指針」（平成 27 年 3 月）

学校給食における食物アレルギーについては、文部科学省監修の下、平成 20 年に公益財団法人日本学校保健会が発行した「学校のアレルギー疾患に対する取り組みガイドライン」に基づく対応をすることとされていた。

しかしながら、平成 24 年 12 月、食物アレルギーを有する児童が、学校給食終了後にアナフィラキシーショックの疑いにより亡くなるという事故が発生し

第 I 章　概　論

た。

　そこで、文部科学省において、こうした事故を二度と起こさないよう、平成25年5月に「学校給食における食物アレルギー対応に関する調査研究協力者会議」を設置し、再発防止のための検討を進め、平成26年3月に最終報告の取りまとめがあり、本指針は、最終報告で示された考え方を踏まえ、各学校設置者（教育委員会等）、学校及び調理場が地域や学校の状況に応じた食物アレルギー対応方針やマニュアル等を策定する際の参考となる資料として、基本的な考え方や留意すべき事項等を具体的に示し、学校や調理場における食物アレルギー事故防止の取組を促進することを目的として作成された。

V　学校事故の責任に関する分析の視点

　私見であるが、学校事故の責任の分析の視点として、主に以下の4つが重要であると考える。

1　被害児童、生徒、学生の年齢別の視点

　被害に遭った児童、生徒、学生（以下「児童等」という）の事故当時の年齢は、学校事故に係る学校側の責任の成否の重要な因子である。

　児童等の年齢が低ければ低いほど、一般的に、児童等は、心身未発達の状態で、判断能力が不十分で、危険な行動に出るおそれが高いといい得る。換言すれば、児童等に対する危険回避のための期待可能性も低くなる。

　そのため、教職員に求められる注意、監督の程度や、学校の施設・設備において備えるべき安全性の程度も、一般的には、高いものが求められるといえる。

2　場面別の視点

　登下校中、授業中、休憩時間、放課後、部活動、校外学習等、事故時の場面も、学校事故に係る学校側の責任の成否の重要な因子である。

　教職員に期待し得る監督可能性が異なり得るためである。

3　同種事故歴の視点

　学校事故が発生した際、過去における同種事故発生の有無、同種事故が発生したことの有る場合は、その事故内容、原因、実施された再発防止策の内容、その効果、その後の経過等の事情は、その後に発生した事故の予見可能性に関わる重要な事情の一つになる。

　ただし、重要な事情とはいっても、同種事故が過去に存したとの一言をもって、その後に発生した事故について軽々に責任を肯定することは厳に慎まなければならない。従前の事故が同種であったとしても、原因も同一であったのか、従前の事故の原因は学校側の注意不足、安全不足にあったのか、それに対して実施された再発防止策の内容が効果を上げて同一事故の再発は通常考えにくいものとなっていたのか否かなど、結果の事前回避を求めることが非現実であり、学校側が結果責任を負うことにならないよう、事情を慎重に検討する必要がある。

4　学校の種別、事故原因が人か物かの視点

　既述のとおり、学校事故に関わった学校が国公立学校・国立大学法人か私立学校かによって損害賠償責任の根拠法令が異なるため、この視点も欠かすことができない。各法令の趣旨は同じであるため、判断の基本的な考え方も同じであり、その意味で、国公立学校・国立大学法人か私立学校かで結論に違いが出ることは稀であるとは思われるが、各法令の内容が全く同一ではない以上、結論に違いが全く起きないとは断じ得ないためである。

　また、既述のとおり、損害賠償請求にあたり、教職員の違法な言動を理由とするか、学校の施設・設備の設置又は管理の瑕疵を理由とするかによって損害賠償責任の根拠法令が異なり、自ずと検討すべき事情や内容が異なってくるため、この視点も欠かすことができない。

第Ⅰ章　概　論

Ⅵ　学校事故に関わる主な保険等制度

1　独立行政法人日本スポーツ振興センター（JSC）の「災害共済給付制度」[8]

(1)　主な沿革[9]、法人の遷移[10]

昭和 30 年前後、学校の集団的災害が多数発生し、国による災害補償制度の立法化が要請された。

これを受け、昭和 34 年に、「日本学校安全会法」が制定され、昭和 35 年に、学校安全の普及充実に関する業務、災害共済給付に関する業務を遂行するため、「日本学校安全会」（特殊法人）が設立された。

その後現在に至るまで、徐々に、給付内容の増額、充実化等が進んできた。例えば、医療費の支給期間の延長や障害・死亡見舞金額の増額等である。

特に昭和 53 年には、給付に要する経費に対する国庫補助金制度が導入された。

昭和 57 年、「日本学校健康会法」が成立され、「日本学校健康会」（特殊法人）が発足した。

昭和 60 年、「日本体育・学校健康センター法」が成立し、昭和 61 年、「日本体育・学校健康センター」（特殊法人）が発足した。

平成 14 年、「独立行政法人日本スポーツ振興センター法」が成立し、平成 15 年に「独立行政法人日本スポーツ振興センター」が発足した。

平成 17 年、災害共済給付オンライン請求システムが導入された。

平成 27 年、認定こども園（幼保連携型、保育機能施設）、特定保育事業が加入

---

8)　本項目の全体にわたり、独立行政法人日本スポーツ振興センター「学校の管理下の災害〔令和 5 年版〕」（同センターホームページ、令和 5 年 12 月）を引用ないし参照して記述している（https://www.jpnsport.go.jp/anzen/Portals/0/anzen/anzen_school/R5_gakko_kanrika_saigai/R5-02.pdf）

9)　独立行政法人日本スポーツ振興センターホームページ「災害共済給付の沿革」（https://www.jpnsport.go.jp/anzen/saigai/seido/enkaku/tabid/82/Default.aspx）

10)　文部科学省ホームページ「平成 28 年度行政事業レビュー」の「平成 28 年度公開プロセス配布資料」の「第 7 コマ目：災害共済給付事業」の補足説明資料 6 頁（https://www.mext.go.jp/component/a_menu/other/detail/__icsFiles/afieldfile/2016/06/20/1371910_8.pdf）

対象に加わった。

令和3年には、歯牙欠損見舞金の支給制度が新設された。

(2)　**根拠法**

独立行政法人日本スポーツ振興センター法があり、その下に、政令や省令が存在する。

(3)　**制度概要**

災害共済給付制度とは、JSCと学校等の設置者との契約（災害共済給付契約）により、「学校の管理下」における児童生徒等の災害（負傷、疾病、障害又は死亡）に対して災害共済給付（医療費、障害見舞金又は死亡見舞金の支給）を行うものであり、その運営に要する経費を国、学校等の設置者及び保護者（加入の同意確認後）の三者で負担する互助共済制度である。

給付金の請求や支払の手続は、各学校の設置者を通じて行われ、児童生徒等の保護者へ給付金が支払われる仕組みである。

「災害共済給付の特徴は、過失や因果関係が不明確でもできる限り児童生徒に生じた損害を補填しようとするスタンスである」[11]。

(4)　**対象となる学校等**

義務教育諸学校	小学校、中学校、義務教育学校、中等教育学校の前期課程、特別支援学校（盲学校、聾学校及び養護学校）の小学部及び中学部を含む。
高等学校	高等学校（全日制、定時制及び通信制） 中等教育学校の後期課程及び特別支援学校の高等部を含む。
高等専門学校	
幼稚園	特別支援学校の幼稚部を含む。 幼稚園型認定こども園の幼稚園部分は「幼稚園」となる。
幼保連携型認定こども園	
高等専修学校	高等専修学校（昼間学科、夜間等学科及び通信制学科）

---

11)　神内聡『スクールロイヤー――学校現場の事例で学ぶ教育紛争実務Q & A170』（日本加除出版、2018年）125-126頁

第Ⅰ章　概　論

保育所等	児童福祉法 39 条に規定する保育所、保育所型認定こども園、幼稚園型認定こども園の保育機能施設部分、地方裁量型認定こども園、特定保育事業（児童福祉法 6 条の 3 に規定する家庭的保育事業、小規模保育事業及び事業所内保育事業）を行う施設、一定の基準を満たす認可外保育施設及び企業主導型保育施設

※注意点：国立、公立、私立の別は問わない。

(5)　「学校の管理下」の範囲（独立行政法人日本スポーツ振興センター法施行令 5 条 2 項 1 号ないし 4 号・同項 5 号、独立行政法人日本スポーツ振興センターに関する省令 26 条各号）

ア　学校が編成した教育課程に基づく授業を受けている場合（保育中を含む）

イ　学校の教育計画に基づいて行われる課外指導を受けている場合

ウ　休憩時間中、その他校長の指示又は承認に基づいて学校にある場合

エ　通常の経路及び方法により通学する場合（通園を含む）

オ　その他上記ア～エの場合に準ずる場合として内閣府令で定める場合

　(ｱ)　学校の寄宿舎に居住する児童生徒等が、その寄宿舎にあるとき

　(ｲ)　児童生徒等が学校外において授業若しくは課外指導が行われる場所（その場所以外の場所に集合し、又は解散するときは、その場所を含む）又は学校の寄宿舎と住居との間を合理的な経路方法により往復するとき

　(ｳ)　高等学校の定時制又は通信制の課程に在学する生徒が、学校教育法の規定により技能教育のための施設で教育を受けているとき

(6)　給付対象となる災害の範囲

災害の種類	災害の範囲	給付金額
負傷	原因事由が学校の管理下で生じたもの、かつ、療養に要する費用の額が 5000 円以上のもの	医療費 ・医療保険並の療養に要する費用の額の 4/10（そのうち 1/10 の分は、療養に伴って要する費用として加算される分）。ただし、高額療養費の対象となる場合は、自己負担額（所得区分により限度額が異なる。）に療養に要する費用の額の 1/10 を加算した額 ・入院時食事療養費の標準負担額がある場合はその額を加算した額
疾病	原因事由が学校の管理下で生じたもの、かつ、療養に要する費用の額が 5000 円以上のもののうち、内閣府令で定めるもの ・学校給食等による中毒 ・ガス等による中毒 ・熱中症	

	・溺水 ・異物の嚥下又は迷入による疾病 ・漆等による皮膚炎 ・外部衝撃等による疾病 ・負傷による疾病	
傷害	学校の管理下の負傷又は上欄の疾病が治った後に残った障害 (その程度により第1級から第14級に区分される。)	障害見舞金 4,000万円～88万円 (3,770万円～82万円) 〔通学(園)中の災害の場合2,000万円 ～44万円 (1,885万円～41万円)〕
死亡	学校の管理下において発生した事件に起因する死亡及び上欄の疾病に直接起因する死亡	死亡見舞金　3,000万円 (2,800万円) 〔通学(園)中の災害の場合1,500万円 (1,400万円)〕
	突然死 運動などの行為に起因する場合	
	運動などの行為と関連のない場合	死亡見舞金　1,500万円 (1,400万円) 〔通学(園)中の災害の場合も同様〕

※給付金額の括弧内の金額は、平成31年3月31日以前に生じた障害・死亡に係る障害見舞金額・死亡見舞金額

※上記のほか、災害共済給付の附帯業務として、次の事業を行っている。

・供花料の支給
　学校の管理下における死亡で、損害賠償を受けたこと等により死亡見舞金が災害支給されないものに対し、供花料として17万円を支給する。

・歯牙欠損見舞金の支給
　学校の管理下における児童生徒等の負傷による1歯以上の歯牙の欠損(障害見舞金の対象となるものを除く。)に対し、歯牙欠損見舞金として1歯につき8万円を支給する。

・通院費の支給
　へき地にある学校(義務教育諸学校)の管理下における児童生徒の災害に対し、通院日数に応じ、1日当たり定額1,000円の通院費を支給する。

(7) 主な留意点 (給付制限)

ア　同一の災害の負傷又は疾病についての医療費の支給は、初診から最長10年間行われる。

イ　災害共済給付の給付事由と同一の事由について、損害賠償を受けたときは、その価額の限度において、給付を行わない場合がある。

ウ　他の法令の規定により、国又は地方公共団体から給付等(例えば障害者の日常生活及び社会生活を総合的に支援するための法律の自律支援医療)を受けたときは、その受けた限度において、給付を行わない。

エ　非常災害(風水害、震災、事変その他非常災害であって、当該地域の多数の

第Ⅰ章 概 論

住民が被害を受けたもの）による児童生徒等の災害には、給付を行わない。

オ 高等学校、高等専門学校及び高等専修学校の生徒又は学生が自己の故意の犯罪行為により、又は故意に負傷し、疾病にかかり、又は死亡したときは、当該医療費、障害又は死亡に係る災害共済給付を行わない。ただし、当該生徒又は学生が、いじめ、体罰その他の当該生徒又は学生の責めに帰することができない事由により生じた強い心理的な負担により、故意に負傷し、疾病にかかり、又は死亡したときは、この限りではない。

カ 高等学校、高等専門学校及び高等専修学校の生徒又は学生が自己の重大な過失により、負傷し、疾病にかかり、又は死亡したときは、当該障害又は死亡に係る災害共済給付の一部を行わない場合がある。

2 学生教育研究災害傷害保険（学研災）

　公益財団法人日本国際教育支援協会と民間の保険会社（令和5年現在、複数の保険会社による共同引受け）とが契約者となり、学生が教育研究活動中に被った災害に対して必要な給付を行い、学校の教育研究活動の充実・発展に寄与することを趣旨として、昭和51年度から始められた災害補償制度である。

　学校教育法に定める大学等のうち、公益財団法人日本国際教育支援協会の賛助会員である大学院、大学、短大又は高等専門学校に在籍する学生が加入対象者となる。

　正課中（講義、実験、実習、演習又は実技による授業等を受けている間、指導教員の指示に基づき研究活動を行っている間）、学校行事中、キャンパス内にいる間、課外活動中・クラブ活動中（学校の規則にのっとった所定の手続により学校の認めた学内学生団体・サークルの管理下で行う文化・体育活動を行っている間）の傷害事故が補償対象となる。

　通学中等傷害危険担保特約にも加入すれば、通学中（学校の正課、学校行事又は課外活動・クラブ活動への参加目的をもって、合理的な経路及び方法により住居と学校施設等との間を往復する間）、学校施設等相互間の移動中（通学中と同じ目的、経路、方法で、学校施設等の相互間を移動している間）の傷害事故も補償対象となる。

　なお、上記の学生教育研究災害傷害保険に付帯して、賠償責任保険（国内外

において、保険期間中に学生が正課、学校行事、課外活動またはその往復により他人にケガを負わせた場合、他人の財物を損壊した場合等において、法律上の損害賠償責任を負担することによって被る損害について保険金を支払う内容の保険）にも加入することもできる。その標準的商品として、「学生教育研究賠償責任保険」（通称：学研賠）があるほか、インターンシップ・教職資格活動（学校が正課、学校行事又は課外活動と位置付けているインターンシップ、介護体験活動、教育実習、保育実習、ボランティア活動及びその往復）等における賠償責任に対応する「インターンシップ・教職資格活動等賠償責任保険」（通称：インターン賠）、医療関連実習を含む医療関連学部・（学）科の正課、学校行事、課外活動及びその往復における賠償責任に対応する「医学生教育研究賠償責任保険」（通称：医学賠）、法科大学院等の正課、学校行事、課外活動（臨床法学実習を含みます。）及びその往復における賠償責任（対人・対物賠償のみならず、人格権侵害をも補償（臨床法学実習に伴う不当行為［臨床法学実習中に知り得た依頼人の個人情報に係る不当行為など］に起因する人格権侵害を対象とする補償））に対応する「法科大学院生教育研究賠償責任保険」（通称：法科賠）などがあり、幅広い教育研究活動に対応した商品が用意されている。

3　スポーツ安全保険 [12]

　スポーツ活動、文化活動、レクリエーション活動、ボランティア活動、地域活動などを行う４名以上のアマチュアの団体・グループで加入することができ、当該団体の活動に関する日本国内での団体での活動中（団体の管理下における団体活動中）の事故及び団体活動への往復中（団体が指定する集合・解散場所と被保険者の自宅との通常の経路往復中）の事故が補償対象となる。ただし、学校及び保育所の管理下の児童、生徒等の活動は補償対象外となる。

　個人活動中の事故についても補償する加入区分（コース）もある。

　なお、山岳登はん、アメリカンフットボール等、所定の危険度の高いスポーツ活動に関するものは、加入区分（コース）が異なり、通常より掛金（保険

---

12)　公益財団法人スポーツ安全協会ホームページの「スポーツ安全保険」欄における記載及びアップロード資料（https://www.sportsanzen.org/hoken/index.html）を全面的に参照している。

第Ⅰ章　概　論

料）が高く設定されている。

　補償内容は、傷害保険（傷害による入・通院、手術、後遺障害、死亡を補償）、賠償責任保険（対人・対物事故により負った法律上の賠償責任を補償）、突然死葬祭費用保険（突然死（急性心不全、脳内出血などによる死亡）に際し、親族が負担した葬祭費用を補償）である。

4　その他各種傷害保険、各種賠償責任保険

⑴　その他各種傷害保険

　例えば、以下のような傷害保険に任意加入している場合、児童・生徒・学生ないしその保護者は、給付を受け得る場合がある。

　ア　学校契約団体傷害保険

　団体保険契約とは、一定の団体の構成員の全部または一部を包括的に被保険者にする保険契約で、通常、その団体自体またはその代表者を保険契約者とする保険である[13]。危険選択が、個々の被保険者に注目するのではなく、その団体に属する被保険者全体における保険事故発生率を単位として行われる[14]。

　学校契約団体傷害保険は、通常、学校と引受保険会社が契約当事者、加入児童が被保険者となることが多い。

　保険給付の条件、内容等は、引受保険会社との契約内容の如何による。賠償責任保険も付帯されている、補償内容となっている場合もある。

　イ　ＰＴＡ団体傷害保険

　ＰＴＡ行事へ参加中に、児童、ＰＴＡ会員その他契約で定める一定範囲の人物が傷害を負った場合などに保障される保険である。

　保険給付の条件、内容等は、引受保険会社との契約内容の如何による。

　ウ　レクリエーション傷害保険

　学校行事中の参加者の傷害を補償するための団体保険である。

　保険給付の条件、内容等は、引受保険会社との契約内容の如何による。

⑵　その他各種賠償責任保険

　責任保険契約とは、損害保険契約のうち、被保険者が損害賠償責任を負うこ

13）　山下友信ほか『保険法〔第3版〕』（有斐閣、2010年）241頁。
14）　山下ほか・前掲注13）241頁。

22

とによって生じることのある損害をてん補することを目的とする保険契約をいう（保険17条2項ただし書）。

　学校側が、学校事故において、被害者に対し、損害賠償義務を負う場合に備え、民間の保険会社と契約していることがある。

　保険給付の条件、内容等は、引受保険会社との契約内容の如何による。

　損害賠償金に限らず、争訟費用（弁護士費用等）をもてん補する商品が増えている。

　最近では、個人情報が漏洩した場合に、損害賠償金や各種対応費用（調査費用、謝罪広告・会見費用、被害者への見舞金費用等）をてん補する保険商品も発売されている。

　また、最近では、ＰＴＡがＰＴＡ活動中に際して法律上の賠償責任を負担するリスク、日常生活におけるＰＴＡの児童・生徒の個人賠償リスクを補償する商品として、ＰＴＡ賠償責任保険がある。ただし、保険給付の条件、内容等は、引受保険会社との契約内容の如何による。

　さらに、最近では、学校医、保育所等の嘱託医の活動に伴う損害賠償責任のうち、医療行為によって生じた身体障害については、日本医師会医師賠償責任保険の対象となるが、医療行為以外の不測の事故によって生じた損害については、同保険の対象外であっため、平成28年7月、日本医師会医師賠償責任保険制度の一つに「産業医・学校医等の医師活動賠償責任保険」が誕生し、同保険の対象として補償されることとなった。

5　地方公共団体の支援制度

　地方公共団体によっては、学校事故での怪我などに対して独自の給付等支援を実施している場合がある。

　例えば、藤沢市においては、藤沢市学校事故措置条例による見舞金制度（昭和49年10月）を独自に定め、医療見舞金、医療付加見舞金、障がい見舞金、死亡見舞金などを給付している[15]。

---

15)　藤沢市ホームページ「学校で事故にあい、けがをされた場合には…」(https://www.city.fujisawa.kanagawa.jp/gakumu/kyoiku/kyoiku/kega/gakko.html)

第Ⅰ章　概　論

Ⅶ　終わりに

　次頁以降では、学校事故における典型判例を紹介していく。

　特に前記Ⅴで述べた視点も参考に、**第2章**では教室学習中の事故、**第3章**では運動中（体育授業中、部活動中等）・学校行事中の事故、**第4章**では生活指導、懲戒権行使、人格権等に関する事故、**第5章**では生活安全、施設管理に関する事故の典型判例を紹介し、当該事故類型において、どのような実務理論が通底し、展開しているのかを解説していきたい。

（石原　博行）

第Ⅱ章　教室学習中の事故

［典型判例］1　教室内の授業時間中における安全配慮義務

典型判例 1　教室内の授業時間中における安全配慮義務

静岡地裁沼津支部平成元年12月20日判決〈昭和60年（ワ）第127号〉
判時1346号134頁・判タ726号232頁

I　典型判例の紹介

1　ひとことで言うとどんな判例か

　本件は、公立中学校の中学1年生であったXが、理科の授業で、過酸化水素水を入れた試験管をアルコールランプで加熱して酸素を取り出すという実験を行っていたところ、実験中に試験管が破裂してガラス片で目を受傷したなどとして、学校の設置者であるYに対して損害賠償を請求した事案であり、上記事故発生の原因及び事故発生についての安全配慮義務違反の有無が問題となった。

　本判決は、上記事故の原因について、過酸化水素水の入った試験管をアルコールランプの炎で急激に加熱したことにより、試験管内の温度が急上昇し、沸騰が生じ試験管内の圧力が高まり、試験管の爆発的な破裂が生じたと認定した上で、安全配慮義務違反の有無について、教科書に記載された方法とは異なる方法で実験が実施されたことを認定した上で、かかる実験の方法に関する大学教授の意見書の内容も踏まえて、安全配慮義務違反を肯定した。

2　判決要旨
(1)　争点「学校の設置者であるYがXに対して損害賠償義務を負う法的根拠」について

　本件においてXは「XとYとの間には、いわゆる在学契約と呼ばれる契約関係が成立している。右在学契約に基づき、YはXが学校において生命、身体の危険に脅かされることなく教育を受けられるよう必要な配慮をなす義務、すな

27

わち安全配慮義務を負担している。」と主張した。これに対してYは「本件は公立学校の在学関係であるから、私法上の契約関係を前提とする在学契約は存在せず、したがって在学契約上の安全配慮義務もない。」と反論した。

　上記のような各当事者の主張を踏まえ、裁判所は「Xは、YはXに対し在学契約に基づく安全配慮義務を負担している旨主張するが、公立中学校における生徒の在学関係は行政主体である被告の行政処分（就学校の指定等）により生ずる公法上の法律関係であると解するのが相当であるから、Yが在学契約に基づき安全配慮義務をXに対して負担している旨のXの主張は採用しえない。しかしながら、公立中学校においても、Yは中学校を設置し、これに生徒を入学せしめることにより、教育法規に則り、生徒に対し、施設や設備を供し、教諭をして所定の課程の教育を施す義務を負い、一方生徒であるXは同校において教育を受けるという関係にあるのであるから、一定の法律関係に基づいて特別な社会的接触の関係に入った当事者間において、当該法律関係の付随義務として相手方に対し信義則上負う義務として、YはXに対し、学校教育の場においてXの生命、身体、健康についての安全配慮義務を負っているものと解するのが相当である。」との判断を示し、YがXに対して安全配慮義務を負っていることを認めた。

⑵　争点「本件事故の発生原因」について

　裁判所は、大学教授が作成した本件実験に関する意見書の内容にふれつつ、「本件事故原因は、過酸化水素水の入った試験管をアルコールランプの炎で急激に加熱したことにより、試験管内の温度が急上昇し、沸騰が生じ試験管内の圧力が高まり、右試験管の爆発的な破裂が生じたものと推認するのが相当である。」と判断した。

⑶　争点「Yの安全配慮義務違反の有無」について

　裁判所は、当該事案における安全配慮義務違反の有無を検討するに先立ち、「本件実験は、危険性を伴うものであって試験管の破裂などの事故も予想されないわけではないものと認められるから、右実験の担当教師としては、事故の発生を未然に防止するよう配慮すべき義務があることは当然である。そして、その具体的内容としては、事前に生徒らに適切で安全な実験方法を指導する義務、適切な実験器具を用意する義務、実験を実際に行う際に生徒らを適切に指

［典型判例］1　教室内の授業時間中における安全配慮義務

導、監督する義務などを認めうる。」と述べた上で、具体的検討において、上記のような事故原因に関する認定を前提としつつ、「本件実験に際し使用されていた教科書には、本件実験に関し、実験のための装置の図柄、写真が掲載され、その図柄、写真のうち、過酸化水素水の加熱に関する部分については試験管とアルコールランプとの間に必ずアスベスト金網が設置されており、その説明中に『水を熱する場合はアスベスト金網を取りはずしてよい』との記載がある」、「（前記の大学教授の意見書には）『過酸化水素水を沸騰させることは極めて危険であるが、一方、熱分解反応により能率的に酸素を得ようとすると、沸騰一歩手前の９０℃程度の温度まで温めてやる必要がある。この点でこの実験は極めて危険性が高く、従って、定められた実験装置の設定を厳密に守り、かつ、実験の実行においては細心の注意をはらうことが要求される。』『先に述べたこの実験のもつ危険性により、アスベスト金網を外して試験管を直接炎に近づけたことは重大な誤りであった。教科書に書かれている装置図どおりの設定で実験することが、危険を避けるために絶対に必要であった。教科書にも『水を熱する場合はアスベスト金網を取りはずしてよい』と書かれているが、このことは水と過酸化水素水の沸騰時の性質に決定的な差異があることによっているものと考えられる。』『もし金網があったならば、たとえ熱し過ぎて沸騰が起こったとしても、熱の供給量は金網の無いときよりはるかに少なく、泡の高さも細管に達しないかもしれないし、また、沸騰を止めるとっさの処置が可能であっただろう』などと述べられている」、「右認定にかかる事実によれば、本件実験に際しては、過酸化水素水の入った試験管を穏やかに加熱する必要性があり、そのためW教諭としては、教科書に前掲されているように試験管とアルコールランプとの間にアスベスト金網を設置して実験を実施すべき義務があったと判断せざるをえない。」と述べて、Ｙの安全配慮義務違反を肯定した。

3　事案の概要

　(1)　町立のＳ中学校の理科室において、同中学校１年１組の第５時限の授業として理科の実験が行われた。その実験は「物質を熱したときの変化－水と過酸化水素水を熱する」という標題のもので、具体的には、最初に水を入れた試験管をアルコールランプで加熱して沸騰させて水蒸気を発生させる実験を行っ

第Ⅱ章　教室学習中の事故

た後、過酸化水素水（5パーセント水溶液）を入れた試験管をアルコールラン
プで加熱して酸素を発生させ、これを水上置換法で水槽内の試験管に捕集し、
火のついた線香で酸素であることを確認する実験を行うというものであった。
この実験の担当教師はW教諭で、Xを含む1年1組の生徒39名が授業を受け
た。

　(2)　W教諭は、右授業を行うにあたって実験器具として、アルコールランプ、
試験管、ゴム栓付きガラス管セット、鉄製スタンド、線香、マッチ、三脚、ア
スベスト金網、水槽、沸騰石などを、薬品としては、5パーセントに薄めた過
酸化水素水及びその原液をそれぞれ用意し、これらの点検を実験前に行った。
これら実験器具のうち、三脚とアスベスト金網については、以前に別のクラス
で本件と同一の実験に使用した際、加熱が遅くなって1時限の授業時間内に行
うには無理があったので、炎を小さくすれば金網を外しても同じことで差し支
えないと判断し、本件実験に際しては使用しないこととした。

　(3)　W教諭は、授業の最初に、15分程度かけて、それ以前に1時限かけて
学習させた本件実験の方法、目的、実験上の注意をオーバーヘッドプロジェク
ターを利用して生徒に再認識させ、その後、6つの班に分けられていた生徒た
ちの各班ごとに実験装置、実験器具、実験材料を与え、生徒たちが自らこれを
使用する方法で実験が行われた。原告が所属する6班も、器具をW教諭の机か
ら自分たちの班の実験台へ運び、黒板に示された図のとおり組み立てて実験を
始めた。Xはその班の中では記録係を分担し、ノートに実験の経過、内容など
を記録した。

　(4)　最初に水を加熱する実験を行った後、過酸化水素水を加熱する実験を始
めたが、6班の実験においては、酸素の泡立ちが遅く水槽内の試験管への酸素
の溜まり方が遅かったので、6班の生徒がW教諭にその旨伝えたところ、同教
諭が6班の実験台に来て、右酸素の溜まり方が遅いのはアルコールランプによ
る加熱が弱いためであると判断し、右実験中の過酸化水素水の入った試験管の
位置を下げアルコールランプの炎が直接試験管の底部に当たるようにした。そ
の後は酸素の泡立ちが早くなり、水槽内の試験管に溜まり、水槽内の試験管を
取り出して生徒が線香の火を近付けると酸素は燃え、1回目の実験は成功した。
その後W教諭は、6班に再度の実験を指示し、別の班の実験を指導するため6

30

班の実験台を離れた。そして2回目の実験を班員たちで開始したところ、まもなく過酸化水素水の入った試験管が破裂し、飛び散ったガラスの破片でXを含む6名の生徒が負傷した。

Ⅱ 典型判例の分析

1 学校内での事故に関して学校の設置者が損害賠償義務を負う法的根拠

学校内での事故に関して学校の設置者が損害賠償義務を負う法的根拠は、対象となる学校が公立学校の場合と私立学校の場合で異なると考えるのが通説判例である。また、国立大学法人が設置する学校に関してはその根拠に争いがある。そこで、以下では場合を分けて検討し、その後、法的根拠に応じてその効果にどのような差異があるのかについても検討する。なお、学校内の施設の瑕疵によって生じた事故に関する損害賠償義務の法的根拠については別稿（［典型判例16]）に譲る。

(1) 公立学校の場合
① 国家賠償法1条1項

公立学校の設置者が学校内での事故に関して損害賠償義務を負う法的根拠の1つに、国家賠償法1条1項がある。同条項は「国又は公共団体の公権力の行使に当る公務員が、その職務を行うについて、故意又は過失によつて違法に他人に損害を加えたときは、国又は公共団体が、これを賠償する責に任ずる。」と定めている。

ここで、学校の教育活動が「公権力の行使」に該当するか否かが問題となるが、最判昭62・2・6判時1232号100頁・判タ638号137頁は、公立中学校における体育の授業中に、プールにおいて飛び込みの練習が行われていた際に発生した事故に関する学校設置者の責任の有無が問題となった事案において、「国家賠償法1条1項にいう『公権力の行使』には、公立学校における教師の教育活動も含まれるものと解するのが相当」と述べて、これを肯定している。

② 安全配慮義務違反（債務不履行責任）

公立学校の設置者が学校内での事故に関して損害賠償義務を負う法的根拠と

しては、前記の国家賠償法1条1項のほか、安全配慮義務違反がある。安全配慮義務とは、一定の法律関係に基づいて特別な社会的接触関係に入った当事者間において、当該法律関係の付随義務として相手方に対して信義則上負う義務の1つとして説明される。

本件で取り上げた典型判例も、前記のとおり述べて安全配慮義務の存在を肯定している。典型判例以外にも、同様の考えに基づいて安全配慮義務違反の存在を肯定する裁判例は多く、裁判実務では安全配慮義務の存在はひろく認められているといってよい状況にある。

⑵　私立学校の場合

①　不法行為責任（使用者責任）

私立学校の設置者が学校内での事故に関して損害賠償を負う法的根拠の1つに、使用者責任（民715条）がある。

民法715条は、「ある事業のために他人を使用する者は、被用者がその事業の執行について第三者に加えた損害を賠償する責任を負う。ただし、使用者が被用者の選任及びその事業の監督について相当の注意をしたとき、又は相当の注意をしても損害が生ずべきであったときは、この限りでない。」と定めている。

同条は、被用者（学校事故の場合は現場の教職員等）に不法行為（民709条）が成立する場合に、使用者（学校事故の場合は学校の設置者等）に対し、被用者の不法行為によって生じた損害について賠償責任を負わせるものである。

なお、民法715条ただし書きは、「使用者が被用者の選任及びその事業の監督について相当の注意をしたとき、又は相当の注意をしても損害が生ずべきであったとき」に使用者が免責されることを定めているが、裁判実務上、この規定を根拠に免責が認められることはほとんどない。

②　安全配慮義務違反（債務不履行責任）

私立学校の設置者が学校内での事故に関して損害賠償義務を負う法的根拠としては、前記の民法715条のほか、公立学校の場合と同様に安全配慮義務違反がある。

私立学校の場合、安全配慮義務は、学校設置者と児童生徒又は保護者との間の在学契約の存在を前提としつつ、この契約に付随する義務の1つとして説明

［典型判例］1　教室内の授業時間中における安全配慮義務

されること多い。

(3)　国立大学法人が設置する学校の場合

① 　問題の所在

　かつては、国立大学及びその附属学校の教職員の過失によって学校の児童生徒、あるいは学生が損害を被った場合、教職員の行為が「公権力の行使」に該当することを否定しない限り、国家賠償法が適用されることに異論はなかった。ところが、平成 15 年に国立大学法人法が制定、施行されたことに伴い、国立大学法人が設置する学校の教職員の行為に国家賠償法が適用されるか否かに関して、見解の相違が生じることとなった。

② 　裁判例

　この点に関し、学校事故に関する裁判例ではないものの、国立大学法人が設置する学校内でのハラスメントに関する責任が問題となった事案に関して、名古屋高判平 22・11・4 最高裁 HP は、国立大学法人は国家賠償法 1 条 1 項の「公共団体」に当たるとした上で、国立大学法人が設置する学校の講師は同条項の「公務員」に該当するとし、同条項の適用を肯定している。少し長くなるが、この論点を検討する上で参考になると思われるので、裁判所の判断の具体的内容を紹介しておく。

　「国家賠償法 1 条 1 項は、国又は公共団体の公権力の行使に当たる公務員が、その職務を行うについて、故意又は過失によって違法に他人に損害を与えた場合には、国又は公共団体がその被害者に対して賠償の責めに任ずることとし、公務員個人は民事上の損害賠償責任を負わないこととしたものと解される（最高裁昭和 30 年 4 月 19 日第三小法廷判決・民集 9 巻 5 号 534 頁、最高裁昭和 53 年 10 月 20 日第二小法廷判決・民集 32 巻 7 号 1367 頁等）。

　本件において被控訴人が問題としている控訴人の各行為は、いずれも控訴人が国立 A 大学における被控訴人の研究指導教員として行った教育活動上の行為であるところ、国家賠償法 1 条 1 項の『公権力の行使』は、国又は公共団体の作用のうち、純然たる私経済作用及び同法 2 条の営造物の設置管理作用を除くすべての作用であって、権力的作用のほか非権力的作用も含み、公立学校における教職員の教育活動も『公権力の行使』に当たると解されるから（最高裁昭和 62 年 2 月 6 日第二小法廷判決・集民 150 号 75 頁参照）、国立大学法人が設

33

第Ⅱ章　教室学習中の事故

立された平成 16 年 4 月 1 日より前における控訴人の行為は『公権力の行使』に該当し、それが故意又は過失によって違法に被控訴人に損害を与えたと認められる限り、国立Ａ大学を設置する国が国家賠償法に基づく損害賠償責任を負い、控訴人個人は民事上の損害賠償責任を負わないこととなる（なお、被控訴人は中華人民共和国の国籍を有する外国人であるが、同国の国家賠償法は日本人に対し同国に対する国家賠償請求を認めているから〔証拠略〕、被控訴人に対しては我が国の国家賠償法が適用される（国家賠償法 6 条）。）。

　他方、国立大学法人が設立され、国立大学の設置主体が国から同法人に移行した平成 16 年 4 月 1 日以降の行為につき控訴人が個人として損害賠償責任を負うかどうかについては、国立大学法人の職員による職務行為に国家賠償法 1 条 1 項が適用されるか否かが問題となる。

　まず、国立大学法人法は、独立行政法人通則法 51 条を準用していないから（国立大学法人法 35 条）、国立大学法人Ａ大学の職員である控訴人は、国立大学法人法 19 条が規定する刑法その他の罰則の適用に関する場合を除き、みなし公務員ではない。

　しかし、国家賠償法 1 条 1 項にいう『公務員』は、国家公務員法、地方公務員法等の定める身分上の公務員に限られず、国又は公共団体の公権力の行使をゆだねられた者をいうと解されるから（最高裁平成 19 年 1 月 25 日第一小法廷判決・民集 61 巻 1 号 1 頁参照）、控訴人が国家公務員法等の定める公務員に該当しないからといって、そのことから直ちに控訴人の行為について国家賠償法 1 条 1 項の適用がないとすることはできず、さらに控訴人が国又は公共団体の公権力の行使をゆだねられた者であるか否かを検討しなければならない。

　そこで、まず国立大学法人が国家賠償法 1 条 1 項の『公共団体』に当たるか否かが問題となる。

　国立大学は、我が国の学術研究、高等教育及び研究者養成の中核を担うとともに、全国的に均衡のとれた配置により地域の教育、文化、産業の基盤を支え、学生の経済状況に左右されない進学機会を提供するなどの重要な役割を果たしているところ（当裁判所に顕著な事実）、国立大学法人は、このような国立大学を設置することを目的として国立大学法人法の定めるところにより設立される法人であり（同法 2 条 1 項）、国立大学の設置、運営等を業務としている

34

［典型判例］1　教室内の授業時間中における安全配慮義務

（同法 22 条 1 項）。なお、各国立大学法人の名称及び主たる事務所の所在地並びに当該国立大学法人の設置する国立大学の名称は国立大学法人法によって定められており（同法 2 条 2 項、 4 条）、国立大学法人制度の下でも国立大学の設置が従前の国立学校設置法と同様に法定という形で国の意思によるものであることが明らかにされている。

　国立大学法人の資本金については、国の機関が独立行政法人化した場合と同様に、法人成立の際に国が有する国立大学に関する一定の権利を承継し（同法附則 9 条 1 項）、基本的に承継した当該権利に係る財産の価額に相当する金額が政府から国立大学法人に対して出資されたものとされ（同条 2 項）、この金額が国立大学法人の資本金となるものとされている（同法 7 条 1 項）。また、政府は、必要があると認めるときは、追加して金銭及び土地建物等を出資することができる（同条 2 項、 3 項）。

　国立大学法人においては、学長が学校教育法 92 条 3 項に規定する職務（校務をつかさどり所属職員を統督する職務）を行うとともに、国立大学法人を代表してその業務を総理するが（国立大学法人法 11 条 1 項）、学長の任命は国立大学法人の申出に基づいて文部科学大臣が行うこととされている（同法 12 条 1 項）。国立大学法人の業務を監査する監事（同法 11 条 4 項）も文部科学大臣によって任命される（同法 12 条 8 項）。また、国立大学法人については、文部科学大臣が国立大学法人からあらかじめ意見を聴取し当該意見に配慮等した上で 6 年間において国立大学法人が達成すべき業務運営に関する目標を中期目標として策定し、教育研究の質の向上に関する事項、業務運営の改善及び効率化に関する事項、財務内容の改善に関する事項、大学の自己点検及び評価並びに情報発信に関する事項等についての基本的な方向性が定められ（同法 30 条）、国立大学法人は、中期目標に基づき当該目標を達成するための計画を中期計画として作成し、文部科学大臣の認可を受けなければならないこととされている（同法 31 条）。このように、国立大学法人においては、国立大学の自主性、自律性や教育研究の特性に配慮しつつも（同法 3 条）、引き続き国から必要な財政措置を受けることを前提として国による一定の関与が行われる。

　なお、国立大学法人の役員及び職員については秘密保持義務が課されるほか（同法 18 条）、刑事罰の適用については公務員とみなされ（同法 19 条）、例えば、

35

公務執行妨害罪の客体や収賄罪の主体となり得るものとされている。

　さらに、国立大学法人の財務及び会計については独立行政法人通則法の財務及び会計に関する規定が準用される（国立大学法人法35条）。また、国の財源措置すなわち政府が予算の範囲内で独立行政法人に対しその業務の財源に充てるために必要な金額の全部又は一部に相当する金額を交付することができることを定める独立行政法人通則法46条を準用することにより、国立大学法人に対する国の財政上の責任が明確化されている。

　以上のとおり、国立大学法人が法律によって設立され、我が国における高等教育、学術研究等に関して重要な役割を担う国立大学の設置運営等の目的及び権能を付与された法人であり、国からの必要な財政措置及びこれを前提とする一定の関与を受けながら国立大学の設置運営等に当たっていること等からすれば、国立大学法人は国家賠償法1条1項の『公共団体』に該当するというべきである。

　次に、国立大学法人の教職員による教育活動上の行為が国家賠償法1条1項の『公権力の行使』に該当するか否かが問題となる。

　国立大学法人成立前の国立大学の教職員による教育活動については『公権力の行使』に該当し、国家賠償法1条1項が適用されるところ、前記のとおり新たに国立大学の設置主体となった国立大学法人に公共団体性が認められること、国立大学法人制度は国の機関として位置付けられていた国立大学を法人化して予算、組織及び人事に関する大学の裁量を拡大し、国立大学の自主性、自律性を高めること等を目的とする制度であり、同制度自体が国立大学における教育活動の性質を変更するものとは解されないこと、国立大学法人の成立時において、従前の国立大学が国立大学法人の設置する国立大学となり（国立大学法人法附則15条）、現に国が有する一部の権利及び義務を国立大学法人が承継し（同法附則9条）、従前の国立大学の学長が原則として任期満了まで引き続き国立大学法人の学長を務め（同法附則2条）、従前の国立大学の職員が原則として国立大学法人の職員となるなど（同法附則4条）、従前の国立大学と国立大学法人の設置する国立大学との間に同一性が認められることを考慮すれば、国立大学法人が設立され、国立大学の設置主体が国から国立大学法人に変更されたからといって、教職員による教育上の行為の性質が異なるとする実質的な根

[典型判例] 1 教室内の授業時間中における安全配慮義務

拠を見いだすことはできない。

したがって、国立大学法人Ａ大学の教職員である控訴人による教育活動上の行為の性質に変化はなく、法人化前と同様に『公権力の行使』に該当するというべきである。

よって、公共団体である国立大学法人Ａ大学に講師として雇用されて被控訴人を含む学生に対する教育活動をゆだねられた控訴人は国家賠償法１条１項の『公務員』に該当する。

以上によれば、本件における控訴人の被控訴人に対する各行為については国家賠償法１条１項が適用されるから、国立大学法人Ａ大学が控訴人に代位して損害賠償責任を負うべきものであって、控訴人が個人として民事上の損害賠償責任を負うことはない。」

(4) **法的根拠による効果の違い**

上記のとおり、学校事故に関して学校の設置者が損害賠償責任を負う根拠としては、不法行為（国賠１条１項又は民715条）と債務不履行（安全配慮義務違反）が考えられるところ、両者のいずれを選択するかによって、その効果にはどのような差があるだろうか。

この点、一般的にいわれている法的効果の差異としては、①消滅時効の期間、②債務者が履行遅滞となる時期、③損害賠償の請求権者等が挙げられる。具体的には、①不法行為に基づく損害賠償請求権が消滅時効にかかる期間は、被害者又はその法定代理人が損害及び加害者を知った時から３年（民724条。ただし、人の生命又は身体を害する不法行為は５年（民724条の２））であるのに対し、債務不履行に基づく損害賠償請求権のそれは、債権者が権利を行使することができることを知った時から５年（民166条１項１号）である、②不法行為に基づく損害賠償請求権は不法行為の時から相手方が履行遅滞となる（最判昭37・9・4民集16巻9号1834頁）のに対し、債務不履行に基づく損害賠償請求権は期限の定めのない債務（民412条３項）として請求を受けた時から履行遅滞となる（最判昭55・12・18民集34巻7号888頁）、③死亡事案において、不法行為に基づいて損害賠償が請求された場合には遺族固有の慰謝料請求が認められる（民711条）のに対し、債務不履行に基づいて損害賠償が請求された場合にはこれが認められない（前掲最判昭55・12・18）といった差異がある。

第Ⅱ章　教室学習中の事故

このような法的効果の差異について言及した裁判例として、横浜地判平4・3・5判時1451号147頁・判タ789号213頁がある。この裁判例は、「安全配慮義務違反に基づく請求は、国家賠償法1条に基づく請求と異なり、債務不履行に基づく損害賠償責任としての性質上、慰謝料請求権者は原則として契約ないしこれに準ずる法律関係の当事者である被害者本人に限られ、遺族固有の慰謝料請求権は認められず、また、右損害賠償責任が期限の定めのない債務となることから、事故の発生日から履行請求の日までの間の遅延損害金も発生しないことになる。その結果、原告ら固有の慰謝料請求及び遅延損害金請求の一部は棄却されることとなる。」と述べている。

2　安全配慮義務違反（又は過失）の有無に関する判断

一般に、学校での授業中に発生した事故に関する安全配慮義務違反の有無を考えるにあたっては、授業実施前の注意義務違反の有無、授業実施中の注意義務違反の有無、事故発生後の注意義務違反の有無と段階を分けて検討することが多い。

例えば、伊藤進ほか「学校事故」（ジュリ993号88頁）は「授業過誤事故では、①授業計画策定に当たっての安全確保、教場の安全確保、児童・生徒の身体的状況や能力の把握、事前の説明等の事前注意義務、②授業実施に際しての指示・説明、立会・監督、個別指導などの指導上の注意義務および③事故が生じた場合の処置や保護者への事故状況の報告などの事後措置義務に至るまで、多種多様な義務が教師等学校側に課されている。」としている。

Ⅲ　安全配慮義務（又は過失）の有無に関する判断の基準及び関連裁判例

1　はじめに

前記のとおり、学校事故が発生した場合の学校の設置者に対する損害賠償請求権の根拠としては、不法行為と債務不履行（安全配慮義務違反）の2つが考えられる。前者の場合、教職員の「過失」（民709条）の有無が主な争点となり、

後者の場合、学校設置者の履行補助者である教職員における安全配慮義務違反の有無が主な争点となるが、いずれが争点となっても、主張立証の対象となる事実関係やその評価には基本的に差異はない。

そこで、以下では、特に両者を区別することなく、安全配慮義務違反（又は過失）の有無に関する判断基準についてみることとする。

2　学習指導要領及びその解説

（1）　はじめに

安全配慮義務違反（又は過失）の有無を考えるにあたって、学習指導要領や教科書の記載内容は重要な要素の1つである。本稿で取り上げた典型判例もその1つであり、教科書に記載された方法とは異なる方法で実験を実施したこと及びかかる実験方法の危険性を理由に安全配慮義務違反の存在を肯定している。そこで、少し長くなるが、理科の授業に関する学習指導要領及びその解説の中身について触れておく。

（2）　学習指導要領（平成29年告示）

文部科学省は、全国のどの地域で教育を受けても一定の水準の教育を受けられるようにするため、学校教育法等に基づき、各学校で教育課程（カリキュラム）を編成する際の基準を定めている。これが「学習指導要領」である。「学習指導要領」では、小学校、中学校、高等学校等ごとに、それぞれの教科等の目標や大まかな教育内容が定められている（以上につき、文部科学省ウェブサイト参照）。

典型判例との関係で問題となる理科の学習指導要領（平成29年告示）のうち小学校学習指導要領についてみると、実験の実施を前提としつつ、「観察、実験などの指導に当たっては、事故防止に十分留意すること。また、環境整備に十分配慮するとともに、使用薬品についても適切な措置をとるよう配慮すること。」とされている。中学校学習指導要領の内容もおおむね同様であり、実験の実施を前提としつつ、「観察、実験、野外観察の指導に当たっては、特に事故防止に十分留意するとともに、使用薬品の管理及び廃棄についても適切な措置をとるよう配慮するものとする。」とされている。

第Ⅱ章　教室学習中の事故

(3)　学習指導要領（平成 29 年告示）解説

　前記のとおり、学習指導要領の内容（特に事故防止に関する部分）は抽象的な内容にとどまっているが、同じく文部科学省から公表されている学習指導要領（平成 29 年告示）解説には、より具体的な記載がなされている。

　小学校学習指導要領（平成 29 年告示）解説は、事故防止に関して、「観察、実験などの指導に当たっては、予備実験を行い、安全上の配慮事項を具体的に確認した上で、事故が起きないように児童に指導することが重要である。安全管理という観点から、加熱、燃焼、気体の発生などの実験、ガラス器具や刃物などの操作、薬品の管理、取扱い、処理などには十分に注意を払うことが求められる。野外での観察、採集、観測などでは事前に現地調査を行い、危険箇所の有無などを十分に確認して、適切な事前指導を行い、事故防止に努めることが必要である。実験は立って行うことや、状況に応じて保護眼鏡を着用するなど、安全への配慮を十分に行うことが必要である。また、観察、実験の充実を図る観点から、理科室は、児童が活動しやすいように整理整頓しておくとともに、実験器具等の配置を児童に周知しておくことも大切である。さらには、理科室や教材、器具等の物的環境の整備や人的支援など、長期的な展望の下、計画的に環境を整備していくことが大切である。使用薬品などについては、地震や火災などに備えて、法令に従い、厳正に管理する必要がある。特に、塩酸や水酸化ナトリウムなど、毒物及び劇物取締法により、劇物に指定されている薬品は、法に従って適切に取り扱うことが必要である。」として、学習指導要領が求める安全確保措置について具体的に述べている。

　中学校学習指導要領（平成 29 年告示）解説は、小学校と比較して実験の内容が多様化し、危険性も増大することの影響と思われるが、安全確保に関し、以下のとおり、小学校学習指導要領解説よりも詳細に述べている。

　「(1) 事故の防止について

ア　指導計画などの検討

　年間の指導計画の中に観察、実験、野外観察の目的や内容などを明確にしておくことは、校内の迅速な連携対応、事故防止のためにも不可欠である。また、計画を立てる際には、生徒のその段階における観察、実験の知識及び技能についての習熟度を掌握し、無理のないような観察、実験を選ぶことや、学習の目

標や内容に照らして効果的で、安全性の高い観察、実験の方法を選ぶことが大切である。

イ　生徒の実態の把握、連絡網の整備

　日頃から学級担任や養護教諭などと生徒情報の交換を密に行い、授業において配慮すべき生徒については、その実態を把握することが大切である。

　一方、様々な注意をしていても事故が起きる場合もある。こうした際には、負傷者に対する応急処置や医師との連絡、他の生徒に対する指導など、全てを担当の教師一人で対応するのが難しいこともある。校内や野外観察などでの万一の事故や急病人に備えて、保健室、救急病院、関係諸機関、校長及び教職員などの連絡網と連絡の方法を、教職員が見やすい場所に掲示するなどして、全教職員に周知しておくことが必要である。事故発生の際には、保護者への連絡を忘れてはならない。

ウ　予備実験と危険要素の検討

　観察、実験の安全を確保するために、予備実験は行っておくことが必要である。例えば、使用する薬品の濃度が高かったり量が多すぎたりすると、急に激しい反応が起こったり有毒な気体が多量に発生したりして事故につながる可能性が高くなるので、適切な実験の方法や条件を確認しておく。特に、グループで実験を行う場合は、全てのグループが同時に実験を行うことを想定し、その危険要素を検討しておく。薬品の扱いについては、その薬品の性質、特に爆発性、引火性、毒性などの危険の有無を調べた上で取り扱うことが大切である。

エ　点検と安全指導

　観察、実験の器具については、整備点検を日頃から心掛けなければならない。これが十分でないと、観察、実験の際、無駄な時間を費やすだけでなく、怪我や事故につながりやすい。また、使用頻度の高いガラス器具などはひび割れが原因で思わぬ事故となることもあり、洗浄が不十分なガラス器具などは、残留している薬品によって予期せぬ反応が起こることなどもあるので事前の点検が大切である。

　一方、生徒にも安全対策に目を向けさせることが大切である。観察、実験において事故を防止するためには、基本操作や正しい器具の使い方などに習熟させるとともに、誤った操作や使い方をしたときの危険性について認識させてお

第Ⅱ章　教室学習中の事故

くことが重要である。例えば、加熱器具について、それらの機能及び燃料など
の特性を十分に理解した上で確実で合理的な加熱器具を選択し、その操作に習
熟させるよう指導するとともに、事故例とその原因などを把握しておくことが
肝要である。観察、実験中には、ふざけて事故を起こすことのないよう教師の
指示に従うこと、机上は整頓して操作を行うこと、危険な水溶液などはトレイ
の上で扱うこと、終了時には、使用した器具類に薬品が残っていないようにき
れいに洗い、元の場所へ返却し、最後に手を洗うこと、余った薬品を返却する
こと、また、試験管やビーカーを割ってしまったときには教師に報告し、ガラ
スの破片などをきれいに片付けることなどの観察、実験の基本的な態度を身に
付けさせることも必要である。

オ　理科室内の環境整備

　日頃から理科室内を整理整頓しておくことが重要である。理科室では、生徒
の使い易い場所に薬品や器具、機器などを配置しそれを周知しておくことも必
要である。また、生徒の怪我に備えて救急箱を用意したり、防火対策として消
火器や水を入れたバケツを用意したりしておくことが望ましい。さらに、換気
にも注意を払うことが必要である。特に、アンモニア、硫化水素、塩素などの
刺激臭をもつ気体や有毒な気体を発生させる実験では十分な換気をする必要が
ある。

カ　観察や実験のときの服装と保護眼鏡の着用

　観察や実験のときの服装についての配慮も大切である。器具に袖口を引っか
けて薬品を倒したり、衣服に火が着いて火傷をしたりする例もある。

　これらの事故から身を守るために、余分な飾りがなく機能的な服装をさせる
こと、また、なるべく露出部分が少なく、緊急の場合の脱衣が容易であり引火
しにくい素材の服や靴を着用させることが望ましい。前ボタンは必ず留め、長
い髪は後ろで束ねて縛っておき、靴は足先が露出せず覆われているものを履く
ように指導するなどの配慮が必要である。

　また、飛散した水溶液や破砕した岩石片などが目に入る可能性のある観察、
実験では、常に保護眼鏡を着用させるようにする。

キ　応急処置と対応

　教師は事故の対策を心得ておくことも大切である。過去に起こった事故や予

想される事故を検討し応急処置について日頃から考えておくと事故に遭遇したときでも冷静沈着な行動がとれる。例えば、薬品が眼に入った場合は流水で洗眼をした後、直ちに医師の手当てを受けさせる。火傷をしたときは患部を直ちに冷水で水ぶくれが破けないように冷やし早急に専門の病院へ行かせる。また、生徒が怪我をした場合、応急処置をして医師の手当てを受けさせると同時に怪我をした生徒の保護者への連絡を忘れてはならない。

平素から校医などと十分に連絡をとり、緊急の時にどのように対処すればよいのかについて具体的に決めておくと、不慮の事故の場合でもより冷静に対処することができる。

ク　野外観察における留意点

野外観察では、観察予定の場所が崖崩れや落石などの心配のない安全な場所であることを確認するとともに、斜面や水辺での転倒や転落、虫刺されや草木によるかぶれ、交通事故などに注意して安全な観察を行わせるように心掛ける。事前の実地踏査は、観察場所の安全性の確認や観察場所に至るルートの確認という点で重要である。とりわけ、河川などの状況は開発等の人為的な活動や風雨などの気象現象により大きく変わることもあるので注意する。加えて、観察当日の天気や気候にも注意して不慮の事故の発生を防ぐようにする。また、緊急事態の発生に備えて連絡先、避難場所、病院なども調べておくことが必要である。

野外観察のために河原や雑木林などを歩く場合、靴は滑らないものでしっかりとしたものがよい。服装は、虫刺されやかぶれ、紫外線などの危険から身を守るために、できるだけ露出部分の少ないものが適している。また、日ざしの強い季節には、帽子をかぶることなども必要である。岩石の採集で岩石ハンマーを扱う際には、手袋や保護眼鏡を着用させるようにする。

(2)　薬品などの管理について

薬品などの管理は、地震や火災、盗難などに備えて、また法令に従い、厳正になされるべきである。その際、関係諸機関とも連絡を密にして行われる必要がある。

薬品は、一般に直射日光を避け冷所に保管し、異物が混入しないように注意し、火気から遠ざけておく。また、例えば、強酸（塩酸など）、強い酸化剤

第Ⅱ章　教室学習中の事故

（過酸化水素水など）、有機化合物（エタノールなど）、発火性物質（硫黄など）などに大別して保管する。地震などにより転倒することがないよう薬品庫の内部に仕切りなどを設けるのも一つの方法である。爆発、火災、中毒などの恐れのある危険な薬品の保管場所や取扱いについては、消防法、火薬類取締法、高圧ガス保安法、毒物及び劇物取締法などの法律で定められている。薬品はこれらの法律に従って類別して薬品庫の中に入れ、紛失や盗難のないよう必ず施錠する。また、万が一危険な薬品の紛失や盗難があったときには直ちに各学校の管理責任者へ届け出る。薬品の購入は年間指導計画に従って最小限にとどめる。特に危険な薬品類は余分に購入しないよう留意する。

　また、薬品在庫簿を備え、時期を決めて定期的に在庫量を調べることが必要である。在庫簿には、薬品の性質、特に爆発性、引火性、毒性などの危険の有無も一緒に記載しておく。

⑶　**廃棄物の処理について**

　有毒な薬品やこれらを含む廃棄物の処理は、大気汚染防止法、水質汚濁防止法、海洋汚染防止法、廃棄物の処理及び清掃に関する法律など、環境保全関係の法律に従って処理する必要がある。

　中学校では、実験で使用する薬品の年間使用量は危険物取扱いに関する法令による規制の対象となるほど多くはない。しかし、廃棄物の処理は生徒に環境への影響や環境保全の大切さを考えさせるよい機会となる。

　特に、薬品を廃棄する場合、例えば、酸やアルカリの廃液は中和してから多量の水で薄めながら流すなど適切な処理をする必要がある。一方、重金属イオンを含む廃液は流すことを禁じられているのでそのまま廃棄することはせず容器に集めるなど、適切な方法で回収保管し、最終処分は廃棄物処理業者に委託する。また、資源の有効利用や環境保全の観点から、観察、実験の終了後も不純物が混入していない薬品や未使用の薬品などは廃棄せず、利用できるように工夫する。さらに、マイクロスケールの実験など、使用する薬品の量をできる限り少なくした実験を行うことも考えられる。

　危険防止の観点から、反応が完全に終わっていない混合物については、完全に反応させてから、十分に冷まして安全を確認してから処理することが必要である。」

[典型判例] 1　教室内の授業時間中における安全配慮義務

3　関連裁判例

　最後に、前記のような安全配慮義務違反（又は過失）の有無の判断基準を踏まえつつ、裁判例がこの点をどのように判断しているのか、関連裁判例を紹介する。

(1)　実験実施中の注意義務違反を根拠に学校設置者の責任が肯定された例
（熊本地判平 2・11・9 判時 1377 号 113 頁・判例地方自治 91 号 55 頁）

　本件は、公立小学校の理科の授業で気化したアルコールに火をつける実験をしている際中に火傷を負った小学 6 年生の児童が、国家賠償法 1 条に基づいて損害賠償を請求した事件である。

　裁判所が認定した事実によれば、本件実験は、メチルアルコールを入れた試験管を湯の入ったビーカーにつけて熱することによりアルコールを気化させて火をつけるというものである。担当の Y 教諭は、本件実験に際し、アルコールの燃焼を容易にするため、試験管に注入するアルコールの分量を試験管の七割程度とやや多めに設定するとともに、アルコールが気化途中で冷めないようビーカー中の湯を十分充たす（500cc）こととし、また、アルコールの炎の視認性を高めるために背景となる黒紙を各班の一名に両手で支持させることにした。ところが、湯の温度が低かったためか、メチルアルコールが充分気化せずなかなか火がつかなかったため、Y 教諭は、ビーカー中の湯が適正温度に達していないと判断して一旦生徒達にビーカーの湯を捨てさせ、職員室まで新しい湯を取りに行った。しかし、新しい湯を使っても火がつかなかったため、Y 教諭は、生徒達に特に指示をせず、再度職員室に湯を取りに行った。原告の所属していたクラスの児童達は、2 度目に Y 教諭が湯を取りに行った際（所要時間 2 ないし 3 分）、実験を継続して行い、試験管口の気化したアルコールに火がついたのでその炎を観察していたところ、火が原告のセーター（化学繊維製品）に燃え移った。原告は、セーターについた火を消そうとしたが、なかなか消えず、廊下に飛び出したところ、通りかかった K 教諭が原告のセーターの火を消し、それを脱がせて保健室に連れて行き、流水で患部を冷やした。しかし、原告は胸部中心上部付近から顔面下部にかけて約 10 パーセントの広さ、深度 II ないし III の熱傷を負った。

　この事例において、裁判所は「Y 教諭は、メチルアルコールは引火しやすく

45

突沸の危険もあるのであるからその取扱いには細心の注意を払う必要があり、また、生徒が取り扱う場合も常時監督し、安全が確保できるように指導する義務があったにもかかわらず、これを怠り、実験に使用する湯を取りに行くため理科室を離れ、その間生徒に実験を継続させ試験管を傾けて実験しているのを止めさせなかった過失がある。」と述べて、Y教諭の過失を認めた。

(2) **技術科中に発生した事故に関して、教員の指示内容が指導書に合致しないものであったことを理由に教員の過失が認められた例**（広島地判昭42・8・30下民集18巻7・8号899頁・判時519号79頁）

本件は、公立中学校1年の男子生徒が、技術科の工作授業の時間中、技術科の担当であるS教官の指導に従い、鉛筆屑入れの小箱を作るため、刃を上向きにして定置した電気かんなに、厚さ約1センチメートル、縦約12センチメートル、横約10センチメートルの板切れを置き、S教官の指示どおり両手先でこの板切れをおさえ押し進めながら削っていたところ、左手指着根が電気かんなの刃に触れ、栂指を残し他の四指に重傷を受け、即日病院でその四指を着根近くより切断することとなった事案である。この電気かんなは、削る物と接する盤が刃を境に前後に二分してあり、その前後の盤の間隔約4センチメートルの間を巾12・7センチメートルの刃が手前に高速回転する構造になっており、刃を下にして使用するのが通常の用法であるが、取付自在のステップを附属品として、例外的に定置使用も可能となっている。

この事例において、裁判所は、「本件電気かんなの構造が原告請求原因二記載のとおりであることは当事者間に争いがなく、このように刃口が広くかつ高速回転する電気かんなを定置形にし、これに縦約12センチメートル、横約10センチメートル、厚さ約2センチメートル弱の薄板を、素手で押し進めながら削るときは、指が刃物の回転部分にすべり込むおそれが多く、また指が刃物の回転部分にすべり込んだ場合には軽傷ではすまず必然的に重傷を惹起することは、電気かんなの検証結果、証人〔略〕の証言、鑑定人〔略〕の鑑定、文部省初等中等教育局職業課に対する鑑定嘱託の回答〔略〕を総合して明らかなところである。しかも学校において使用した技術科教科書〔略〕によれば、電気かんなの定置形と同視すべき手押かんな盤の使用法につき『長さ300％以下の短いものや厚さ20％以下の薄いものは危険であるから削らない』と説明してあ

り、また文部省作成の『技術科、家庭科運営の手びき』〔略〕には手押かんな盤の使用法につき『直接手によつて加工材を送ることを避け送材板を用いて加工材を送ることが大切である。危害予防上300％以下の小片は削つてはならない。』と記載してあるにも拘わらず、S教官がこれをあえて無視し、その危険性を認識することなく前示一のとおり生徒に指示して切削せしめたことは、技術科担当教官としての注意義務に違反し過失を構成するものといわなければならない。」と述べて、S教官の指導上の過失を認めた。

4 おわりに

　理科の実験中に事故が発生する例は相当数存在しており、例えばインターネットで「理科　実験　事故」と入力して検索すれば、複数の事故の存在を確認することができる。他方で、判例雑誌等で公表されている裁判例は、体育の授業や運動部の部活動中に生じた事故と比較するとかなり少ないのが実情である。

　そのため、理科の実験中に生じた事故に関して損害賠償請求権の存否が問題となる事案では、本稿で紹介した裁判例に加え、学習指導要領解説の内容等を踏まえつつ、過失又は安全配慮義務違反の有無について検討することになると思われる。

　なお、損害賠償請求権の存否を判断する前提として、事故が発生した際の状況等、当該事故にかかる事実関係が明らかにされる必要があるが、学校内で発生した事故について、被害児童生徒の保護者が事実関係を明らかにすることは容易でない。この点に関し、文部科学省は、平成28年3月に「学校事故対応に関する指針」を公表しており、学校事故が発生した場合、学校又は学校の設置者において当該事故に関する事実関係を調査した上で、その結果を被害児童生徒の保護者に説明することとされている。この調査自体は、事故の原因究明及び再発防止のための取組について検討するためのものであって、関係者の法的責任の追及や処罰等を目的としたものではないが、被害児童生徒の保護者が「何が起きたのか」を知るために有用である。被害児童生徒の保護者としては、学校又は学校の設置者に対して、上記指針に基づく調査の実施を申し入れることも検討に値するだろう。

（飯田　豊浩）

第Ⅱ章 教室学習中の事故

2 教室内の授業時間外における安全配慮義務

最高裁（三小）昭和58年6月7日判決〈昭和57年（オ）第1411号〉
裁判集民139号117頁・判時1084号70頁・判タ500号117頁

Ⅰ 典型判例の紹介

1 ひとことで言うとどんな判例か

　放課後の教室内で、居残りをしていた児童の行為により別の児童が負傷した事故について、担任教諭の過失の有無が争われた事案。

　裁判所は、放課後の教室内で児童が負傷した事故について、教員の過失が肯定されるのは、学校における教育活動及びこれと密接不離な生活関係における事故であり、かつ、事故について具体的な予見可能性が認められる場合に限られるとした。

2 判決要旨

　最高裁は、次のように述べて、Xらの上告を棄却した。

　「所論の点に関する原審の事実認定は、原判決挙示の証拠関係に照らして肯認することができ、右事実関係のもとにおいて、被上告人の設置にかかるH小学校の校長及び担任教諭に所論の注意義務の違反はなく被上告人の国家賠償法1条1項の損害賠償責任は認められないとした原審の判断は、正当であって、その過程に所論の違法はない。論旨は、採用することができない。」

3 事案の概要

　(1)　本件事故があった昭和52年4月当時、原告Xは北九州市立H小学校（以下、「本校」という）5年生であり、同じクラスにAが在籍していた。

［典型判例］2　教室内の授業時間外における安全配慮義務

　(2)　昭和52年4月12日、Xは図工の授業で未完成だった作品（ポスター）を完成させたいとして、クラス担任のB教諭に居残りを申し出た。B教諭は、Xを含め、作品が未完成だった約3分の1の児童に対し居残り学習を許可する旨を告知するとともに、作品が完成した児童に対しては速やかに帰宅するよう告知したうえで、職員会議に出席するために教室を退出した。

　(3)　ところが、作品を完成させた児童数名が帰宅せず、紙飛行機を飛ばす遊戯に熱中し、教師机の後方の棚に置いてあった教材用画鋲鑵から画鋲を取り出し、これを紙飛行機の先端部にセロテープで固定してポスター作業中の児童の頭上等を飛ばし始めた。作品を仕上げて下校準備にとりかかっていたAもこの遊戯に加わり、紙飛行機の先端に画鋲を固定させて飛ばす行為に及んだ。

　(4)　Aが投げた紙飛行機が曲行してXの眼に当たり、Xは、昭和52年4月12日から昭和54年10月29日までの通院（治療実日数40日）、昭和52年5月20日から同年6月3日まで15日間の入院による治療を要する左外傷性白内障、穿通性角膜創、続発緑内障の傷害を受け、受傷前の視力1.5が0.01に低下し、コンタクトレンズによる矯正視力も0.7に止まる結果となった。

　(5)　本校においては、放課後の速やかな帰宅を建前としていたが、必ずしも厳格に実行されておらず、事実上居残りを黙認していた。教室内での児童の遊戯について、紙飛行機を飛ばすことはしばしばあったが、その先端に画鋲を固定することは本件事故当日が初めてだった。

　(6)　X及びXの両親は、Aの両親と、本校の設置者である北九州市に対して、損害賠償を求めて訴訟を提起した。

　(7)　なお、本件事故当時Aに責任能力がなかったことは当事者間に争いがなく、民法714条1項に基づくAの両親に対する損害賠償請求は、一部認容されている。

4　第一審[1]の判断

　第一審は、次のように述べて、北九州市に対する請求を棄却した。

　「小学校高学年の担任教諭が放課後一部の児童に対し居残り学習を許可する

1）福岡地小倉支判昭56・8・28判タ449号284頁。

第Ⅱ章　教室学習中の事故

に当り居残り学習を必要としない相当数の児童がなお在室する場合において、その担任児童が法律上責任能力を有しないといっても、小学校高学年ともなれば一応学校生活にも適応し相当の自律能力、判断能力を有しているものであるから、教諭としては、正規の教育活動が終了した以上、危険の発生を予測できる特段の事情がない限り、該学習終了まで付きっ切りで監督する義務を負担するものではないことはもとより、なお在室する学習外児童全員の退室下校を強制又は確認すべき注意義務までを負担するものではないと解するのが相当である。

　これを本件についてみるに、前認定のとおり、Ｂ教諭は、Ｘ外にポスター完成のため居残りを許可するに当り、既にポスターを完成しながらなお在室する居残りを必要としない児童らに対し速やかな帰宅を指示して自らは職員会議に赴いたものであってその間なんら注意義務違反の事実は見当らないし、画鋲の保管管理についても教師として特に注意義務に違反した事情は見当らないのであって、画鋲を固定した紙飛行機遊戯は過去になく、本件事故発生当時始めての遊戯であったことに照らせば、本件事故の発生はＢ教諭にとって事前に危険を予測できない突発的事故であったという外なく、同教諭に過失の責を問うことはできないといわなければならない。」

5　原審[2]の判断

　原審は、次のように述べて、北九州市に対する請求について、原告らの控訴を棄却した。

　(1)　公立小学校の教諭は、学校における教育活動及びこれと密接不離な生活関係について、児童の身体の安全を保護し監督すべき職責を負う。

　(2)　小学校5年生程度の年齢に達すれば、相当程度の自律能力、判断能力を備えている。同学年の児童を担当する教諭としては、放課後一部児童に居残り学習を許可したことは何ら不当な措置ではなく、居残り自習を必要としない児童も在室していたからといって、何らかの具体的な危険の発生を予測すべき特

---

2)　福岡高判昭57・9・20判例集未登載。原判決の理由の要旨は、最高裁判決掲載誌（判タ500号117頁）の解説を参照した。

段の事情の認められない限り、児童の下校帰宅をその自主的な判断に委ねるのは何ら不当な措置ではない。

⑶　B教諭は、居残り自習を許可するに当たり、居残りを必要としない児童には速やかに帰宅するよう指示して職員会議に赴いたのであるから、注意義務違反の事実はない。画鋲の保管管理についても教師として特に注意義務に違反した事情はない。画鋲を固定した紙飛行機遊戯は過去になかったのであるから、本件事故はB教諭にとって事前に危険を予測できない突発事故だったというほかない。

6　上告理由の要旨

原告らの上告理由の要旨は、次のとおりである。

⑴　本件事故当時、Aは小学校4年生から5年生になったばかりであり、実質的には4年生終了で、年令も10歳にすぎず当然責任能力なく、経験則に照せば精神的、肉体的発達も極めて未熟であり、思慮極めて浅薄というべく、原判決のいう「小学校5年程度の年令に達すれば既に相当の経験を積んで学校生活にも適応し、相当程度の自律能力、判断能力を備えている」などとは到底考えられない。

⑵　原判決が「教育上の見地から…、居残り自習許可にあたり具体的危険がない以上、児童の下校帰宅をその自主的判断に委ねることは何ら不当の措置ということは出来ない」としたのも極めて不当である。

本件は居残り自習というも、実質的には当日、4、5校時、図工の課目の時間に「交通安全ポスター」を作成する授業時間の延長としてのポスターの仕上げの時間であって、単なる居残り自習ではなかつた。

したがって、B教諭としてはXに居残り許可を与える際同クラス員約3分の1程度が出来上がっておらず、また同クラスの約3分の1程度の人員がポスター仕上とは無関係に残留していたことが認められるのであるから、これらポスター作成に関係のない人員を同教室から退去させて、ポスター作業を円滑、安全に遂行させるべき責任があった、といわねばならない。

経験則によれば児童は、特に1日の授業終了後は解放感も手伝って、教室内で遊んだり、いわゆる暴れまわったりするなどの挙に出ることは我々もかつて

経験したところであり、その結果教室のガラスを割ったり、喧嘩をするなどの事態が発生し、場合によりさらに重大な結果が発生することもなしとしない。

特に本件発生時は教育時間内というべきもので、同教諭が居残り許可を与え同教室を立ち去って約30分後に発生したものである。

同教諭としては、前述の措置のほか自己が許可した居残り作業が安全、円滑に遂行されているか否かを途中において確認する責任がある。

Ⅱ　典型判例の分析

1　学校事故の法律構成

学校事故によって児童生徒が死傷した場合、学校設置者に対する損害賠償請求の法律構成は、不法行為とする構成と、安全配慮義務違反を理由とした債務不履行とする構成が考えられる。

不法行為構成の場合は過失の評価根拠事実の立証責任を原告が負い、債務不履行構成の場合は帰責事由がないことの評価根拠事実の立証責任を被告が負うこととなるので、理論上は、立証責任に相違が生じる。もっとも、債務不履行と構成した場合でも、原告が、学校設置者又は教員が負っていた義務の内容を特定し、その義務に違反したことを立証しなければならない。この立証は、実質的に過失の評価根拠事実の立証と重なるため、実務上は、不法行為構成と債務不履行構成によって、立証責任の所在による相違は生じない。

不法行為構成と債務不履行構成の最も大きな相違は、消滅時効の起算点及び時効期間に表れていた。平成29年改正前の民法では、債務不履行構成の場合、権利行使可能時から10年間の消滅時効期間が定められていた（改正前民法166条1項及び167条1項）のに対し、不法行為の場合は損害及び加害者を知った時から3年間の短期消滅時効が定められていた（改正前民法724条前段）。平成29年改正（令和2年4月1日施行）により、人の生命又は身体を害する不法行為及び債務不履行については、5年の短期消滅時効と20年の長期消滅時効に統一され、消滅時効に関する相違は概ね解消された（現行民法167条、724条の2）。

本件では、学校設置者である北九州市に対する請求は国家賠償法1条1項に

［典型判例］2　教室内の授業時間外における安全配慮義務

基づくものであり、不法行為構成が採用されている。

2　教育活動との関連性

　児童生徒が負傷する事案について、裁判例は、一貫して、教育活動と密接に関連する活動に関しては、学校設置者及び教員の安全配慮義務が及び得ると解している。教育活動そのものである授業中の事故であれば、この点について判断に悩むことはない。これに対し、授業以外の時間帯に事故が起きた場合は、それが教室内であっても、「教育活動と密接に関連する活動」に当たるか否かが問題となり得る。

　この判断要素が、国家賠償法1条1項のどの要件に係るものかは、必ずしも明確ではない。教育活動と関係ない活動の安全確保は教員の職務の範疇にないとして、公務員の職務執行性の要件を欠くと解する余地もありそうである（本判決の第一審も、職務執行性の要件充足を肯定するために、B教諭が居残り学習の許可をしていたことを摘示しており、この枠組みを前提としているようである）。しかし、国家賠償法1条1項の職務執行性の範囲を非常に広く解する判例の立場を前提とすると、学校内で起きた事故について職務執行性を否定する余地は限られ、あえて「教育活動と密接に関連する活動」か否かを問う実益はほとんどない。また、債務不履行構成をとった場合、民法415条には職務執行性に相当する要件がないため、「教育活動と密接に関連する活動」か否かを考慮する余地がなくなるという不都合もある。多くの裁判例が、教員の過失の有無を論じる際にこの判断基準に言及していることをも考慮すると、教員の注意義務又は安全配慮義務の範囲を画するものと解するのが妥当である。

　本判決の原審も、公立小学校の教諭は、学校における教育活動及びこれと密接不離な生活関係について、児童の身体の安全を保護し監督すべき職責を負う旨を述べている。本件のような放課後の居残り学習が教育活動と密接に関連する活動といえるか否か、原判決が明示的に判断した形跡は見られないが、B教諭の具体的な注意義務違反の有無を詳細に検討していることから、居残り学習が教育活動と密接に関連する活動に該当することを前提にしていると解される。放課後とはいえ、教室内で起きた同じクラスの児童間の事故であることに加え、図工の授業後そのまま継続した居残りであったこと、居残りの目的が図工の授

第Ⅱ章　教室学習中の事故

業の課題を完成させるためであったこと、Ｂ教諭が児童らに居残りの許可を与えていたことを考慮すると、実質的には授業を延長した自習時間と見ることができるから、原審の判断は、特段不合理な判断ではないだろう。

3　教員の注意義務と予見可能性の程度

　学校事故について不法行為責任又は債務不履行責任を問うためには、学校の教職員に過失があったと認められることが必要である。過失の定義については華々しい議論が展開されているが、一般に、予見可能性を前提とした損害回避義務違反と整理されている[3]。予見可能性は予見義務を前提としたものであり、「事故が起きるかもしれない」という抽象的な予見可能性では足りず、当該事故が起きることについての具体的な予見可能性が要求される。損害回避義務についても、事後に検討すれば損害を回避し得る方策があったという観点ではなく、事故当時に立ち返って、そのような方策をとる義務があったと認められることが必要である。

　本判決の第一審及び原審は、放課後の児童に対して教員が負う注意義務として、居残り学習が終了するまで付きっ切りで監督する義務はなく、児童全員の退室下校を強制又は確認すべき注意義務はないとした。そのように解する根拠として、小学校5年生程度の年齢に達すれば、相当程度の自律能力、判断能力を備えていること、教育上の見地から、その児童の年齢に応じて、自主自律の精神の涵養等のため、その訓練の機会を設けるべき積極的な配慮を必要とすることを指摘している。また、Ｂ教諭の画鋲の保管管理に落ち度はなかったことに加え、画鋲を固定した紙飛行機遊戯は過去になかったことから、本件事故はＢ教諭にとって事前に予測できない突発的事故であったとして、Ｂ教諭には予見可能性がなく、過失があったとは認められない旨の判断をしている。

　要するに、本判決は、放課後の居残り学習中に起きた児童の負傷事故について、「教育活動と密接に関連する活動」に該当することは肯定しつつ、Ｂ教諭に本件事故の具体的な予見可能性がなく、原告らが主張するような損害回避義務（居残り学習終了まで付きっ切りで監督する義務、学習外児童全員の退室下校を

3）吉村良一『不法行為法〔第6版〕』（有斐閣、2022年）73頁。

54

強制又は確認すべき義務）を否定し、Ｂ教諭に過失はなかったとしたものである。

　原告らが主張するように、居残り学習が終了するまで付きっ切りで監督し、又は学習外児童全員の退室下校を強制又は確認していれば、本件事故を防ぐことはできたかもしれない。しかし、このような事後的な観点から検討するのは過失の判断の枠組みとして誤りであるから、同様の遊戯が過去になかったことなど本件事故当時の観点から予見可能性及び損害回避義務の有無を検討したことは、妥当な判断といえる。

Ⅲ　類似事案の裁判例

1　概　要

　学校事故については多数の裁判例の蓄積があり、本判決と同様の、教室内の授業時間外における児童生徒の死傷事案に関する裁判例も、相当数が公表されている。

　裁判例の傾向を一言でまとめることはできないが、教員の過失又は安全配慮義務違反を判断する要素として、児童生徒の年齢、当該活動に内在する危険性の程度、同種の事故事例の有無、加害者となった児童生徒の日常の問題行動の有無などが考慮されている。

　以下では、活動の類型ごとに、代表的な裁判例を紹介する。

2　自習時間中の事故

⑴　概　要

　自習時間中の事故については、教育活動そのものであることを前提に、事故の発生について教員が具体的に予見できたか否かが問われている。

　裁判例の多くは、自習中に教員が常時生徒を監督する義務はないとし、他の児童を負傷させた児童の日常の行動に問題がなければ、予見可能性を否定する傾向にある。典型判例が採用した枠組みが、他の裁判例でも用いられているということができる。

第Ⅱ章　教室学習中の事故

⑵　神戸地判昭 56・11・27 判時 1044 号 423 頁

公立小学校 5 年生の自習時間中の事案。教員が不在の自習時間中に、複数の児童がつかみ合いの喧嘩となり、喧嘩をしていた児童Ⅹの左眼窩部に別の児童の足が当たり、Ⅹは左眼窩壁骨折、左眼窩鼻腔内出血、左眼麻痺性外斜視の傷害を受けた。

裁判所は次のように述べ、小学校 5 年生の自習においては、特段の事情がない限り、教師が常時在室又は見回りをして監督する義務はないとして、担任のA教諭とB校長の過失を否定した。

「児童は 5 学年の後半ともなれば、既に多くの経験を積んで学校生活に適合し、相当程度の自律判断能力を有しているものとみられるから、教師が常時在室もしくは見回りをして監督しなければ自習時間中の児童の安全を保持することができないと予見しうるような特別の事情がない限り、…校長は代りの教師に常時在室もしくは見回りをさせて児童を監督すべき注意義務を負わないし、また、担任教師も校長に代りの監督教師の配置を依頼したり、他の教師に常時の見回りを依頼すべき注意義務を負わないものと解するのが相当である。」

「A教諭はB校長の指示に基づく申合せに従い隣接学級の担任教師に監督を依頼し、また、児童に対し自習時間の学習方法及び規律について十分な指示と注意を与えており、B校長もA教諭も当日の自習時間について本件事故の発生を全く予見していないのであって、…事故の発生を予見しうるような事情も存在せず、本件事故は全く偶発的なものであったものと認められるから、前記特別の事情は存在しなかったものというべきである。したがって、本件自習時間については、B校長には代りの教師に常時在室もしくは見回りをさせて児童を監督させる注意義務はなかったし、A教諭には校長に代りの教師の配置を依頼したり、他の教師に常時の見回りを依頼すべき注意義務はなかったものというべきである。」

⑶　福岡地判平元・8・29 判タ 715 号 219 頁

公立小学校 5 年生の自習時間中の事案。5 年生のクラス担任のA教諭が、公務出張に出るため、午後 3 時から 3 時 30 分までを漢字プリントによる自習時間、3 時 30 分から 4 時までを学級会活動と係活動とする旨を児童らに指示し、廊下を走ったり暴れたりして友達や他の学級に迷惑をかけないよう、また午後 4

時には必ず下校するよう児童らに注意をした上で、教頭と隣のクラスの担任教諭に自習状況の監督を依頼した上で、出張に出かけた。ところが、午後4時前頃、児童Bが別の児童Xに対して、両側頭部を拳で約3秒間強く圧迫する行為を行った。児童Xはその直後から体調を崩し、脳内出血及びくも膜下出血により死亡した。

　裁判所は次のように述べて、A教諭及び校長の過失を否定した。自習時間も教育活動であることは肯定しつつ、教諭らに本件事故の予見可能性がないこと、自習に際して取るべき相当な措置を取っていたことを指摘して、注意義務違反はないとしたものである。

　「小学校の校長を始め担任教諭ら職員が学校教育の場において児童の生命・身体等の安全について万全を期すべき義務があることはいうまでもない。この義務は、学校教育法上又は在学関係という児童・生徒と学校側との特殊な関係上当然に生ずるものであるが、それが学校教育活動の特質に由来する義務であることから、その義務の範囲も、学校における教育活動及びこれと密接に関連する学校生活関係に限定されるものというべきである。特に教育活動上、外在的危険というべき生徒間事故において校長らの具体的な安全保持義務が生ずるのは、当該事故の発生した時間・場所・加害者と被害者の年齢又は学年・性格・能力・交友関係・学校側の指導体制・教師の置かれた教育活動状況等の諸般の事情すべてを考慮して、事故発生の危険性を具体的に予見することが可能であるような特段の事情がある場合に限られるというべきである。」

　「自習時間について、小学校5年生ともなれば、学習態度や集団行動について、相当程度の教育を受けており、既に相当程度の自律能力や判断能力を備えているのであるから、前記認定のように、自習授業につき担任のA教諭ら学校側のとった措置は、相当のものというべく、この点において過失ありということはできない。本件事故は、通常発生することが予想もされないような不運な事情の重なり合った結果であるというほかない。」

⑷　**最判平20・4・18裁判集民227号669頁**

　朝の会の前の朝自習中の事案。公立小学校3年生の児童Aが、朝自習の時間に、自分のベストがロッカーから落ちているのに気づき、ベストを拾って上下に振ってもほこりが取れなかったため、ほこりを取るために、ベストの襟首部

第Ⅱ章　教室学習中の事故

分を持って頭上で弧を描くように何周か振り回したところ、ベストのファスナーの部分が別の児童Ⅹの右眼に当たり、外傷性虹彩炎等の傷害を負わせたという事案である。

　最高裁は次のように述べて、担任教諭の過失を否定した。ベストを振り回す直前までの児童Ａの行動が自然なものであり特段危険なものでもなかったことから、担任教諭の予見義務及び損害回避義務を否定したものと解される。

　「Ａが日常的に乱暴な行動を取っていたなど、担任教諭において日ごろから特にＡの動静に注意を向けるべきであったというような事情もうかがわれないから、Ａが離席したこと自体をもって、担任教諭においてその動静を注視すべき問題行動であるということはできない。また、前記事実関係によれば、Ａは、離席した後にロッカーから落ちていたベストを拾うため教室後方に移動し、ほこりを払うためベストを上下に振るなどした後、更に移動してベストを頭上で振り回したというのであり、その間、担任教諭は、教室入口付近の自席に座り、他の児童らから忘れ物の申告等を受けてこれに応対していてＡの動静を注視していなかったというのであるが、ベストを頭上で振り回す直前までのＡの行動は自然なものであり、特段危険なものでもなかったから、他の児童らに応対していた担任教諭において、Ａの動静を注視し、その行動を制止するなどの注意義務があったとはいえず、Ａがベストを頭上で振り回すというような危険性を有する行為に出ることを予見すべき注意義務があったともいえない。したがって、担任教諭が、ベストを頭上で振り回すという突発的なＡの行動に気付かず、本件事故の発生を未然に防止することができなかったとしても、担任教諭に児童の安全確保又は児童に対する指導監督についての過失があるということはできない。」

3　休み時間中の事故

（1）　概　　要

　休み時間中の事故については、裁判所の判断は分かれる傾向がある。一般論として、授業中に比べると教員の注意義務は軽くなるとする裁判例が多いが、事故発生の具体的な予見可能性の有無によって、結論が分かれている。

［典型判例］2　教室内の授業時間外における安全配慮義務

(2)　東京高判昭 61・11・25 判例地方自治 47 号 38 頁

昼休み時間中に小学 6 年生の児童間で生じた傷害事故の事案。児童 X は、昼休みに校庭へ行こうとして教室を出たところ、児童 A 及び B の 2 名がふざけ半分に X の手を引っ張り、肩を押すなどした。嫌がった X が逃げようとしたところ、3 名とも手を取り合ったまま回転する格好となり、転倒した X は右肩を強打し、右肩部捻挫、上腕打撲、右蹠趾部捻挫等の傷害を負った。

裁判所は次のように述べて、教員の過失を否定した。昼休み時間も教育活動と密接に関連する活動であることは肯定しつつ、事故の予見可能性を否定したものと解される。

「昼休み時間といえども、学校の教育活動もしくはこれに準ずる生活指導活動が行われる場としての性格を有し、かつ、その間児童は教師の監護下にあるのであるから、担任教諭をはじめ学校側においてその間児童を指導監督し児童間での事故の発生を未然に防止すべき一般的な注意義務があることを否定することはできない。しかしながら、昼休み時間の過ごし方については、本件のように児童が小学 6 年生ともなれば、本来その自主性を尊重すべきものであるから、何らかの事故が発生する危険性を具体的に予見することが可能であるような特段の事情がある場合でない限り、担任教師としては、右時間中の個々の児童の行為について監視し指導すべき義務まで負うものではないと解するのが相当である。」

「A 及び B が普段 X や他の児童に暴行を加えていた事実はないうえ、本件事故は…殴る蹴るの態様による暴行とは全く異質の悪ふざけから生じたものである。そうだとすれば、本件事故は全く偶発的なもので、教諭としては本件事故の発生を予見することはおよそ不可能であったといわなければならない。したがって、本件につき前記特段の事情があったとはいえない。…教諭の児童に対する生活指導上及び損害拡大防止上の義務違反があったということはできないというほかはない。」

(3)　福岡地判平 28・10・26LEX/DB25544245

公立小学校の休み時間中に、教員と遊んでいた児童が負傷した事案。公立小学校 3 年生だった X が、休み時間に、担任教諭 A の介添えを受けて、後ろ向きに体を回転させて着地する遊びを行っていたところ、後方に転倒して後頭部を

59

床に打ち付け、左急性硬膜外血腫及び頭蓋骨骨折の傷害を負った。

　裁判所は次のように述べて、Ａ教諭の過失を肯定した。過去に同様の遊びで児童が負傷したことはなかったようだが、後方に回転させる行為自体が危険なものであり、本件事故を具体的に予見できたと判断したものである。

　「小学校の教諭は、その職務の性質及び内容からみて、学校における教育活動によって生ずるおそれのある事故から生徒を保護すべき注意義務を負うところ、これは休み時間においても同様である。」

　「本件回転行為は、自分の腕を生徒につかませ、生徒の腹部に手を当てて、後ろから生徒の臀部を抱きかかえるようにして回転させるというものであるところ、かかる行為は、回転行為の途中において生徒は頭が下にある体勢になることから、頭部から落下する危険性を伴い、また、勢いよく回転した場合には、着地後に勢いそのままにバランスを崩して後方に転倒する危険性を伴うという、それ自体転落・転倒の危険性を有する行為であると認められる。…教室の木製床の上にはマット等が敷かれていなかったこと、本件回転行為が行われたのは休み時間という解放感から生徒に気持ちのゆるみが生じやすい時間帯であること、Ａ教諭が担任をしていたのはＸを含む小学３年生であり、筋力やバランス感覚などの運動能力や行為の危険性等を判断する技能は未熟であることを考慮すると、Ａ教諭は、本件事故が発生する危険性を具体的に予見することができたものというべきである。…Ａ教諭は、本件事故を回避することが可能であったのに、回避のための措置を十分にとらなかったものといわざるを得ない。」

4　始業前又は放課後の事故

(1)　概　要

　始業前又は放課後の事故については、教員の過失を否定する裁判例も多いが、児童生徒が加害者となる事故の場合、日常的に粗暴な言動を繰り返していたことなど、事故発生前の児童生徒の言動から、具体的な予見可能性を肯定した裁判例が複数公表されている。

(2)　**東京地判昭 40・9・9 下民集 16 巻 9 号 1408 頁・判時 429 号 26 頁・判タ 183 号 170 頁**

　公立中学校における放課後の事故の事案。中学校１年生のＸが、放課後の教

室内で作文の挿絵を描いていたところ、同級生AがXの作文をからかう言動をした。XがAの言動を制止しようと立ち上がったところAが逃げ出したため、XはAを追いかけたが、その途中、Aが半開きになっていた防火扉を閉めた際に、Xは防火扉に顔面をぶつけて、上前歯四本折傷並びに歯肉裂傷の傷害を受けた。

裁判所は次のように述べて、校長Bと担任教員Cの責任を認めなかった。一般論として中学校の教員が民法714条3項に基づいて監督義務を負うことを肯定しつつ、放課後の偶発的な事故は教育活動及びこれと密接不離の関係にある生活関係にないことから、監督義務の範囲外としたものである。

「中学校の教員は、親権者のように責任無能力者の全生活関係につき監督義務を負うものではなく、生徒の特定の生活関係すなわち、学校における教育活動及びこれと密接不離の関係にある生活関係についてのみ監督義務を負うものと解するのが中学校教員の地位、権限及び義務に照して相当と解する。これを生徒の不法行為についての責任についていえば、学校における教育活動及びこれと密接不離の関係にある生活関係に随伴して生じた不法行為、いいかえれば、その行為の時間、場所、態様等諸般の事情を考慮したうえ、それが学校生活において通常発生することが予測できるような行為についてのみ、中学校教員は代理監督者として責任を負うものと解されるのである。

本件事故は、…事故発生の時間、事故の具体的態様を考えれば、学校における教育活動及びこれと密接不離の関係にある生活関係から随伴して生じたものとはいえず、それ故に、B及びCは、Xのかような行為についてまでの監督義務はないものといわなければならない。」

(3) 仙台地判平20・7・31判時2028号90頁・判タ1302号253頁

公立中学校で、始業前の時間帯に教室で起きた事故の事案。2学期の終業日の朝、Xが登校したところ、同じクラスのAから腹部を軽く殴るなどされた。これに立腹したXの行動に驚いたAは、ロッカーから箒を取り出してXに投げつけた。その結果、Xは右眼を損傷し、視力低下、視野欠損、続発性緑内障による視神経萎縮などの後遺症を負った。

裁判所は、本件事故が学校教育活動と密接な関係を有する学校生活関係の中で生じたものと認めた上で、次のように述べて、教員に安全配慮義務違反が

あったとした。Aには自己抑制力を欠く言動が日常的に見られたようであり、このことから、本件事故の予見可能性を肯定したものと解される。

「一般的に中学1年生といっても精神面での発達において小学生の域にとどまるいわば小学7年生ともいえるような行動に走ることがあることは社会通念上否定できず、上記のようなAの性格に内包されていた危険性やその発現としての授業妨害なども、被告学校の教員としては通常想定すべき範囲内のものであったということができ、被告学校の教員としては、Aに対しては、他の生徒の生命、身体などに危害が生じないようにするために、常日頃からAの動静に注意を払い、授業妨害などの行為を見かけたときにはその都度Aに注意を与えて、教室、学校あるいは社会内で生活するために守ることの必要なルールを教え、ルールを逸脱しないような生活を送ることの重要性を認識させて、A自身の自己抑制力を高めるべく指導する義務を負っていたというべきである。」

「被告学校の教員には、Aの自己抑制力を高めるべく適切な指導を行う義務を怠った過失があり、それによりAの自己抑制力の乏しさに伴う危険性の発現として本件事故が生じたのであるから、Xに対する安全配慮義務に違反したことは明らかである。」

(4) 福岡高判平27・5・29判例集未登載

始業前の教室内での暴力行為により、生徒が負傷した事案。Xは公立小学校5年生の生徒だったが、6年生の児童Aが、始業前の教室において他の児童の眼鏡を取り上げる、椅子に乗るなどの悪ふざけをした上、靴履きのままXの顎付近を蹴り付け、Xはガラス窓に後頭部をぶつけた。この結果、Xは、頸椎捻挫、歯槽骨骨折、歯牙亜脱臼の傷害を負った。

裁判所は、次のように述べて、本件事故の具体的な予見可能性を肯定し、学校設置者に対する国家賠償請求を一部認容した。始業前の時間帯でも教育活動との密接な関連性があることを肯定した上で、本件事故前から、Aに自己抑制力を欠く言動や暴力的な言動が多数見られたことから、他の児童に危害が及ぶことを予見できたとしたものである。

「児童間事故における担任教諭の具体的な安全配慮義務が生ずるのは、学校における教育活動及びこれと密接に関連する学校生活関係において、当該具体的状況のもと、何らかの事故又は加害行為が発生する危険性を具体的に予見す

ることが可能であることが必要である。」

「本件暴行の発生時刻は始業時刻前であったが、…校内放送の開始とともに、速やかに教室に戻って朝の挨拶に備えるよう指導されていたものであり…、登校した児童にとってその時間帯は教育活動の準備に要する時間であったということができる。…本件暴行は…教育活動に場所的・時間的・質的に密接な関連性を有する学校生活関係において発生したものと認められる。」

「教職員としては、Aの本件教室への立入りが続けば、…他の児童に対し、何らかの加害行為が行われる危険性を具体的に予見することが可能であったと認めるのが相当である。」

Xのクラスの担任の教諭は、Aの担任教諭等と連携するなどして「Aの本件教室への立入りを制限するなどの具体的な安全配慮義務を負っていたものというべきところ、…上記の安全配慮義務に違反した過失があり、これによって本件暴行が発生したものであるから、被控訴人は、国賠法1条1項に基づき、本件暴行によって控訴人に生じた損害を賠償する責任を負うものというべきである。」

Ⅳ　展開―親権者の責任

1　概　要

ここまで、学校設置者の損害賠償義務を中心に述べてきたが、児童生徒間で生じた学校事故においては、学校設置者だけでなく、加害者となった児童生徒及びその保護者に対して損害賠償が請求されることも多い。

小学生程度の年齢の場合、責任能力（民712条）が否定されることが多いため、民法714条1項に基づき、監督義務者（保護者）に対して損害賠償請求がなされることとなる。同項但書は、監督義務者がその義務を怠らなかったときには損害賠償義務を負わない旨を定めるが、従前の裁判例では、監督義務者が義務を怠らなかったと認められることはほぼなく、小学生程度の年齢の子を持つ親は、実質的に無過失責任を負うような状況だった。典型判例の第一審判決も、ごく簡単な判示だけで、保護者の損害賠償責任を認めている。

第Ⅱ章　教室学習中の事故

2　最判平 27・4・9 民集 69 巻 3 号 455 頁・判時 2261 号 145 頁・判タ 1415 号 69 頁

　ところが、今治市サッカーボール事件最高裁判決（最判平 27・4・9 民集 69 巻 3 号 455 頁）が、保護者が監督義務者としての義務を怠らなかったとして、民法 714 条 1 項ただし書による免責を最高裁として初めて認めたことで、状況が変わりつつある。同判決により、今後、児童生徒間で生じた学校事故については、学校設置者及び教員の注意義務に加えて、加害者となった児童生徒の保護者の監督義務も、多くの訴訟で争点になるものと思われる。この点は、授業時間の内外、教室の内外など、事案を問わない。

　同判決は、保護者が監督義務者として負う注意義務違反の判断においても、他人の身体に損害を生じさせるような行為について具体的に予見可能であることなどを要求しており、学校の教員が負う注意義務の判断と軸を一にしたものと解することができる。同判決の要旨は、次のとおりである（保護者を Y、その子を A として引用する）。

　「責任能力のない未成年者の親権者は、その直接的な監視下にない子の行動について、人身に危険が及ばないよう注意して行動するよう日頃から指導監督する義務があると解されるが、…親権者の直接的な監視下にない子の行動についての日頃の指導監督は、ある程度一般的なものとならざるを得ないから、通常は人身に危険が及ぶものとはみられない行為によってたまたま人身に損害を生じさせた場合は、当該行為について具体的に予見可能であるなど特別の事情が認められない限り、子に対する監督義務を尽くしていなかったとすべきではない。」Y らは、「危険な行為に及ばないよう日頃から A に通常のしつけをしていたというのであり、A の本件における行為について具体的に予見可能であったなどの特別の事情があったこともうかがわれない。そうすると、本件の事実関係に照らせば、Y らは、民法 714 条 1 項の監督義務者としての義務を怠らなかったというべきである。」

（小國　隆輔）

第Ⅲ章　運動中・学校行事中の事故

［典型判例］3　水泳授業中の安全配慮義務

| 典型判例 | **3** | **水泳授業中の安全配慮義務** |

最高裁（二小）昭和 62 年 2 月 6 日判決〈昭和 59 年（オ）第 1058 号、1059 号〉
裁判集民 150 号 75 頁・判時 1232 号 100 頁・判タ 638 号 137 頁

I　典型判例の紹介

1　ひとことで言うとどんな判例か

　公立中学校の体育授業中、教諭の指導の下で水泳の飛び込み練習をしていたところ、中学 3 年の生徒がプールの底に頭を強打して全身麻痺となった事故について、当該教諭に指導上の過失があったとして、国家賠償法 1 条 1 項に基づき学校設置者である市に対し損害賠償支払を命じたものである。

2　判決要旨
⑴　国家賠償法 1 条 1 項について

　国家賠償法 1 条 1 項にいう「公権力の行使」について、「公立学校における教師の教育活動も含まれるものと解するのが相当であ」ると判示した。

⑵　A 教諭の注意義務違反について

　学校教諭の生徒に対する義務について、「学校の教師は、学校における教育活動により生ずるおそれのある危険から生徒を保護すべき義務を負っており、危険を伴う技術を指導する場合には、事故の発生を防止するために十分な措置を講じるべき注意義務があることはいうまでもない。」と判示した。

　また、A 教諭の注意義務違反について、「A 教諭は、中学校 3 年生の体育の授業として、プールにおいて飛び込みの指導をしていた際、スタート台上に静止した状態で頭から飛び込む方法の練習では、水中深く入ってしまう者、空中での姿勢が整わない者など未熟な生徒が多く、その原因は足のけりが弱いこと

67

第Ⅲ章　運動中・学校行事中の事故

にあると判断し、次の段階として、生徒に対し、2、3歩助走をしてスタート台脇のプールの縁から飛び込む方法を1、2回させたのち、更に2、3歩助走をしてスタート台に上がってから飛び込む方法を指導したものであり、X_1は、右指導に従い最後の方法を練習中にプールの底に頭部を激突させる事故に遭遇したものであるところ、助走して飛び込む方法、ことに助走してスタート台にあがってから行う方法は、踏み切りに際してのタイミングの取り方及び踏み切る位置の設定が難しく、踏み切る角度を誤った場合には、極端に高く上がって身体の平衡を失い、空中での身体の制御が不可能となり、水中深く進入しやすくなるのであって、このことは、飛び込みの指導にあたるA教諭にとって十分予見しうるところであったというのであるから、スタート台上に静止した状態で飛び込む方法についてさえ未熟な者の多い生徒に対して右の飛び込み方法をさせることは、極めて危険であるから、原判示のような措置、配慮をすべきであったのに、それをしなかった点において、A教諭には注意義務違反があったといわなければならない。」と判示した。

　この点、A教諭が、生徒に対して、自信のない者はスタート台を使う必要はない旨を告げていることについて、「生徒が新しい技術を習得する過程にある中学校3年生であり、右の飛び込み方法に伴う危険性を十分理解していたとは考えられないので、右のように告げたからといって、注意義務を尽くしたことにはならないというべきである。」と判示した。

⑶　**定期金賠償について**

　Yが上告理由において、付添看護費用につき、一時金支払ではなく、定期金支払がなされるべきであると主張した点について、最高裁は、「損害賠償請求権者が訴訟上一時金による賠償の支払を求める旨の申立をしている場合に、定期金による支払を命ずる判決をすることはできないものと解するのが相当である」として、定期金支払を否定した。

3　事案の概要

　X_1は公立中学校の3年生であり、同校のプールにおいて、体育授業で水泳の授業を受けていた。同授業では、同校に勤務するA教諭の指導の下、X_1を含む41 〜 42名の男子生徒に対して、頭から水中に飛び込む、いわゆる逆飛び

込みの飛び込み方法を教え最終的には競泳のスタートの方法を生徒に習得させることにあった。

同校のプールは縦の長さが25メートルで7コースを有し、各コースには、最高位部分の高さが27センチメートル、最低位部分の高さが20センチメートル、台上部分が52センチメートル×43センチメートルの構造を有するスタート台が設置されており、その水深は満水時で、最深部1.4メートル、最浅部1.2メートルであるが、事故当日は、3クラス（約120名）が同時に授業を行っていたこともあり、プールは満水の状態ではなかった。

A教諭は、生徒らを水に慣らさせた後集合させ、プールの第3、第4コースを使用して、まずスタート台から静止した状態で踏み切る飛び込み方法を練習させた。この際には、足の指を拳一つくらい離してスタート台の縁にかけること、両手を耳につけること、足の蹴りを使って遠く浅く入ることなど、一般的な指導を行い、生徒らはこれに従い各自1、2回程度練習を行ったが、技能不足のためスタート台を使用しない生徒もいた。

A教諭は、練習の結果、水中深く入ってしまう者、空中でのフォームが整わない者等飛び込み方法が未熟な生徒が多いと判断し、その原因を足の「蹴り」が弱いためであると考えたため、次に、生徒に2、3歩助走をしてスタート台脇のプールの縁から飛び込む方法を指示した。その際には右飛び込み方法について格別の指導、注意は行わなかった。上記飛び込み方法を1、2回実施した後、今度は、2、3歩の助走をして、スタート台から飛び込む方法（助走つき飛び込み）を指導した。この際、A教諭は自信のない者は、スタート台は使う必要はない旨は告げたものの、それ以上に飛び込み方法自体については何らの指導もなさなかった。なお、その際A教諭も右、左、両足とステップして飛び込むまでの姿勢をとってみせたが、スタート台は使用せず実際にプールに飛び込むこともしなかった。このA教諭が指導した飛び込み方法は、中学体育課目の水泳指導書等の資料によったものではなく、A教諭が飛び込みに際しての「蹴り」の力をつけさせるための指導方法として考えついたものである。

X_1は、A教諭の指示に従い、助走して（距離は約2メートル）スタート台から踏み切ったところ、空中でバランスを失い、ほぼ垂直な角度で頭部から入水したため、水底に頭を激突させた。A教諭は、X_1が身体をくの字形に曲げて

第Ⅲ章　運動中・学校行事中の事故

腰から浮いてきたのを見て初めて異変に気付き救助したが、X_1 の踏み切り、空中での姿勢は全く見ていなかった。

　X_1 がプールの水底に自己の頭部を激突させる事故により、第四頸椎骨折による頸髄損傷の傷害を負った。また、X_1 は第六頸髄節を含めてこれ以下の部分が完全麻痺の状態であり、両上肢は肩の関節をあげることと、肘の関節を曲げることの他は全くできず、下肢は全く動かすことができなくなり、常時看護人の介護がなければ日常生活ができない状態となった。

　そこで、X_1、その両親（X_2）及び弟（X_3）は、同校の管理者であるY市に対し、債務不履行責任、国家賠償法1条1項、同法2条1項の責任に基づき、逸失利益、付添看護費用、療養雑費及び慰謝料等約1億7600万円を請求した。

4　第一審（横浜地判昭57・7・16判時1057号107頁・判タ471号88頁）の判断

(1)　国家賠償法1条1項の責任について

　市立中学校における、教師の行う教育活動が国家賠償法1条1項にいう公権力の行使に当たるか否かについて、「公権力の行使とは、国又は地方公共団体がその権限に基づき、優越的な意思の発動として行なう権力作用のみに限らず、純然たる私経済作用及び同法2条にいう公の造営物の設置管理作用を除くすべての作用を包含するものと解するのが相当であるところ、市立中学校における教育作用は、それが市と生徒間のいわゆる在学契約によって、発生するものであるかはともかくとして、市の設置、管理運営する中学校を利用して、市の教育行政の一環として行なわれているのであるから、純然たる私的作用といえないことは明らかなので、教師の行なう教育活動は、同条にいう公権力の行使に当るものというべきである。」と判示した。

(2)　中学校の水泳授業における注意義務について

　まず、中学校における体育授業として水泳の指導を取り入れる目的について、「健康と体力の向上、身体の調和的発達、水に対して自己の安全を守ること等にあり、特に飛び込みを指導課題として取りあげる意義は、一般的な水に対する恐怖心の除去、競泳のためのスタート方法の学習の他に、水上での事故に直面した時に自己の安全を護る手段の習得にある。」と判示した。そして、中学

［典型判例］3　水泳授業中の安全配慮義務

校の水泳授業を指導する教諭の義務として、水泳それ自体が内包する性質に着目し、「水泳は、他の体育科目に比較して事故が発生し易く、直接生命に対する危険をも包含しており、殊に飛び込みは、その蓋然性が高いためこの学習を指導する教師は、一般的に生徒の身体の安全に対して、充分な配慮を行ない、事故を防止する高度の注意義務を負っている。」とした。

　続いて、上記中学校の水泳の授業における指導教諭の注意義務を前提に、本件で問題となった逆飛び込みの具体的な指導方法として、「指導に関して留意すべき点としてこの飛び込み方法が、水面に頭部から入水し、この角度によっては、水底への頭部の激突の危険を内在させているものであることから、空中での姿勢については、『あごを引きしめ、上腕部で頭をはさむようにして、両腕を伸ばし、指先から水中にはいること、』そして、右の姿勢を保障し、鋭角での入水を避けるために、『飛び込みに際しては、台やプールの壁面に両足先を確実にかけさせること』があげられる。」と判示している。

⑶　**A教諭の注意義務違反について**

　上記の中学校の水泳授業における注意義務を前提として、A教諭が指導した「助走つき飛び込み」について、「右指導を工夫した理由として、生徒が飛び込む際の『けり』が弱い点を補うためであったとするが、そもそも『けり』の弱さを矯正するものとして、右方法が妥当であるか否かについても強い疑問があるうえ（本来右弱点の矯正は陸上での筋力、足のバネの強化によってなされるものである。）仮に右方法をとることが有益であったとしても、この方法で踏み切りを行なえば空中へは通常の場合よりは高く上ることになり、その結果水中に深くまで進入してゆきやすくなることや、踏み切りの方向を誤ることにより極端に高く上がってしまい、空中での身体のコントロールが不可能になることなどの危険は充分に予測しうるのである。従って、A教諭には『助走つき飛び込み』法の指導を実施するにあたり、踏み切る位置、滑らないで踏み切れる場所の確保、プールの十分な深さなどについての適正な場所の設定、右指導の目的の充分な説明、前記危険を除去するための適切、丁寧な指導をなすべき注意義務が存すると認められるところ」、「同人は、通常の設置基準に基づいて設置された」「中学校プールで、最高部で27センチメートル、最低でも20センチメートルの高さを有し（X_1が『助走』した位置からすれば、高さは更に加

71

わる。）、かつ、水面側に傾斜したスタート台において、右方法についての具体的な指導を一切行なうことなく生徒に『助走つき飛び込み』を試みさせたものであるから、同人が水泳の指導を行なう体育教師として X_1 の身体の安全を保護し、事故を防止すべき注意義務を怠ったことは明らかである。」と判示した。

(4) 損害について

上記のとおりA教諭の過失を認め、Y市に対し、国家賠償法1条1項に基づく損害賠償として、 X_1 につき逸失利益等として約1億4000万円の支払を、 X_2 につき慰謝料等として約各380万円の支払を認めた。なお、 X_3 の慰謝料については、 X_1 の弟であることから民法722条の範囲に含まれないとして同人につき請求棄却となった。

5 原審（東京高判昭59・5・30判時1119号83頁・判タ526号271頁）の判断

市が控訴したが、原審は、認容額を一部減額したものの、第一審同様、A教諭の過失を認め、Y市に対し、国家賠償法1条1項に基づき損害賠償の支払を命じた。

原審では、第一審におけるA教諭の「助走つき飛び込み」について、第一審よりもさらに詳細に検討し、「A教諭がかかる方法を指示したのは生徒が飛び込む際の『けり』が弱い点を補うためであったこと、かかる方法は水泳の指導書等によったものでないことは前認定のとおりであるから、このように指導書等によらない方法を中学生の飛び込み指導に導入したこと自体、その妥当性が問われてしかるべきである。のみならず、〔中略〕、そもそも『けり』の弱さを矯正するためのものとして右方法を採用したことについては疑いなしとしないのみならず、仮に右方法をとることに有益な面があるとしても、この方法で踏み切りを行ない、ことに本件のごとくスタート台上に乗り上った後に踏み切りを行なうときは、踏み切りに際してのタイミング、踏み切る位置の設定が難かしく（ママ）、また空中へは通常の場合に比し高く上ることになりやすく、その結果水中深くにまで進入してゆきやすくなること、踏み切りの方向を誤ることにより極端に高く上ってしまいバランスを失って空中での身体のコントロールが不可能になることがあることが認められ、そうとすれば、助走つき飛び込み方法は、前説示の飛び込みに際して水底への頭部の激突の危険をさけるため

の一般的注意事項とされている『台やプールの壁面に両足先を確実にかけさせる』ことに反する結果になるおそれが多分にあり、ひいては『あごを引きしめ、上腕部で頭部をはさむようにして、両腕を伸ば』すという空中姿勢をとることも著しく困難となる危険性を内包するものであるというべく、このことは、事柄の性質上飛び込みの指導にあたるＡ教諭にとって充分これを予見しうるものであったといわなければならない。」と判示し、指導書等によらない方法を飛び込み指導に導入したこと自体の妥当性を問題としている。

これに対しＹ市が上告した。

Ⅱ　典型判例の分析

1　本判決の意義

本判決では、①公立学校における教諭の教育活動が国家賠償法１条１項の「公権力の行使」に含まれるとした点、②学校教諭は、学校における教育活動により生じるおそれのある危険から生徒を保護すべき義務を負っており、危険を伴う技術を指導する場合には、事故の発生を防止するために十分な措置を講じるべき注意義務があるとし、指導を受けていた中学３年生の危険に対する理解度も考慮して、Ａ教諭の注意義務を認めている点において意義があろう。

2　国公立学校における教諭の教育活動が国家賠償法１条１項の「公権力の行使」に含まれることについて

国公立学校における教諭の教育活動に伴って生じた事故について、学校設置者たる国又は地方公共団体に対し損害賠償請求をすることが一般的であろう。この場合には、国家賠償法１条１項に基づいて損害賠償請求を行うが、同項の「公権力の行使」に国公立学校の教諭の行う教育活動が含まれるのかという問題が一応ある。

かつては、「公権力の行使」を狭く捉えて、国公立学校の教諭の行う教育活動が非権力作用であることから、「公権力の行使」に当たらないとされていたが、現在の判例や学説の多数は、国公立学校の教諭の行う教育活動は「公権力

第Ⅲ章　運動中・学校行事中の事故

の行使」に当たるとされている[1]。

　本判決は、国家賠償法 1 条 1 項にいう「公権力の行使」には、公立学校における教師の教育活動も含まれるものと解するのが相当である、と明言した点において先例的な意義があろう。

3　国公立学校教諭の過失の内容について

(1)　教諭の教育活動に求められる注意義務について

　国公立学校における教諭の教育活動が国家賠償法 1 条 1 項の「公権力の行使」に含まれるとした場合、不法行為一般の要件として、その教諭の過失の内容、すなわち、教諭の教育活動に求められる注意義務が問題となる。

　学校における正課授業には、国語や数学のように通常は児童生徒の身体に危険が及ぶような事故が発生する可能性がないものの他、体育や理科の実験のように、授業内容それ自体に児童生徒の身体に危険が及ぶ事故が発生する可能性が内包されているものがある。また、体育でも、本件で問題となった水泳は、陸上で行う体育授業（例えば徒競走や野球などの球技）と比較して事故が発生する可能性が高いものである。このように考えると、授業を担当する教諭は、それぞれの授業内容に内包されている事故発生の危険を認識予見し、児童生徒に危険が及ばないように事故を防止する義務（いわゆる安全配慮義務）を負っているといえる。また、そのような安全配慮義務については、教育研究プログラム策定、授業計画策定、適任教員選任、教場安全管理、事前指示・注意、監視救助体制整備、指導方法、事後措置というように授業計画の策定段階から事故発生後の措置に至るまで様々な段階で様々な安全義務が課されている[2]。しかも、水泳の授業のように、直接児童生徒の生命に対する危険が生じる可能性のあるものもあり、その場合には、教諭には高度の注意義務が課せられるといえる。

　また、教育を行う相手が小学生のように成熟度が未熟な者に対してはより丁

---

1)　伊藤進＝織田博子「学校事故賠償責任の判例法理（50）」判時 1403 号 145 頁、磯野弥生「公立中学水泳授業飛び込み事故の国家賠償」『教育判例百選〔第 3 版〕』別冊ジュリ 118 号 137 頁。
2)　織田博子「体育授業中の事故」塩崎勤編『現代裁判法大系（9）学校事故』（新日本法規出版、1999 年）16 頁以下。

寧な指導が求められるし、高校生のようにある程度成熟している者に対しては児童に対する指導に比べて注意義務は相対的に低くなることも考えられるだろう。

　他方で、学校教育においては、一定の危険を含む課題を与え、それを克服させることで、危険の発生を防止したり回避したりする能力を習得させることを目的とするものもある。そうすると、正課授業で起こった事故の責任を教諭の責任とすることは、教育活動そのものを委縮させることに繋がりかねない。

　そこで、教諭の教育活動に求められる注意義務を考えるにあたっては、個々の授業内容に即して、教育相手の属性を考慮しつつ、過度に教育活動を委縮させることのないよう、その内容が判断されるべきである。

⑵　**水泳授業中の安全配慮義務について**

　本判決では、「学校の教師は、学校における教育活動により生ずるおそれのある危険から生徒を保護すべき義務を負っており」として、教諭の教育活動に求められる一般的な注意義務を説示している。さらに、「危険を伴う技術を指導する場合には、事故の発生を防止するために十分な措置を講じるべき注意義務があることはいうまでもない。」とし、危険を伴う指導をする場合には、一層の注意義務が課せられることを説示している。

　その上で、本判決では、A教諭の指導した「助走つき飛び込み」は、指導書等にも書かれていないものであり、その方法を指導したこと自体の妥当性が問われてるような危険な指導であったとの原審の認定を認めた上で、このような危険な指導によれば、「踏み切りに際してのタイミングの取り方及び踏み切る位置の設定が難しく、踏み切る角度を誤った場合には、極端に高く上がって身体の平衡を失い、空中での身体の制御が不可能となり、水中深く進入しやすくなるのであって、このことは、飛び込みの指導にあたるA教諭にとって十分予見しうる」として、A教諭には、「助走つき飛び込み」に伴う事故発生（結果発生）の予見可能性が十分にあったことを認めている。それにも関わらず、原審が認定しているような措置や配慮、つまり「踏み切る位置、滑らないで踏み切れる場所の確保、プールの十分な深さなどについての適正な場所の設定、右指導の目的の充分な説明、前記危険を除去するための適切、丁寧な指導」を一切行わなかったことから、A教諭の注意義務違反を認めている。

第Ⅲ章　運動中・学校行事中の事故

　そして、A教諭は自信のない者はスタート台を使う必要はない旨を告げているが、指導を受ける相手が新しい技術を習得する過程にある中学3年生であることから、「助走つき飛び込み」に伴う危険性を十分理解していたとは考えられないので、そのことを告げたからといって、注意義務を尽くしたことにはならないと述べている。

　このように、本判決は、A教諭が実施した「助走つき飛び込み」事態が危険な指導であることを踏まえ、そのような危険な指導を行うのであれば、危険を排除するために十分な説明や丁寧な指導を行う高度の注意義務を設定し、指導していた中学3年生の危険に対する理解度も考慮して、A教諭の注意義務を認めている点において意義があろう。

Ⅲ　授業中のプール飛び込み事故において教員の過失が認められた裁判例 [3]

　本判決後も、以下のとおり、授業中のプール飛び込み事故において教員の過失が認められた裁判例が存在する。

1　宮崎地判昭 63・5・30 判時 1296 号 116 頁・判タ 678 号 129 頁

　公立中学校2年の生徒が、同校内に設置されたプールにおいて、教諭の指導により体育の授業としてスタート台から逆飛び込みを行ったところ、入水直後に水底に前頭部を打ちつけ、頚髄損傷、頚椎圧迫骨折の傷害を負った事案。

　判決では、本件プールのスタート台前面の水深は、技術の未熟な者がスタート台から逆飛び込みの練習を行うには構造上危険であり、しかも、当該生徒は中学2年生としては体格が大きく、スタート台からの逆飛び込みによる危険性が特に高かったのであるから、指導教諭としては、当該生徒の逆飛び込みの技

3）報道によれば、令和6年3月26日東京地裁にて、当時公立高校3年生の生徒が、水泳の授業において、指導教諭が同生徒に対し、スタート台のおよそ1メートル先から水面と水平にデッキブラシを差し出し、その上を越えて飛び込むよう指示したところ、同生徒がプールの底に頭を打ち、頚椎を損傷した事案につき、教諭の過失を認め、都に国家賠償法1条に基づく損害賠償を認めたものがある。

76

[典型判例] 3 水泳授業中の安全配慮義務

術を正確に把握した上で、スタート台から安全に逆飛び込みができるようになるまで、段階的指導方法により繰り返し逆飛び込みの練習をさせるべきであり、それまでは、当該生徒にスタート台から立位での逆飛び込みをさせてはならない注意義務があったというべきであったと判示した。その上で、指導教諭は、保健体育部の水泳指導計画案に形式的に従い、中学校1年生時の復習という形で逆飛び込みの段階的練習を短時間実施しただけで、生徒全員にスタート台からの逆飛び込みを行わせたものであり、その結果、当該生徒がプールサイドでの練習においても相当不安定な飛び込みをしているのを見落し、これに適正な個別指導をすることなく、スタート台からの逆飛び込みをなさしめた過失があるとし、学校設置者である地方自治体の国家賠償法1条の責任を認めた。

2　福岡地判昭 63・12・27 判時 1310 号 124 頁

　公立高校1年の生徒が、水泳授業中、教諭の指導に従い、プールのスタート台から逆飛び込みを行ったところ、入水直後にプールの底に頭部を打ち付け、頚髄完全損傷の傷害が生じた事案。

　判決では、指導教諭が当該生徒に対し、泳力調査のために、いかに任意選択的であるとはいえ、最初の水泳実技の日に、当該生徒に対しスタート台からの逆飛び込みを行わせたことは、その際の教諭の指導の仕方、注意の方法の不備とも合わせて、安全保護義務を尽くさなかった過失ありといわざるを得ないとした。また、①逆飛び込みを含めて飛び込み技術は、水中での泳ぎとは別の実技であって、泳力調査ないし各生徒の泳ぎの習熟度を調べるのが目的であれば、まず足からでも安全に入水させるなどして、主眼を水中での泳ぎに向けることで足りること、②水泳実技の教育においては、飛び込みは飛び込みの実習で指導するのが望ましく、特に逆飛び込みは、入水角度を誤るなど生徒の飛び込み方のミスにより事故につながる危険性の高いものであり、過去にも学校事故の生じた例のあることは顕著な事実であることを考えると、逆飛び込みを主題とする安全かつ段階的な指導方法を講じる必要があったこと、③当日は、生徒が高校に入学した後の最初の水泳実技の日であったのに、中学校在学時における水泳実技の履修状況や水泳能力を調査しただけで、簡単にスタート台からの逆飛び込みを生徒自身の任意選択に任せて容認したのは、指導教師としていささ

77

第Ⅲ章　運動中・学校行事中の事故

か安易な態度であったこと、④指導教諭は、当該生徒のスタート開始前に、逆飛び込みにつき、とおりいっぺんの注意と身振りでの説明をしただけであって、実際に模範演技を示すとか、入水直前まで及び水中では眼を明けること、入水角度など、事故防止の具体的指示にも欠けていたものであり、その口頭注意も十分には生徒に行きわたっていなかったこと、から、指導教諭には、指導上の過失があり、学校設置者たる地方自治体に対し国家賠償法1条に基づく賠償を命じた。

3　山口地岩国支判平3・8・26判タ779号128頁

公立小学校6年の児童が、水泳授業において、2人の教諭の指導の下に逆飛び込みの練習をしていたところ、同児童は、右飛び込み練習をしていた際、プールの底で頭を打って第二頚椎脱臼、第二、第三、第四頚椎椎体骨折の傷害を負って入・通院して治療を受けたが、頚椎に軽度の可動制限、第二ないし四頚椎が癒合椎となるなどの後遺症が残った事案。

判決では、本件プールは逆飛び込みをするプールとして安全性を欠いていないとしつつも、逆飛び込みの授業においては、児童の中で実技が上手な者であっても、担当教師の指導監督の及ぶ範囲で実技練習させることが必要であると判示した。そして、本件事故時のように、一部の児童をプール東側で自主的に練習させるのであれば、より高度の安全対策、安全の確保が要請されると解されるのであって、実技に習熟した者のみを選び、かつ危険性を十分に自覚させた場合に限るとか、教師の指導監督が不十分にならないような特別の配慮をするとかの対策が必要であるというべきであるとした。

その上で、本件については、同小学校では、5年生と6年生で逆飛び込みを練習しており、本件事故のあった日は水泳の授業としては最終段階に至っており、当該児童が児童の中で上手なグループに属し、かつ、当日も上手にできると判断されて東側で自発的な練習を指示されるなど、児童の中では上手にできるとみられていたこと、授業においては、飛び込んだら指先を反らす、危険な飛び込みをしないようにと担当教師が注意していたと認定した。しかし、当該児童が逆飛び込みに習熟していたとの証拠はなく（かえって、当該児童本人は2回くらいプールの底で額を軽く擦ったことがあるといい、同人の供述に照らすと腹

[典型判例] 3　水泳授業中の安全配慮義務

を打つのを避けるため入水角度か入水後の指先の反らし方の具合でやや深く入って
いく傾向があったことが窺われる）。また、本件事故時の合同授業は、児童に対
する指導監督は極めて不十分な状態であったと認められ、このような状態にな
ることを意識して特別な安全対策を講じた形跡はないとした。そして結論とし
て、本件事故時の授業における指導監督には、逆飛び込みに習熟したといえな
い小学校6年生の当該児童を指導監督の極めて不十分な状態で自主的に練習さ
せた点に安全に対する配慮に欠けた過失があったとするとともに、当該児童に
も過失があったとして過失相殺をして学校設置者である地方自治体に国家賠償
法1条に基づく損害賠償を命じた。

4　大阪高判平 4・7・24 判時 1439 号 127 頁・判夕 811 号 115 頁

　公立中学校3年の生徒が、水泳授業中に、教諭の指導のもと、逆飛び込みを
した際、プールの底に頭部を打ち付けて負傷した事案。

　第一審は指導教諭の過失を否定したが、本判決においては、逆飛び込みの指
導をする教師は、生徒の能力に応じた段階的な指導をし、逆飛び込みの未熟な
生徒に対しては、プール水面からの高低差のほとんどないプールサイドからの
練習により逆飛び込みの技術を十分習得させた上で、スタート台からの逆飛び
込みをさせ、事故の発生を回避すべき注意義務があるといわなければならない
とし、本件指導教諭は、これを怠り、未熟な当該生徒にプールサイドからの逆
飛び込みの反復練習でその技術を十分習得させないまま、スタート台からの逆
飛び込みをさせたものであるから、本件事故の発生につき過失があったという
べきであるとして、学校設置者である地方自治体に国家賠償法1条に基づく損
害賠償を命じた。

5　神戸地判平 5・2・19 判時 1467 号 100 頁・判夕 822 号 181 頁

　公立高等学校1年に在籍していた生徒が、体育水泳授業において、校内プー
ルのスタート台から逆飛び込みをしたところ、頭部をプールの底部に激しく打
ちつけ、頚椎圧迫骨折、頚髄損傷の傷害を受け、上下肢不完全麻痺が残った事
案。

　判決では、当該生徒がプールのスタート台から逆飛び込みをした際、頭部を

79

第Ⅲ章　運動中・学校行事中の事故

プールの底部に激しく打ちつけ受傷したものと認定した上、①逆飛び込みは、事故を起こしやすい危険な飛び込み方法であること、②日本水泳連盟は、昭和57年ころから、繰り返し、逆飛び込みによる事故防止を呼びかけ、あるいはプールの水深を深くするよう指導していたこと、③水泳指導を担当した教諭は、逆飛び込みをさせるにあたり、生徒の姿勢、動作を正確に観察せず、生徒の習熟度や技術、体格に応じた個別的指導を行わなかったのみならず、生徒が危険な飛び込みをしていることにも気付かず、基本的動作の実行を徹底させるとか練習を一時中断させるなどの措置をとらなかったことなどから、同教諭に水泳指導上の過失があったとし、Yの国家賠償法1条に基づく損害賠償責任を認めた。

6　松山地判平11・8・27判時1729号62頁・判タ1040号135頁

　公立小学校の6年生であった児童が、体育水泳授業中に逆飛び込みを行い、プールの底に頭部を激突させて第五頸椎骨折、頸髄損傷の傷害を負った事案。

　判決では、本件事故は、6年生全体による練習が終わってクラス別の指導に移行し、指導教諭が、当該児童に対し、ターンの練習という具体的な課題を与えた後、「苦手な泳ぎを練習しなさい。」などと指示して自主的な泳ぎの練習を行わせていた際に発生したものであるが、このような自主的な練習を行わせる場合、指導教諭には、水泳の授業が直接児童の生命・身体に対する危険を包含していること、特に、小学6年生という危険に対する判断能力の未熟な低年齢の児童を指導していることに鑑み、やや解放的になる児童の心理状況をも考慮し、クラス全体の児童の動静を絶えず確認し、安全確保のために十分な配慮を行うことが要請されているとした。そして、指導教諭は、他の児童から飛び込みの指導を求められるや、自ら飛び込みの方法を説明しながら両名に飛び込みを行わせているのであるから、自主的な練習時間中に一層危険の内在する飛び込みを行わせること自体の是非はともかく、一部の児童に飛び込みを行わせる以上、自らの指導監督の及ばないところで他の児童が飛び込むことのないよう絶えず確認し、事故の発生を未然に防止すべき注意義務を負っていたというべきであるとした。

　しかし、指導教諭は、プールサイド上において、クラス全体の児童の動静を

確認するのに何ら支障がなかったにもかかわらず、他の児童の指導のみに注意を奪われ、当該児童が飛び込みを行っていることを看過し、これを制止しなかった結果、自らの指導監督の及ばない状況のままで、当該児童が逆飛び込みを行って本件事故が発生したのであるから、前記注意義務違反を免れることはできず、本件事件の発生につき過失があったと認められるとした。なお、当該児童にも過失があったとして、過失相殺をしている。

7　東京地八王子支判平 15・7・30 判時 1834 号 44 頁

公立高校 1 年生の生徒が、教諭の指導のもと、同校のプールにおいて、水泳の授業を受けていたところ、スタート台から逆飛び込みをした際、プール底に頭部を衝突させ、第五頚椎粉砕骨折及びこれによる頚髄損傷の傷害を負い死亡した事案。

判決では、プールの構造と指導担当教諭による安全な飛び込みスタート指導の両面を併せて飛び込み事故の防止を図ることも、学校プールにおける通常有すべき安全性の確保の方法として許容されプールの設置に瑕疵はないが、指導教諭は、本件事故発生当時、本件プールは無人の状態において満水時より水位が約 4 センチメートルないし 5 センチメートル下がっていたと推認され、満水時より飛び込みによるプール底への頭部の衝突の危険性が増していたにもかかわらず、生徒らに対し、走り飛び込みや宙返りなどの危険な飛び込みをしないこと、飛び込みを行う際は、前後の安全に十分に配慮し、前の生徒がスタートしたら必ず 5 メートル以上の間隔を空けることとの注意を与えたのみで、逆飛び込みには、深く水に入ってプール底に頭部を衝突させ、頚椎・頚髄損傷をきたす危険性があることについては何ら説明せず（なお、同高校における第 1 学年男子の平成 11 年度体育科授業計画では、飛び込みスタートの危険性や各生徒の能力に応じた段階的指導は 2 学期に行うこととされていた）、また、飛び込み方法についても、生徒らを集めて、飛び込みの手本であるとして、初級者向け、中級者向け、上級者向けの 3 通りの飛び込み方を自ら飛び込んで示し、各自の能力に応じてこの中のどの形で飛び込んでもよい、飛び込みのできない生徒は自分の能力に応じてスタートすればよいと指示するのみで、深く水に入りすぎる危険性のある動作を具体的に説明して禁止するなどの措置はとらず、かえって、上

第Ⅲ章　運動中・学校行事中の事故

級者向けのスタート方法として、入水角度が大きく深く水に入りすぎる危険性の高いパイクスタートに近い飛び込み方を示していたのであるから、教諭には、上記保護義務を怠った過失があったとして、学校設置者に国家賠償法１条に基づく損害賠償請求が認められた。

Ⅳ　飛び込み（スタート）に関する指針等

　本判決にみられるように、飛び込みによるスタートにより、深く入水し、プールの底に頭部を打ち付け重篤な障害が生じたり、場合によっては死亡事故が起きているところ、事故防止の観点から以下のとおり飛び込み（スタート）に関する様々な指針等が出されている。各指針等では、学校での水泳授業の指導においては、事故防止の観点から、飛び込みスタートを禁止する方向である。

1　学習指導要領

　現在の小学校の学習指導要領（同解説含む。以下同じ）では、水泳の授業においては、「水中からのスタートを指導するものとする。」となっており、現在の中学校の学習指導要領では、「水中からのスタート及びターンを取り上げること。」とされており、飛び込みによるスタートの指導を行うとの記載はない。

　また、現在の高校の学習指導要領では、「スタートの指導については、事故防止の観点から、入学年次においては水中からのスタートを取り扱うこととしている。なお、入学年次の次の年次以降においても原則として水中からのスタートを取り扱うこととするが、『安全を十分に確保した上で、学校や生徒の実態に応じて段階的な指導を行うことができること』としている。この場合においても、安全を十分に確保した指導を行うことができる施設・設備が整備されていることや生徒の体力や技能の程度を踏まえた段階的な指導を行うことができる体制が整備されていること及び水泳の授業時数等、学校や生徒の実態に応じて取扱いを検討し、安全を十分に確保できる場合に限ることが必要である。」としている。

[典型判例] 3　水泳授業中の安全配慮義務

2　東京都教育委員会の通知

　平成 28 年 11 月、東京都教育委員会では、平成 28 年 7 月 14 日に起きた、都立高校での水泳授業において教師の指導のもと高校 3 年生徒がプールに飛び込んだところ、プールの底に頭を打ちつけて首を骨折した重大事故[4]を受け、都立学校の水泳授業においてスタートを指導する場合は、事故防止の観点から、原則として水中からのスタートとする、との通知を行っている。

3　スポーツ庁による通知

　令和 5 年 4 月 27 日、スポーツ庁は、「水泳等の事故防止について（通知）」と題する通知を出している。同通知別紙「学校における児童生徒等に対する水泳指導等について」では、前記 1 記載の学習指導要領の記載に触れつつ、公益財団法人日本水泳連盟が策定した「スタートの段階指導」及び「プール推進とスタート台の高さに関するガイドライン」も参考に、安全な指導を行うこと、とされている。

　また、同通知別紙には以下の資料も参考として挙げられており、水泳授業における飛び込み指導の指針として役立つと思われる。

(1)「学校における水泳事故防止必携（2018 年改訂版）」（平成 30 年 3 月独立行政法人日本スポーツ振興センター）

(2)「水泳指導の手引（三訂版）」（平成 26 年 3 月文部科学省）

(3)「学校における体育活動中の事故防止のための映像資料」（平成 26 年 3 月文部科学省）

(4)「水泳の事故防止～プールへの飛び込み事故を中心に～」（平成 28 年 3 月独立行政法人日本スポーツ振興センター）

V　その他体育授業中の事故の裁判例

　水泳授業中の事故以外にもその他体育授業中の事故に関する裁判例として以下のものがある。いずれの裁判例も体育授業における指導教諭の安全配慮義務

4）前掲注 2）の事故

83

第Ⅲ章　運動中・学校行事中の事故

に触れたものであり、実務上参考になる。

1　大分地判昭60・5・13判時1184号102頁・判タ562号150頁（サッカー）

公立小学校5年の児童が体育授業としてのサッカー競技中、他の児童の蹴ったボールが左眼にあたって負傷した事案。

判決では、体育授業としてのサッカーに際し、担当教師としては、ゲーム中の危険防止に十分な注意をすべきことは勿論のことであり、ことに、密集の中で相手の身体を蹴る危険のある蹴り方や児童に負傷を生じさせるような身体の接触等のいわゆるラフプレーを禁止するなど、これらに十分な注意を払って事故回避に努むべき注意義務があることはもとよりのことであるとした。また、足を高く上げて蹴ることや狭い個所で力一杯蹴ることは、とりもなおさず他の児童の身体を蹴る危険を招来する可能性が大きな蹴り方ということになるから、担当教師としてこれに十分注意し児童を指導すべきとした。

しかし、本件においては、相手方児童は、決して上記の蹴り方をしたわけではなく、自陣営に転ってきたボールを敵陣に向って夢中で蹴り返したのが、偶然、追っかけてきた原告の顔面に当ったというのが実情であったことや、サッカーゲームは相手ゴールポストに向けてボールを蹴ることがゲームの基本的な事柄であるから、ボールを蹴り返すことも絶えず反覆されるプレーであり、この場合ボールのコントロールが悪く、そこに駆け寄った相手方児童にボールが当たることもよく起こり易い事態であるとし、サッカーそのものに生じ得るボールの動きを指摘した。その上で、蹴られたボールが他の児童に当たる事態（これを危険といっても差つかえないが）を当然予測しながら、なおサッカーが児童の体育授業として肯認されているもので、この程度の危険（児童の体育といっても、すべてなにがしかの危険の存在は避け難く、安全性が完全に保障されているわけではなく、事故の発生を完全に防止できるとは限らない）の存在が、体育授業に参加する児童に危険予知やその回避能力を養成し社会生活上必要なものを体得するという児童の体育授業の意義や効用に寄与するものというべきであるとし、体育授業に内在する危険性があることを前提に、その危険を回避することによって教育効果が得られると判示した。さらに、上記程度の危険が存す

84

［典型判例］3　水泳授業中の安全配慮義務

るからといって、ボールを蹴り返すことを禁ずるとすれば、サッカー・ゲームは成り立たないことが明らかであるともした。

　以上を前提に、本件では相手方児童は、とりたてて危険な蹴り方をしたものではないことから、指導教諭には過失はないとして、学校設置者の責任を認めなかった。

2　静岡地判平2・3・6判時1351号126頁・判タ729号88頁（跳び箱運動）

　公立中学校の2年に在学していた生徒が、体育授業中、跳び箱運動の「前方倒立回転跳び」跳び箱上で腕立て倒立し、1回転して着地する運動で失敗し、跳び箱上部に頭をぶちつけた上跳び箱上から転落し、頸髄損傷、頭部打撲等の傷害を負った事案。

　判決では、指導教諭が体育授業で実施した跳び箱の前方倒立回転跳びは、中学校学習指導要領やそれを解説した文部省作成の中学校指導書に準拠して立てられた同校の教科年間指導において2年男子生徒による履修が定められていた種目であるので2年生徒に授業で試技させることは許容されるものであるが、跳び箱の前方倒立回転跳びは、できる生徒とできない生徒の個人差がはっきりした運動で、着手点が着地点よりかなり高く、跳び箱上で倒立回転姿勢をとるので、腕の筋力を必要とするばかりでなく、中学2年生にとっては、相当に高度な難しい技の運動であり、恐怖心や心理的不安感を生じ易く、高い危険性を内包している種目であるから、その指導にあたる教師としては、生徒各自の能力に応じ、個別的に、かつ、安全を確かめながら、台上からの倒立回転跳び、はねあげなど段階的な練習、指導を充分すべきであるとともに技能に劣る生徒に対しては自ら又は他の生徒を指導して補助すべきものであるとした。

　また、指導講師は、前任の指導教諭からは学年当初に前方倒立回転跳びの授業をしたことがある旨を抽象的に聞いたにとどまり、授業内容の概要や各生徒のでき具合いなどを確認したことがなく、自らの授業では本件事故の約1週間前の授業で体操部員の生徒に前方倒立回転跳びの試技を他生徒の目前で一回させ、その際、口頭で漠然とした注意を与えたことがあったにとどまっていたものであると認定した。そして、本件事故日に前方倒立回転跳びの試技をさせる

第Ⅲ章　運動中・学校行事中の事故

にあたっては、各生徒の技能の把握に努め、その能力に応じ、個別的、段階的な練習、指導を充分なし、かつ、当該生徒の運動能力が普通より少し劣り、倒立すら満足にできない生徒であるのを知っていたものであるから、自ら又は他の生徒をして倒立等を補助する注意義務があるものというべきであるところ、指導講師は、試技開始後２番目に体操部員の生徒に１回試技させた程度にとどまり、台上からの倒立回転跳びなどの練習のほか、踏み切りの位置、方法、着手の位置その他について具体的な指導を与えず、かつ、当該生徒の試技にあたって自ら又は他の生徒による補助をせず、漫然と、跳び箱の側方３、４メートル離れた位置で当該生徒の跳ぶのを静観していたにすぎないものであり、体育教師であり、当該生徒の運動能力について認識を有していたのであって、当該生徒の試技失敗事態の発生も十分に予見し得たとして、指導講師には注意義務を怠った過失があるものと認めた。

3　名古屋地判平 21・12・25 判時 2090 号 81 頁・判タ 1333 号 141 頁（組体操）

公立小学校６年生の児童が体育の授業で組体操を練習中、４段ピラミッドの最上位から落下して傷害を負った事案。

判決では、学校設置者である被告は、本件小学校における学校教育の際に生じ得る危険から児童らの生命、身体の安全の確保のために必要な措置を講ずる義務を負うところ、体育の授業は、積極的で活発な活動を通じて心身の調和的発達を図るという教育効果を実現するものであり、授業内容それ自体に必然的に危険性を内包する以上、それを実施・指導する教員には、起こり得る危険を予見し、児童の能力を勘案して、適切な指導、監督等を行うべき高度の注意義務があるというべきであるとした。

その上で、４段ピラミッドは、最上位の児童が、２ｍ以上の高い位置で立ち上がる動作を行い、かつ、安定するか否かは、３段目以下の児童の状況にかかってくるもので、落下する危険性を有する技であるから、それを指導する教員は、最上位の児童が不安定な状態になり、児童自ら危険を回避する措置をとることができないまま、落下する事態は認識することができるとした。また、本件事故の以前に、最上位の児童であった児童が落下する事故が生じているの

［典型判例］3　水泳授業中の安全配慮義務

であるから、指導教員らは、4段ピラミッドの最上位の児童が落下する事態が生じ得ることを十分に認識していたとして、本件事故を予見することは可能であったとした。

　そして、指導教員らには、①当該児童に対し、危険を回避・軽減するための指導を十分に行うべき注意義務、②3段目以下の児童が不安定な状況で、当該児童を立ち上がらせないように、4段ピラミッドの状況を十分把握して合図を出すべき注意義務、③仮に3段目以下の児童が不安定な状況で合図が出されてしまった場合であっても、4段ピラミッドの近くに教員を配置して、4段ピラミッドの状況に応じ、3段目以下の児童が不安定な場合には、その段階で組立てを止めるよう指示すべき注意義務、④当該児童が自ら落下を回避することができずに落下する事態に備えて、補助する教員を配置するなどして当該児童を危険から回避・軽減させる注意義務があったとし、指導教員らは、これらの注意義務をいずれも怠った過失があるとした。

（安藤　尚徳）

第Ⅲ章　運動中・学校行事中の事故

典型
判例 **4　養護教諭の義務**

> 東京地裁昭和 63 年 2 月 22 日判決〈昭和 57 年（ワ）第 12373 号〉
> 判時 1293 号 115 頁

Ⅰ　典型判例の紹介

1　ひとことで言うとどんな判例か

　都立高校の体育の授業において、被害生徒が体力向上のための補強運動として行われていた肩車を行った際、ペアとなったクラスメートを持ち上げる途中、その体重を支えきれず、同人を肩に乗せたまま腰が砕け、二つ折りになるようにして尻餅をつき、それにより第四腰椎圧迫骨折の傷害を負ったが、事故直後に応急措置を行った養護教諭の過失が否定された事案である。

2　判決要旨

　裁判所は、以下のとおり養護教諭に要求される養護（救護）診断[1]の程度や義務の内容等について判示した上、本件においては、養護教諭の職務上の過失があったものとはいえないとして、原告ら（被害生徒及びその親権者）の請求を棄却した。

(1)　**養護教諭に要求される養護（救護）診断の程度**

　「養護教諭は、医学的要素をもって学校に勤務する教育職員であって、学校内において要救急事故が生じた場合のその役割は、一般医療の対象とするまでもない軽微な傷病の処置と学校医等専門医の側へ要救護児童生徒を引き渡すま

1）なお、本典型判例においては、「養護診断」と「救護診断（義務）」との表現が用いられており、その差異については明らかではないが、本稿においては、上記を同一の義務であることを前提に検討を行う。

88

での処置をすることにある。養護教諭の行う養護診断は、学校内において傷病事故が発生した場合に、その傷病事故の発生状況、傷病の内容、程度をできるだけ速やかに認識し、自ら傷病の手当をするか、緊急なものであって直ちに医師のもとに移送するものであるか、あるいはその必要がないものであっても家庭へ送り帰し、保護者の保護監督下に置くべきものであるか、あるいは学校の保健室で継続的に観察する必要のあるものであるか、生徒を授業のため教室に帰して良いものかを判断することが第一の目的であり、即ち、その傷病事故の重症度、緊急度を判断するものであることが認められる。それゆえ、養護教諭の傷病についての判断手続については、一般の医師看護婦が専門的な傷病名や傷病箇所の確認、医学的処置をする目的で診察するのとは異なり、医学的に十分なものである必要はないが、少なくとも前記判断目的にふさわしい程度の問診、視診、触診を適切に行うべき義務があるというべきである。」

（2）　**本件における養護教諭の行った養護（救護）診断の内容**

本件の養護教諭は、「乙山（筆者注：ペアとなった被害生徒である原告一郎により肩車をされた者）や原告一郎（筆者注：本件の被害生徒）が本件傷病事故について本件授業の最後に肩車をしていて崩れて腰背部を打った旨の漠然とした答えをしただけであるのに、本件事故発生の具体的状況を詳細に尋ねようとはせず、顔貌、腰背部等の視診、腰背部の触診をしたのみで、結局原告一郎が、乙山を肩に乗せたまま二つ折りになるようにして尻餅をついた状況を把握しなかったことは明らかである。従って、Ｔ（筆者注：本件の養護教諭）の問診等が養護教諭として尽くすべき程度にも達しておらず、不十分であり、職務上尽くすべき救護診断義務を怠ったものといわざるを得ない。その結果、傷病の重症度、緊急度の判断を誤り、直ちに校医ら専門医の診断を受けさせることも、家庭へ送り帰すこともしなかったものである。仮にＴが右の診断義務を尽くしていたとすれば、本件事故の発生の状況とその後保健室に来るまでの経過が確認できたものというべきである」。

（3）　**養護教諭としての職務上の過失があったとはいえないこと**

しかし、裁判所は、上記(2)に続けて、以下のとおり判示し、結果的に、養護教諭の職務上の過失を否定し、国家賠償法上の不法行為責任及び在学契約に基づく安全配慮義務違反を理由とする債務不履行責任をいずれも否定した。

第Ⅲ章　運動中・学校行事中の事故

　「しかしながら、前記認定事実によれば、原告一郎は、触診の時に痛みを訴えず、Tの前で上体を前屈させた時にはじめて痛みを訴えたのみで、Tに腰背部の湿布治療を受けた後保健室を退出する時も、乙山の手を借りる様子もなかったこと、原告一郎に当時脈拍の異常、腰背部の皮膚の変色、隆起、腫れがなかったことは明らかである。他に、原告一郎の意識、呼吸の異常、ショック症状、手足のしびれ、吐き気等を認めるに足る証拠もない。右のような原告一郎の状況において、Tが本件事故発生の状況とその後の経過について認識していたと仮定しても、腰部の骨折等の傷害を直ちに疑うことなく、原告一郎に対し、2、3日運動したり患部をもんだり押したり温めたりしないよう注意を与え、更に、痛みが続く時は専門医の診察を受けることを指示したことは、養護教諭の救急措置として不適切であったとまではいい難く、右養護診断をした時点において、Tに養護教諭として直ちに校医ら専門医の診断を受けさせる注意義務並びに原告太郎及び同花子ら（筆者注：原告一郎の父母）に本件事故を連絡する義務が生じていたとは認められず、しかも、原告一郎の知識、能力からすれば、痛みの継続、変化に応じて学校医等専門医の診察を希望して連れていってもらうことを要求したり、自ら親に連絡したり、あるいは学校側に親元に連絡するよう要求することも可能であったものであるから、Tに養護教諭としての職務上の過失があったものとはいえない。従って、被告の原告らに対する国家賠償法1条1項の不法行為責任及び右在学契約に基づく安全配慮義務違反を理由とする債務不履行責任は、いずれも認められない」。

3　事案の概要

　上述のとおり本件は、当時都立高校の1年生であった原告一郎が、体育の授業において、補強運動として行われていた肩車を、身長順によりペアとなった乙山を相手に行ったが、乙山を持ち上げる途中、その体重を支えきれず、乙山を肩に乗せたまま腰が砕け、二つ折りになるようにして尻餅をついた事案である（以下「本件事故」という）。なお、当時の原告一郎と乙山の体格は、原告一郎が身長約174センチメートル、体重約56キログラム、乙山が身長約176センチメートル、体重約78キログラムであった。

　本件事故後に保健室を訪れた原告一郎及び乙山に対し、養護教諭であるT

（以下「本件養護教諭」という）は「どうしたの」と問いかけたものの、乙山が肩車をしていて崩れて腰を打ったなどと答え、「打ったのか」と尋ねると、原告一郎はうなずいただけで、同人らは本件事故の状況を詳細には説明しなかった。本件養護教諭は、原告一郎が落ちて腰背部を打ったものと誤解し、それ以上肩車をしていてどのような態様で落ちたのかなど本件事故発生の状況を詳しく同人らから聞き出そうとはしなかった。

　本件養護教諭は、原告一郎が腰の痛みを訴えたことから当該部位付近を調べたが、皮膚の変色や腫れなどの外見的な異常は見当たらなかったため、打ち身等であると判断し、湿布を貼り、２、３日は運動したり患部をもんだりしたりしないよう注意をするとともに、様子がおかしいと思ったときには必ず専門医の診断を受けるよう指示し、教室に帰らせた。

　その後、原告一郎は一旦帰宅したのち、父である原告太郎の車で整形外科に行き、診察を受けたところ、医大病院へ行って入院するよう勧められたため、医大病院に行き診察を受けた結果、第四腰椎圧迫骨折の傷害を負ったことが判明したため、同日入院するに至った。

　なお、原告一郎の痛みは、家へ帰る前と後とで程度に変化はなかったが本件事故後２、３日続いた。

　そこで、原告一郎及びその父母である原告太郎、原告花子は、東京都を被告として、国家賠償法１条１項に基づく責任及び在学契約に基づく安全配慮義務違反を理由とする債務不履行責任を根拠に提訴したが、本件養護教諭との関係では、原告一郎の負傷の状況、症状の把握を誤り、直ちに医師に受診させなかったこと、また、担任、校長、両親等への連絡を怠った点に過失がある旨主張したものである。

　なお、上記典型判例においては、本件養護教諭の過失だけでなく、高校としての過失（安全面を配慮した年間計画を立て、運動の種類、実施の時期等につき生徒の発達状態に応じた運動が実施されるよう十分検討を加える義務があるのにこれを怠ったことなど）及び体育教諭の過失（肩車の選択自体の過失及び肩車実施の際の過失）も争点となり、裁判所の判断もなされているが（結論として、いずれも否定）、本稿では、原告らの主張のうち、本件養護教諭に関する主張に絞って検討を行う。

第Ⅲ章　運動中・学校行事中の事故

Ⅱ　典型判例の分析

　本裁判例においては、養護教諭の職務が問題となっているため、以下では、養護教諭の一般論に触れたのち検討を行う。

1　養護教諭に関する一般論

　一般的に、「保健室の先生」と知られている養護教諭は、法律上は「児童の養護をつかさどる」者と規定され（学教 37 条 12 項）、児童や生徒の心身の健康を守ることを職務の内容としている[2]。

　養護教諭の職務内容は、上記法律の規定では具体的に示されていないが、文部省（当時）は、「養護教諭は、専門的立場からすべての児童生徒の保健および環境衛生の実態を的確に把握して、疾病や情緒障害、体力、栄養に関する問題等心身の健康に問題を持つ児童生徒の個別の指導にあたり、また、健康な児童生徒についても健康の増進に関する指導にあたるのみならず、一般教員の行う日常の教育活動にも積極的に協力する役割を持つものである」としている[3]。

　そのほかにも、養護教諭は、その他の職員と「相互に連携して、健康相談又は児童生徒等の健康状態の日常的な観察により、児童生徒等の心身の状況を把握し、健康上の問題があると認めるときは、遅滞なく、当該児童生徒等に対して必要な指導を行うとともに、必要に応じ、その保護者に対して必要な助言を行うものとする」とされるとともに（学安 9 条）、「学校においては、救急処置、健康相談又は保健指導を行うに当たつては、必要に応じ、当該学校の所在する地域の医療機関その他の関係機関との連携を図るよう努めるものとする」とされている（学安 10 条）。

　学校保健安全法は、「養護教諭」との文言が用いられていなかった学校保健

---

2) 養護教諭の歴史は、明治 38 年 9 月にトラコーマ対策として、岐阜県の小学校に初めて公費で学校看護婦が採用されたことから始まる。当時流行していたトラコーマに対する洗眼、点眼が主な職務であった。その後、昭和 16 年に国民学校令が公布され、養護訓導（旧制小学校の教諭を指す）となり、教育職員としての身分が確立された。昭和 28 年には教育職員免許法の改正が行われ、看護婦資格を基礎資格としない養成コースが新設された（衞藤隆＝中原俊隆編『学校医・学校保健ハンドブック−必要な知識と視点のすべて−』（文光堂、2006 年）132 頁）。
3) 昭和 47 年文部省保健体育審議会答申「児童生徒等の健康の保持増進に関する施策について」。

[典型判例] 4　養護教諭の義務

法を改正したものであり、それまで学校医、学校歯科医及び学校薬剤師が主として行っていた学校保健に関し、明文上、養護教諭の責任を明らかにしたものであるといえる。

2　本判決の意義

⑴　総　論

すでに述べたとおり、裁判所は、本件養護教諭は職務上尽くすべき救護診断義務を怠ったものと判示する一方で、仮に原告一郎の状態について、本件養護教諭が本件事故発生の状況とその後の経過について認識していたと仮定したとしても、養護診断をした時点において、本件養護教諭として直ちに校医ら専門医の診断を受けさせる注意義務並びに原告父母に本件事故を連絡する義務が生じていたとは認められないとして、結論として、本件養護教諭には職務上の過失があったものとはいえないとしたものである。

そして、本件は体育の授業中に生じた生徒の傷病について、養護教諭に期待される職務内容を詳細に整理した上で、認定した具体的な事実関係のもとで行われた養護教諭の養護診断に過失が認められるか否かを検討している点で、先例としての価値が大きいといえるであろう。

とりわけ、養護教諭が行うべき養護診断の内容については、性質上、医師等の専門家が行う診断とは差異があることを明示的に触れていることは、養護診断の限界を画するという点からも参考となろう。

⑵　養護教諭の行うべき養護診断の内容

本裁判例は、養護診断を行う目的に関し、「養護教諭の行う養護診断は、学校内において傷病事故が発生した場合に、その傷病事故の発生状況、傷病の内容、程度をできるだけ速やかに認識し、自ら傷病の手当をするか、緊急なものであって直ちに医師のもとに移送するものであるか、あるいはその必要がないものであっても家庭に送り帰し、保護者の保護監督下に置くべきものであるか、あるいは学校の保健室で継続的に観察する必要のあるものであるか、生徒を授業のため教室に帰して良いものかを判断することが第一の目的であり、即ち、その傷病事故の重症度、緊急度を判断するものであることが認められる」と判示している。

第Ⅲ章　運動中・学校行事中の事故

　すなわち、養護教諭が行うのは、医師のように患者を治療する治療行為ではなく、あくまで傷害や病気の応急手当にすぎないということであり、適切に傷病の状況を把握した上で、養護教諭において手当が可能なのであれば処置を行い、医師等専門家による受診の必要性がある場合には、救急車を要請するなどして受傷者を病院へ搬送することが要求されているということである。

　養護教諭に求められる職責が自身で応急措置をするのか、それとも、医師の元へ移送するのかを振り分けることにあることからすれば、その判断の前提として、傷病発生の経緯、内容等を適切に把握することが不可欠となる。判示においても、「養護教諭の傷病についての判断手続については、一般の医師看護婦が専門的な傷病名や傷病箇所の確認、医学的処置をする目的で診察するのとは異なり、医学的に十分なものである必要はないが、少なくとも前記判断目的にふさわしい程度の問診、視診、触診を適切に行うべき義務があるというべきである」として、判断の前提となる状況の把握のための問診等を行うべき義務があるとされている。

　養護教諭の行う救急処置は障害や病気の応急手当であって、患者を治療する医療行為ではないことからすれば、おのずから限界があり、上記の判示は適切であろう[4][5]。

(3)　本件における養護教諭の各義務相互の関係性

　ところで、本裁判例で指摘されている本件養護教諭の義務としては、①救護診断義務、②直ちに校医ら専門医の診断を受けさせる義務、③原告太郎及び同花子らに本件事故を連絡する義務の3つがあるが、本裁判例では、①の義務違反は認める一方で、②及び③の義務については、そのような義務が生じていた

---

4)　菅原哲朗＝入澤充編『養護教諭の職務と法的責任－判例から学ぶ法リスクマネジメント』（道和書院、2018年）54頁においても、「（養護教諭の行う）救急処置はあくまでも医師への引き継ぎを目的としたものなので、あくまで救急処置・応急手当にとどめ、119番および病院へ搬送することがポイント」であるとの指摘がなされている。

5)　医師法17条は「医師でなければ、医業をなしてはならない。」と規定し、「医業」の定義については、「人の疾病を診察、治療または予防の目的をもって施術をなし、もしくは治療薬を指示投与することを目的とする業務」、あるいは、「公衆または特定多数人に対して反復継続の意思をもって疾病の治療もしくは予防を目的する行為を行うこと」など種々の見解があるが、いずれにしても、「医行為を業とすること」と形式的に定義することは可能であろう（平沼直人『医師法－逐条解説と判例・通達〔第2版〕』（民事法研究会、2021年）102頁）。

94

[典型判例] 4　養護教諭の義務

とは認められないとして、職務上の過失が認められないとの構造になっている。

　この点をどのように理解するかは、すでに指摘したとおり、学校内において傷病事故が発生した場合に、その傷病事故の発生状況、傷病の内容、程度をできるだけ速やかに認識し、自ら傷病の手当てをするか、緊急なものであって直ちに医師のもとに移送するものであるか（筆者注：②の義務に関する判示と思料される）、あるいはその必要がないものであっても家庭へ送り帰し、保護者の保護監督下に置くべきものであるか（筆者注：③の義務に関する判示と思料される）、あるいは学校の保健室で継続的に観察する必要のあるものであるか、生徒を授業のため教室に帰して良いものかを判断することが第一の目的であり、少なくとも前記判断目的にふさわしい程度の問診、視診、触診を適切に行うべき義務がある（筆者注：①の義務に関する判示と思料される）、との判示を踏まえると、①の義務は②及び③の義務を導く前提の義務であるものと思料される。

　そして、このような理解に従えば、①の義務の存在及びその違反が認められることを前提に、②及び③の義務の有無及びその違反の有無を検討することになるが、すでに指摘したとおり、裁判所が認定した事実によれば、仮に、本件養護教諭が原告一郎が二つ折りになったことなどを含め事故状況のヒアリングを詳細に行い、職務上の養護診断義務を果たしていたとしても、原告一郎は、触診の時には痛みを訴えず、上体を前屈させた時にはじめて痛みを訴えたのみで、腰背部の湿布治療を受けた後保健室を退出する時も、乙山の手を借りる様子もなかったこと、原告一郎に当時脈拍の異常、腰背部の皮膚の変色、隆起、腫れがなかった上、原告一郎の意識、呼吸の異常、ショック症状、手足のしびれ、吐き気等があったとする証拠もない以上、そもそも②及び③の義務が生じていたものとは認められないから、主文のとおり原告らの請求を棄却する判断がなされたということになろう。

(4)　保護者への連絡と医療機関への救急要請は同列に見るべきか

　ところで、本裁判例の判示からは、②及び③の義務の差異に特に触れることなく、「原告一郎の知識、能力からすれば、痛みの継続、変化に応じて学校医等専門医の診察を希望して連れていってもらうことを要求したり、自ら親に連絡したり、あるいは学校側に親元に連絡するよう要求することも可能であった」として、両義務を同列に扱い、いずれの義務も生じていない旨判断してい

95

第Ⅲ章　運動中・学校行事中の事故

るようである。事例判断としての本裁判例の結論の当否は別として、個別具体的な事案によっては、例えば、②の義務は生じていないものの、③の義務は生じていたということがあり得るとも思われるが、②及び③の義務を同列に見ることができるのか、という点については検討の余地があろう[6]。

すなわち、②の義務に関しては、当時小学6年生が負傷した事故についての最高裁判例（後述。最判昭62・2・13民集41巻1号95頁）は、「異常を感じた場合にはその旨を保護者等に訴えることのできる能力を有していたもの」と判示していることからすると、高校1年生である原告一郎についても、親への連絡をする義務がないとすることは整合性があるといえる（ただし、当該最判の当事者は担当教諭であり、医学的素養を持った養護教諭でなかったことからすると別途の考慮が必要なことはあり得るところであろう）。

一方で、③の義務については、原告一郎と養護教諭の間には、医学的素養の有無という差異があり、養護教諭はその素養を期待されているのであるから、医師への連絡までもが当然に不要ということにはならないのではないだろうか。養護教諭の判断は、生徒・保護者から第一次的な専門的判断として尊重されるのであるから、仮に専門医への受診が不要だと判断をすると、当事者を不当に油断させる可能性があることには注意が必要であり、慎重に判断される必要があるだろう。

(5)　本件事故において養護教諭がとるべき措置

なお、本裁判例は、腰背部の打撲等の傷病事故があった場合に、以下のような措置をとることが望ましいとされていることが認められると判示している[7]。
①姿勢、顔貌、意識、呼吸、ショック症状、皮膚の損傷等を観察すること。
②本人又は目撃者より受傷の時期、受傷部位及び受傷原因を聴取すること。
③痛み、手足のしびれ、吐き気等受傷性状を確認すること。
④腰背部の触診、打診をすること。
⑤手足のしびれ、血尿、嘔吐、叩痛を認め胸腰椎の部分の骨折の疑いのあるものであった時は、固い板に水平仰臥位で乗せ、毛布で保温して安静を保ち、

---

6)　宇都木伸〔判批〕別冊ジュリ118号142頁以降。
7)　入澤充『学校事故 知っておきたい！養護教諭の対応と法的責任〔増補版〕』（時潮社、2011年）57頁。

保護者に連絡し引き取らせるか、直接医療機関に受診させること。

　上記判示は、同種の事故が発生した際に参考になるものであり、過失の有無の判断の際の考慮要素となり得ると思われる。

Ⅲ　実務理論

　通常、学校内で発生する事故の多くは、例えば授業中であれば、当該授業の担当教諭が最初に認知するものと思われ、これらの教諭に関しては、本件事故のように肩車を授業に取り入れることを選択したことそれ自体やその方法など、事故時及びその前後に発生する注意義務の違反が問題とされることが多いが事故によって事故態様は当然異なることから、どのような注意義務があり、それをどのように違反したかについては事案により大きく異なるのが特徴である。

　一方で、本裁判例及び後記Ⅳの関連判例からも分かるとおり、養護教諭の過失が問題とされている事案の多くは、本裁判例と同様、保護者への連絡を怠ったことや救急車を呼ぶなどして直ちに医療機関による治療を受けさせなかったことに関する過失や、養護教諭が行った事後措置としての応急措置義務に関する過失が争点とされることが多い。授業の担当教諭などから事故発生の報告を受けた養護教諭は、事故後の養護義務違反が問われることとなるが、医学的知見のある者として、独自の役割を期待されていることからも、そのような義務が問われる傾向があるといえるであろう。

Ⅳ　関連判例

1　総　論

　学校生活において発生した事故に関し、養護教諭の過失が問題となった裁判例は多く、事故の内容も多種多様である。事故発生のタイミングについては、体育の授業中の傷病が比較的多いものの、清掃時間中や、昼休中や休憩時間など幅広く、傷病の内容についても骨折、失明、死亡に至るものなど重大なものが少なくない。

第Ⅲ章　運動中・学校行事中の事故

　以下では、上述のとおり、医療機関・保護者への連絡の要否が争点となった裁判例、適切な応急措置の要否が争点になった裁判例を中心に紹介する。

⑴　**最判昭 62・2・13 民集 41 巻 1 号 95 頁・判時 1255 号 20 頁・判タ 652 号 117 頁**

　標記最判は、養護教諭の過失が争点とされた事案ではないが、本裁判例と同時期に出されたものであり、担当教諭が保護者へ事故状況を通知しなかった点が問題とされた事案として、先例としての価値が高いといえることから紹介する。

　　㋐　事案の概要

　体育の授業で行われていたサッカーの試合中、他の児童が至近距離から蹴ったサッカーボールが当時小学校 6 年生の被害児童の顔面右目部を直撃した。

　事故直後、被害児童には出血、目の充血等外観上の異常は見られず、いったんその場にしゃがみこんだものの、まもなく立ち上がり、担当教諭が「大丈夫か。保健室に行ったらどうか」と声をかけたのに対し、被害児童は、試合を継続する旨の回答をし、試合終了後にも「大丈夫です。」と答えた。その後、小学校を卒業するまで一度も休まず登校したが、特段の異常を訴えず、行動等にも異常は見られなかった。

　しかし、実際には、被害児童は、試合の終わった頃から時折り右眼に稲妻が走るのに似た感覚を覚えるようになり、1 か月後には右眼の焦点がぼけ、対象を明確にとらえることのできない状態に陥っていたが、負傷したことを保護者に知られれば、サッカー選手になる希望を阻止されてしまうことを懸念して、保護者にも担当教諭にも当該異常を伝えようとしなかった。当該異常は、上記事故から約 1 年 2 か月後に実施された入学先の中学校での定期健康診断の医師によって初めて発見され、専門医の診察の結果、外傷性網膜剥離であることが判明し、早速手術を受けたものの、発症後長期間経過していたため、右眼の視力は回復しなかったものである。

　㋑　判　　断

　裁判所は、「学校の教師は、学校における教育活動によつて生ずるおそれのある危険から児童・生徒を保護すべき義務を負つているところ、小学校の体育の授業中生徒が事故に遭つた場合に、担当教師が、右義務の履行として、右事

故に基づく身体障害の発生を防止するため、当該児童の保護者に右事故の状況
等を通知して保護者の側からの対応措置を要請すべきか否かは、事故の種類・
態様、予想される障害の種類・程度、事故後における児童の行動・態度、児童
の年令・判断能力等の諸事情を総合して判断すべきである」と述べ、上記の事
故発生時及びその後の事情等を踏まえると、「本件事故当時12歳の小学校6年
生であって、本件のような事故に遭つたのちに眼に異常を感じた場合にはその
旨を保護者等に訴えることのできる能力を有していた」として、担当教諭には、
保護者に事故の状況等を通知して保護者の側からの対応措置を要請すべき義務
を負っていたものと解することはできないとして、上告を棄却した[8]。

(2) 東京高判令4・9・15WLJ/DB2022WLJPCA09156010

(ア) 事案の概要

地方公共団体である被告が設置、管理する特別支援学校中学部に在籍する生
徒であった原告が、同学校における歩行訓練中に意識を失って心肺停止となり、
その後、救急搬送されて一命をとりとめたものの、低酸素脳症を発症して遷延
性意識障害等が残存した事故であり、教諭らには、①救急車を要請し、通信指
令員に原告の状態に係る重要事項を説明すべき義務及び、②原告に心肺蘇生法
の実施及びAEDの使用をすべき義務があったにもかかわらず、これを怠った
として、原告である被害児童が、被告に対し、国家賠償法に基づき、治療費等
の損害賠償請求を行った事案である。

(イ) 原審の判断

標記裁判例の原審（静岡地沼津支判令3・5・26WLJ/DB2021WLJPCA05266009）
は、養護教諭の過失につき、以下のとおり述べ、原告の請求を一部認容した。

上記①の義務に関し、（午前9時20分の段階で原告は呼びかけにも反応しなく
なっていたところ）、午前9時25分に、原告の元に駆けつけた養護教諭が原告
を軽くたたいたり声かけをしたりしても原告の変化はなかったことから、同時
点で、原告に反応がなかったことを認識し得たとして、同時点で救急車を要請
し、AEDの手配を依頼する義務があり、同養護教諭はこれに違反した過失が

---

8) 本判決の原審（東京高判昭58・12・12東高民時報34巻9-12号132頁）は通知義務を認めたも
のの、右義務の懈怠と失明との因果関係を否定して、いずれも控訴人（被害児童）の請求を棄却す
べきものとしている。

第Ⅲ章　運動中・学校行事中の事故

あったと認定した。

　上記②の義務についても、養護教諭は、学校教育法上の養護教諭の職務に照らし、学校内で傷病者が発生した場合には救急処置などを実施することが期待されており、原則として本件指針（財団法人日本救急医療財団と日本蘇生協議会が組織したガイドライン作成合同委員会が確定した「JRC（日本版）ガイドライン2010」に基づいた「救急蘇生法の指針2010（市民用・解説編）」を指す）の手順に従って心肺蘇生法の実施等をする義務を負い、傷病者に反応のない場合、呼吸の有無及びその呼吸が普段どおりの呼吸であるかを確認した上で、呼吸がない場合か、あっても普段どおりでない場合には、心配蘇生法の実施及び AED を使用すべきであるとし、午前9時25分の時点で、心肺蘇生法の実施及び AED の使用もしなかったとして、同義務違反を認めた。

　その上で、養護教諭が午前9時25分の時点で、心肺蘇生法の実施及び AED の使用準備を開始していれば、原告が心停止に陥った直後にはいずれも実施できる状態となっており、それらの措置を講じていれば、原告に重大な後遺障害が残存しなかった高度の蓋然性があるとして、因果関係を認めた。

　(ウ)　高裁の判断

　被告からの控訴及び原告の附帯控訴がなされているが、養護教諭の過失に関する点については、結論として、原審と大枠同様の判断がなされている。

(3)　**大津地判平 30・12・13LEX/DB25562668**

　(ア)　事案の概要

　小学校6年の被害児童が、体育授業のサッカーの試合中に当該児童が転倒し、脳脊髄液漏出症を発症して体幹・上肢機能障害が残ったとして、教諭らの職務上の注意義務違反又は被告である市の安全配慮義務違反があったとして、国家賠償法に基づき、損害賠償請求を行った事案である。

　(イ)　判　断

　裁判所は、本件事故の態様を偶発的事故とした上、他の生徒との接触やボールを蹴ろうとしての空振りなどを原因として、被害児童が後方に一回転する態様で転倒したものと認定し、事故後の養護教諭の職務上の注意義務違反もないとして、原告ら（被害児童、親権者、兄の4名）の請求を棄却した。

　本件では、原告らは、養護教諭には、児童が転倒事故による頭痛を訴えてい

る場合には、まずは、安静にさせ、それでもなお頭痛が持続するのであれば速やかに医師の診察を受けさせるという適切な対処方法をとる義務があったところ、本件の2名の養護教諭は、被害児童がサッカーの授業中に転倒したとして頭痛及び頸部痛を訴えていたにもかかわらず、安静にするようにとの指示をすることもなく、保冷剤で患部を冷やすという医学的に無意味な対処方法を指示したのみであって、職務上の注意義務違反があると主張した。

　しかし、裁判所は、頭部を打撲したとの被害児童の申告に対し、同人の頭部に外傷や腫脹がないことから、ひとまず患部を冷やすことを指示して経過を観察するという判断や、その後、昼休みに来室した被害児童には顔色不良も認められず、症状増悪の訴えもなかったことなどから、直ちに保護者への連絡や病院への受診などの緊急の対応が必要であると判断することは困難であったと認定した。また、被害児童が下校前に再び来室した際も、養護教諭らがとった対応は、歩いて帰ることができるか、保護者に迎えにきてもらわなくてよいかを尋ねるにとどまり、保護者に連絡等を行ってはいないものの、被害児童が当時小学校6年生の児童であり、養護教諭らに対して自身の体調等を伝えることは十分に可能であったと考えられることから、職務上尽くすべき注意義務を尽くさなかったとは評価できないと判示し、原告らの請求をいずれも棄却した。

　　(ウ)　評　釈
　前掲最判昭62・2・13においては、養護教諭ではなく、体育の担当教諭が保護者へ連絡をしなかったことをもって過失があったとは判断できないとしたものであるが、同裁判例は、養護教諭の場合であっても、同様に理解することが可能であることを示した事案であるといえるであろう。

　また、同裁判例は、仮に、養護教諭らに注意義務違反が認められたとした場合についても指摘しており、本件事故翌日に医療機関を受診した際に脳脊髄液減少症の可能性を示唆されていない以上、本件事故当日に医療機関を受診することによって、その後の経過が変わったとは考えがたいと判示しているが、このように注意義務を尽くしていた場合を仮定する判示も典型判例と類似する特徴といえるであろう。

第Ⅲ章　運動中・学校行事中の事故

⑷　**東京地判平 23・9・5 判時 2129 号 88 頁**

　㋐　事案の概要

　市立小学校の4年生であった被害児童が、清掃時間中に、同級生にぶつかっ
たところ、養護教諭は、保健室に来た被害児童に対し、その状態を確認したと
ころ「頭が痛い」との訴えがあったため、被害児童の頭部を確認したところ、
腫れ、こぶ、凹み、変色などの外傷が認められなかった上、発熱状態もなかっ
たことから、被害児童をベッドに横にさせた上でアイスノンで冷やして様子を
見た。

　その後、他の教諭が被害児童の母に、被害児童の状態について電話連絡し、
被害児童の母はまもなく保健室を訪れた。その後、養護教諭が被害児童を病院
に行かせるためタクシーを呼んだが、被害児童はタクシーに向かって歩いたと
きに初めて嘔吐症状を呈した。病院では、頭部レントゲン、MRI 及び CT 検
査を受けたが、特に異常は認められず、嘔吐症状を抑えるための座薬を処方さ
れたところ症状が改善したので、母とともに帰宅した。翌日、被害児童は学校
を欠席したものの、その日は病院を受診せず、さらに翌日、再び病院を受診す
るに至った。

　被害児童ら（被害児童及び親権者）は、上記事故により生じた傷害により損
害を被ったことは、同小学校の教諭らの安全配慮義務違反によるものとして、
小学校の設置・管理運営責任者である被告に対し、国家賠償法に基づき損害賠
償請求を行った。

　㋑　判　断

　裁判所は、養護教諭との関係では、病院の検査では異常が認められず、翌日
に母は病院に連れて行っていないことなどを考慮して、養護教諭には、本件事
故後に保健室に来た被害児童を直ちに救急車で病院に搬送すべき義務を怠った
過失があるとはいえないと判示した。

⑸　**青森地八戸支部判平 17・6・6 判タ 1232 号 290 頁**

　㋐　事案の概要

　村立中学校の3年生であった被害生徒が、体育授業中に行われたミニサッ
カー中に具合が悪くなり、競技から離脱した後に、救急車で病院に搬送された
ものの、その後死亡した事案である。相続人である原告らは、養護教諭につい

102

ては、生徒に心疾患の疑いがあることを認識しながら、心肺蘇生法等の救命措置を速やかに実施しなかった過失があると主張し、国家賠償法に基づく損害賠償請求を行った。

　（イ）　判　　断

　裁判所は、養護教諭は、医療従事者に要求されるほどではないものの、心肺蘇生法に関する確実な知識及び実技の能力を有することが期待されているというべきであり、本件における養護教諭が、生徒の異常を把握した場合、体育教諭とは異なり、心肺蘇生法についての確実な知識に基づいて、生徒の身体の異常を把握し、呼吸停止と判断される場合には、生徒の生命・身体の安全を確保すべく、自ら心肺蘇生法の応急措置を直ちにとる注意義務を負うと判示した。しかし、本件の養護教諭は、生徒の呼吸音が聞こえなくなり、呼気及び頚動脈の脈が確認できなかったことから、人工呼吸を開始したという事実経過が認められるところ、心肺蘇生法の手順として呼吸停止について呼吸がない場合だけではなく不十分な場合も含むことについて説明のない文献も少なくないこと、本件の養護教諭がかけつけた際、生徒は心不全状態であり、このような場合に呼吸状態が悪化した場合には、人工呼吸をいつ開始するかを判断することは極めて難しいこと、自発呼吸がある場合それが有効な呼吸か否かの判断は医療従事者でも難しいことなどの事情に照らすと、医療従事者ではない本件の養護教諭が、生徒が乱れた呼吸をしていることをもって呼吸停止と判断することは著しく困難であり、直ちに人工呼吸を開始しなかったことはやむを得ないというべきであり、呼吸音がないことを確認した後に人工呼吸を開始したとしても、これをもって注意義務違反があったとはいえないと判断し、原告らの請求を棄却した。

　（ウ）　評　　釈

　本典型判例や前掲最判昭62・2・13などは、事故状況等を保護者に通知してその対応措置を要請するなどの義務の有無が問題とされたケースであるが、標記の裁判例は、事後措置義務の内容として応急措置義務の有無を判断したものである。本裁判例は、本件の事実関係を具体的に分析し、一般市民や医療従事者との比較の視点を加味した上で、養護教諭の職責に応じて、事故発生後の応急措置義務の内容とその判断基準を定立し、その具体的な適用をしたもので

第Ⅲ章　運動中・学校行事中の事故

あって、同種事案の処理の参考となろう。

⑹　**大分地判平 16・7・29 判タ 1200 号 165 頁**

　㋐　事案の概要

　重度の障害児であった生徒が、県立の養護学校の養護教諭から訪問教育指導を受けた際、無理な姿勢を強要され、大腿骨を骨折し、その結果死に至ったとして、当該生徒の相続人が、国家賠償法に基づく損害賠償請求を行った事案である。

　㋑　判　断

　裁判所は、養護教諭が障害児に動作訓練を施す場合には、その職務上、対象児童の健康状態に十分な配慮をし、身体に危険のないよう注意する義務を負っているものとして、場合によっては、医師とも連絡をとる義務があるところ、本件のように、特に重度の障害児の動作訓練の場合には、ささいな外力で骨折等の障害が生じるおそれがある以上、医師と協議するなどして、健康状態について正確に把握した上で、障害児の状態を注視しつつ慎重に指導を行う必要があると判示した上、本件の養護教諭は生徒の足や腰部の状態を正確に把握することなく漫然と訓練を開始した上、生徒があぐら様の姿勢をとっていたことを見過ごして背部から圧力をかけた結果、骨折させたものと認められるとして、養護教諭の過失を認めた。

⑺　**千葉地判平 11・12・6 判時 1724 号 99 頁**

　㋐　事案の概要

　当時小学 4 年生の児童が、市立小学校の水泳の授業中に脳梗塞を発症し、同校教諭らによってプール近辺及び保健室内で休憩させられた後、病院にて治療、入院をしたが、医療過誤も相俟って、死亡するに至ったため、相続人が国家賠償法に基づく損害賠償請求を行った事案である。

　㋑　判　断

　裁判所は、養護教諭に、外傷による頸部動脈内膜損傷による脳梗塞の発症について詳しい知識がないのはやむを得ないとしても、体育の授業としてのプールでの水泳中に生じた身体の異常であり、少なくとも生徒の状態を十分な注意力をもって把握するよう努め、必要な情報を的確に伝達して適切な対応をとるべき注意義務があったというべきであり、この義務を尽くしていれば、容易に

104

［典型判例］4　養護教諭の義務

左上下肢の麻痺という事実に気づき、救急車の要請も含め、生徒がその症状に対応した適切な医療機関で迅速かつ適切な診療を受け、方策を講じることができたものと考えられるとして、学校及び病院の責任を認め、相続人である原告らの請求を一部認容した。

V　関連（学校医について）

1　学校医とは

学校医は、学校における保健管理に関する専門事項に関し、技術及び指導に従事する医師である（学安23条4項）[9]。

多くの学校医にとっては、学校は春先に健康診断に訪れ、また、その後健康相談に訪れる場所であり、感染症の発症への対処等で養護教諭もしくは学校長から連絡を受け、相談に応ずることはあり得るものの、基本的には「健診の先生」として頼まれたときに臨時に学校に出向くことが多いと推察される[10]。

なお、学校医は、公立の学校においては、地方公務員法3条3項3号に規定する非常勤の職とされる[11]。

2　学校医に関する裁判例

上述のとおり、多くの場合学校医は定期健診等にのみ携わることが多いためか、養護教諭と比較すると、学校医の過失が争点となった裁判例は必ずしも多くはない。

しかし、裁判例の中には学校医の職務に関する過失が問題とされた事案があることから以下では、それらについて紹介する。

---

9)　学校医の職務内容は、学校保健安全法施行規則22条1項に規定されており、例えば「学校保健計画及び学校安全計画の立案に参与すること」（同項1号）、「法第13条の健康診断に従事すること」（同項5号）、「校長の求めにより、救急処置に従事すること」（同項8号）などがある。

10)　衞藤＝中原編・前掲注2）1頁。

11)　例えば東京都港区では、「港区非常勤職員（学校医、学校歯科医及び学校薬剤師）設置要綱」が設けられている。（https://www.city.minato.tokyo.jp/reiki/reiki_honbun/g104RG00002444.html#joubun-toc-span）

105

第Ⅲ章　運動中・学校行事中の事故

(1)　**東京地判平 7・3・29 判タ 901 号 216 頁**

(ア)　事案の概要

当時、私立高校の 1 学年に在学していた被害生徒が、体育授業として行われた持久走に参加したが、完走後に急性心不全で死亡したことについて、死亡の結果が生じたのは、被告学園及び同学園において被害生徒の心電図検査等の集団検診を実施した会社（レントゲン撮影による集団検診の請負を目的とする有限会社）の過失によるものであるとして、被害生徒の相続人が、被告学園に対する関係では、在学契約上の債務不履行責任に基づく損害賠償請求を行った事案である。

(イ)　判　　断

裁判所は、学校医の過失につき以下のように判示し、被害生徒の相続人である原告らの請求を棄却した。

まず、学校には、生徒の生命、身体に危険の生じないよう事故を未然に防止すべく生徒の事前の健康を正しく把握する義務があるというべきであり、そのためには、平素から健康診断等を実施し、不測の事態が生じないよう常に児童生徒の健康状態を認識するべき義務が存すると判示した。

そして、認定した事実によると、本件事故以前である昭和 62 年 4 月及び平成 2 年 5 月に心電図検査及び胸部レントゲン検査を実施した会社は、被害生徒について、心電図所見、胸部所見とも異常を認めない旨を記載した健康診断結果報告書を提出しており、また、昭和 62 年 6 月は学校医 A が、平成 2 年 5 月には学校医 B が内科検診を実施し、被害生徒につき、いずれも異常なしとの判断をしているところ、各学校医は、右健康診断の結果をもとにそれぞれ生徒健康診断票を作成し、各生徒の健康状態につき総合判定していると認定した。

その上で、被害生徒は健康で積極的であり、本件事故に至るまで、学校生活において、被害生徒の病的状態を推測させるものはなにもなかったと推認でき、中学 1 年（昭和 62 年 4 月）及び高校 1 年（平成 2 年 5 月）の健康診断において、上記のとおり、上記検査を実施した会社からは異常を認めない旨の通知を受けており、学校医も右各結果をもとに総合判定しているのであるから、被告学園に本件事故発生について予見し得る状況にあったということはできないと判示した。

106

［典型判例］4　養護教諭の義務

　(ウ)　評　　釈

　本件は、被告学園に対しては、学校医をして健康診断の結果を総合した判断を行わせるべき注意義務があったのに、これを行ったとして、在学契約上の債務不履行責任に基づき損害賠償請求がなされた事案であるが、本件事故に至るまで、被害生徒は健康であったことなどから、本件事故を予見できなかったとして原告らの請求を棄却したものである。

　(2)　**大阪地判昭 48・11・20 判時 749 号 87 頁**

　(ア)　事案の概要

　当時府立高校の 1 学年に在籍していた被害生徒は、体育授業で校外に出るマラソンをしたが、約 1200 メートル走った後、路上で倒れ、病院に運ばれたものの、急性心不全のため死亡した。相続人である原告らは、被害生徒が高校入学後の健診で心臓に異常があるものと診断され、さらにその後の精密検査の結果心肥大であることがわかり、過激な運動は差し控えるべきものとされており、このことは、健康診断表などによって関係教諭に通知されていたなどと主張して、国家賠償法に基づき、損害賠償請求を行った。

　(イ)　判　　断

　学校医の過失については、原告らは、医師として生徒に適切な指導をすべきであるにもかかわらず、教諭に一般的な保健指導をし、また原告の疾患について家庭に注意をさせたのみとどまり、原告に個別的な指導はなんらしていなかったなどと主張をしたが、裁判所は、漫然と個別的指導をする義務があるというだけでは、同人の過失は認定できないと判断した。

VI　展　望

　本典型判例で争点となった、学校医ら専門医の診断を受けさせる義務及び保護者へ事故を連絡する義務はその後の多くの裁判例でも争点とされており、今後も同種の学校事故が発生した場合には、同様の争点が形成されるものと思われる。

　ところで、近年では、学校においても、グローバル化や情報化が急速に進展しているところ、養護教諭は、児童生徒の身体的不調の背景に、いじめや不登

107

校、虐待などの問題が関わっていること等のサインにいち早く気付くことができる立場にあることから、今後はこれまで見られなかった類型の学校事故についても、養護教諭の過失が問題となる可能性が高いであろう。

文部科学省は、平成29年3月、学校における児童生徒の課題解決の基本的な進め方等をまとめた「現代的健康課題を抱える子供たちへの支援」と題する資料を作成し、また、令和5年7月15日には、養護教諭及び栄養教諭について、主幹教諭、指導教諭、教諭、助教諭及び講師や事務職員と同様、「養護教諭及び影響教諭の標準的な職務の明確化を図るための小学校及び中学校（義務教育学校を含む。）に係る学校管理規則の参考例並びに養護教諭及び栄養教諭の標準的な職務の内容及びその例並びに職務の遂行に関する要綱の参考例」を作成し、公表している[12]。

このように、養護教諭の役割、職務が示されているのは、学校生活において養護教諭の果たす役割や責務が大きくなっていることを裏付けるものであり、安心・安全な学校の環境を維持・発展させるため、養護教諭によるより一層の関与が期待される。

（伊東　晃）

---

12) 上記参考例によれば、養護教諭の標準的な職務の内容及びその例として、⑴主として保健管理に関すること、⑵主として保健教育に関することの2点が挙げられている。

5 部活動中の事故—顧問教諭の立会

最高裁（二小）昭和58年2月18日判決〈昭和56年（オ）第539号〉
民集37巻1号101頁・判時1074号52頁・判タ492号175頁

I 典型判例の紹介

1 ひとことで言うとどんな判例か

課外のクラブ活動であっても、顧問の教諭をはじめ学校側に、生徒を指導・監督し事故の発生を未然に防止すべき一般的な注意義務はあるが、何らかの事故の発生する危険性を具体的に予見する特段の事情のない限り、顧問の教諭が個々の活動に常時立ち会うべき義務まではない。

2 判決要旨

町立中学校の生徒が、放課後、体育館において、課外のクラブ活動中の運動部員の練習の妨げとなる行為をしたとして同部員から顔面を殴打されたなど判示のような事情のもとで生じた喧嘩により左眼を失明した場合に、同部顧問の教諭が上記クラブ活動に立ち会っていなかったとしても、上記事故の発生する危険性を具体的に予見することが可能であるような特段の事情のない限り、上記失明につき同教諭に過失があるとはいえない。

3 事案の概要

原審が確定した事実関係は、次のとおりである。
(1) 被上告人及び訴外Aは、昭和51年4月、沖縄県国頭郡K町立K中学校に入学し、本件事故当時同校2年生として在籍していた。
(2) 昭和52年10月5日、K中学校においては、運動会の予行演習を翌日に

第Ⅲ章　運動中・学校行事中の事故

控え、同日午後から運動会練習の日課が実施されたが、同日午後4時50分頃生徒は解散となった。その後、被上告人は、友人ら10名位と共に体育館に行ったところ、体育館内においては、いずれも課外のクラブ活動であるバレーボール部とバスケットボール部とが両側に分かれて練習していた。

(3)　ところで、平常は、バレーボール部顧問の教諭が同部の部活動を指導、監督していたが、当日は、同教諭は運動場において運動会予行演習の会場の設営、用具類の確認等をしていて体育館にはおらず、また、他の教諭も体育館には居合わせなかったところ、被上告人らはトランポリンを体育館内の倉庫から無断で持ち出し、これをバレーコートとバスケットコートのほぼ中間の壁側に設置してしばらくこれで遊んでいた。

(4)　同日午後5時過ぎ頃、Aが被上告人に対し、バレーボールの練習の邪魔になるからトランポリン遊びを中止するように注意したところ、被上告人がこれに反発したためAが被上告人を体育館内の倉庫に連れ込み、手拳で被上告人の左顔面を2、3回殴打し、そのため被上告人は左眼がチラチラして涙が止まらなかった。

(5)　被上告人は、前記暴行を受けてから約1週間後に左眼の視野の一部が黒くかすみ、徐々にこれが広がり、1か月近くで全く視力を失った。そして、被上告人は、昭和52年11月11日、沖縄県立中部病院において外傷性網膜全剥離と診断された。

(6)　被上告人が失明した当時、前記暴行を受けたほかに外傷性網膜剥離を惹起するような事故に遭遇した事実はない。

4　典型判例たる所以

本判決は、部活動について、学校側が一般的な安全配慮義務を負うことは認めつつ、損害賠償責任を認めるには、事故の発生について具体的な予見可能性を必要としたものであり、部活動中の事故に対する学校側の責任に関する総論的な判例として位置付けることができる[1]。

110

［典型判例］5　部活動中の事故─顧問教諭の立会

II　典型判例の分析

1　原審の判断

　前記I3に記載した事実関係のもとにおいて、原審は、次のとおり判示して、上告人（K町）は、国家賠償法1条1項に基づき、本件事故による被上告人の損害を賠償すべき責任があるとした[2]。

　⑴　本件事故当時バレーボール部とバスケットボール部が体育館を共同で使用し、また、上記各部員以外の生徒も体育館を使用していたのであるから、体育館の使用方法あるいは使用範囲等について生徒間において対立、紛争が起ることが予測された。そのほか生徒の練習方法が危険であったり、練習の度を過ごすことも予測された。

　⑵　したがって、バレーボール部顧問の教諭には、体育館内においてバレーボール部が部活動をしている時間中は生徒の安全管理のため体育館内にあって生徒を指導、監督すべき義務があり、当該教諭に支障があれば他の教諭に依頼する等して代わりの監督者を配置する義務があったというべきところ、バレーボール部顧問の教諭はこれを尽くしていなかったから、この点について過失があったといわざるをえない。

　⑶　そして、本件事故は体育館内で発生したものであるところ、バレーボール部顧問の教諭が体育館内でバレーボール部の部活動を指導、監督していれば、トランポリン遊びは当然制止され、本件事故は未然に防止できたものと推測されるから、本件事故の発生と同教諭の前記過失との間には因果関係があるというべきである。

---

1) 三省堂の令和5年版『模範六法』には、本判決は収載されていない。有斐閣の令和4年版『判例六法Professional』には、収載されているが、国家賠償法1条の「公権力の行使に当たるとされたもの（作為）」のうち、「公立中学校課外のクラブ活動中の事故についての教諭の監督」として紹介されている。判例付き六法全書においては、このような扱いではあるが、その後の判例・裁判例では直接の引用こそなくとも、先例としての意義は失われていないものと考える。

2) 福岡高判昭56・3・27民集37巻1号117頁は、被控訴人K町に882万2798円の支払を命じ、Aの両親に対する控訴は、棄却した。なお、第一審那覇地名護支判昭54・3・13民集37巻1号113頁は、Aに殴られたことと原告（被上告人）の失明との間には、因果関係がないとして請求を棄却した。

111

第Ⅲ章　運動中・学校行事中の事故

2　本判決

本判決は、次のとおり判示して、原判決を破棄し、原審に差し戻した[3]。

「本件事故について、バレーボール部顧問の教諭に過失を認めた原審の判断は、たやすく首肯することができない。その理由は、次のとおりである。

前記事実関係によれば、本件事故当時、体育館内においては、いずれも課外のクラブ活動であるバレーボール部とバスケットボール部とが両側に分かれて練習していたのであるが、本件記録によれば、課外のクラブ活動は、希望する生徒による自主的活動であつたことが窺われる。もとより、課外のクラブ活動であつても、それが学校の教育活動の一環として行われるものである以上、その実施について、顧問の教諭を始め学校側に、生徒を指導監督し事故の発生を未然に防止すべき一般的な注意義務のあることを否定することはできない。しかしながら、課外のクラブ活動が本来生徒の自主性を尊重すべきものであることに鑑みれば、何らかの事故の発生する危険性を具体的に予見することが可能であるような特段の事情のある場合は格別、そうでない限り、顧問の教諭としては、個々の活動に常時立会い、監視指導すべき義務までを負うものではないと解するのが相当である。

ところで、本件事故は、体育館の使用をめぐる生徒間の紛争に起因するものであるところ、本件事故につきバレーボール部顧問の教諭が代わりの監督者を配置せずに体育館を不在にしていたことが同教諭の過失であるとするためには、本件のトランポリンの使用をめぐる喧嘩が同教諭にとつて予見可能であつたことを必要とするものというべきであり、もしこれが予見可能でなかつたとすれば、本件事故の過失責任を問うことはできないといわなければならない。そして、右予見可能性を肯定するためには、従来からのK中学校における課外クラブ活動中の体育館の使用方法とその範囲、トランポリンの管理等につき生徒に対して実施されていた指導の内容並びに体育館の使用方法等についての過去における生徒間の対立、紛争の有無及び生徒間において右対立、紛争の生じた場合に暴力に訴えることがないように教育、指導がされていたか否か等を更に綜合検討して判断しなければならないものというべきである。しかるに原審は、

3）差戻審については情報がない。

112

［典型判例］5 部活動中の事故─顧問教諭の立会

これらの点について審理を尽くすことなく、単に、前記2、(1)・(2)[4] のような説示をしたのみで同教諭の過失を肯定しているのであつて、原審の右判断は、国家賠償法1条1項の解釈適用を誤り、ひいて審理不尽、理由不備の違法を犯したものというべきであり、その違法が原判決に影響を及ぼすことは明らかである。」

3 解 説

(1) 必修クラブの廃止

本判決当時は、全生徒が参加する必修のクラブ活動と希望する生徒だけが参加する課外のクラブ活動が存在したが、中学校では平成10年、高等学校では平成11年改訂の学習指導要領で必修のクラブ活動は廃止され（それぞれ平成14年、15年に実施）、現在では、各学校の実態に応じ、課外活動の一環として部活動が行われている[5]。

中学校・高等学校では、それぞれ平成20年、21年の学習指導要領の改訂により、はじめて部活動に関する規定が盛り込まれ、その趣旨は、平成29年、30年に告示された新学習指導要領においても引き継がれている[6]。中学校学習指導要領（文部科学省 平成29年3月告示）第1章「総則」第5「学校運営上の留意事項」1「教育課程の改善と学校評価、教育課程外の活動との連携等」ウは、次のとおり定めている[7]。

「教育課程外の学校教育活動と教育課程の関連が図られるように留意するものとする。特に、生徒の自主的、自発的な参加により行われる部活動については、スポーツや文化、科学等に親しませ、学習意欲の向上や責任感、連帯感の涵養等、学校教育が目指す資質・能力の育成に資するものであり、学校教育の一環として、教育課程との関連が図られるよう留意すること。その際、

---

4) 前記Ⅱ1(1)(2)。

5) 関喜比古「問われている部活動の在り方～新学習指導要領における部活動の位置付け～」立法と調査294号51-52頁（2009年7月）。

6) 第一東京弁護士会子ども法委員会編『子どものための法律相談』（青林書院、2022年）96-97頁〔多屋紀彦〕。

7) 文部科学省「中学校学習指導要領（平成29年告示）解説 保健体育編」（平成29年7月）第3章「指導計画の作成と内容の取扱い」3「部活動の意義と留意点等」参照。

第Ⅲ章　運動中・学校行事中の事故

学校や地域の実態に応じ、地域の人々の協力、社会教育施設や社会教育関係団体等の各種団体との連携などの運営上の工夫を行い、持続可能な運営体制が整えられるようにするものとする。」

本判決当時は、必修クラブと課外クラブが存在し、課外クラブは学習指導要領に記載されていなかったが、本判決は、「課外のクラブ活動が本来生徒の自主性を尊重すべきものであることに鑑みれば」と判示しているところ、新学習指導要領においても、部活動は「生徒の自主的、自発的な参加により行われる」ものと位置付けていることから、学習指導要領の変遷により本判決の先例性が左右されるところは少ないものと考えられる。

(2)　**国家賠償法の適用**

国公立学校の教育活動に伴う事故について、国家賠償法 1 条 1 項が、「国又は公共団体の公権力の行使に当る公務員が、その職務を行うについて、故意又は過失によって違法に他人に損害を加えたときは、国又は公共団体が、これを賠償する責に任ずる。」と規定するため、同条が適用されるか否か問題となり得る。

この点、同条の「公権力の行使」を広く解し、学校教育活動も「公権力の行使」に含まれるとして、同条の適用を認めるのが通説であり、また、裁判例の大勢であったところ、本判決は明言はしていないけれども、このことを当然の前提としているものであり[8]、それゆえ国公立学校に同条の適用を認めた先例として認識されていた。

その後、最判昭 62・2・6 裁判集民 150 号 75 頁・判時 1232 号 100 頁・判タ 638 号 137 頁は、「国家賠償法 1 条 1 項にいう『公権力の行使』には、公立学校における教師の教育活動も含まれるものと解するのが相当であ」ると判示して、この問題に決着をつけた。

---

8)　石井彦壽〔判解〕最判解説民昭和 58 年度 55 頁。

[典型判例] 5　部活動中の事故―顧問教諭の立会

Ⅲ　実務理論

1　典型判例の位置付け

　原判決は、「バレーボール部顧問の教諭には、体育館内においてバレーボール部が部活動をしている時間中は生徒の安全管理のため体育館内にあつて生徒を指導、監督すべき義務がある（当該教諭に支障があれば他の教諭に依頼する等して代りの監督者を配置する義務がある。）というべきところ、バレーボール部顧問の教諭はこれを尽していなかつたから、右の点について過失があつたといわざるを得ない」と述べたが、顧問の教諭に常時立会を求めることは、現実的でもないし妥当でもない。

　下級審裁判例の中には、クラブ活動等の学校事故について、被害者救済を重視して、教師の過失を広く認定するものもあるといわれるが、裁判所が過度に政策形成機能を果たすべきではなく、反作用として裁判所のそのような態度が教師のクラブ活動等に対する消極的態度を招来することが指摘されている。

　近時、部活動の指導が教員の長時間労働の主因と指摘されており[9]、新聞・テレビで取り上げられることがとみに増えるなど社会問題化していることに鑑みれば、本判決の先見性を認めることができよう。

　なお、第一審判決は、殴打と失明の因果関係を否定したが、前記民集に判決理由の掲載が省略されているため、詳細は不明である。外傷性網膜剥離の診断がついているが、受傷後1か月してから失明していること、修学旅行中に転倒し受傷した可能性があること、もともと強い近視があることなどから、確かに因果関係の認定には慎重であるべき事案であろう。

2　射　程

　本判決の射程は、学校の部活動に広く及ぶものと考える。

　もちろん、小学校の4年生以上で必修となっているクラブ活動は[10]、まっ

9）朝日新聞DIGITAL2022年12月11日。
10）関・前掲注5）51頁。

115

第Ⅲ章　運動中・学校行事中の事故

たく別異に考えるべきであるし、大学の体育会・サークルなども固有の議論が
なされている[11]。

　ただ、中学校・高等学校といっても、中学1年生と高校1年生を同一に論じ
られようはずもなく、生徒の発達段階に応じたきめ細かな判断が求められよう。

　本判決の射程については、「課外クラブ活動の内在的直接起因危険による事
故の場合や、内在的ではないが直接起因危険による事故の場合には、本判決の
射程距離外にあり、課外クラブ活動に伴ってはいるが、直接に起因したもので
はなく間接に起因したにすぎない事故の場合に限定しての理論であると解する
のが妥当ではないかと考えられる」とする伊藤進教授の見解が著名であるが、
本判決をそのように限定して解釈することは困難であるし、必要でもないとし
て反対するのが通説である[13]。

　また、やり投げやハンマー投げなど危険性の高い競技については、顧問教諭
の常時立会を求めるかの如き見解もみられるが[14]、あくまで事故ごとに具体
的な予見可能性の有無を判断すべきである。

11）東京地判昭 60・12・10 判時 1219 号 77 頁・判タ 621 号 128 頁は、次のとおり、判示する（確定）。
　　「課外活動については、中学校程度の普通教育機関においてすら、それが本来生徒の自主性を尊
　重すべきものであることに鑑み、正課における場合に比べて学校側の指導監督及び事故発生防止義
　務の軽減が認められている（最高裁判所昭和 56 年（オ）第 539 号、同 58 年 2 月 18 日第二小法廷
　判決民集 37 巻 1 号 101 頁参照）ところ、被告大学における課外活動は、前記二において認定判示
　したとおり、広い意味での被告大学の教育活動の一環として位置づけられてはいるものの、学生の
　主体性及び活動の自主性がより一層強調され、大学側も最大限これを尊重し、学生による自主的活
　動を施設面及び財政面等の側面から補助する以外にはこれに容喙しない建前になっている。従って、
　以上のような大学の教育機関としての特殊性及び大学における課外活動の高度の自主性に鑑みれば、
　課外活動における安全確保及び事故発生防止は、課外活動に携わる学生らが自らの判断に基づき自
　らの責任で自主的に行うことが期待されているものというべきであり、被告（大学側）は、その管
　理する施設に安全性を欠く状態が生じた場合に危険を除去するなど、施設管理の面から学生の安全
　を守る義務、及び大学構内における事故の発生を認知した場合にすみやかに救命措置等の適切な事
　後措置を講じる義務等を負う程度にとどまり、各部における運動技能の練習をはじめ個々の具体的
　な活動面においては、たとえその活動が一般的に事故の発生につながる危険を伴うものであるとし
　ても、およそ事故発生防止を図る義務を負わないものと解するのが相当である。」
12）伊藤進〔判批〕判タ 492 号 30 頁。
13）石井・前掲注 8）57 頁、秋山義昭〔判批〕別冊ジュリ 151 号 297 頁。
14）石井・前掲注 8）56 頁。

[典型判例] 5　部活動中の事故—顧問教諭の立会

3　実務的注意点

(1)　当事者

本件の原告は、被害生徒である。

本件の被告は、加害生徒であるＡ、Ａの親権者である両親、Ｋ中学校の設置者であるＫ町である。

Ａの両親に対する適用法条は、民法714条ではなく、民法709条のようである。第一審判決の請求棄却を受けて、Ａについては控訴しなかったようであり、控訴審では両親に対する請求は民法714条を根拠としている。

民法714条の「責任無能力者の監督義務者等の責任」については、いわゆるサッカーボール事件の最判平27・4・9民集69巻3号455頁が親権者の責任を否定していることが注目される[15]。

学校側の損害賠償請求の相手方としては、学校の設置者（国、公共団体、学校法人等）のほか、顧問教諭、校長等に加え、部活動指導員が想定される。

「部活動指導員は、中学校におけるスポーツ、文化、科学等に関する教育活動（中学校の教育課程として行われるものを除く。）に係る技術的な指導に従事する」（学教規78条の2）ものとされ、同条は高等学校に準用される（学教規104条1項）。平成29年の学校教育法施行規則の改正により規定された。校長は部活動指導員に部活動の顧問を命じることができる[16]。

もっとも、公立学校の公務員たる顧問教諭等は個人責任を負わないとするのが判例の立場である[17]。

なお、損害保険会社が学校側に補助参加する例がある[18]。学校事故は、学校賠償責任保険や施設賠償責任保険などで担保される[19]。

(2)　過失相殺

原審において、被控訴人らは、被害生徒である控訴人には本件事故の発生について、これを誘発した過失があり（抗弁(1)）、控訴人は、本件事故発生後1か月以上も何らの処置をせずこれを放置し、そのため左眼の症状を悪化させ、

---

15) 平沼直人ら「責任能力なき未成年者の行為に対する親権者の監督責任について—いわゆる「サッカーボール事件」—」賠償科学48号262-297頁。

16) スポーツ庁次長・文化庁次長・文部科学省初等中等教育局長の平成29年3月14日28ス庁第704号「学校教育法施行規則の一部を改正する省令の施行について（通知）」。

第Ⅲ章　運動中・学校行事中の事故

治癒不可能の状態に陥ったものであり、その責任はすべて控訴人の不注意によるものである（抗弁(2)）と主張し、過失相殺の抗弁を提出した。

原判決は、次のとおり、判示した。

「被控訴人町主張のとおり抗弁(1)の事実が認められ、右認定を左右するに足る証拠は存しない。

抗弁(2)の事実については、仮に控訴人が本件事故発生後1か月以上何等の処置をせずこれを放置していたとしても、そのために控訴人の左眼の症状が悪化したり、治癒不可能に陥つたことを認めるに足る証拠は何等存しないから、右主張は理由がない。

右認定のとおり控訴人にも本件事故を誘発した過失があるところ、訴外Aの暴行の状況、体育館内にバレーボール部の部活動を指導、監督すべき教諭が

---

17) 最判昭53・10・20民集32巻7号1367頁「公権力の行使に当たる国の公務員が、その職務を行うについて、故意又は過失によつて違法に他人に損害を与えた場合には、国がその被害者に対して賠償の責に任ずるのであつて、公務員個人はその責を負わないものと解すべきことは、当裁判所の判例とするところである（最高裁判所昭和28年（オ）第625号同30年4月19日第三小法廷判決・民集9巻5号534頁、最高裁判所昭和46年（オ）第665号同47年3月21日第三小法廷判決・裁判集民事105号309頁等）。」。

最判平19・1・25民集61巻1号1頁「国家賠償法1条1項は、国又は公共団体の公権力の行使に当たる公務員が、その職務を行うについて、故意又は過失によって違法に他人に損害を与えた場合には、国又は公共団体がその被害者に対して賠償の責めに任ずることとし、公務員個人は民事上の損害賠償責任を負わないこととしたものと解される（最高裁昭和28年（オ）第625号同30年4月19日第三小法廷判決・民集9巻5号534頁、最高裁昭和49年（オ）第419号同53年10月20日第二小法廷判決・民集32巻7号1367頁等）。この趣旨からすれば、国又は公共団体以外の者の被用者が第三者に損害を加えた場合であっても、当該被用者の行為が国又は公共団体の公権力の行使に当たるとして国又は公共団体が被害者に対して同項に基づく損害賠償責任を負う場合には、被用者個人が民法709条に基づく損害賠償責任を負わないのみならず、使用者も同法715条に基づく損害賠償責任を負わないと解するのが相当である。」。

福岡高判平26・6・16判例集未登載「国賠法1条1項は公務員による損害賠償の責任主体を国又は公共団体に限定していると解されるのであり（最高裁判所昭和53年10月20日第2小法廷判決・民集32巻7号1367頁等参照）、公務員個人に対する責任は問えないと解するものである。また、行為者である公務員に故意又は重過失がある場合に限って直接賠償を求めることが可能であるとすると、重過失がない場合、あるいは過失がない場合であっても、故意又は重過失を理由として提訴されれば、被告となってその不存在を明らかにするための負担を余儀なくされるもので、結果として公務員個人が矢面に立たざるを得ないことになることからも、公務員個人に対する責任追及を否定することが不相当とはいえない。」。

18) 大阪高判平27・1・22判時2254号27頁。

19) 学校災害賠償補償保険制度（全国市長会）等につき、木村俊郎「学校事故における法制上の救済―保険制度を中心にして―」大阪経大論集68巻1号59-76頁。

[典型判例] 5　部活動中の事故—顧問教諭の立会

不在であつたこと、その他前記二認定の諸般の事情を考え合わせると、過失相殺として控訴人の前記五の各損害額合計 1456 万 1141 円からその 3 割を減ずるのが相当である。」

裁判例において、過失相殺の有無、割合は、区々に分かれている。

(3)　**損益相殺**

原判決は、控訴人が、本件事故による損害について、日本学校安全会から災害共済給付金として 237 万円の支給を受け、これを自認しているため、同額を損害の一部補填として控除した。

日本学校安全会は、1960 年（昭和 35 年）に設立され、その後、数度の組織改編を経て、現在、独立行政法人日本スポーツ振興センターとして、共済給付事業を行っている。同センターは、独立行政法人通則法および独立行政法人日本スポーツ振興センター法に基づき設立され、その目的は、スポーツの振興と児童生徒等の健康の保持増進を図るため、その設置するスポーツ施設の適切かつ効率的な運営、スポーツの振興のために必要な援助、学校の管理下における児童生徒等の災害に関する必要な給付その他スポーツ及び児童生徒等の健康の保持増進に関する調査研究並びに資料の収集及び提供等を行い、もって国民の心身の健全な発達に寄与することとされている（独立行政法人日本スポーツ振興センター法 3 条）[20]。

同センターの給付金は損益相殺されるのが、一般であり、少なくとも本判決に関連して筆者が接した運動部活動中の事故の裁判例では、損害額からの控除を否定したものはみられなかった。給付金の支給水準は低く、増額を望む声が強い[21]。

なお、見舞金と呼ばれるものは損益相殺の対象とならないのが普通である。後掲Ⅳ 1 の裁判例のほか、兵庫県高等学校教育振興会からの見舞金につき、損

20）福岡高判令 2・7・6 判時 2483 号 38 頁・判タ 1484 号 75 頁は、先天性の脳性まひにより身体障害者福祉法別表第 1 級の認定を受け、特別支援学校に在籍していた生徒が、給食介助中の誤嚥により窒息状態に陥り、低酸素脳症に由来する重篤な脳障害を後遺した事故について、既存障害と新たに生じた障害とが、日本スポーツ振興センターが行う災害共済給付制度における「同一部位についての障害」に該当し、かつ、同一の障害等級となることを理由として、障害見舞金の支払請求を棄却した。

21）信澤久美子〔判批〕判例地方自治 438 号 97 頁。

119

害の填補の性質を有することを認めるに足りる証拠はないとして、損益相殺を否定した裁判例[22]などがある。

(4) ガイドライン

平成30年3月、スポーツ庁が「運動部活動の在り方に関する総合的なガイドライン」を作成、公表した。

上記ガイドラインは、「義務教育である中学校（義務教育学校後期課程、中等教育学校前期課程、特別支援学校中学部を含む。以下同じ。）段階の運動部活動を主な対象」（1頁）とするが、「高等学校段階の運動部活動についても本ガイドラインを原則として適用」（2頁）するものとされる。

また、文部科学省は、平成25年5月、「運動部活動での指導のガイドライン」を作成している。

文化部活動についても、平成30年7月、文化庁が「文化部活動の在り方に関する総合的なガイドライン」を作成、公表している。

さらに、自治体によっては、部活動中の事故防止のためのガイドラインを策定しているところもある。

これらガイドラインは、法規範そのものではないが、注意義務の設定にあたっては参考とされることもあろう。

なお、京都地判令2・10・6交通民集53巻5号1201頁は、次のとおり、判示するところである。「原告は、スポーツ庁ガイドライン及び京都市ガイドラインから同行義務が導かれるとも主張する。しかし、上記各ガイドラインは、部活動を行う生徒の生命・身体の安全を確保する観点から、顧問教諭を含む学校の対応の指針を定めたものであり、他の第三者に対する危険や支障の発生防止の観点を考慮したものではないと解されるから、そこに同行や引率を原則とする旨の定めがあるからといって、それが直ちに第三者に対する法的義務としての同行義務の発生根拠となるとは解されない。」。

---

22) 前掲注18）。

[典型判例] 5 部活動中の事故─顧問教諭の立会

Ⅳ　下級審の運用・発展

1　部室での暴行─神戸地判平 21・10・27 判時 2064 号 108 頁

(1)　事案の概要

本件は、原告が、被告神戸市が設置運営する神戸市立丙川中学校に在学中であった平成 17 年 11 月 9 日、被告乙山松夫及び同乙山竹子（被告乙山ら）の子である乙山梅夫から暴行を受けたことにより外傷性低髄液圧症候群等の障害を負ったのは、被告乙山らが梅夫に対する親権者としての指導・監督を怠り、また、被告神戸市の公務員である丙川中学の教員らが梅夫の日常的な暴力行為を放置した過失によるものであるとして、被告乙山らについては、主位的に民法 712 条及び同 714 条 1 項（監督者責任）、予備的に同 709 条（不法行為責任）に基づく損害賠償請求権に基づいて、被告神戸市については、主位的に国家賠償法 1 条 1 項、予備的に債務不履行（安全配慮義務違反。民 415 条 1 項）若しくは不法行為（民 715 条 1 項）に基づく損害賠償請求権に基づいて、被告らに対し、連帯して 1792 万 3154 円及びこれに対する不法行為の日ないし債務不履行の日の翌日である平成 17 年 11 月 10 日から支払済みまで民法所定の年 5 分の割合による遅延損害金の支払を求めた事案である。

(2)　過　失

上記平 21 神戸地判は、本最高裁判決を引用した上で、次のとおり、判示した。

「本件事故は、梅夫が原告に対して飛び蹴りを加えた上、反撃をした原告との間でけんかとなって、馬乗りになって殴打したというものであり、取っ組み合ったり投げ合ったりするなどの行為と同種の行為によって発生した事故であるということができるから、本件顧問教諭らにおいては、本件顧問教諭らが立ち会っていないときに、本件事故が発生する危険性を具体的に予見できる特段の事情が存したというべきである。

したがって、本件顧問教諭らには、梅夫が原告を含む他の部員に対して暴力を振るって、けんかが発生したり、負傷することのないようにクラブ活動終了後の更衣時間に立ち会い、梅夫が下校するまで見届けるべき義務があったとい

121

第Ⅲ章　運動中・学校行事中の事故

うべきであり、これをせずに、本件事故当日、柔道部練習後の更衣時間に立ち会わなかった点において、過失が存したものといわざるを得ない。」。

なお、梅夫の両親である被告乙山らについても、中学１年生の梅夫に責任能力があると認定し、民法709条の責任を認めた。

(3)　損　害

　(ア)　因果関係

「吉田医師及び中川医師において、外傷性低髄液圧症候群ないし脳脊髄液減少症であると診断され、また、原告には、頭頚部痛や視機能障害など、外傷性低髄液圧症候群の症状と矛盾しない症状が生じていることが認められる。

しかしながら、文献（甲12）上、低髄液圧症候群においては、造影MRI所見上、びまん性に肥厚した硬膜が強く造影されるのが特徴的であり、また、頭部MRI矢状断では、脳の下方偏倚が認められ、さらに、脊髄MRIやCTミエログラフィで漏出した髄液が高率で検出されるとされているところ、吉田医師の診断も原告のMRI所見が脳脊髄液減少症のそれと矛盾しないとするにとどまるものであり、本件訴訟において、原告のMRI画像が提出されていないのであるから、原告のMRI所見において、低髄液圧症候群に特徴的とされる上記各所見が現れていることを認めるに足りる証拠はないものといわざるを得ない。

また、中川医師の診断についても、その根拠とされるＭＲＩ所見がいかなるものであるかは本件証拠上明らかではない。

そうすると、低髄液圧症候群については、学術的に未解明なことが多い疾患であって、確立した診断基準が存在するとは認められないことをも併せ考えると、原告の検査所見が証拠上明らかではない本件において、原告が低髄液圧症候群に罹患したと認めるには、なお、合理的な疑問が残るものといわざるを得ない。」。

　(イ)　過失相殺

過失相殺の主張はなされていないようである。

　(ウ)　損益相殺

日本スポーツ振興センターからの給付については損害から控除したが、神戸市学校園安全互助会からの事故見舞金については控除を否定した。

［典型判例］5　部活動中の事故―顧問教諭の立会

(4)　考　察

一般的には生徒の暴行を具体的に予見できる特段の事情は認め難いであろう [23]。

なお、被告らは連帯して830万円余りの支払を命じられたが、控訴の結果等は不明である。

2　やり投げ―神戸地判平14・10・8裁判所HP

(1)　事案の概要

本件は、兵庫県立M高等学校の陸上競技部に所属していた原告（高校2年生）が槍投げ練習をしていた際、他の部員（高校2年生）が投げた槍が原告の左側頭部に衝突したことにより、左側頭部開放性陥没骨折等の傷病を負い、精神的苦痛を被ったところ、これは、同部の顧問教諭が同練習に立ち会ったり、安全指導を徹底したりしなかった過失によるものであると主張して、同校を設置する公共団体である被告に対し、国家賠償法1条1項に基づき、慰謝料及び弁護士費用並びにこれらに対する遅延損害金の支払を求めた事案である。

(2)　過　失

被告兵庫県は、本最高裁判決を援用して請求棄却を求めたが、上記平14神戸地判は、陸上競技部の顧問教諭「Cは、原告らがCの指示に反して空中への槍投げ練習を開始することにより、本件のような事故が発生する危険性があることを具体的に予見することが可能であったというべきである」と判示して、Cには立会義務に違反した過失があるものと認めた。

23）山形マット死民事訴訟控訴審判決である仙台高判平16・5・28判時1864号3頁・判例地方自治257号31頁は、「課外のクラブ活動における、教諭の注意義務の前提としての予見可能性を判断するについては、課外のクラブ活動は本来生徒の自主性を尊重すべきものであるから、何らかの事故の発生する危険性を具体的に予見することが可能であるような特段の事情がない限り、課外のクラブ活動に立ち会っていなかったとしても、教諭に過失はなく、中学校における課外クラブ活動中の体育館の使用状況、過去における同種事故の発生の有無、クラブ活動の内容等を総合的に検討して判断すべきである（最高裁判決昭和58年2月18日民集37巻1号101頁参照）」と述べた上で、教諭の過失を否定した。

第Ⅲ章　運動中・学校行事中の事故

(3)　損　害

(ア)　因果関係等

「原告は、原告の頭皮には切開部分を縫合した跡が残っており、同部分は、現在においても、頭髪が生えにくい状態であると主張するが、それが外見上醜状を呈していると認めるに足りる証拠はないから、これを後遺障害と認めることはできない。

　また、原告は、本件事故により当時の成績が落ち込んだと主張するが、本件事故と原告の成績の低下との因果関係は証拠上必ずしも明らかではないから、原告の上記主張を採用することはできない。」。

(イ)　過失相殺

「原告は、上記認定のとおり、Cが空中への槍投げ練習を中止するように指示したのに反して、Cが立ち会っていないにもかかわらず、空中への槍投げ練習を開始したものである。

　また、原告は、既にAが槍を投げる構えに入っていたのに、BがAのフォームチェックを続けている様子を見て、Aはまだ槍を投げないであろうし、槍を投げたとしてもさほど遠くまで飛ばないであろうと軽率に判断し、Aの動静を注視することなく、先に自分が投げた槍を取りに行ったことにより、本件事故が発生したものである。

　すなわち、原告が上記のような危険な行動に出なければ、そもそも本件事故が発生することはなかったのであるから、本件事故は原告が自ら招いた面もあり、Cが安全指導の徹底を怠ったことが原告の上記行動に影響しているとはいえ、原告は、本件事故当時、判断能力が十分ある年齢に達していたのであるから、原告にも本件事故による損害の発生について過失があり、かつ、その程度は、Cの過失の内容、程度と対比すると、大きいものというべきである。

　そして、その他本件に顕れた一切の事情を考慮すると、原告の過失割合は6割と認めるのが相当である。」。

　なお、上記Bは高校3年生。

(ウ)　損益相殺

「原告は、平成14年6月12日の本件和解期日において、Aから本件解決金として60万円の支払を受けたものであり、これは原告の上記損害を填補する

趣旨のものであると解されるから、これをもって損益相殺する」。

（4）　考　察

本判決は、部員が部活顧問の指示を無視してやりを投げることが具体的に予見できたと判断するが、中学生ならまだしも高校1年生（新人）でもなく高校2年生なのであるから、疑問を覚える。むしろ抽象的に危険な競技については、部活顧問の立会を義務とする立場のようにみえる。

確かに、やり投げの事故は多いように思われる。例えば、2012年7月には、大学陸上部の男子学生が投擲したやりが練習を終え帰宅する途中の県立高校陸上部マネジャーの女子生徒（高校1年）の頭に刺さり、重傷を負わせた事故で、上記大学生と監督が業務上過失傷害の疑いで書類送検されている。

しかしながら、危険だという理由で顧問教諭の常時立会を義務とするのでは、競技自体が委縮してしまう。

北口榛花選手の活躍は投擲競技の選手や関係者に希望を与えている。

学校側により一層の安全対策、安全教育を期待し、危険性のある競技には公的な助成も検討されるべきである。

なお、本判決は、被告に対し、70万円の支払を命じたが、控訴の有無などは不明である。

3　ラグビー—東京地判平13・11・14判例集未登載

（1）　事案の概要

本件は、被告が設置する東京都立H高等学校のラグビー部に所属していた原告が、同部におけるモール（ボールを持ったプレーヤーの周囲に、双方の1人又はそれ以上のプレーヤーが、立ったまま身体を密着させて集結した状態）の練習中、頸髄損傷等の傷害を負った事故に関し、被告には、同部の顧問教諭らを通じて安全配慮義務違反があると主張して、被告に対し、債務不履行に基づき、後遺症逸失利益等の損害賠償を求めた事案である。

（2）　過　失

原告の顧問のF教諭が自己が不在の際に本件モールの練習をさせたとの過失の主張（（ウ）の「〈2〉の主張」）につき、上記東京地判は次のとおり判示した。

「（ア）　一般に、課外のクラブ活動（いわゆる部活動）については、それが

第Ⅲ章　運動中・学校行事中の事故

本来生徒の自主性を尊重すべきものであることにかんがみれば、何らかの事故の発生する危険性を具体的に予見することが可能であるような特段の事情のある場合は格別、そうでない限り、顧問の教諭としては、個々の活動に常時立ち会い、監督指導すべき義務までを負うものでないと解すべきである（最高裁昭和56年（オ）第539号同58年2月18日第二小法廷判決・民集37巻1号101頁参照）。

　この点、本件のような高等学校のラグビー部における練習のすべてが上記特段の事情に該当すると判断するのは相当ではなく、そこで行われる個別の練習について、事故当時の具体的な事情に照らして、その該当性を判断すべきである。

　（イ）　そこで、本件の『モールゲーム』の危険性について検討するに、その内容は、前記1(3)ウで認定したとおりであって、なるほど、プレーヤー同士の身体の接触を伴う練習であり、事故の発生の危険が全くなかったということはできない。しかしながら、上記の練習の意義は、ボールを奪い合って競うものではなかったこと、その内容は、モールが崩れたり、モールの中で部員がボールを奪い合うことで膠着状態になったり、相手チームの部員がボールを奪ったりしたときには、適宜、部員等が『ブレイク』と叫んで、ゲームを中断することとしていたこと、タックル等強く接触するプレーは禁止されていたことにかんがみれば、本件の『モールゲーム』それ自体は、比較的、危険発生の可能性の低い練習であったというべきである。

　また、前記1(3)ウ、エによれば、本件事故当日には、2名のＯＢがフォワードの練習に参加していて、そのうち、Ｔは、相手チームのスクラムハーフとして参加し（なお、証拠（証人Ｉ、同Ｔ）によれば、スクラムハーフとは、モールの全体を見渡すことができ、指導するには最適のポジションであると認められ、Ｆ教諭も、自分1人であれば、このポジションに位置する旨述べている（同人の証人尋問調書53頁）。）、また、Ｉは、原告のいる攻撃側のチームの後方から、部員に指示を与えていたというのであって、上記のような事情が認められたときには、練習に参加している部員以外にも、『ブレイク』と叫び、ゲームを中断できる態勢にあったと認められるところである。

　こうしたことに加え、前記1で認定したところのほか、本件全証拠を精査し

[典型判例] 5 部活動中の事故—顧問教諭の立会

ても、本件事故当日までの練習、殊にモールの練習において、部員の身体、生命の安全を脅かすようなことが行われていた、又はそのようなことがあったという形跡を認めることはできないし、また、部員の中に、そのようなことを行うおそれのある者がいたということを認めることもできない。また、本件事故の際、モールが形成される過程で、姿勢を低くして原告に当たったというY（前記1⑶エ）が、本件事故当日までの練習において、他の部員の身体、生命の安全を脅かすようなことをしたことがあったとか、又はそのようなことを行うおそれがあったという形跡を認めることもできないところである。

その上、証拠（乙8、証人F）によれば、F教諭の28年間にわたるラグビー指導歴の中でモールプレーを起因として入院加療を要する傷害を負ったのは原告のみであること、平成元年から同10年までの間、日本ラグビーフットボール協会に報告のあったラグビー事故の事例のうち、試合におけるモールのプレー中に生じた重傷事故の事例は6例あるが、モールの練習中に生じた例は本件事故の1例しかないことが認められる。また、乙第13号証によれば、平成4年度から同8年度にかけて関東ラグビーフットボール協会に報告があった頸椎、頸随損傷の総件数は56例あり、これらのうち、タックルに起因するものが23例、スクラムに起因するものが17例、ラックに起因するものが9例あるが、モールに起因するものは3例（原告を含む。）であること（その他4例）が認められる。

（ウ）　このようなことからすると、F教諭らにおいて、本件事故当時、本件の『モールゲーム』について、何らかの事故の発生する危険性を具体的に予見することは困難であったというべく、上記特段の事情を認めることはできないといわざるを得ない。

したがって、F教諭は、本件の『モールゲーム』に立ち会い、指導、監督すべき義務までは負っていなかったというべきであり、原告の上記〈2〉の主張は採用できない。

（エ）　なお、念のため付言するに、前記1⑶ウで認定した『モールゲーム』の意義及び内容、同エで認定した4本目の『モールゲーム』の状況にかんがみると、本件事故の際、モールが形成される過程で、Yが姿勢を低くして原告に当たったというのであるが、このようなことは、上記の練習において、通常行

第Ⅲ章　運動中・学校行事中の事故

われているプレーヤーの動きの1つであり、格別問題となるようなことではなかったと認められる。したがって、仮に、F教諭が上記の練習に立ち会っていたとしても、原告の受傷機序について前記1(4)で検討したいずれの場合を経たところで、原告が倒れるまでの間に、同教諭において、『ブレイク』と叫んで、ゲームを中断させるべき事情を見出すことは困難であったというべきである。

　また、前記(1)ウのとおり、原告は、1年生の部員の中でも体力のない者であったこと、本件事故時にも相当程度疲労していたというのであるが、他に的確な証拠がない以上、仮に、F教諭が上記の練習に立ち会っていたとしても、同教諭において、原告に対し、本件事故当日の練習を中断させて、見学や帰宅を指示することが可能であったということはできない。

　したがって、仮に、上記の立会義務を認めたところで、F教諭が立ち会っていたとすれば、本件事故を防ぐことができたとまでは、認め難いところである。」

(3) **考　察**

　本最高裁判決の判旨に沿って、具体的な予見可能性につき丁寧に判断されている。

　強いていえば、モールの危険性に対する認識にやや違和感を覚える。実際、2019年8月29日に大阪の高校でモール練習中に頚椎脱臼の事故が発生するなどしている[24]。

　少子化の中、15人の部員を揃えることすら難しい状況にあり、より一層の安全対策を講じなければ、部活動としてのラグビーの存続が危うくなろう。日本代表の活躍によりラグビー熱が高まる今だからこそ、避けられたはずの重大事故があってはならない。

　なお、本判決は請求を棄却したが、控訴の有無等は不明である。

---

24) https://oskhrfc.d2.r-cms.jp/support_kein/。

[典型判例] 5　部活動中の事故―顧問教諭の立会

4　バドミントン―さいたま地判平 28・3・16 判例地方自治 416 号 35 頁

(1)　事案の概要

　本件は、原告が所属していた埼玉県立 A 高校のバドミントン部の練習（部活動）中、原告とペアを組んだ部員が打ったシャトルが原告の右眼を直撃し、これにより原告が右眼水晶体破裂の傷害を負ったところ、当該事故の発生は、本件バドミントン部の顧問の教諭が適切な指導監督を怠ったことに原因があるなどとして、原告が、本件高校の設置管理者である被告に対し、国家賠償法 1 条 1 項による損害賠償請求権に基づき、傷害慰謝料等合計 1003 万 6307 円及びこれに対する不法行為の日（上記事故の日）の翌日である平成 23 年 6 月 10 日から支払済みまで民法所定の年 5 分の割合による遅延損害金の支払を求める事案である。

(2)　過　失

「(1)　教育活動の一環として行われる学校の課外のクラブ活動においては、生徒は担当教諭の指導監督に従って行動するのであるから、担当教諭は、できる限り生徒の安全にかかわる事故の危険性を具体的に予見し、その予見に基づいて当該事故の発生を未然に防止する措置を執り、クラブ活動中の生徒を保護する注意義務を負うというべきである（最高裁平成 18 年 3 月 13 日第二小法廷判決・裁判集民事 219 号 703 頁参照）。

　また、課外のクラブ活動は、本来、生徒の自主性を尊重すべきものであるから、何らかの事故の発生する危険性を具体的に予見することが可能であるような特段の事情のない限り、担当教諭としては、個々の活動に常時立ち会い監視指導すべき義務まで負うものではないと解するのが相当である（最高裁昭和 58 年 2 月 18 日第二小法廷判決・民集 37 巻 1 号 101 頁参照）。

　(2)　これを本件についてみると、バドミントンはシャトルを打ち合う競技であるから、シャトルが眼に当たり眼球を負傷する事故が発生する危険があり、実際に、独立行政法人日本スポーツ振興センターの学校事故事例検索データベースによれば、平成 17 年から平成 22 年までの間に、中学校及び高等学校の体育の授業中及び課外クラブの活動中のバドミントンの事故として、シャトルが眼球に当たり視力障害を負うに至った事故が 27 件発生していることが認められる（甲 3）。そうすると、C は、本件事故の際の練習において、本件事故

129

が起きることを抽象的には予見することができたということができる。

　しかし、前記認定のとおり、Cは、Bから、練習が終了した後、練習内容についての報告を受けていたが、Bと原告が、本件ルール（引用者注：「相互にシャトルが高く上がった場合には角度の付いた速いショットを打ち込む」というルール）を用いたヘアピンの基礎打ちの練習をしていることについては報告を受けていなかったものであり、Bと原告が、本件ルールを用いた練習をしていることを知らなかったものと認められるし（原告は、Cが上記練習を見ていたことがあると供述するが、これを否定するCの証言に照らし、たやすく信用することはできない。）、上記のとおり、Cは、Bから、練習内容についての報告を受けるようにしていた上、本件事故前に、本件ルールを用いた練習がされたのは、１、２度にすぎず、かつBと原告との間のみであったことは前記認定のとおりであるから、Cが、Bと原告が当該練習をしていることを知らなかったことについて、Cに落ち度があるということもできない。そうすると、Cは、本件事故が発生することを具体的に予見することはできなかったものというべきである。

　のみならず、仮に、Cにおいて、本件事故当時、原告とBが本件ルールを用いたヘアピンの基礎打ちの練習をすることを知っていたか、又は知り得たとしても、そもそも、実戦において、ヘアピンの際にシャトルが高く浮いた場合には、角度の付いた速いショットを打たれることがあるのであるから、実戦を想定して、このような練習をすること自体は禁止されないというべきである。そして、原告とBは、いずれも中学校時代からバドミントンをしてきたバドミントン競技の経験者であり、このような練習をすることが禁忌とされる者ではないばかりか、原告とBは、高校生であり、高く浮き上がったシャトルを相手方の顔面に向けて打ち込むことが危険であることは十分に認識し得ることであって、現に、前記認定のとおり、本件事故以前に、上記練習中、Bが上記ショットを打った際、原告の顔面にシャトルが当たったことはなかったというのである。また、原告は、本件事故当時、シャトルが自らの身体の方に飛んできた場合には、ネットの下の方に身体を隠すという技法を理解していたことも認められる（原告本人）。さらに、前記説示のとおり、本件事故当時、Bが、故意に、原告の身体を目掛けて高く浮き上がったシャトルを打ち込むような事情はなく、

本件事故は飽くまで偶発的に発生したものである。

　以上によれば、いずれにせよ、Cにおいて、本件事故の発生する危険性を具体的に予見することができたとは認められない。したがって、Cには安全配慮義務違反があったということはできないし、Cが本件事故の際の練習に立ち会っていなかったことをもって、Cの過失を問うこともできないというべきである。」。

(3)　**考　察**

　バドミントンは意外にも危険な競技であるが、上記判決の判断は妥当であると考える。

　なお、原告の請求は棄却され、判決は確定した。

Ｖ　展　望

　本判決は、典型判例として、その枠組が揺らぐことはなかろうと思う。

　事例の集積を待つというよりも、裁判所には一件一件きめ細かな事実認定と敢えて言えば常識に適った判断が求められ続けよう。

（平沼　直人）

第Ⅲ章　運動中・学校行事中の事故

典型判例 6　運動に内在する危険が現実化した事故と安全配慮義務

> 最高裁（三小）平成9年9月4日判決〈平成6年（オ）第1237号〉
> 裁判集民185号63頁・判時1619号60頁・判タ955号126頁

Ⅰ　典型判例の紹介

1　ひとことで言うとどんな判例か

　市立中学の柔道部活動中、乱取りという一定の危険の内在する稽古において初心者である生徒が怪我をしたとしても、顧問教諭が当該生徒につき乱取りを確実に行う技能を有していて危険がないと判断していた以上、事故発生を未然に防止すべき義務の違反はない。

2　判決要旨

　柔道には本来的に一定の危険が内在していることから、学校教育としての、特に心身共に未発達な中学生に対する柔道の指導にあたる者は、柔道の試合又は練習によって生ずるおそれのある危険から生徒を保護するために常に安全面に十分な配慮をし、事故の発生を未然に防止すべき一般的な注意義務を負うものであり、このことは学校の課外クラブ活動（いわゆる部活動）についても異なるところはない。

　技能を競い合う格闘技である柔道には、本来的に一定の危険が内在しているから、学校教育としての柔道の指導、特に、心身共に未発達な中学校の生徒に対する柔道の指導にあっては、その指導にあたる者は、柔道の試合又は練習によって生ずるおそれのある危険から生徒を保護するために、常に安全面に十分な配慮をし、事故の発生を未然に防止すべき一般的な注意義務を負うものである。

132

［典型判例］6　運動に内在する危険が現実化した事故と安全配慮義務

　大外刈りは、中学校の体育実技の1年次において学習することになっている基本的な投げ技であるが、確実に後ろ受け身をしないと後頭部を打つ危険があるから、大外刈りを含む技を自由にかけ合う乱取り練習に参加させるには、初心者に十分受け身を習得させる必要がある。一般に体力、技能の劣る中学生の初心者を回し乱取り練習に参加させるについては、特に慎重な配慮が求められるところであり、有段者から大外刈りなどの技をかけられても対応し得るだけの受け身を習得しているかどうかをよく見極めなければならない。

　本件事故では、回し乱取り練習において被災者の相手選手（以下、「関係生徒」）が大外刈りをかけた際、その技が極めてタイミングよく決まったことで、関係生徒において、勢い余って被災者の体と重なるように前方に倒れ込んだため、被災者は受け身もできない状態で頭から後方に転倒し、頭部を畳に強打して受傷した。

　本件では被災者が回し乱取り練習に通常必要とされる受け身を習得し、同練習についてある程度の経験を重ねていること等の事実関係があることから、顧問教諭において、被災者を回し乱取り練習に参加させたことに、指導上の過失があったということはできない。

3　事案の概要

　柔道初心者で本件柔道部に入部した被災者は、4月の仮入部以降、約3か月間受け身の練習期間を経ており、顧問教諭は自ら被災者に技をかけて受け身の習熟度合いを確認しており、さらに被災者は6月中旬ころから民間の道場にも通い、3回ほど対外試合に出場したことがあり、事故時の対戦相手の有段者である2年生の関係生徒とは、以前学校において数十回にわたって乱取り練習をしていた。本件事故の起きた7月25日は夏休みの練習であり、そこで対外試合前の強化練習として本件回し乱取りが行われた。被災者は本件回し乱取りには三度目の参加であったが、それまでに関係生徒からも何回か大外刈りをかけられたことがあり、その際には受け身ができていて、特に危険はない状態であった。

　これらの事情からすれば、被災者と関係生徒との間に大きな技能格差が存在することを考慮しても、顧問教諭において本件事故当時、被災者が回し乱取り

133

第Ⅲ章　運動中・学校行事中の事故

練習で関係生徒の相手をさせたことに安全面の配慮に欠けるところがあったとはいえず、その他特に事故の発生を予見し得る特別の事情があったともいえない。

4　典型判例たる所以

本件は、運動に内在する危険が現実化した事案とされるものである。第一審では顧問教諭の過失が否定されたものの、控訴審では同過失が肯定され、さらに本件最高裁判決において再度顧問教諭の過失が否定されたという点で、運動に内在する危険とその危険の引き受け（結果責任）をいかに考えるべきかという重要な視座を示しているといえ、柔道に限らず、運動部活動における同種事故との関係でも参考になると考えられる。

Ⅱ　典型判例の分析

1　判決要旨をどう理解すべきか

本件事故の結果、被災者は右急性硬膜下血腫の傷害を負い、開頭術、血腫除去術、外減圧術を受けるなどして4か月近くの入通院治療を行ったものの、記憶力低下、左手の震え、麻痺等の後遺障害が残存し、上記加療による休学によって再度1年生からのやり直しを余儀なくされるなどしたことに加え、後遺障害第5級認定によって労働能力を79パーセント喪失するに至ったという、きわめて重大な事態となった。そのため、被災者の損害額として5390万円余、被災者の父の損害額として334万円余、母の損害として330万円余が、被災者の柔道についての熟達度（能力）を的確に把握してこれに見合った指導をすべき義務を怠った顧問教諭の過失によって生じたものとして、国家賠償法1条1項により市が負担すべきとする訴えが提起された。

第一審の地裁判決は、本最高裁判決と同旨で訴えを棄却したが、控訴審判決では、①高い技能を有した者が、初心者で技能の低い者に技をかけた場合、技能差があるほど容易に、タイミングよく決まる傾向があること、②回し乱取りの主たる目的は正選手の強化であり、3本の技を決めることについ気が逸って、

134

［典型判例］6　運動に内在する危険が現実化した事故と安全配慮義務

相手が受け身をとれるように余裕をもって技をかける配慮が薄れがちなのに加え、関係生徒は、翌日の県大会を控え、試合を念頭においた真剣勝負に近い態度になっていたことの2点を指摘し、技能差が大きい部員を組ませると受け身ができないほどに技がタイミングよく決まる危険性があることから、顧問は、関係生徒の本件回し乱取り練習においては、正選手と格段に技能の差がない者を選んで相手をさせるべきであったとの判断を示した上で、本件において顧問は、「留意すべき生徒に対する安全配慮義務を怠った過失があったといわざるを得ない」とし、国家賠償法1条に基づき、市に損害賠償責任を認めた。

　本件最高裁判決では、かかる控訴審判決の判断を破棄し、被災者が対戦相手との回し乱取りを行う技能を十分に有していることを顧問教諭においてしっかりと確認していたのであるから、本件事故は柔道の練習における一連の攻撃、防御の動作の過程で起きた偶発的な事故といわざるを得ず、これを顧問教諭の指導上の責任に帰することはできないものと判断したものである。

　本件に対する各裁判所の判断の対立は、柔道という競技に内在する危険性とその責任の引き受けについてどのように理解するのかということ、そして実際に起こった事故とその結果が、何らかの注意義務を尽くすことによって防ぐことのできたものであったのか、必要な注意義務を尽くしてなお防ぐことのできない偶発的なものであったのかという評価のあり方における対立そのものであると考えられる。

2　理論構成（他の判例・学説）

⑴　部活動における安全配慮義務について

　学校設置者等には、在学契約に附随して安全に教育等を生徒等に提供する義務（安全配慮義務）があり、このような義務を故意や過失等によって履行しない場合に生じた損害について、債務者たる学校設置者等は、債権者たる生徒等に対して損害を賠償する責任がある。雇用・労働関係におけるかかる義務について、最高裁判決が、「ある法律関係に基づいて特別な社会的接触の関係に入った当事者間において、当該法律関係の附随義務として当事者の一方又は双方が相手方に対して信義則上負う義務として一般的に認められるべきもの」（最判昭50・2・25判時767号11頁）として以降、同様の法理は在学関係におい

135

第Ⅲ章　運動中・学校行事中の事故

てもしばしば用いられるようになってきている。そして学校での教師の注意義務に関して最高裁は、「学校の教師は、学校における教育活動によって生ずるおそれのある危険から生徒を保護すべき義務を負っている」（最判昭62・2・13民集41巻1号95頁、最判平2・3・23判時1345号73頁・判タ725号57頁）としている。さらにサッカー落雷事故に関する最高裁判決では、「教育活動の一環として行われる学校の課外のクラブ活動においては、生徒は担当教諭の指導監督に従って行動するのであるから、担当教諭は、できる限り生徒の安全にかかわる事故の危険性を具体的に予見し、その予見に基づいて当該事故の発生を未然に防止する措置を執り、クラブ活動中の生徒を保護すべき注意義務を負うものというべき」（最判平18・3・13裁判集民219号703頁・判時1929号41頁・判タ1208号85頁）としている。

　ただし、学校部活動中や体育授業中などにおける事故については、下級審を中心として多くの判例が存在しているが、安全配慮義務とはいかなるものかについての明らかな判例の傾向は定まっていない。その理由としては、部活動とその中で起きる事故の多様性に加えて、委縮しない部活動のあり方と被害者救済の観点から、統一的な安全配慮義務の基準を定めることが困難なためであると考えられる。

　したがって学校事故における安全配慮義務の内容とその違反性については、ありきたりな言い方になるが、学校及び当該部活動の実情に応じ、「いかなる注意を果たせばその事故が防げたといえるか」「そこで求められる注意義務の内容は現実的で合理的なものであるか」という観点から、論理的に構成されるべきものである。

　柔道事故に関しては、本件判決以前である昭和45年から平成6年までの14判例を分析した結果として、「技能が未熟な中学生については学校側の責任を肯定した例が多く、生徒の柔道経験が豊かで技能差のあまりない相手との対戦中に発生した高校生以上の生徒の事故については、責任を否定した例が多い。したがって、低学年や初心者になるほど学校側に重い指導責任を課する傾向がある」とされている[1]。この分析は本件判例法理にもそのまま当てはまるところであり、第一審判決及び最高裁判決では、被災者において、本件事故の起きた「回し乱取り練習」にも「大外刈り」にも十分に対応できる技能を有してい

たこと、かねて関係生徒とも対戦して受け身が十分にとれていたことを根拠として、学校側の責任を否定し、対する高裁判決では関係生徒との技能格差が明らかであったとして責任を肯定している。このように、同じ証拠に対して裁判所ごとの価値判断が異なってくることは、柔道事故裁判に関する裁判所の判断の予測を困難にさせている要因であるともいえる。

⑵　国家賠償法「公権力の行使」について

本件では国家賠償法1条1項（予備的に債務不履行）に基づいて損害賠償請求がなされている。他方で近年においては、より指導者である公務員教員の責任を重視して個人責任の追及を望む被害者が増えてきているため、この点に関する裁判例について示しておく。

国家賠償法1条1項の「公務性」については、例えば公務員が部活動指導において、およそ公務とはかけ離れた暴力的指導や、きわめて重大な過失に基づく指導を行っていたような場合にも「公権力の行使」または「職務」に該当するのかについて、学説は激しく対立し[2]、未だ決着をみていないが、裁判所は「前例主義」をもって無条件に公権力性を肯定し、公務員の個人責任を認定しようとしない[3]。しかしこのことは、私立学校においては、教師個人が被害生徒に対し個人責任を負うとすることや[4]、公立病院の医師による医療ミスの場合には公務員である医師個人が責任を負うとする判断[5]と整合しないなどの批判がある。

国家賠償法の存在意義については「加害公務員に資力がなければ被害者が救済されないことになるため、資力のある行政に賠償責任を負わせるため」[6]などと説明されることがあり、公務員の公務に付随して損害が出た場合には、公

1）「市立中学校の生徒が課外クラブ活動としての柔道部の回し乱取り練習中に負傷した事故について顧問教諭に指導上の過失がないとされた事例」判タ955号126頁。
2）梅木崇「国家賠償法1条1項における『公権力の行使』の概念」駒澤大学法学部『政治学論集』32号1−20頁。
3）静岡地判昭63・2・4判時1266号90頁・判タ664号121頁、福岡地飯塚支判昭34・10・9下民集10巻10号2121頁、大阪高判平26・1・31LEX/DB25502987。
4）名古屋地判平23・5・20判時2132号62頁。
5）東京地判平16・1・30判時1771号168頁。
6）雄川一郎「行政上の損害賠償」田中二郎ほか編『行政法講座第3巻行政救済』（有斐閣、1965年）26頁。

第Ⅲ章　運動中・学校行事中の事故

務の公共性に鑑みて、公金によって被害者の救済を確実に行うべきとの考え方を示したものであることがうかがえる。ただし、往々にして国家賠償法に基づく損害賠償請求訴訟を提起された場合、原資が納税者の血税であることから、国や地方公共団体は訴訟において争う姿勢を見せるのであって、被害弁償を確実にすべきとの説明とは整合しないようにも思われる。

あるいは別の説明では、「公務員個人が賠償責任を負わされたのでは公権力の行使が消極的になってしまい、公共の福祉のために望ましくないため」[7]などとされている。国公立学校・市立学校の教育活動が公権力の行使に含まれることは、判例で確立している（最判昭58・2・18民集37巻1号101頁、最判昭62・2・6裁判集民150号75頁、最判平5・2・18）。そして現在、部活動は「学校教育の一環として、教育課程との関連が図られるよう留意する」（学習指導要領総則編）べきであることを理由に、教育課程内の活動としての性格を帯びるに至り、法的にも教職員の職務内容の一つと位置付けられていることから、当然に国家賠償法の射程である「公権力の行使」に当たるものと考えられてきている。

県立高校剣道部の練習中、顧問からの暴力的指導を受け、生徒が熱射病で死亡するに至った事案につき、遺族である両親らが、顧問及び副顧問に対して民法上の不法行為（民709条）、県に対しては民法上の使用者責任（民715条）及び国家賠償法1条1項の公務員の不法行為に対する賠償責任を追及する訴訟を提起した。大分地判平25・3・21判時2197号89頁は顧問及び副顧問の過失を認めたものの、いずれも公務員であることから、公務員による民法上の不法行為責任については国家賠償法1条1項の規定に基づき、県が賠償責任を負うことになるため、顧問も副顧問も「原告らに対する不法行為責任を負わない。」とした。県が負担すべきとされた賠償額については実質的に満額回答となる判決であったものの、両親は顧問らの賠償金負担を否定する国家賠償法の全面適用を不服として、ただちに控訴・上告した。福岡高裁は、国家賠償法によって県が公務員の賠償責任を負うのであって、公務員個人は不法行為責任を

7）古崎慶長『国家賠償法』（有斐閣、1971年）202-203頁、渋谷秀樹『憲法〔第2版〕』（有斐閣、2013年）490頁。

負わないとして平成 26 年 4 月に控訴棄却、両親は上告するも、最高裁も同様
の見解により翌 27 年 7 月に上告を棄却した。そこで両親らは、「県が本件事故
につき重過失のあった顧問・副顧問に対し、求償権の行使を怠る事実が違法で
あるとの確認を求める」との訴訟を、住民訴訟を提起するための前提として、
大分地裁に提起した（地方自治法 202 条の 2 第 1 項「監査請求前置主義」による）。
同地裁 [8] は本件につき、当該顧問における部活動顧問というボランタリーな
活動への献身を前提としてもなお、同顧問には「重過失があるといわざるを得
ない」と認定した上で、県は損益相殺後残存する損害額（「学校管理者賠償保
険」の免責金額）の 2 分の 1 の限度においてのみ顧問教諭に求償を請求するこ
とができる旨の判断をした。この判断に対し、県は「現在の部活動の実態は、
部活動指導者である教員の多大な献身の上に成り立っている」ことから、「指
導した教員に容易に求償請求が認められるとすれば、献身的に部活動指導に取
り組む教員が減り、その結果、部活動自体が成り立たなくなるという、教育活
動に重大な損失が生じる可能性がある」（控訴理由書）などとして福岡高裁に控
訴したものの、同高裁では第一審判決を支持して控訴を棄却、平成 29 年に最
高裁で確定している。

　また、この最高裁判決が出た年である平成 29 年 9 月 13 日には、いわゆる
「大阪市立桜宮高校バスケットボール部主将自死事件」に関し、当時の市長で
ある吉村洋文名で「大阪市立桜宮高等学校に在籍していた訴外生徒（以下「訴
外生徒」という。）が自殺したのは、訴外生徒が所属していた同校のバスケッ
トボール部の顧問及び監督であった被告による多数回にわたる暴行、威圧的言
動等が原因であり、本市は訴外生徒の自殺についての国家賠償法に基づく損害
賠償責任を負うとして、平成 28 年 2 月 24 日に、本市に訴外生徒の遺族らに対
し合計金 74,961,491 円及びこれに対する遅延損害金の支払を命じる判決があり、
本市は同年 3 月 31 日に同人らに対し、合計金 87,230,030 円を支払った。その
後本市は、同法上の求償権規定に基づき、被告に対し、上記金員の 2 分の 1 に
相当する額の求償金金 43,615,015 円及びこれに対する遅延損害金の支払を求め

---

8) 大分地判平 28・12・22 裁判所 HP〈平 27 年（行ウ）6 号〉求償権行使懈怠違法確認等訴訟事件判
　決。

る」[9] とする求償金請求訴訟を大阪地裁に提起し、元顧問教諭は出廷も書面の提出もせずに事実関係を争わない姿勢を貫いたことから、平成 30 年 2 月 16 日に大阪市の求める満額の求償額を認定する判決が出された[10]。

これらの判決により、「部活動指導において故意や重過失に相当するほどの不適切な指導が行われた場合には、公務員であっても国家賠償法 1 条 2 項による求償を求められる」という可能性が示されることとなった。

Ⅲ　実務理論

1　典型判例の位置付け

スポーツ活動には、常に受傷の危険性が存在しているといえる。特に武道などの格闘技は、攻撃をもって相手を制圧することを本質としていることから、攻防の中で勝敗にとらわれるあまり、期せずして危険な状況を惹起することも少なくない。そのため、ある程度軽微な怪我などはつきものであり、競技者はあらかじめ、そのような危険を受忍しているとさえいえる。しかしながら、重大な事故事例が集積されることによって、重篤な後遺障害が残ったり、生命さえも失うような事態が広く知られるようになったことから、指導者においては競技者の安全を守るために、どのような状況になれば危険であり、どのようにしてその状況を避けるべきかという具体的な内容を、あらかじめ生徒らに伝えておく注意義務があると考えられるようになった。

しかしながら、どんなに注意義務を尽くしていても、ルール内で競技を行っていたとしても、偶発的としか言いようのないタイミングで起きる重大事故というものが存在している。そのような場合には本件の最高裁判決のように、一般的な安全配慮義務が尽くされていたか、そして当該状況下において「事故の発生を予見し得る特別の事情」が存在したか否かが問題とされることになろう。

---

9)　大阪市議会 2017 年議案第 138 号「訴訟の提起について（教育委員会関係）」https://www.city.
osaka.lg.jp/contents/wdu260/result/pdf/2017gian138.pdf
10)「桜宮高元顧問に支払い命令　市が払った賠償の半額　大阪地裁判決」朝日新聞 2018 年 2 月 17 日
朝刊 35 頁。

［典型判例］6　運動に内在する危険が現実化した事故と安全配慮義務

　ところで、柔道の乱取りにおいて受けと取りが同体で倒れるという事態は、しばしば起きている。国際柔道連盟（IJF）試合審判規定及び講道館柔道試合審判規定では、相手が後ろからからみついたとき、故意に同体となって後方に倒れることは「重大な違反」として反則負けになるとされているが、本件のように大外刈りが「勢い余って」受けの方に倒れてしまうこと自体は、反則とはならないかのように読み取れる。しかし、大外刈りにおいて「投げた後、受けの上に乗って行く」のは危険な状態であることは明らかなのであって、技をかけた際に同体で倒れることがないよう、日頃から指導を行っておくべきである。例えば鹿児島県教育委員会 [11] は、「柔道指導中に生じやすい事故と指導のポイント」として、背負い投げ、内股、払い腰、大腰をかける際に前かがみの状態で技に入ると同体で転倒しやすいことから、取りに対しては、審判規定では判定負けになるほど非常に危険であることを理解させることや、技に入ったときには胸を張り、正面の壁を見るようにさせること、一歩目の踏み込み足の膝を曲げて入るようにさせることなどを指導すべきだとしている。また、大外刈りにおける同体を避けるためには、取りが「踏み込んだ足にしっかり体重をかけさせる」、「バランスを保つよう単独で刈る練習をさせる」、「軸足（左足）の膝を適度に曲げ、前に移動せずその場で刈るようにさせる」などの指導を行うことを奨励している。

　本件最高裁判決では、本件発生時に被災者と関係生徒が同体で倒れたことにつき「その技が極めてタイミングよく決まったことで、関係生徒において、勢い余って被災者の体と重なるように前方に倒れ込んだ」と、あくまでも偶発的な事故で防ぐことができなかったように評価しているものの、今後同様の事態が起きた場合には、同体で倒れることにならないような指導が日頃から十分に行われていたかという観点からの評価も必要になってくるであろう。

　このように、事故が「典型的」といわれるほどに事例が集積されることによって、安全配慮義務の中身も変化してきていることに注意を要する。

　例えば、崔敏浩（2008年の北京五輪60キロ級優勝）ら韓国選手を中心に広が

11）鹿児島県教育委員会「柔道指導中に生じやすい事故と指導のポイント」（2020年12月8日更新）
　　https://www.pref.kagoshima.jp/bb04/documents/29357_20130104095407-1.pdf

第Ⅲ章　運動中・学校行事中の事故

り、国際試合でも広く用いられるようになっていた、背負い投げの変則技である「韓国背負い」は、受け身をとりにくく大きな事故につながる可能性が高いとして、全柔連は 2015 年 9 月から中学生以下を対象に禁止する方針を固め、2021 年 12 月には国際柔道連盟（IJF）による 2024 年パリ五輪まで適用される新ルールとして、「韓国背負い」は技の認定をされず、指導になるとする方針が打ち出された。

　このように、危険性が明らかである技に対して、競技団体が独自にルール改正を行うことによって、競技者の安全性を確保しようとする試みは多く実施されている。柔道と同様、脳震盪をはじめとする頭部や頸部の傷害発生率の高いことで知られるラグビーでも、その受傷の多くが「タックル」によるものであることに注目し、World Rugby が 2015 年に現行のルールの重視事項として、「マッチオフィシャルは、不正なプレーがしっかりと罰せられ、プレーヤーのウェルフェアが最優先されるよう一体となって連携するべきである」と通達し、ハイタックルや首へのコンタクトなどの危険なタックルを厳罰化したことも同様である [12]。

　安全配慮義務の内容や競技に内在する危険に対する考え方が競技の実情や安全性に対する競技団体の姿勢に応じて変化してくることは当然であり、本件最高裁判決の示した判断は、現在においては維持されない可能性もあろう。この点については、3 でも詳述する。

2　実務的注意点

　柔道における頭部外傷事故の多くが大外刈りによって起きていることは広く知られている。大外刈りは柔道の足技 21 本の一つであり、相手を後方に崩し、自分自身の効き脚で相手の体重のかかった方の脚を払うことで、足をすくわれた相手が後方に倒れることになる技である。そのため、勢い余って受け身が十分にとれず、後頭部を畳に強打する事故が多発している。

　中学の柔道部での約束練習において、初心者の中学 1 年女子部員が他の部員

---

12) 中本光彦ほか「高校ラグビー選手の傷害報告について―関西ラグビーフットボール協会所有の 2009 年度から 2016 年度の発生時傷害報告書を用いて―」中京大学体育学論叢 61 巻 1 号 39‑46 頁。

から大外刈りをかけられ、頭部を打撲し、急性硬膜下血腫を発症して死亡した重大事案につき、遺族が学校や学校設置者ではなく、「危険な大外刈りを小中学生が行うことを禁止しなかったために本件事故が起きた」として、全日本柔道連盟（以下「全柔連」）を訴えた事例が存在する[13]。福岡地裁は、大外刈りについて「足の外側で相手の足の外側を刈って相手の後方に投げる技であるから、技をかけられた者が転倒した際に頭部を床（畳）に打ち付けるなどして受傷する危険性を有するものである」とし、さらに「大外刈りは、他の技と比較して重大事故の報告件数が多く、柔道の投げ技の中では受傷の危険性が高いといえ、しかも、頭部外傷の重大事故に占める割合も大外刈りによるものが最も多い」と認定しつつも、「突出して危険性が高いとか、重大事故が許容し難いほどに多発しているとまではいえず、初心者等への適切な指導や配慮により事故発生を抑止することも可能であり、その使用を一律に禁止すべきという議論等も見当たらないというのである。加えて、大外刈りは、長年にわたり柔道の基本的な技として認識され、広く使用されてきたことにも鑑みると、大外刈りを柔道の試合や練習において一律に禁止すべきとは認められない。」として請求を棄却した。

実際、2012年から公立中学校で武道が必修化され、柔道を選択する学校が最も多いとされているが、事故の多い大外刈りの教育を除外する動きがみられている。例えば北九州市では、中学校62校中53校が柔道を選択しているが、市教育委員会は「まず受け身の指導を徹底させ、大外刈りなど危険性の高い技は取り扱わない」と通知しており[14]、同様の措置をとる自治体も少なくない。

本件判決では、文部科学省の方針としても「中学校の部活動等において大外刈りの使用につき一定の配慮を求めることはあっても、大外刈りの使用そのものを一律に禁止すべきとはしていない」と指摘しているが、この「一定の配慮」とは、「扱うとしても、受け身等を十分に習得した上で、学んでいくことが必要になります」[15]というものであり、限られた時間の中で大外刈りを取

13）福岡地判令元・8・21LEX/DB25564118。
14）「北九州は柔道53校 中学62校中、各校で事故防止策 武道必修化」『朝日新聞』九州・1地方版2012年03月8日朝刊。
15）文部科学省『学校体育実技指導資料第2集「柔道指導の手引〔三訂版〕」』（2013年）170頁。

第Ⅲ章　運動中・学校行事中の事故

り入れることに対する文科省の消極的な姿勢を示しているともいえよう。ただし、これは正課授業で柔道を取り扱う場合のことであり、部活動で行う場合にはこのような制限は存在しておらず、中学生以下の生徒については国際柔道連盟試合審判規定に準ずる指導が行われており、そこでは大外刈りは一切禁止されていない。

　大外刈りによる重大事故が多く発生していることが周知である以上は、個々の生徒において、大外刈りが含まれる攻防を安全に実施可能であるのか、正しく見極めることこそが、指導者に求められることはいうまでもない。全柔連は、「初心者の指導プログラム（平成30年7月改正版）」として、大外刈りに対応する受け身の段階的指導手順例を示している[16]。そこでは、レベル順に4段階に分けられ、第1段階は長座の姿勢からの受け身、そんきょの姿勢からの受け身、立位からの受け身を2〜3週間程度かけて行い、第2段階では第1段階終了後1〜2カ月程度をかけて大外刈りの一種である「大外掛け〔通称〕」に対応した受け身を、最初はそんきょの姿勢から、次いで中腰の姿勢から、最後に立位からとる練習を行うとしている。第3段階では、刈り上げない初歩的な大外刈りに対応した受け身を、第2段階終了後3カ月程度かけて行うとされ、ようやく第4段階で大外刈りに対応した受け身を、第3段階終了後6か月程度かけて行うとされている。そしていずれの段階でも、技能修得レベルを個別に評価し、習熟度と安全を見極めてから次の段階へ進むこととされており、投げ込みや乱取り練習などの可否については第4段階の習熟度と安全を見極めてから判断することとされている。つまり、現在の全柔連による段階的指導手順によれば、大外刈りが含まれることが見込まれる乱取りには、習い始めから約1年程度行ってから進むべきであるとされているのであって、これ以降の大外刈りによる事故における責任判断においては、このような目安が大いに参考になるものといえよう。

16）公益財団法人全日本柔道連盟「大外刈り　段階的指導手順例」「柔道指導の資料」 https://www.judo.or.jp/cms/wp-content/uploads/2019/03/osotogari_shidoutejun20180920H300730.pdf

［典型判例］6　運動に内在する危険が現実化した事故と安全配慮義務

3　実務上の疑問

⑴　柔道事故について

本件事故が起きたのは昭和 62 年であり、まだ柔道という競技において頭部外傷事故が多発しているという事実が世に広く認知される以前のことである。

内田教授は、1983 年から 2009 年までの 27 年間に独立行政法人・日本スポーツ振興センターに報告され、「死亡見舞金」が支払われた中学・高校生の柔道による死亡が、中学生 37 人、高校生 73 人の合計 110 人にも上っていることを明らかにし、さらにその死亡原因として、各種の投げ技など柔道固有の運動動作による外傷が多く、なかでも頭部外傷が圧倒的に多いと報告した[17]。平成 24 年度からの公立中学校での保健体育授業における武道必修化を前にして、全国柔道事故被害者の会（平成 22 年発足）がこの事実を精力的に情報発信したことによって、全柔連をはじめとする柔道関係者はもとより、広く一般にも柔道事故の実態が知られるようになった。それ以前の柔道関係者らは、柔道重傷事故といえば専ら頸椎損傷を想定しており、かくも急性硬膜下血腫が多発していたという事実は衝撃的なものとして受け止められた。これらの「気づき」を得た全柔連は、これまでに発行していた『柔道の安全指導〔第 2 版〕』を大幅に改定し、柔道において頭部外傷が多く発生しているとの注意喚起を行い、さらに頭部外傷を防ぐための方法などについて、多くのページを割いた『柔道の安全指導〔第 3 版〕』を発行した。そして、これらの啓発の甲斐もあり、毎年のように起きていた柔道頭部外傷事故は急激に減少し、必修化開始後の平成 24 年度から 26 年度までの 3 年間は死亡事故ゼロとなっていた。

しかしながら平成 27 年 5 月になって、福岡県の中学 1 年生が急性硬膜下血腫で死亡する事件が起きた[18]。この事故も、柔道初心者であり、入部後わずか 1 か月であった被災者が、柔道経験者の関係生徒から「大外刈り」をかけられたことによって発生している。いわば「典型的な柔道事故」ということになる。そして平成 30 年には京都市立中学校で 1 年生の生徒が技を受けて頭を畳に打ち、急性くも膜下出血と脳挫傷を発症、幸い一命はとりとめたものの、右

17）内田良「柔道事故の実態から『武道必修化』を考える」季刊教育法 168 号 10 頁。
18）福岡市柔道安全指導検討委員会、平成 27 年 12 月「福岡市立中学校柔道事故調査報告書」
　　https://www.city.fukuoka.lg.jp/data/open/cnt/3/51810/1/Judohoukokusyo.pdf?20170329091335

半身麻痺や高次脳機能障害の後遺障害が残存する重大事故が起きた。なお、同事故に対して京都市が、生徒に対し8000万円余りの賠償金を支払う補正予算案を計上した旨、令和5年9月14日に報じられている[19]。

つまり、武道必修化以前の時期には「柔道という競技特性により不可避的な偶発的事故」と考えられていた柔道頭部外傷事故は、相当程度の啓発が進んだことにより、必修化以降は「相応の注意をしていれば必ず防ぐことのできる事故」になっていたはずであったものの、やはり同様の事故を完全に防ぐことはできていない。

全国柔道事故被害者の会は「柔道事故のコピペ」として、①中学・高校1年生、②初心者、③初夏、④体格差・技能差のある相手との取組み、⑤乱取り・投げ込み練習、⑥大外刈りをかけられる、⑦受け身がとれずに頭を打つ、⑧急性硬膜下血腫を発症、⑨セカンドインパクトシンドローム（事故以前に脳震盪を起こしていたが見過ごされた＝後述）、などの事故要因を挙げている[20]。さらに柔道で急性硬膜下血腫を発症した被害者を調査すると、(1)初心者、(2)長時間の練習、(3)実力差（相手はかなりの経験者）、(4)体格差（体重差、身長差）、(5)水分をとらせない、(6)事故前に「頭痛」を訴えていた、などの共通点がみられるとしている[21]。

判決文によると、本件事故は上記「柔道事故のコピペ」のうち①②④⑤⑥⑦⑧と、ほぼすべてに該当する典型的な事故であり、かつ急性硬膜下血腫発症例の(1)(2)(3)に該当していたことが明らかである。もちろん、本件事故発生時にはこのような知見は存在していなかったのであるから、当時の顧問教諭において事故発生が予見可能であったとすることは困難かもしれないが、少なくとも現在であれば、本件事故は予見及び回避が可能なものであったとの評価が下される可能性は高いと考えられる。

---

19)「柔道部の部活中事故で後遺症 京都市が8000万円余賠償へ」、NHK 京都 NEWS WEB（2023年9月14日配信） https://www3.nhk.or.jp/lnews/kyoto/20230914/2010018462.html
20) 全国柔道事故被害者の会・倉田久子代表の作成資料による。
21)「柔道事故の危険な負傷／急性硬膜下血腫」、全国柔道事故被害者の会ホームページ https://judojiko.net/knowledge/injury/1865.html

[典型判例] 6　運動に内在する危険が現実化した事故と安全配慮義務

⑵　被災者の「回し乱取り」への参加について

文部科学省は、スポーツ・青少年局企画・体育課長および生涯スポーツ課長名で、頻発する学校柔道事故を背景として、平成 22 年 7 月 14 日に「学校等の柔道における安全指導について（依頼）」（22 ス企体第 7 号）とする通達を、各国公私立大学、各国公私立高等専門学校、小中高等学校、各学校体育連盟会長などに向けて発出した。同通達では、柔道の安全指導を徹底するため、全柔連が作成している安全対策の手引き『柔道の安全指導』等を参考にした指導を行うことが依頼されている [22]。そして平成 23 年に、全柔連によって改訂された『柔道の安全指導〔第 3 版〕』が公表された。同改訂版は、上記の厚労省通達が掲載されている厚労省のウェブページ上にリンクされている。

この『柔道の安全指導〔第 3 版〕』は、従来に比してかなり詳細に頭部損傷の危険性について記載し、関係者に注意の徹底を呼びかけている点で注目されているが、本件に関連しては、以下のような記載がある。

「初心者が対外試合などに出場する選手と同じ内容で練習を行うことは無理です。大きな怪我や重大事故が中学 1 年生及び高校 1 年生の初心者に頻発していることからも、体力や技能程度を考慮した別途の計画が必要です。」（同 18 頁）。「経験者には簡単な練習でも、初心者にとっては困難で、心身にストレスを感じていることがあります。怪我や事故は、初心者が周囲に合わせようとして無理をしたり、経験者が初心者への配慮を欠いたときに起きやすくなります。」（21 頁）。

本件中学校は柔道強豪校で知られており、小学 1 年生から柔道経験のある関係生徒は、同校に越境入学してきていた。そして、柔道が中学生活の中心である関係生徒としては、翌日の対外試合を控え、かなり気合の入った状態であったと思われる。そこに、柔道経験わずか 3 か月の初心者が、正選手・有段者の上級生に混ざって行う実戦形式での練習は、平時とは異なる緊張感に包まれていて、被災者においては相当な心身のストレスを感じていたのではないだろうか。

22）厚生労働書「学校等の柔道における安全指導について（依頼）」 https://kohoken.chobi.net/cgi-bin/folio.cgi?index=sch&query=/notice/20100714.txt

第Ⅲ章　運動中・学校行事中の事故

　「乱取りは、攻撃と防御を表裏一体で行う実践練習で…目的や相手に応じた乱取りを行うことが、怪我や事故防止のうえからも大切になります。特に、自分よりも体力や技能レベルの低い相手を投げる場合は、引き手を離さず、相手が受身をしやすいように投げる配慮が不可欠です」（同23頁）。

　こうした独特の緊張感のなかで行われた「回し乱取り」は、地裁が指摘するように、「回される部員にとっては、自分の番がきたときにだけ乱取りをするもので、きつい練習ではない」かもしれないが、休憩なしで次々と別の相手と対戦する関係生徒としては、緊張感がずっと継続し、「初心者に対する配慮」などという余裕が失われた興奮状態となっていたであろうことも、想像に難くない。

　筆者は空手を長く習っており、昇級審査に際して回し乱取りと同様の「10人組手」という実戦形式の組手を行った経験がある。この「10人組手」は、昇級審査を受けようとする者（受験者）が、経験者10人の円陣の真ん中に入り、順次1人ずつ、計10人との組み手を行うというものである。相手から1本をとれば相手が交替するが、1本をとれない場合には、2分間戦ってようやく次の相手に交替するというものであったので、受験者は、最長で20分間の真剣勝負を強いられることになった。そこでは、身体の疲労もさることながら、緊張と興奮が持続するため、後半は意識が朦朧とし、いたずらに体力を消耗しないためにも、とにかく1本をとりに焦る精神状態となる。思い起こせば、相手の帯の色に応じた攻防をする配慮など、到底できる余裕などなかった。

　こうした練習内容の実情を踏まえると、「本件顧問は、当時の関係生徒において初心者に対する配慮が薄れ、技を決めることに気が急いてしまいがちであるという点に配慮し、回し乱取りに際しては技能差のない相手と組ませるべきであった」との判断を下した控訴審判決は、正選手・初心者いずれの心理的・身体的状況をも考慮した適切なものといい得る。

　しかし最高裁は、事故当日の「試合前日における独特の緊張感」「回し乱取り」という本件の特殊状況を重視せず、被災者と関係選手においてはこれまでと同様の稽古を行い、これまで危険がなかったのであるから、本件は予測不可能な偶発的事故であったとの判断を行ったものである。

　こうした判断の違い、殊に柔道という運動種目に特有の練習方法とその妥当

性の評価は、法律判断ではなく、事実の判断に属するものであるが、その内容のいかんによって、結果予見義務の内容の解釈は相当異なってくることになる。

　本件事故につき、各裁判所においては、両当事者の主張や証拠の評価、ひいては「柔道の鍛錬」という、日本の伝統文化的な活動の解釈に、いずれも苦慮した形跡がうかがえる。しかし少なくとも本件においては、高度に競技的志向に基づいて行われる正選手の強化練習に、あえて初心者を参加させる必要性は見出し難く、正選手・初心者ともに過度の精神的負荷をかけない―ひいては、すべての生徒を守る―ためにも、各自の技量に応じた別個の練習を課すべきではなかっただろうか。

　なお現在、全柔連発行『柔道の安全指導』は第5版（2020年）[23]となっており、試合や乱取りについても同旨が維持されているため、柔道事故訴訟を扱う際には必読である。

Ⅳ　本判決以降の裁判例

1　安全配慮義務違反を否定した例

⑴　最判平30・9・6LEX/DB25561691

　中学校三年間柔道部に所属し、柔道経験者で初段相当の技能を有する県立高校1年生の男子生徒が、学校行事として開催された武道大会における柔道の試合中に、相手生徒に対し払い腰をかけようとして相手選手に背を向ける体勢となったところ、相手選手が踏ん張って耐えたまま、その左手を被害生徒の右袖から離し同人の左ひじ付近をつかんで背後から抱え込み、被害生徒に背後から寄りかかる体制となった。そのため、被害生徒においては腕が自由に使えず受け身がとれないまま、被害生徒の上に相手選手がのしかかるようにして倒れ込んだため、被害生徒は左顔面から転倒した。このことにより、被害生徒は頚髄損傷等の傷害を負い、重度四肢麻痺等の後遺障害が残った。

23）公益財団法人全日本柔道連盟『柔道の未来のために　柔道の安全指導 2020年〔第5版〕』
　https://judo.or.jp/cms/wp-content/uploads/2020/02/anzen-shido-2020-5.pdf

第Ⅲ章　運動中・学校行事中の事故

　第一審（福岡地判平 29・4・24 判時 2360 号 13 頁）では、柔道経験のある被害生徒において相手生徒の体勢を崩しきれていないのに無理に投げようとして本件事故が発生したことに鑑みると、出場生徒はクラスから選出された代表として試合に臨んでおり、大きな歓声を浴びていたことなど、本件大会に固有の特別な環境面に由来する内在的な要因が重畳していることが要因となっていることから、これらの点に注意を払わず、教諭らにおいて通常の授業における指導を行うにとどまったことは、安全対策において不十分であり、例年に倣って漫然と大会を開催した点に過失があるなどとし、被害生徒側の国家賠償請求を一部認容した。

　しかしながら、控訴審（福岡高判平 30・2・1 判例地方自治 435 号 55 頁）では、教諭らには前年の事故の調査や安全対策の検討を怠り、大会前に練習試合等を行わず、大会の開会式でも生徒に注意を行わないなど、事故防止策に不十分な点はあったが、これらが原因となって本件事故が発生したとはいえず、生徒が反則行為や無理に技を掛けるなどの危険な行為に及んだ場合には試合を止めることができる体制をとっていたことから、本件大会の実施をとりやめるべき注意義務があったとは認められず、さらに事故当時においても、被害生徒の行動に特段の危険はなく、被害生徒が相手生徒に払い腰をかけてから両者が倒れ込むまでの時間は、審判が指導をとる時間的余裕がないほど短時間であり、本件事故を予防できたとはいえず、教諭らに注意義務違反（安全配慮義務違反）があったとはいえないとして、請求を棄却した。そして最高裁は、上告理由が民訴法 312 条 1 項又は 2 項に規定する事由には該当しないとして、上告を棄却した。

(2)　**名古屋地半田支判平 26・5・22 労判ジャ 29 号 28 頁・LEX/DB 25504019**

　県立高校 2 年生の保健体育の授業中に実施された柔道の試合において、投げられた生徒が後頭部を畳に打ち付け、頭頚部打撲等の傷害を負った。それまでの両生徒の柔道経験は、ともに中学校 3 年間の保健体育授業において柔道を履修しており、高校 1 年次からも柔道を履修していた。本件授業は 2 年時の 9 時限目の授業であり、前回授業時からの続きで、体重別に分けられたグループごとにリーグ戦方式による試合を行った。本件事故態様としては、試合開始後、両生徒が相手の袖を取り合って組んだ後、相手生徒が被害生徒の袖を引き、腰

150

を落としつつ後方に倒れたため、被害生徒は前のめりになって相手生徒の頭上後方に突っ込んでいく形となり、少なくとも外見上は巴投げのように見える体勢から、後頭部等を畳に打ち付けることになった。なお、巴投げは保健体育のカリキュラムに加えられておらず、両生徒にとって既習技ではなかった。

　裁判所は本件事故につき、①試合の中での攻撃及び防御の展開上意図せずして、外形的な身体動作として巴投げと同様の身体動作と見受けられることも十分あり得ること、②指導カリキュラムに沿った段階的な指導により、被害生徒は十分に試合を行う技能を有していたと認められること、③これまで相手生徒に問題行動等はなく、たとえ事故時に相手生徒が既習技でない巴投げを掛けたとしても、指導教諭はそれによって生じる事故を事前に予見することは困難であったこと、④試合の組み合わせに安全面での配慮が欠けていたとはいえないこと、などから指導教諭に安全配慮義務違反の過失があるとは認められず、本件事故は柔道の試合の一連の攻撃、防御の動作の過程の中で生じた偶発的なものといわざるを得ないとした。

2　安全配慮義務違反を肯定した例

(1)　札幌高判平 24・9・13LEX/DB25483042

　道立高校 2 年生で柔道経験 1 年 2 か月の女子生徒が、事故に先立つ約 2 か月半前に柔道部の練習中頭部を打ち急性硬膜下血腫及び脳挫傷を負い、医師からは「約 2 週間の安静を要する」とされていたところ、同診断から 4 日後には練習に復帰、3 度の大会に出場した後、複数の学校合同の夏季合宿に参加中、他校の部員との練習試合で大外刈りをかけられて右後頭部を強打、急性硬膜下血腫を発症し、四肢不全麻痺等の重篤な後遺障害を負った。

　原審では、急性硬膜下血腫の一般的な危険性に照らせば、本件柔道部の指導教諭においては、被害生徒が急性硬膜下血腫を生じていたことを認識した以上、本件事故当時において、被害生徒が頭部に衝撃を受けた場合の危険性が格別に高いことを当然に認識すべきであったにもかかわらず、被害生徒の技量を知らない他校の生徒との練習試合に出場させたことに過失があるとし、控訴審でも概ね同認定を支持した（ただし損害賠償金額の査定は若干異なる）。

第Ⅲ章　運動中・学校行事中の事故

(2)　**福島地郡山支判平 21・3・27 判時 2048 号 79 頁・自保ジャ 1836 号 170 頁**

　県立中学 1 年生で柔道初心者であった男子生徒が、事故に先立つ約 1 月前に柔道部の練習中頭部を打撲して急性硬膜下血腫を発症し、その後の柔道部練習において足を傷め休んでいたところ、日頃から柔道部の秩序を乱す粗暴な相手生徒がそれを問い質した上、一方的に払い腰のような技をかけた上、さらに数度、強度の投げ技を繰り返した。被害児童は一連の投げ技によって意識を失い、急性硬膜下血腫と診断され（本件事故）、遷延性意識障害の後遺障害を負った。判決では、顧問教諭らにおいて、①日頃から十分に柔道部の練習に立ち会っておらず、部員個々の技量に応じた安全対策をとらず、相手生徒の粗暴な行動に適切に対処していなかったこと、②被害生徒が脳内出血という、十分配慮すべき障害を負ったことを認識したにもかかわらず、被害生徒のその後の病状を具体的に確認することを一切せず、特段の配慮を払わないまま漫然と通常の練習や試合に復帰させたこと、③本件当日の練習にもほとんど立ち会わなかったなどとして、安全配慮を怠った過失を認定した。

(3)　**東京高判平 21・12・17 判時 2097 号 37 頁**

　県立高校 1 年生であった女子生徒は、7 月 27 日から 31 日までの夏合宿に参加した。生徒は 1 日目から足の痛みを報告し、時々休みながらも練習に参加していたが、28 日の立ち技乱取り中に投げられて頭を打ち頭痛を訴えるようになり、29 日には頭痛のため起床時間に起床することが困難な状況となり、練習を休みたい旨申し出て軽易な練習のみ参加し、翌 30 日も練習を休み、合宿最終日の 31 日も休みたい旨申し出ていた。しかし、立ち技乱取り練習の際に顧問から「最後の練習なので、参加してみてはどうか」と促され、1 本目は他校の黒帯の生徒と練習を行った。そして 2 本目で顧問が相手となり、女子生徒に体落としをかけたところ、同人は背中から柔道場の床に落ち、その場でうずくまった。その後、生徒に異変が生じたため救急車を呼び、病院の検査にて急性硬膜下血腫と診断され、緊急手術を受けたものの、遷延性意識障害の後遺症を負った。

　第一審では、本件事故の発生について顧問教諭らに生徒に対する注意義務を怠った過失はないとして訴えを棄却したが、控訴審では、頭部打撲以降、生徒が頭痛を訴えるなど、明らかに症状が悪化しているのに、医師の診察を受けさ

［典型判例］6　運動に内在する危険が現実化した事故と安全配慮義務

れることもなかった顧問には、生徒の健康状態等を十分に把握し、それに応じた適切な指導をして、練習から生じる生命及び身体に対する事故の危険を除去し、事故発生を未然に防止すべき注意義務に著しく違反したとして、原判決を破棄し、請求を一部容認した。

(4)　**東京高判平 25・7・3 判時 2195 号 20 頁・判タ 1393 号 173 頁**

私立高校柔道部 1 年生、柔道経験 1 か月余りの男子部員が、約半月前に脳震盪の診断を受けて体調不良であったところ、自らは出場しない県高校柔道大会兼関東高校柔道大会県予選大会において、出場選手のウォーミングアップ目的での投げ込み練習の相手をさせられ、大外刈り及び払い腰で投げられ、急性硬膜下血腫を発症し、重い後遺障害を負った。

原審（横浜地判平 25・2・15 判タ 1390 号 252 頁）は、被害生徒は乱取り練習で受け身をとることのできる技術を有していたこと、顧問教諭に体調不良を申告していなかったことなどから、本件練習により架橋静脈が断裂することを予見することは困難であったとして、安全配慮義務違反を認めず、訴えを棄却した。しかし本件控訴審判決では一転、顧問教諭は被害生徒の安全を確保するために練習方法等について十分な指導をした形跡がなく、事故当時も練習の様子を見ることのできない場所により、被害生徒が準備運動すらしないまま投げ込み練習に参加を余儀なくされたことを見逃した結果、本件事故が発生したものであり、指導義務違反が存在すると判断した。

(5)　**大津地判平 25・5・14 判時 2199 号 68 頁**

町立中学の 1 年生で、柔道初心者であった男子部員が、夏休み中の部活動練習において、顧問より「本数無制限」の乱取り練習を課されており、26 本目の乱取りで顧問自らが対戦相手となった。同乱取りにおいて顧問が、同部員からの大外刈りを大外返しで返したところ、投げられた部員において意識を失った。その後部員は、急性硬膜下血腫と脳ヘルニアで緊急手術を受けたものの、脳死状態を経て死亡した。

裁判所は、男子部員が 15 本目の乱取り練習の終了後、水分補給を指示されたにもかかわらず水分補給用の水筒があった武道場の中央ではなく壁側に歩いて行こうとするという、通常であればとらない行動がみられた状況に照らせば、本件柔道部の顧問として 4 年余りの経験を有し、相当の柔道経験のある顧問教

153

第Ⅲ章　運動中・学校行事中の事故

論において、同時点で男子部員に意識障害が生じている可能性を認識できたはずであり、こうした異常行動を認識した時点で男子生徒の頭部に損傷が生じた可能性を予見し、直ちに練習を中止させ、医療機関を受診するなどの指示をすべきであったが、練習の中止を指示しないまま乱取り練習を続けさせたのであって、少なくとも、部員の健康状態を常に監視し、部員の健康状態に異常が生じないように配慮し、部員に何らかの異常を発見した場合には、その状態を確認し、必要に応じて医療機関への受診を指示し又は搬送を手配すべき義務があるところ、これを怠った過失があったものと認められるとした。

なお、同判決では町に対し、ほぼ請求金額の満額の損害賠償支払を命じたが、遺族は国家賠償法1条の適用により顧問個人の賠償金支払を否定した点を不服として控訴・上告、いずれも棄却されている。

3　判例動向についての解説

安全配慮義務違反を否定した二例は、教員らにおいて十分に注意義務を果たしていたとしても防止することができない、一連の攻防の中で偶発的に発生した要素が強いと判断されたものである。判例(1)は、柔道経験豊富な生徒が、柔道の技量の未熟な生徒に対して無理に技を掛けに行ったことが原因となり、(2)はともに授業での柔道履修経験が同程度の生徒同士で組んだ際に、相手生徒が立ち技の体勢を崩したことが原因となって起きたものである。指導者において、生徒らが乱取りを行うに十分な技量を有していることを確認している以上、試合や乱取りを行わせたことに過失があったとはいえない上、事前にこのような事態が生じることを予見できる特別な事情もなく、このような偶発的な結果を回避することもできなかったものと評価されたものであろう。

安全配慮義務違反を肯定した五例のうち最初の四例は、被害生徒において事故に先立ち頭部外傷を負っており、柔道の練習や試合などには絶対参加させてはならない状況であったにもかかわらず、指導教諭はそうした状況を正しく把握しておらず、いずれも練習に参加させる状況を作り、再度頭部を打撲したことで急性硬膜下血腫を発症させたものである。

特に最初の二例については、事故に先立ち急性硬膜下血腫の重傷を負っていたのであり、いずれも柔道練習には復帰させるべきではなかった。全柔連は、

［典型判例］6　運動に内在する危険が現実化した事故と安全配慮義務

前掲『柔道の安全指導〔第5版〕』において、「急性硬膜下血腫になったら、た
とえ症状や画像上は軽快治癒したとしても、柔道などコンタクトスポーツへの
復帰は、原則すすめられません」とし、さらに令和4年にも改めて、「急性硬
膜下血腫や脳出血の既往、または頭部に重大な既往症がある場合は、原則とし
て柔道の実技は行わないことを徹底する」との通達を出している[24]。

　なお、日本ラグビーフットボール協会でも、平成28年に「脳損傷や硬膜下
血腫を生じた時には、原則として、競技・練習に復帰すべきではない」との通
達を出していたが、令和4年に至り、「ただし、競技復帰を希望する者に対し
ては、頭部外傷に関する専門性を有した医師の判断により復帰の機会を設け
る。」との通達を出している[25]。

　事例(3)(4)で被害生徒は、事故に先立ち頭部を打撲しており、事故当時には脳
震盪の症状が存在していたことがうかがえる。現在では、脳震盪後、症状が完
全に回復する前に2回目の頭部への衝撃を受けたことで、急性の、しばしば致
死的な脳腫脹が発生する「セカンド・インパクト症候群」がよく知られている。
また、その際に急性硬膜下血腫を合併する症例も、少なからず報告されてきて
いる。そのため、頭部を打撲する可能性の高いコンタクトスポーツを指導する
者においては、脳震盪の症状についての正しい知識を持ち、症状が消失した後
も慎重に段階的な競技復帰をさせるべきである。

　(5)の事例では、事故に先立ち、被害生徒が頭部を打撲していたために異常行
動を呈したかのような表現がされているが、事故当時は暑熱環境での練習中で
あり、水分補給も不十分なまま無茶なしごきを受けたことで、脱水症や熱中症
を発症していた可能性も否定できない。

　いずれにしても、安全配慮義務違反が肯定された事例では、競技復帰すべき
ではない重傷を負っていたり、事故当日において生徒の体調に異変がみられて
いたのに、顧問教諭において、生徒の体調を注視して適切な対応をとっていな
かったことが事故の原因であったと認定され、いずれも過失が認定されている。

---

24)　全柔連重大事故総合対策委員会「コロナ禍における頭部打撲による重大事故の根絶に向けて」
　　（令和4年11月10日全柔連発第22-0409号）。
25)　日本ラグビーフットボール協会「（通達）『脳損傷、硬膜下血腫』受傷後の競技復帰についての改
　　訂」（令和4年8月5日）　https://www.rugby-japan.jp/news/51446

155

第Ⅲ章　運動中・学校行事中の事故

　したがって、安全配慮義務違反は、事故以前に必要な段階的指導を行い、起き得る事故について適切な注意喚起を行っていたことに加え、事故の直前まで生徒に何らかの異変や危険性を示す兆候がなく、事故を予見できる事情も存在していなかった場合には否定される可能性があるということができよう。

Ⅴ　展　望

　武道必修化から10年以上が経過し、学校管理下における安全で効果的な柔道の実践は、ある程度蓄積されてきているものと評価できる。

　しかし、教員の働き方改革や少子化の中で、子どもたちが継続してスポーツに親しむことのできる環境を確保する必要性という観点から、令和3年度より休日の部活動の段階的な地域移行が試みられており、さらに令和5年度以降は運動部活動の全面的な地域移行が進められてきている。そのため、地域においてスポーツの指導を担う人材の育成及び確保が急務となっており、現在、外部指導者を対象としたコンプライアンス研修や危機管理研修などが自治体において盛んに開催されているところである。

　しかしながら、どの自治体も部活動の地域移行に割くための財源の不足の問題を抱えていることから、今後も、多くの自治体で、部活動指導は薄給又は完全なボランティアベースで実施されることを余儀なくされている。そうなると、部活動の運営は専ら指導者のやりやすい（やりたい）方法、つまり裁量に任されがちとなり、これまで学校現場が蓄積してきていた安全指導の実践とは異なった事態が生じることも想定される。

　また、学校生活の中で個々の生徒の特性などを十分に把握できる学校教員とは異なり、数時間の部活動指導でのみ生徒らと関わる指導者が、どこまで1人1人の生徒ときめ細かく関わり、良好なコミュニケーションをとることができるかは、これまで以上にその指導者個人の資質や意図に依存することになろう。そうなると、不適切な指導が行われていた場合に、予見可能性や国家賠償法の問題など、学校の責任の内容をどのような形で評価するか等について、新たな問題が生じてくるのではないだろうか。

（南部　さおり）

［典型判例］7　天災事故と安全配慮義務

典型判例 7　天災事故と安全配慮義務

> 最高裁（二小）平成 18 年 3 月 13 日判決〈平成 17 年（受）第 76 号〉
> 裁判集民 219 号 703 頁・判時 1929 号 41 頁・判タ 1208 号 85 頁

I　典型判例の紹介

1　ひとことで言うとどんな判例か

　高等学校の生徒が課外のクラブ活動としてのサッカーの試合中に落雷により負傷し重度後遺障害が残存した事故について、引率教諭には、落雷事故発生の危険が迫っていることについて予見可能性があるとし、更に結果回避義務、結果回避可能性について審理を尽くす必要があるとした（原審差戻し）。

　なお、差戻審において結果回避義務違反及び結果回避可能性のいずれもが認定されている。

2　判決要旨

　教育活動の一環として行われる学校の課外のクラブ活動においては、生徒は引率教諭の指導監督に従って行動するのであるから、引率教諭は、できる限り生徒の安全にかかわる事故の危険性を具体的に予見し、その予見に基づいて当該事故の発生を未然に防止する措置をとり、クラブ活動中の生徒を保護すべき注意義務がある。

　本件運動広場の南西方向の上空には黒く固まった暗雲が立ち込め、雷鳴が聞こえ、雲の間で放電が起きていたのであるから、雷鳴が大きな音ではなかったとしても、引率者兼監督であったＢ教諭としては、危険が迫っていることを具体的に予見することが可能であり、予見すべき注意義務を怠ったものというべきである。

157

第Ⅲ章　運動中・学校行事中の事故

平均的なスポーツ指導者において、落雷事故発生の危険性の認識が薄く、雨がやみ、空が明るくなり、雷鳴が遠のくにつれ、落雷事故発生の危険性は減弱するとの認識が一般的なものであったとしても、その指導監督に従って行動する生徒を保護すべきクラブ活動の引率教諭の注意義務を免れさせる事情とはなり得ない。

A高校の第2試合の開始直前ころまでに、B教諭が落雷事故発生の危険を具体的に予見していたとすれば、どのような措置をとることができたか、同教諭がその措置をとっていたとすれば、本件落雷事故の発生を回避することができたかなどについて、更に審理を尽くさせるため、原審に差し戻す。

3　事案の概要

上告人Xは、平成8年当時、被上告人学校法人Yの開設するA高校に在籍し、同校サッカー部に所属していた。

学校法人Yは、課外のクラブ活動の一環として、平成8年8月12日から同月15日まで、屋外の施設である運動広場等で開催されるサッカー競技大会に、同校サッカー部を参加させ、その引率者兼監督をB教諭とした。

A高校の第1試合が開始された平成8年8月13日午後1時50分ころには、本件運動広場の上空には雷雲が現れ、小雨が降り始め、時々遠雷が聞こえるような状態であった。上記試合が終了した同日午後2時55分ころからは、上空に暗雲が立ち込めて暗くなり、ラインの確認が困難なほどの豪雨が降り続いた。

同日午後3時15分ころには、管轄気象台から雷注意報が発令されたが、本件大会の関係者らは、このことを知らなかった。同日午後4時30分の直前ころには、雨がやみ、上空の大部分は明るくなりつつあったが、本件運動広場の南西方向の上空には黒く固まった暗雲が立ち込め、雷鳴が聞こえ、雲の間で放電が起きるのが目撃された。雷鳴は大きな音ではなく、遠くの空で発生したものと考えられる程度ではあった。

B教諭は、稲光の4、5秒後に雷の音が聞こえる状況になれば雷が近くなっているものの、それ以上間隔が空いているときには落雷の可能性はほとんどないと認識していたため、同日午後4時30分の直前ころには落雷事故発生の可能性があるとは考えていなかった。

A高校の第2試合は、同日午後4時30分ころ、上記気象状況の下で、本件運動広場で開始され、A高校サッカー部員がこれに参加していたところ、同日午後4時35分ころ、上告人Xに落雷があり、同人はその場に倒れた。

上告人Xは、C救命救急センターに救急車で搬送され治療を受けたが、視力障害、両下肢機能の全廃、両上肢機能の著しい障害等の後遺障害が残った。

4　前提となる科学的知見

落雷による死傷事故は、全国で、平成5年に5件（うち3人死亡）、平成6年に11件（うち4人死亡）、平成7年に10件（うち6人死亡）発生している（なお、原審の認定によれば、雷注意報は、平成7年は全国で4482回、平成8年は全国で4433回、平成9年は全国で4726回発令されているとのことであった。＜平成5年、平成6年当時は不明＞）。

日本大気電気学会編の「雷から身を守るには－安全対策Q＆A－」（平成3年刊行）には、「雷の発生、接近は、…どの方法でも、正確な予測は困難ですから、早めに、安全な場所（建物、自動車、バス、列車等の内部）に移っていることが有効な避雷法です。」、「運動場等に居て、雷鳴が聞こえるとき、入道雲がモクモク発達するとき、頭上に厚い雲が広がるときは、直ちに屋内に避難します。雷鳴は遠くかすかでも危険信号ですから、時を移さず、屋内に避難します。」との記載があった。これと同趣旨の落雷事故を予防するための注意に関する文献上の記載は、平成8年までに、多く存在していた。

5　原審判決（高松高判平16・10・29判時1913号66頁）

学校法人は、在学契約上の付随義務として、在学生徒に対する安全配慮義務を負っており、それは課外活動であるクラブ活動においても同様である。

クラブ活動が屋外で行われるスポーツ競技の場合において、その内容等からみて必然的に危険が内在していることから、その指導にあたる教員は、生徒の能力を勘案して発生する可能性のある危険を予見し、これを回避すべき適切な防止措置等をとらなければならず、これを怠った場合には、履行補助者として安全配慮を尽くさなかったものとして、学校法人は、債務不履行責任を負うと同時に、民法715条の使用者責任としての不法行為責任を負う。

第Ⅲ章　運動中・学校行事中の事故

　自然科学的な見地からいえば、屋外スポーツを実施する者は、雷雲等が発生し、あるいは雷注意報が発令された場合には落雷の可能性を否定できないから、直ちに屋外で予定されている競技を中止し、安全な場所に退避しなければならず、かつ、屋外スポーツ競技中に遠くで雷鳴が聞こえたりした場合には、即刻進行中の競技を中断して安全空間の内部に逃げ込み、その余裕がなければ全員姿勢を低くして雷活動のおさまるのを待たなければならず、上空の雲が消え、雷鳴が聞こえなくなっても、最低 20 分間は安全空間に退避していなければならないことになる。

　しかしながら、雷注意報の発令や遠雷は、それ自体は具体的な落雷被害の発生を当然に意味するものではなく、社会通念上も、雷注意報が発令されたり、遠くで雷が聞こえたりしていることから直ちに一切の社会的な活動を中止あるいは中断すべきことが当然に要請されているとまではいえないから、安全配慮義務違反があったというためには、自然科学的な見地から落雷被害についての結果回避可能性があったというだけでは足りず、その前提として、具体的な事実関係の下において、Ｂ教諭に落雷被害についての予見可能性のあったことや平均的なスポーツ指導者としての予見義務違反があったことが必要である。

　本件当時、雨がやみ、空が明るくなり、雷鳴が遠のくにつれ、落雷の危険性は減弱するとの認識が一般的なものであったと考えられ、平均的なスポーツ指導者においても、この認識を超えて自然科学的知見を具有すべきであったと認めることはできない。

　よって、被上告人学校法人Ｙに債務不履行責任あるいは不法行為責任があるということはできない。

6　差戻控訴審（高松高判平 20・9・17 判時 2029 号 42 頁・判タ 1280 号 72 頁）　＜確定＞

　本件運動広場においては、各コンクリート製柱を中心とした半径 8 メートル（同柱の高さに相当する）の円内で、かつ、柱から 2 メートル程度以上離れた部分が避雷のための保護範囲となり、この範囲内にとどまる限り、落雷の直撃に遭う危険性はかなりの程度軽減されることが明らかであり、また、コンクリート製柱は同広場の外周の東側、北側、西側に 10 ないし 11 メートルの間隔を

もって合計 50 本が存在していたことからすると、これにより形成される保護範囲は相当広範囲に及び、A 高校第 2 試合開始直前ころ同広場にいた約 200 名の生徒ら全員が一時的にしゃがむなどしてとどまり、避雷する場所としては十分な面積があったものということができ、B 教諭としては、少なくとも当面同高校の生徒らを上記保護範囲に避難させ、姿勢を低くした状態で待機するよう指示した上、同試合の対戦相手の監督かつ会場担当者に対し、試合の延期や中止の場合の通例に従って、落雷の危険が去るまで同試合の開始を延期することを申し入れて協議をし、他校の生徒らについても同様に保護範囲に避難させるなどの措置をとり、天候の変化に注目しつつ、更に安全空間への退避の方法についても検討するなどの措置をとることが可能であり、そうしていれば、同試合開始後間もなく発生した本件落雷事故を回避できたものといえる（認容額 3 億円超）。

7 典型判例たる所以

　天災（自然災害）である落雷事故発生を予見することは容易ではない。教育活動の一環として行われる学校の屋外での課外クラブ活動において、予見可能性の前提となる生徒を保護すべき引率教諭に求められる「落雷事故」に関する水準は、引率教諭において知っておくべき自然科学的知見を前提に評価され、引率教諭の具体的予見可能性の判断は、「平均的なスポーツ指導者の認識を前提にするものではない」ことが確認された。

　典型判例を前提とする限り、最高裁の立場は、過失の判断において「予見可能性」を必要とする従来の見解を維持しつつも、引率教諭に求める予見可能性の水準が相当に高いものであることが窺われる。

Ⅱ　典型判例の分析

1 過失における予見可能性

　不法行為責任における「過失」の内容は、客観的過失論の立場から「予見可能性」を前提とする「結果回避義務違反」とされる[1]。つまり、結果発生の具

第Ⅲ章　運動中・学校行事中の事故

体的危険の予見可能性がありながら、結果を回避するために必要とされる措置（行為）を講じなかったことが「過失（注意義務違反）」の内容となると同時に、権利・法益侵害の結果を行為者に帰責させる実質的根拠となる（帰責性の根拠）。

　そして「過失の要件としてどの程度具体的な危険の予見可能性を要求されるかは、行われる行為の性質、危険の種類、想定されうる結果回避措置の性質、などによって異なる」とされる[2]。

　この点、典型判例は、①引率教諭の指導監督に従って行動する生徒が課外のクラブ活動の場面において、②落雷事故が、雷鳴や雷光という分かり易い徴候を伴う危険であり、かつ、これが発生した場合には死亡又は重大な後遺障害が残存するという重大な結果を生じるものであること、③屋内に待避することで簡単に逃れることができることなどを総合して「予見可能性」があるとしたものと推測される。

　ところで、平成7年のデータに基づけば、雷注意報は全国で4482回発せられ、落雷事故が10件（うち6人死亡）発生したようである。しかるに、これらのデータから落雷事故の発生確率を「10／4482回」として約0.2％と単純に捉えることはできない。仮に雷鳴は遠くかすかでも危険信号であるとの科学的知見があるとしても、本件における具体的条件下、すなわち雷鳴は大きな音ではなく、遠くの空で発生したものと考えられる程度（稲光の4、5秒以上の間隔をおいて雷の音が聞こえるような状況下）で落雷事故がどの程度発生しているのかは不明である。雷鳴がかすかにでも聞こえる状況という前提で考えた場合には、本件落雷事故が発生した大阪府には約800万人の人口が存在することになることから、本件落雷事故を前提に後方視的に評価したとしても生徒への落雷事故が発生する確率は1／800万（0.0000125％）と極めて低いものとなる。

　以上のとおり、引率教諭が落雷事故発生の可能性があるとは考えていなかったことや、原審において平均的なスポーツ指導者において落雷事故が発生する予見可能性はないと判断した背景には、落雷事故の発生確率が極めて稀であるという事情が伺われるところである。

---

1) 森島昭夫『不法行為法講義』（有斐閣、1987年）182頁、平井宜雄「債権各論Ⅱ不法行為」（弘文堂、1992年）27頁など。

2) 森島・前掲注1）191頁。

[典型判例] 7　天災事故と安全配慮義務

　課外クラブ活動中の事故に関しては、被害者救済の必要性がある一方で、ク
ラブ活動を過度に萎縮させるリスクもあることから、引率教諭の予見可能性に
ついての判断は難しい問題を伴う[3]。そして、被害者救済を重視するとしても、
求償の範囲が故意・重過失に制限されている国家賠償法1条の適用場面と異な
り、被害者救済後に加害者間での求償による調整が図られる使用者責任（民
715条）の適用場面では加害者とされる者の個人責任の負担も甚大なものとな
りかねない。一定の条件の下で使用者から従業員に対する求償について信義則
上制限されるとされる最高裁判決はあるものの[4]、信義則上の制限割合は個別
判断となり、信義則上の制限が常に求められるとは限らない。実際に下級審の
中には信義則上の制限を認めなかったものもある[5]。そのため、被害者救済の
目的があるとはいえ、予見可能性の要件を緩やかに解することによる萎縮効果
の弊害は極めて大きく、一層慎重な判断に努める必要があるであろう。

2　安全配慮義務

(1)　典型判例の認定内容の評価

　原審では、①債務不履行責任（在学契約上の付随義務としての在学生徒に対す
る安全配慮義務違反）及び②不法行為責任（使用者責任）が争点となっていたが、
最高裁判決においては、「できる限り生徒の安全にかかわる事故の危険性を具
体的に予見し、その予見に基づいて当該事故の発生を未然に防止する措置を執
り、クラブ活動中の生徒を保護すべき注意義務がある」と過失（注意義務違
反）の内容に言及しているものの、「安全配慮義務違反」との表現は用いられ
ていない。

　典型判例を主催者・指導者などの安全配慮義務に位置付ける見解[6]が少な

---

3)　同趣旨、山口和男編『裁判実務大系16 不法行為訴訟法(2)』（青林書院、1987年）207頁。
4)　最判昭51・7・8民集30巻7号689頁・判時827号52頁・判タ340号157頁は、「使用者は、
　その事業の性格、規模、施設の状況、被用者の業務の内容、労働条件、勤務態度、加害行為の態様、
　加害行為の予防若しくは損失の分散についての使用者の配慮の程度その他諸般の事情に照らし、損
　害の公平な分担という見地から信義則上相当と認められる限度において、被用者に対し損害の賠償
　又は求償の請求をすることができるものと解すべきである。」としている。
5)　盛岡地判平19・6・5判時1991号153頁・判タ1256号206頁は、損害賠償をした医療機関から
　医師に対する求償権の行使が信義則上制限されない。

163

第Ⅲ章　運動中・学校行事中の事故

くないが、典型判例が原審にて「安全配慮義務違反」が争点となっていたにもかかわらず敢えて「生徒を保護すべき注意義務」と表現したこと、差戻審において不法行為における使用者責任のみが判断されていることなどを踏まえると、本件落雷事故を安全配慮義務の場面の典型例と評価することはやや不正確であろう[7]。

(2) 安全配慮義務とは

安全配慮義務は、ある法律関係に基づいて特別な社会的接触の関係に入った当事者間において、当該法律関係の「付随義務」として当事者の一方又は双方が相手方に対して信義則上負う義務として一般的に認められるもので、相手方の生命・身体・健康等を危険から保護するよう配慮すべき義務である。

安全配慮義務の「リーディング・ケース」は、自衛隊員が自衛隊の車両整備工場で車両整備作業をしていたところ、同僚の隊員が運転する車両に頭部を轢かれて死亡した事案である。同事案において、最高裁は「公務員に対し、国が公務遂行のために設置すべき場所、施設もしくは器具等の設置管理又は公務員が国もしくは上司の指示のもとに遂行する公務の管理にあたって、公務員の生命及び健康等を危険から保護するよう配慮すべき義務（以下『安全配慮義務』という。）を負っている」とした（最判昭50・2・25民集29巻2号143頁）。安全配慮義務は、雇用契約に関する判例でも繰り返し確認され[8]、労働契約法5条において「使用者は、労働契約に伴い、労働者がその生命、身体等の安全を確保しつつ労働することができるよう、必要な配慮をするものとする。」と成文化されるに至っている。

(3) 債務不履行責任と不法行為責任の異同について

安全配慮義務は主たる契約に伴う「付随義務」であることから、契約内容自体から一義的に決定することができず、債務不履行責任を追及する際の「生命・身体・健康等を危険から保護する」ための「安全配慮義務」の内容は、事実上、不法行為責任における「過失（注意義務違反）」の内容と重なる。した

---

6) 平野裕之『債権各論Ⅱ事務管理・不当利得・不法行為』（日本評論社、2019年）197頁。

7) 中田裕康『債権総論〔第4版〕』（岩波書店、2020年）138頁は、「微妙な判断」と評している。

8) 最判昭55・12・18民集34巻7号888頁、最判昭59・4・10民集38巻6号557頁、最判平3・4・11裁判集民162号295頁。

がって、安全配慮義務違反に基づく債務不履行責任においても、不法行為責任においても、請求者側で主張立証する内容に大きな違いはない。

かつては、債務不履行と不法行為とで消滅時効期間の違いもあったが、民法改正（平成29年6月2日公布／令和2年4月1日施行）により、人の生命又は身体侵害による損害賠償請求権に対する消滅時効期間は、債権者が権利を行使することができることを知った時から、あるいは被害者が損害及び加害者を知った時から「5年間」、権利を行使することができる時あるいは不法行為から「20年間」と統一された（民166条・167条・724条・724条の2）。両者の違いは、「履行遅滞の時期（遅延損害金の発生時期）」と、「親族固有の慰謝料請求権の有無」という点を残すのみである。安全配慮義務を理由とする債務不履行に基づく損害賠償債務は、期限の定めのない債務であり、「債権者から履行の請求を受けた時」に履行遅滞となる（民412条3項。前掲最判昭55・12・18参照）のに対して、不法行為に基づく損害賠償債務は、不法行為の時に発生し、「損害の発生と同時」になんらの催告を要することなく、遅滞に陥る[9]。また、債務不履行は契約責任の性格上、親族固有の慰謝料請求は認められない（前掲最判昭55・12・18参照）のに対して、不法行為構成では、親族固有の慰謝料が認められる（民711条）。

更に、債務不履行責任の場合には契約主体が相手方となり履行補助者を訴訟当事者に含めることはできないが、不法行為責任の場合には、加害者及びその使用者を相手方とすることも可能である。

現行民法下では、債務不履行責任よりも不法行為責任を追及したほうが被害者救済に厚いことから、不法行為責任が認められる場面において、被害者救済を目的として更に安全配慮義務違反を認めねばならない状況は想定しにくいであろう。

3　結果回避義務違反

典型判例は、具体的予見可能性があるとした上で、更に結果回避義務、結果

---

9) 最判昭37・9・4民集16巻9号1834頁・判タ139号51頁、最判昭58・9・6民集37巻7号901頁・判時1092号34頁・判タ509号123頁等参照。

第Ⅲ章　運動中・学校行事中の事故

回避可能性について審理を尽くす必要があるとしたにすぎず、具体的状況下における「結果回避義務違反」までを認定したものではない。

　差戻審において、学校法人Yは、本件落雷事故発生の回避措置及び回避可能性に関し、①B教諭が本件落雷事故当時避雷に関する保護範囲についての知識を何ら有しておらず、速やかに生徒らを保護範囲に誘導することは全く不可能であったこと、②わずか5分間の間に約200人もの生徒らに落雷の危険性や保護範囲について理解させた上、保護範囲に誘導することは現実的に不可能であったこと、③保護範囲は、その範囲が曖昧であり、100パーセント安全ではないこと、④B教諭にサッカーの試合を中止、中断させる権限はなく、独断で試合を放棄して生徒らを引き上げさせることはルール違反であることなどを争った。

　しかし、①については、生徒の安全を守るべき立場のものとして、広く一般に知られている避雷に関する保護範囲については当然に知識を有しているべきである、②については、笛や号令等により注意喚起を促した上で、落雷の危険性を告げ、近くの保護範囲を指示すること自体にさほど時間を要するとは考えられない、③については、保護範囲の相違は実際の現場での対応に困難が生じるほどのものとはいい難く、保護範囲が100パーセント安全でないことをもって、生徒らを保護範囲に誘導しないことを正当化することはできない、④についても、同試合の開始に先立ち、落雷事故の回避のため、まず同校サッカー部の生徒らを保護範囲内に誘導し、姿勢を低くした状態で待機するよう指示をした上で、同試合の開始の延期を申し入れて協議の上、他校の生徒らについても同様に保護範囲に避難させるなどの措置をとり、天候の変化に注目しつつ、更に安全空間への退避の方法についても検討するなどの措置をとるべきであったなどとして、いずれの主張も斥けた。

　たしかに、学校法人Yが主張するとおり試合中止の判断は、審判あるいは主催者にて実施されるものであろう。しかし、典型判例において予見可能性があるとしたのは、試合開始後ではなく「試合開始前」である。そのため、引率教諭にも一定の結果回避義務を課すことが可能な状況にはあったといえる。

　そして、差戻審では、引率教諭に、生徒らを保護範囲内に誘導した上で、試合延期を申し入れる義務があったとして過失を認定した。

166

とはいえ、現実的には「平均的なスポーツ指導者」において落雷事故の危険性を認識していない状況下で、同様の申入れが受け入れられる状況であったかは別問題であろう。このような状況下では試合継続を求められたり、試合放棄として不利な扱いを受けたりした可能性も否定できない。その意味では、差戻審の結果回避義務の内容は引率教諭に対して厳しいものである。

本件については、差戻審判決に対して訴訟当事者から上告や上告受理申立ては行われずに確定したため、最高裁が差戻控訴審判決を支持するのかは不明である。最高裁における「結果回避義務違反」についての評価については、今後の判断を俟つ必要がある。

Ⅲ　実務理論

1　典型判例の位置付け

客観的過失論に立つのであれば、結果回避義務違反を端的に評価すれば足り、これとは別に予見可能性を検討する必要はないとする立場も存在する[10]が、課外クラブ活動においては、結果回避義務違反を検討する前提として、結果発生の具体的危険についての予見可能性が存在する必要があるというのが典型判例の立場である。

もっとも、予見可能性の前提となる生徒を保護すべき引率教諭に求められる「落雷事故」に関する水準は、引率教諭において知っておくべき自然科学的知見を前提に評価され、予見可能性は「平均的なスポーツ指導者」の認識を前提にするのではないとされたことから、雷鳴がある中で「落雷事故」に関して予見可能性がないと評価される場面は極めて限られることになろう。その意味では「行動の自由（課外クラブ活動の萎縮効果）」よりも「被害者救済」を重視する立場といえる。

---

10)　前田達明『民法Ⅳ 2（不法行為法）』（青林書院、1980 年）、淡路剛久『公害賠償の理論〔増補版〕』（有斐閣、1978 年）

第Ⅲ章　運動中・学校行事中の事故

2　天災事故の先行判例（最判平 2・3・23 判時 1345 号 73 頁・判タ 725 号 57 頁）

(1)　判決要旨

　学校行事も教育活動の一貫として行われるものである以上、引率教諭は、その行事により生じるおそれのある危険から生徒を保護すべき義務を負っており、事故の発生を未然に防止すべき一般的な注意義務を負う。

　本件春山合宿に参加した者が雪崩に遭難して死亡したことにつき、引率教諭に注意義務違反があったとした原審の判断は、正当として是認することができる。

(2)　事案の概要

　都立高等専門学校の山岳部が学校行事として、3 月末に春山登山合宿を行ったが、途中で吹雪となって予定の行動がとれなくなった。下山するか山荘に留まるかが問題となり、引率教諭らによる偵察の結果、東側山腹の森林限界ルートを通れば下山可能と判断し、吹雪の中で下山を開始したところ、表層雪崩に遭い、生徒ら 7 名が死亡した。

　なお、山行計画においては、当初から天候急変による停滞が予想されたところであり、かつ山荘は停滞場所としては最も好条件の場所であった。

(3)　雪崩に関する当時の知見（雪山登山者の常識）

　傾斜 30 ないし 50 度の樹木のない場所、沢筋及び沢を登りつめた山腹部分、稜線下の風下の吹き溜り部分などは雪崩の危険区域であり、特にクラストした雪の上に新雪が積もっている場合、降雪直後の新雪の不安定な時期、日中の気温上昇時などに雪崩が発生し易く、また強風による風圧、雪庇の落下、雪斜面の横断ラッセル（積雪斜面を横断することは雪の斜面を切ることになるので雪崩を誘発する）などの外部的要因によって雪崩が誘発される危険が大きい。雪上にクラックが生じる場合は雪の状態が不安定であることを示しており雪崩の一前兆である。

(4)　原審の判断（東京高判昭 61・12・17 判時 1222 号 37 頁・判タ 624 号 254 頁）

　学校行事としての登山は、一般の冒険的な登山あるいは同好の士による登山とは異なり、より一層安全な枠の中で行うべきことが要求され、その危険の回避については、より一層の慎重な配慮が要求されているというべきである。

168

［典型判例］7　天災事故と安全配慮義務

　㋐　予見可能性

　本件事故現場付近は、沢の上部のシロデと呼ばれる傾斜約30度の山腹斜面であり、本件事故当日は夜半から天候が悪化し、早朝から風速15ないし20メートルの吹雪が続いていたため、雪質が不安定である上に、クラストした雪上に新雪が積もり、また本件事故現場は稜線の風下に当たっていたところから雪の吹き溜りが生じるなど雪崩の発生し易い状態にあった。

　㋑　結果回避義務の内容

①　危険状態が解消するまで山荘に留まること

　食料が確保されていた山荘は停滞する場所として安全な場所であった。偵察の結果によって本件ルートが安全なコースであると判断することはできない状況下では、山荘に停滞し、風が弱まるのを待って稜線コースを下山すべきである。

②　下山方法・指導内容

　生徒らに対し事前に雪崩に対する注意を与え、進行中に雪面のクラックなど雪崩発生の危険を感じさせるような異常が発見された場合には直ちにリーダーに報告させるなど万全の措置をとるとともに、パーティーの先頭あるいはこれに準じた位置に立ち、常に雪質、クラック、雪の吹き溜り及び沢筋、沢のくぼみなどの危険箇所の存在に細心の注意を払い、沢のつめ部など雪崩の危険の高い箇所を横断する場合にはラッセルを中止し、一人一人の間隔を開けて身体をザイルで確保しながら横断すべきである。

3　典型判例と先行判例との比較

　引率教諭の注意義務に関し、先行判例が「その行事により生じるおそれのある危険から生徒を保護すべき義務を負っており、事故の発生を未然に防止すべき一般的な注意義務を負う。」としているのに対して、典型判例では「できる限り生徒の安全にかかわる事故の危険性を具体的に予見し、その予見に基づいて当該事故の発生を未然に防止する措置を執り、クラブ活動中の生徒を保護すべき注意義務がある。」としている。

　いずれも、引率教諭に「生徒を保護すべき注意義務」を認めている。生徒は引率教諭の指導監督に従って行動することから、学校行事等の引率教諭には通

169

第Ⅲ章　運動中・学校行事中の事故

常の場面に比して高度の注意義務があるというのが最高裁の立場といえる。典型判例において、事故の危険性を具体的に予見することに触れられているのは、具体的予見可能性を否定した原審を破棄する実質的理由と密接に関連する内容であったからといえ、両者の基本的な枠組みは同様といえる。

　先行判例は、安全な山荘に留まらず、「雪崩に遭遇する危険性のある下山」を選択したことが問題となったのに対して、典型判例は「落雷事故」の危険性のある状況から回避措置をとらなかったことが問題となった事案である。先行判例では結果義務違反を認定した原審を支持しているが、引率教諭が生徒を危険に誘導した先行判例と、危険な状況から回避措置をとらなかった典型判例とにおける「結果回避義務」の内容を同様に理解してよいかは悩ましい。典型判例では、結果回避義務の前提となる「予見可能性」を認めたにすぎず、差戻控訴審の判断についての最高裁の見解は示されていない。一般論として「作為」と「不作為」とは同等に評価し得るとしても、先行判例では「人災」という側面が色濃いのに対して、典型判例の事案は「天災」という側面が色濃い事案といえよう。

4　射　程

(1)　教諭の指導監督下にある天災（自然災害）

　典型判例は課外クラブでの落雷事故に関するものであるが、その射程は「教諭の指導監督に従って行動する」という関係が成り立つ状況下における「天災事故」について広く当てはまるものと評価される。ただし、天災（自然災害）といっても、落雷、震災、津波、雪崩などでは、予見可能性の前提となる自然科学的知見の内容、更には引率教諭に求められる水準も異なるので、どの程度の科学的知見の普及をもって予見可能性の根拠とするかは更なる事例の積み重ねを俟つことになろう。

　正規授業や学校行事の場合には、当然に「教諭の指導監督」下にあるといえることから、教諭は「生徒を保護すべき注意義務」を負い、通常の場面に比して高度の注意義務を果たすことが期待される。生徒を保護すべき立場にある教諭としては「平均的な教諭」に求められる知見を有しているだけでは足りず、最新の科学情報にアクセスするなどの研さんが求められる。この点、医師に関

170

するものではあるが「人の生命及び健康を管理すべき業務に従事する医師は、その業務の性質に照らし、『研さん義務』がある」との見解がある [11]。生徒の生命及び健康を守るべき業務にある教諭が、新しい知見を吸収することを怠っていても、その怠慢が平均的なものである限り、その知識が普及していないという理由だけで、怠慢そのものを正当化することはないというのが最高裁における「予見可能性」の規範的価値といえよう。

(2) 学校以外の場面

典型判例を根拠として、音楽イベント会場近くで落雷事故により死亡した来場者の両親が、主催者側に対して「（来場者の）生命及び身体を保護すべき条理上の保護義務又は音楽イベントについての公演参加契約に付随する安全配慮義務を怠った」と主張して損害賠償を求めた事案がある。この事案において、大阪高判平 28・11・10 では「安全配慮義務又は条理上の保護義務を負っていたと認められるのは、当該場所についての利用・管理の状況、先行行為を含む当事者の関係、予見可能性の有無やその具体性、結果回避の容易性、期待可能性、被侵害利益の重大性等の諸般の事情を総合考慮して、落雷の危険から保護する義務を負わせることが相当といえる客観的状況が存在する場合に限られる」とし、具体的状況下において「落雷の危険から保護すべき義務を基礎づけるような管理状況や先行行為等があったとはいえず、本件落雷事故発生に関する予見可能性の程度も具体的なものではなく、避難誘導等の措置を採ることが容易かつ高度に期待可能であったとは認められない。」と判示した [12]。本判決については、上告及び上告受理申立てがあったが、それぞれ「上告棄却」「上告不受理」の決定がなされ確定している。

(3) 小　括

以上のとおり、同じく落雷事故でありながら、結果回避義務の前提となる予見可能性について裁判所の判断は分かれている。自然科学的知見に基づく予見

---

11) 最判昭 63・1・19 日〔伊藤正己補足意見〕裁判集民 153 号 17 頁・判時 1265 号 75 頁・判タ 661号 141 頁。

12) 大阪高判平 28・11・10〈平成 28 年（ネ）1738 号〉D1-Law.com 判例体系、（第一審）大阪地判平 28・5・16〈平成 26 年（ワ）4405 号〉裁判所 HP・D1-Law.com 判例体系、（上告審）最決平29・7・19〈平成 29 年（オ）395 号〉〔上告棄却〕、最決平 29・7・17〈平成 29 年（受）488 号〉〔上告不受理〕

第Ⅲ章　運動中・学校行事中の事故

可能性が求められるのは「生徒を保護すべき注意義務」を負っている学校や教諭が、雷鳴を確認した場面と整理される。

Ⅳ　下級審の運用・発展

1　下級審の傾向

　課外クラブ中の事故ではないが、平成 23 年 3 月 11 日に発生した東日本大地震後の津波による被害に関して、幼稚園・学校の責任を認めた下級審判決が存する。各事案における判決の要旨は以下のとおりである。

（1）　**園児をバスで帰宅させたことで津波被害に遭遇した事例**（仙台地判平25・9・17 判時 2204 号 57 頁）

　園を運営する法人及び園長には、在園契約から生ずる付随義務として、在園中及び送迎中の「園児の生命・身体を保護」する義務がある。

　そして、予見義務の対象は本件地震の発生ではなく、巨大な本件地震を現実に体感した後の津波被災のおそれである。

　情報収集により防災行政無線やラジオ放送等により津波警報や大津波警報が伝達され、高台への避難等が呼び掛けられていた状況の下で、本件小さいバスを眼下に海が間近に見える高台から海岸近くの低地に向けて出発させることにより津波被害に遭うおそれがあるかが予見可能性の対象となる。

　当該園長には「地震の発生後に津波」に関する情報収集義務があり、これを果たしていれば、大津波警報が発令され津波の高さが 6 m 以上と報道されていたことを知ることができた。このような状況下において高台から眼下に広がる海側の低地帯に向けて本件小さいバスを発車させることはなく、高台にある本件幼稚園に園児らを待機させ続けることができ、これにより死亡の結果を回避できた。なお、同判決後、控訴審での和解が成立している [13]。

13）　日本経済新聞　https://www.nikkei.com/article/DGXLASDG03H5N_T01C14A2CR8000/YAHOO!
　　ニュース

［典型判例］7　天災事故と安全配慮義務

⑵　避難場所の小学校で津波に遭遇した事例（仙台高判平 29・4・27 判例地
　　方自治 431 号 43 頁・裁判所 HP）[14]

　本件小学校は、防災マップにおいて、津波浸水域に含まれておらず、安全確
保の観点から津波浸水域よりも広く設定された要避難区域の外側に位置してい
た。本件校長に本件津波が本件体育館に到達するという結果発生の予見可能性
が認められるためには、少なくとも、本件校長が適切に情報収集を行っていれ
ば入手できたはずの情報に基づき、到達すると想定されていた津波を上回る規
模になることを予見し得ることが必要である。

　本件地震の規模に関する情報や体感できた震度からでは、本件地震が想定を
上回る規模のものであることを認識することができたとは認め難い。地震発生
後に大津波警報（10 メートル以上）が発令されたことや 10 メートル以上の津波
が到達したことが確認されたことをもってしても、本件津波浸水予測図の事前
の想定を上回る規模の津波が発生することを予見できたとはいえない。

　　㋐　2 階以上に避難させなかったことについて

　本件校長には、本件津波が本件小学校に到達することの予見可能性を認める
ことができないから、津波災害を前提として、避難してきた住民に対し、本件
校舎の 2 階以上を避難場所として開放し、防音装置の引き寄せハンドルの操作
を知らない避難者であっても容易に本件校舎に入れるような状態にする法的義
務を負っていたということはできない。

　　㋑　児童を保護者以外（同級生の親）に引き渡したことについて

①　過失（注意義務違反）の内容

　児童は、心身の発達が不十分で、災害等から自己の身を守る能力も未熟であ
るから、その生命、身体の安全を保護することは、小学校設置者の義務である。
校長は児童に対して、その「生命、身体の安全を保護」すべき義務を負ってい
た。

　児童は未だ判断能力が十分とはいい難く、大規模地震が発生したような緊急
事態下においては、責任をもって安全を確保する保護者等の判断に基づいて行

14）（第一審）仙台地判平 28・3・24 判時 2321 号 65 頁・判例地方自治 431 号 59 頁・裁判所 HP、（上
　　告審）最決平 30・5・30〈平成 29 年（オ）1019 号〉〔上告棄却〕、最決平 30・5・30〈平成 29 年
　　（オ）1020 号〉〈平成 29 年（受）1269 号〉〔上告棄却／上告不受理〕。

173

動するのでなければ、適切な避難行動をとることが難しく、不測の事態から自分の身を守ることができないから、本件校長は、児童がそのような危険にさらされることを回避すべき義務を負っている。

したがって、本件校長又は引渡しにあたる教職員が、保護者と直接連絡がとれて意思が確認できた場合など、災害時児童引取責任者として登録されていない者であっても、その者に引き渡すことが保護者の意に適うことが確認できたとか、その者に引き渡す方が、本件小学校において保護を継続するよりも安全であることが明らかであるといった特段の事情がない限り、災害時児童引取責任者以外の者に児童を引き渡してはならず、災害時児童引取責任者の引取りがない間は、本件小学校において責任をもって児童の保護を継続すべき義務を負っていたというべきである。

② 因果関係

児童が引き渡されたことにより、本件体育館よりも海側の土地にあり、かつ本件津波浸水予測図上の津波浸水域及び要避難区域に四方を囲まれている場所まで移動し、その直後にその周辺を襲った本件津波に巻き込まれて溺死したのであり、本件小学校において保護していたならば、児童が本件津波によって死亡しなかった蓋然性がある。

(ウ) 上告等

本件は上告棄却及び上告不受理にて確定することとなった。

(3) **小学校児童津波被災国家賠償事件（仙台高判平 30・4・26 判時 2387 号 31 頁・裁判所 HP）[15]**

校長らとしては、危機管理マニュアルを教職員に周知するとともに、危機管理マニュアルに従った訓練の実施その他の危険等発生時において教職員が円滑かつ的確な対応ができるように必要な措置を講ずべき義務を有していた。

(ア) 津波の予見可能性について

小学校の立地条件が、広大な水域面積を有する河川の感潮区域（筆者注：河川の河口付近で水位や流速に海の潮汐が影響を与える区域）と約 200 m の距離を隔

15）（第一審）仙台地判平 28・10・26 判時 2387 号 81 頁・裁判所 HP、（上告審）最決令元・10・10〈平成 30 年（オ）958 号〕〔上告棄却〕・〈平成 30 年（受）1175 号〕〔上告不受理〕。

[典型判例] 7　天災事故と安全配慮義務

てて隣り合っていたものであり、河川の感潮区域と小学校の敷地とを隔てるものは、河川の右岸堤防の存在のみであったこと、これに、本件想定地震の地震動により本件堤防が天端沈下を起こし、そこから堤内地に河川の河川水が流入して小学校を浸水させる危険があることを示唆する知見、下流の河川の右岸堤防が、堤防の両側から襲う津波の破壊力に堪えられずに破堤し、その場所から遡上した津波が堤内地に流入して小学校を浸水させる危険があることを示唆する知見を総合すれば、小学校が本件津波浸水域予測による津波浸水域に含まれていなかったとしても、小学校が本件想定地震により発生する津波の被害を受ける危険性はあったというべきであり、本件時点において、校長等がそれを予見することは十分に可能であった。

　⑷　結果回避義務の内容

　校長らは、本件安全確保義務の内容として、危機管理マニュアルを、少なくとも、津波警報の発令があった場合には、第二次避難場所である校庭から速やかに移動して避難すべき第三次避難場所とその避難経路及び避難方法を定めたものに改訂すべき義務を負っていたというべきである。

　⑼　因果関係

　校長らが本件安全確保義務を履行していれば、児童が本件津波による被災で死亡するという本件結果を回避することができたと認められる。

　㈢　上告等

　本件は上告棄却及び上告不受理にて確定することとなった。

2　下級審判決の評価

　上記「⑴、⑵」の裁判例では、具体的地震発生後の津波についての予見可能性（情報収集義務）が問題とされているのに対して、「⑶」の裁判例では地震発生前に想定される津波の予見可能性（安全確保義務）が問題にされている。予見可能性については、公害、組織過失等が問題となる事例においては、具体的危険について予見可能性を認めることが困難であることから予見義務を、予見可能性及び結果回避義務違反の前提として考慮する裁判例があり、⑶の事案を、これらの延長線上に位置付けたものと評価する見解もある[16]。

　⑴⑵と⑶とで判断の枠組みが分かれた背景には、⑴⑵の事例の各施設が、当

175

第Ⅲ章　運動中・学校行事中の事故

時の知見を前提としても想定される津波が到達しない場所に位置付けられていたのに対して、(3)の事例の小学校は当時の知見を総合した場合に津波の影響を受け得る場所にあったという立地条件の違いが挙げられる。また(2)及び(3)の事例は「国家賠償法」の適用が問題となる場面であり、判断者に重過失がない限り行為者に対する求償の余地はないことから被害者救済に重点を置きやすい事案であったといえる。

　ちなみに(1)の事例では第一審判決において約1億7700万円の支払が命じられたが、報道[17]によれば、控訴審での和解額は園側の支払能力を考慮して6000万円となったとのことである。

　国家賠償法の適用場面での判断を、不法行為に基づく使用者責任の適用場面にまで広げることが適切かは難しい問題である。

Ⅴ　展　望

　不法行為に基づく損害賠償の趣旨は「被害者保護」と「損害の公平な分担」とにあるが、典型判例以降も、被害者救済に重きをおく判例の傾向が続いている。これは、公害訴訟等における企業責任追及の流れとも合致するように思われる。

　しかし、同じく民間団体といっても大企業とそれ以外とでは支払能力に著しい差があるのも現実である。典型判例の事案でも、連帯責任を求められた主催者が破産申立てに至ったようである。また、民法715条1項の使用者責任は個人の不法行為（民709条）が成立することを要件としており、715条3項により行為者に対する求償の余地を残すことから、被害者救済の観点から使用者（法人）の責任を認めることに伴う萎縮効果も無視できない。

　そもそも、「天災（自然災害）」は「人災」とは対になる概念である。「生徒・児童・園児を保護すべき注意義務」を負う者において、平均人よりも高度の予見可能性があると評価するとしても、そうであるならばなおさら結果回避義務

16）須加憲子「不法行為法における過失と予見可能性の位置づけ－大川小学校国賠訴訟控訴審判決の安全確保義務を契機に－」ひろば2022年10月号。

17）日本経済新聞2014年12月3日。

の判断は厳格に行う必要がある。結果を知ってから「結果回避義務」を検討することは容易であるが、当該時点において当該行為を期待できたのかについては慎重に検討しなければならない。さもなければ、およそ全ての「天災（自然災害）」が「人災」として、個人の責任とされかねない。

改めて「損害の公平の分担」という不法行為の趣旨を思い返す時期かもしれない。

（蒔田　　覚）

第Ⅲ章　運動中・学校行事中の事故

学校行事における事故と安全配慮義務

> 浦和地裁平成 3 年 10 月 25 日判決〈昭和 63 年（ワ）第 81 号〉
> 判時 1406 号 88 頁・判タ 780 号 236 頁

I　典型判例の紹介

1　ひとことで言うとどんな判例か

　市立小学校 4 年生の児童が、遠足に訪れた公園にて昼食休憩中に遊んでいたところ、公園内の崖から転落して死亡した事故について、引率した教諭の「下見」に過失があったとして、市の損害賠償責任が認められた事例である[1]。

2　判決要旨

　本判決は、被害児童 A が崖から転落した事実、その怪我と A の死亡との因果関係を認定した上で、以下のとおり、B 教諭の下見について過失を認定し、被告 Y₂ 市の賠償責任を認めた。

　初めに、小学校校長及び遠足の実施に携わる教員には、「校内における教育活動以上に、児童の安全確保上特段の注意と綿密な準備が要求される」とした上で、本件小学校の校長らは「下見を実施するなどして、事前に目的地の状況、とりわけ危険な個所の存在についてはよく調査し、現地の状況を正確に把握した上で、児童に昼食や自由行動を指示するに当たっては、それに相応しい安全な場所を選ぶべき注意義務を負っていた」と認定した。

　そして、本件においては、B 教諭が下見を行った際に、昼食をとる予定の展

---

[1]　当該公園は県立公園であり、公園を管理する Y₁ 県の責任についても、設置管理の瑕疵があったとして責任が認められた事案であるが、本稿のテーマとは異なるため、その点は割愛する。

［典型判例］8　学校行事における事故と安全配慮義務

望台付近の斜面について走ったりすると危険だと感じてはいたが、その先に
あった本件崖の存在までは確認していなかったことについて「昼食をとり終え
た児童が集合時間まで遊ぶことは容易に予測でき、とりわけ同所が芝生広場で
あってみれば、児童がここを走るなどして行動範囲を広げてみたくなることも
明らかである」、「児童が走った勢いで斜面の下方まで行ってしまうことは、容
易に予測できることである。このような地形の状況をふまえて考えると、児童
を遠足に引率する教員としては、斜面の下方がどのようになっているかを見分
しておくべきであり、また、この部分を見分しておけば、本件崖の存在を容易
に現認することができたことは明らかである。そしてこれを現認していれば、
児童に対し、単に走ることが危険であることを注意するにとどまらず、本件崖
に近づかないように指示するなど、これに対処する方法を講ずることができ
た」として、B教諭について下見について過失があったとした。

　この点、B教諭らが、公園到着後に児童に対し、斜面で走ってはいけない旨
の注意をしたことが、Y2の責任を否定する事由になるか、という論点につい
ては、本件事故の最大の原因はAが本件崖の存在に気がつかずに斜面下方に
行ったことにあり、本件崖の形状に照らせばAが斜面で走っていなくとも転
落事故が生じた可能性は否定できない、としてY2の責任を否定する事由には
ならないとした。

　なお、Aの親である原告Xらは、遠足当日、一行が公園に到着した際に、
引率教諭らが本件斜面の安全確認を行わなかったこと、昼食中の見回りを一通
りしか行わなかったことを、過失を裏付ける事実の一つとして主張したが、こ
れについては、下見に加えて、当日に児童を待機させてまで安全確認を求める
ことや、昼食中に教諭らが休まずに見回りをすることを求めることは妥当では
なく、そのような主張は採用できないとし、結論としては、遠足当日の教諭ら
の行為については注意義務違反を認めなかった。

　そして、過失相殺の割合について、Aが斜面を駆け下りて遊んでいたこと
が本件事故を重大なものにした一要因であること、B教諭が二度にわたり、児
童に対し、本件斜面で走ってはならない旨を注意していたことを認定し、「教
師の注意義務をいたずらに強調することは、行き過ぎた管理を醸成することに
なりかねないものであるから、右注意義務を考える場合には、この点の配慮を

179

第Ⅲ章 運動中・学校行事中の事故

欠くことはできない。」と述べた上で、「遠足のような郊外活動にあっては、学校内とは異なり予想外の危険が存在することは前述のとおりであるから、児童としては、より一層先生の注意を守り、その指示に従わなければならない。このような一般的教育ないし基礎的なしつけは、学校においてもさることながら、家庭内における不断の教育において果たされるべき面が大きいものと言わなければならない。」として、5割の過失相殺が相当であると判断した[2]。

3 事案の概要

本件事故当時、原告Xらの子Aは、Y₂市立H小学校4年生の児童であった。H小学校は4年生を対象に遠足を実施し、その中で事故現場となった本件公園を訪れた。本件遠足は、教諭3名、用務員1名が、4年生児童57名を引率する形で実施され、Aもこれに参加した。

本件遠足において児童らは、同公園内の展望台付近で昼食をとった。Aが昼食をとった後、付近を走り回り、斜面を駆け下りたところ、斜面の先にあった高さ約4メートルの崖から転落し負傷し、Aは、その25日後に外傷性くも膜下出血等により死亡した。

原告Xらは、被告Y₁県に対しては同公園の設置管理の瑕疵に基づく責任があるとし、被告Y₂市に対しては、H小学校の校長及び教諭において適切な下見と監督行うべき注意義務を怠ったとして、総額約5300万円の損害賠償を請求した。

これに対し、Y₂は、引率教諭の一人でもあったB教諭が遠足10日前に本件公園を下見していたこと、本件遠足当日には公園に到着後、B教諭が児童を集めて斜面で走ってはいけないと注意をしたなどとして、注意義務違反を争うとともに、本件事故はAが斜面を走り下りたことに起因するものであり、Aに重大な過失があると反論した[3]。

---

2) なお、後述のとおり、被告Y₁県との関係では、2割の過失相殺とし、異なる過失相殺の割合を適用した。

3) 本件事故においては、Aの転落の瞬間を誰も目撃しておらず、崖下でAが倒れていることが発見されたという経緯があったことから、訴訟において、Yらは責任原因のみならず、Aの転落についても争い、病死であるとも反論したが、この点は裁判所の事実認定において、転落したことが原因であると認定されたため割愛する。

180

［典型判例］8　学校行事における事故と安全配慮義務

Ⅱ　典型判例の分析

　本典型判例の論理構成は、概ね以下のような構成となっている。
①遠足が学校教育活動の一つであることの認定
②遠足の実施にあたり小学校教員の負う一般的な注意義務について
③事前調査（下見）義務の存在とその違反についての検討
④遠足当日の注意義務・監督義務についての検討
⑤損害の認定と過失割合の検討
　このうち、①遠足が学校教育活動の一つであることについては、原告と被告において争ってはおらず、争いがない事実として認定されており、かつ本稿のテーマとも異なるため、②以下の内容について分析する。

1　遠足の実施にあたり小学校教員の負う一般的な注意義務

　本判決では、初めに一般論として「小学校における遠足が学校外における行事であって時として思わぬ危険が存在すること、小学生は未だ判断力、自制心が十分でない上、危険に対処する経験も乏しい反面、好奇心や冒険心が旺盛で、行動も活発であるところ、これに野外の遠足に伴う解放感が相乗され易いことは経験則上明らかである」として、教員には「校内における教育活動以上に、児童の安全確保上特段の注意と綿密な準備が要求される」とし、校内での教育活動以上の注意義務（安全配慮義務）が課されると判示した。

　この点については、小学5年生の林間学校での事故事案（大阪地判平24・11・7後掲表No.1）、中学3年生の修学旅行中の事故事案（広島高判昭63・12・7後掲表No.6）などの裁判例において同様に、「非日常的体験」「解放的気分」により、生徒が通常ではしないような行動や規律を乱した行動をする可能性が予測される、との指摘がなされている。

　そもそも、教員が負う注意義務（安全配慮義務）については、「学校における教育活動により生ずるおそれのある危険から生徒を保護すべき義務」（最判昭62・2・6裁判集民150号75頁、最判62・2・13民集41巻1号95頁等）とされている。そして、注意義務が予見可能性と結果回避可能性で構成されている以上、校外活動という日常生活とは異なる場面での活動であることから予見される危

181

第Ⅲ章　運動中・学校行事中の事故

険の程度や種類は日常とは異なることから、本件判示のように、校外学校行事における注意義務（安全配慮義務）は、普段の校内活動とは異なるレベル・内容の注意義務が求められることは避けられないものと思われる[4]。

2　事前調査（下見）義務の存在とその違反の有無の検討

(1)　本典型判例の判示

　本典型判例は、上記のとおり、校内での教育活動以上に「特段の注意と綿密な準備」を行う義務があることを理由に、「遠足に携わる教員らは、下見を実施するなどして、事前に目的地の状況、とりわけ危険な個所の存在についてはよく調査し、現地の状況を正確に把握した上で、児童に昼食や自由行動を指示するに当たっては、それに相応しい安全な場所を選ぶべき注意義務を負っていた」として、教員らが事前調査義務を負っているとした。

　そして、本件においては、引率教諭が現地を10日前に下見し、その際に昼食をとる予定の芝生広場周辺を下見し、昼食をとるのに適した場所であるが、斜面となっているので走ったりすると危険であると認識したにもかかわらず、斜面の下方にあった本件転落事故の現場となった本件崖の存在を認識しなかった、という認定事実のもと、「昼食をとり終えた児童が集合時間まで遊ぶことは容易に予測でき」「教諭自身危険を感じたような急な斜面であった以上、児童が走った勢いで斜面の下方まで行ってしまうことは、容易に予測できることである。このような地形の状況をふまえて考えると、児童を遠足に引率する教員としては、斜面の下方がどのようになっているかを見分しておくべきであり、また、この部分を見分しておけば、本件崖の存在を容易に現認することができ」児童に必要な注意や指示ができたとして、十分な下見をしなかったという過失があったと認定した。

　要約すれば、(i)教員が下見をした際に、走ったら危険だと感じたこと、(ii)児童が走って遊び、斜面の下の方まで行く可能性があることは容易に予測できたこと、(iii)斜面の下の方を見に行けば本件崖の存在に容易に気づけたことを根拠

---

4)　後掲の表にまとめたその他の校外学校行事についての裁判例においても、日常の学校生活とは異なるレベル・内容の注意義務が求められている。

182

として、下見（事前調査）が不十分であったと注意義務違反を認定したものである。

⑵　事前調査義務についてのその他裁判例

本典型判例は、後述のとおり当日の教員らの行動については、注意義務違反はないと判断し、下見（事前調査）義務の違反のみを認定し、学校側の責任を認めている。そこで、まずは、事前調査義務について、その他の裁判例においてどのように判示されているのかを概観し、その後に、本典型判例の位置付け・評価について検討する。

事前調査義務に言及したその他の裁判例としては、以下のようなものが存在する。なお、末尾の No. は後掲の一覧表「校外学校行事における教員らの安全配慮義務（注意義務）が問題となった主な裁判例」の番号である。

　㋐　横浜地判平 23・5・13（表 No.2）

修学旅行中に高校 3 年生の生徒が海で溺れてなくなった事案（水泳訓練ではない）において、裁判所は、「修学旅行の引率教員は、このような安全保持義務の一内容として、生徒の集合場所、見学場所、活動場所等について十分な事前調査を行い、危険箇所の有無等を確認するとともに、その調査、確認に基づいて、生徒の学年、年齢や状況に応じた適切な安全指導を行う義務を負う」とした。

具体的には、その行程において海に入ることが予定されていた浜辺とその周辺について、現地役場、海上保安部等の関係官公署に問い合わせるなどして、危険箇所の有無及び海に入る場合の注意点などを情報収集し、これを基に十分な実地踏査を行う義務があったが、それを怠ったと判示した[5]。

　㋑　高知地判平 6・10・17（表 No.3）

国外修学旅行中に列車事故に巻き込まれて、生徒が亡くなったという事案において、裁判所は、事前調査には交通機関についての安全確認義務を含むこと、事前調査としては原則として下見が最も基本的な方法であること、下見を行うのは引率教員であることが望ましいこと、旅行業者による安全性確認のみでは

5）本件現場となった浜のある島には、前年と 3 年前に修学旅行で訪れており、いずれも問題は生じなかったことから、下見をしなかった事案である。

不十分であり学校独自の観点からより厳格な安全性判断をすべきことなどを判示し、事前調査において求められる具体的な内容について述べた。

なお、本事例は、事前調査が不十分であったが、結論としては、その義務を尽くしても事故は回避できず、過失と死亡という結果には因果関係がないとして、原告の請求は棄却した事例である。

(ウ)　浦和地判昭61・12・25（表No.7）

林間学校において、中学2年生の生徒が、昼食のため立ち寄った河原の岩場から転落し亡くなったという事案において、裁判所は、引率教員による本件河原の下見が実施されておらず、それ故本件岩場の存在や危険性についての認識を持てなかった、という認定事実のもと、"下見"には注意義務違反はないと判断した。

具体的には、本件では、教育委員会担当者が下見をし、昼食をとらせる場所として適当と判断し、昼食場所として指示をしていたことから、指示を受けた学校側としては指示が不合理と認められるような特段の事情のない限り、その指示を信頼すれば足り、自ら下見をし、安全性を確認するまでの法的義務は負っていない、と判示した。

なお、本事例は、"当日の"教員の注意義務に違反があったとして、原告の請求を認容している事例である。

(エ)　京都地判昭54・1・19（表No.9）

学級外活動の一環としてなされた湖でのピクニックにおいて中学3年生の生徒が水死した事案において、裁判所は、当該水泳場が旧来から有名な場所であり、引率教諭自身何回も行ったことがあり、その様子を知っていること、本件行事が水泳訓練を目的とするものでなく少人数の親睦が目的であったことから、事前調査をしなかったことは責められるべきではないとして、事前調査義務に違反はないと判示した。

なお、本事例は、当日の監視義務について違反はあったが、死亡との間に因果関係がないとして請求を棄却した事例である。

(オ)　札幌地判昭53・6・23（表No.10）

臨海学校における水泳指導中に中学3年生の生徒が水死した事案において、裁判所は、「海水区域を使用して一般的水泳指導を実施するに際しては」とし

た上で、事前調査として、使用水域の深浅、海底の起伏等の状況について十分
な調査を行う義務があり、生徒の身長以上の深みがある箇所が存在するときは
その使用を止めるか、その区域に立入りを禁止する義務がある、と事前調査の
具体的な中身について判示し、本件では事前調査の義務違反があったと判断し
た。

　　㈎　長野地判昭 52・1・21（表 No.11）

　宿泊旅行中に花火をした際に、中学 1 年生の生徒が、広場の除雪溝に転落し
て死亡した事案において、裁判所は、事前調査義務について、十分な下見をし
危険箇所の発見とその把握に努める義務があるとした上で、本件除雪溝が広場
の一角といえるような場所であり、その存在と危険性に気付き得たことから、
広場で花火を実施する以上、その周囲につき慎重な点検を行う必要があったと
して過失があったと認定した。

　　㈏　神戸地判昭 49・5・23（表 No.12）

　修学旅行での雪渓見学の際に、高校 2 年生の生徒が雪庇の下敷きとなり死亡
した事案において、裁判所は、事前調査について、「危険の状態、危険の箇所
を充分に把握」する義務があるとし、その上で生徒にも危険性を理解させ近づ
けないようにすべき義務があるとした。

　なお、本事例では、教員が下見にて危険性を認識し、当日も近づかないよう
注意をしていたことなどを認定し、過失はない、と認定した。

　　㈐　大阪地判昭 46・7・14（表 No.14）

　臨海学校の遊泳訓練実施中に、高校 1 年生の生徒が水死した事案において、
裁判所は、事前調査として十分な海底調査をし、水泳能力に応じた適切な訓練
水域の設定をするべき義務があるとした上で、同海域は「海底変動の激しい場
所であること」、観光協会に問い合わせれば水深図面が借用でき容易に危険な
場所を知り得たことなどから、訓練実施 3 か月前に引率教員が自ら泳いで海底
調査をした事案であったにもかかわらず、事前調査に過失があったと認定した。

⑶　本典型判例の位置付け

　本典型判例及び上記裁判例のいずれにおいても、一般論として十分な事前調
査により危険箇所の有無を確認することが求められている。

　ただ、各裁判例の求める、十分な事前調査の具体的な中身については、本典

第Ⅲ章　運動中・学校行事中の事故

型判例やその他の裁判例においても明確な基準は示されておらず、個別具体的な事情に応じて、何をどの程度、どういった形で事前調査をすべきかが変わっている。このことは、注意義務・安全配慮義務が予見可能性をその一要素としている以上、仕方がないものと思われ、具体的な事案にあたる当事者としては、本典型判例やその他裁判例の指摘する事項を参考にしつつ、どの程度まで事前調査を尽くすべきかを個別に検討せざるを得ないところである。

　そのため、本典型判例は、学校が負う事前調査義務の具体的な一例を示すものと位置付けられる。

　なお、表に掲載した裁判例のうち、上記引用裁判例以外では、事前調査義務についての言及はない。しかしながら、そもそも事前調査が問題となるのは、校外行事当日の義務違反が認定できない場合や、学校側も事故発生までその危険を認識していなかったような場合である。そのため、事前調査に言及しなくとも過失が認定できる事案では判示としてはそれで足り、事前調査義務に言及をしていないものと思われ、事前調査義務の存在を否定するものではないと考えられる[6]。

　各裁判例の指摘する事前調査義務の中身を要約すると、

①危険を感じる場所があれば、当日の利用形態も考慮し、その周辺部まで実際に見分すること（本典型判例、表 No.11）

②現地の官公署や観光協会に問い合わせるなど危険な場所についての情報収集を行い、その情報に基づき実地踏査を行うこと（表 No.2、14）

③旅行業者による安全確認のみでは不十分であり、学校独自の観点から厳格

---

6)　この点、表 No.4 の事案は、被害生徒が指定外のコースを登り落石事故にあった事案であるため、事前調査が想定しづらいケースであるため、過失なしとして請求棄却となったケースであるが、事前調査についての言及がなかったものと考えられる。

　　表 No.8 の事案もまた、当日の注意義務違反を否定したにもかかわらず、特段、事前調査についての言及がない。しかしながら、同事案は、そもそも、転落死をした経緯（どこからどのように）すら不明であった事案であり、それゆえに事前調査すべき義務があったかを裁判所が検討する対象も特定が難しかったため、事前調査についても言及がない特殊な事案であると考えるべきである。

　　同様に表 No.13 の事案も、当日の注意義務違反を否定したにもかかわらず、特段、事前調査について言及がないが、遊泳訓練中の水死事故であるものの、深みにはまったというわけではない（溺れた原因はよく分からない）ケースであることから、事前調査（例えば水深調査）に言及がない特殊な事案であると整理すべきである。

な安全性判断をすること（表 No.3）

④事前調査には交通機関についての安全確認も含まれ得ること（表 No.3）

⑤現地の下見が最も基本的な方法である（表 No.3）が、引率教員でなくとも教育委員会担当者による下見でも足りる場合や（表 No.7）、引率教員が過去に行ったことがあるような場合には下見が必須とは限らないこと（表 No.9）

⑥臨海学校など海での水泳指導については、使用水域の深浅、海底の起伏等の十分な海底調査を行う必要があり、引率教員らが実際に使用水域に入ってみて確認することも必要となり得ること（表 No.10、14）

といった点が、実際の裁判例において、事前調査義務の具体的内容として指摘・問題とされており、これらを参考にしつつ、具体的な事案に応じて事前調査義務の範囲について検討することになるといえよう。

3　当日の注意義務・監督義務についての検討

(1)　本典型判例の判示

本典型判例は、上記のとおり下見（事前調査）についての過失を認めた一方、教員らが負う遠足当日の注意義務については、要約すると以下の2点に言及し、結論として、当日の教員らの行動については過失を認定しなかった。

①教員らは、斜面で走ってはいけないと注意はしているが、転落事故の発生した本件崖の形状からすれば、走っていなくとも本件事故が発生した可能性はあり、当該注意は教員らの責任を否定する事由にはならない。

②走ってはいけないとの注意に背いて走る児童がいることまで予測して、原告の主張するように、教員らに昼食時間中休まずに見回りをすることまで求めることは妥当ではない。

このように、本典型判例は、当日の注意義務・監督義務について、具体的にどういった義務を負うの規範の定立はせずに、被告の抗弁及び原告の主張する当日の注意義務違反の主張は認められないと判示するにとどまっている。

そもそも、本典型判例は、教員らが、転落事故が発生した本件崖の存在を認識していなかった事案であり、下見に過失があったと認定をした裁判例である。

そのため、本件転落事故の発生した崖の存在について注意喚起をすべき義務

第Ⅲ章　運動中・学校行事中の事故

があったという点以外に、具体的に、遠足当日に、教員らがどういった注意を
行い、監督を行うべきであったかという点について詳細に判示する必要性がな
かったため、このようにあくまでも原告及び被告の主張のあった範囲、言い換
えれば原告の主張する注意義務があったと認められるか否か、被告の抗弁が認
められるか否かといった限度での判示にとどまったものと思われる。

　本典型判例は、以下に紹介するその他の裁判例にて言及された当日の注意義
務の内容も考慮すると、注意は抽象的なものでは足りず、具体的な危険性に応
じた、具体的かつ当該危険を防ぐために意味のある注意である必要があること
（上記①）、一方で生徒の能力や現場の状況によっては、必ずしも常時見回りと
いった監視体制が求められるものではないこと（上記②）を判示した裁判例で
あると評価できる。

⑵　**その他裁判例からみる校外行事当日の注意義務の内容**

　上記のとおり本典型判例では校外行事当日の注意義務の内容についてあまり
詳細は述べられていないが、校外学校行事における注意義務が問題となったそ
の他の裁判例（後掲表）からすれば、概ね以下のようなカテゴリー分けができ
るものと思われる[7]。

　①生徒に対する指示・注意

　②監視体制

　③生徒の状態や能力

　もっとも、これらの内容は、事前調査や当日現場にてどういった危険性が把
握できたのかによって変わるほか、①〜③の内容次第で中身が変わってくるな
ど、相互に関連するものである。例えば、生徒の年齢が成人に近く、かつ危険
回避能力が高ければ、生徒への注意や監視体制は軽いもので足りる場合があ
る[8]。

　そのため、上記個々の項目について単体で何らかの基準が導き出せるもので

7）伊東進ほか「学校事故賠償責任の判例法理（10）」判評356号14頁においても、同じような項目
　での整理がなされている。

8）神戸地判平4・3・23（表No.4）では「教職員は、成人に劣らない判断能力を有する生徒が通常の
　自主的な判断及び行動をしてもなお生命、身体等に危険を生じるような事故が発生することを客観
　的に予測できるような場合でなければ生徒の行動について逐一指導監督するまでの義務はないとい
　うべき」とも述べている。

［典型判例］8　学校行事における事故と安全配慮義務

はなく、事案ごとの個別事情による点が大きい。そこで、本稿では、以下において、その他の各裁判例において、上記項目がどのように判断されているのかを紹介し、個別具体的事案における当日の注意義務の内容を検討する材料を提供することとする。

　なお、これらのいずれの項目についても、その義務の具体的な内容の検討にあたっては、本典型判例でも述べられているように、校外学校行事という非日常性や解放感[9]も考慮に入れて検討をする必要があり、学校の日常生活における学校側の注意義務よりは厳しい注意義務が求められていると考えるべきである。

　以下、校外行事当日の注意義務の内容について言及したその他裁判例を紹介する。

　㋐　大阪地判平24・11・7（表 No.1）

　林間学校にて、小学5年生の生徒が、宿泊施設の出窓から転落し、重傷を負った事故において、裁判所は、普段と異なる環境下で、多少羽目を外し、生徒が部屋の中で本件出窓のカウンター部分に上がることが容易に予見できたとした上で、カウンター部分に登った場合転落する危険性があることを十分指導し、注意喚起をし、ガラス窓を解放しないように指示をする義務があった、一部教員がガラス窓の開放を禁止する一方で他の教員が一定の場合には許容するなど指示内容が一貫しない場合があった（上記①）として過失を認定した。

　なお、上記②の監視体制について、「林間学舎は、自主性、社会性及び協調性等を養うことを目的に掲げて実施されていることからすると、教員らが、常に子どもらの行動を監督することはその実施目的に沿うものでなく、特に危険な野外活動をする場合は別として、宿舎内においてそのような注意義務が課されるものとは認められない」と述べるとともに、「子どもらは、10歳前後と未熟な年齢であるが、相応に理解力を有する年齢でもあるから、前記本件出窓の構造に照らすと、教員らが常に客室に入って近くで監督しなければ、子どもらの生命身体に危険が及ぶとは認められない」とも述べている点は、③生徒の能力等に応じた監視体制について言及した事例として参考になると思われる。

9）もっとも、これらの解放感なども、③生徒の状態の一要素であるともいえる。

第Ⅲ章　運動中・学校行事中の事故

　(イ)　神戸地判平 4・3・23（表 No.4）

　遠足での登山中に、高校 3 年生の生徒が、落石により死亡した事案において、裁判所は、指定コースがいずれも一般的なハイキングコースであったこと、被害生徒がワンダーフォーゲル部に所属し十分な登山経験を有していたことを認定した上で、「高校 3 年生ともなれば、心身発達の程度が一般に成人のそれにほぼ匹敵するに至ることは経験則に照して明らかというべきであるから、かかる生徒に対しては自己の行為について自主的な判断で責任を持った行動をとることを期待することができ、従って、同高校の教職員としては、生徒が右のような能力を有することを前提とした適切な注意と監督をすれば足りるというべきである。即ち、このような能力を有する生徒が通常の自主的な判断及び行動をしてもなお生命、身体等に危険を生じるような事故が発生することを客観的に予測することが可能であるような特段の事情がない限り、教職員は生徒の行動について逐一指導監督するまでの義務はない」と判示した。

　このように、本事例もまた、③生徒の状態や能力によっては、逐一指導監督する義務（上記②）までは負わないとした点で参考になるものといえる。

　(ウ)　広島高判昭 63・12・7（表 No.6）

　修学旅行中に、中学 3 年生が、生徒間の暴力事件に巻き込まれ怪我を負った事案において、裁判所は、加害生徒がいわゆる問題グループの生徒であり、当日も宿泊先での部屋割りや指示に従わず一室を占拠し、結局それを教員らが容認するに至ったといった本件の特殊事情を認定した上で、教員らにおいて同室の監視や巡視体制を強化する義務、同生徒らの無断出室等の問題行動を防止する義務があったにもかかわらず、それを怠ったものと認定をした。

　生徒の状態（③）によっては、中学 3 年の生徒の自主性も重視すべき宿泊旅行であっても、極めて密な監視や巡視体制や指導が義務（上記②）となる、とした事例であるといえる。

　(エ)　浦和地判昭 61・12・25（表 No.7）

　林間学校において、昼食のため立ち寄った河原の岩場から転落し中学 2 年生の生徒が亡くなった事案において、裁判所は、「引率教師としては、生徒の動静に注意し、生徒が本件川原より離れて行動するというような具体的状況が生じた場合は、当然それに気づき、生徒が危険に近づくことを防止し、生徒を危

険から引き離し、事故の発生を防止するため具体的状況に応じた適切な処置を講ずべき義務がある」とした。そして、本件では、昼食解散をしたころから本件岩場に赴く生徒がおり、事故発生時には20名近くが本件岩場にいたにもかかわらず、7名いた引率教員らは誰一人その生徒らの動静に気付かず、危険に近づくことを阻止する措置をとらなかった、として注意義務に違反したと認定した。

本事例は、本件川原の形状から、上記判旨の直前に、生徒らを昼食のために解散させる前に、本件岩場に及ぶ範囲を引率教員らが調査をする義務まで負っていたとはいえないとも述べている。そのため、一般的な監視義務について言及したものというよりは、実際に本件岩場に向かう生徒らがいたという状況変化を前提に②監視体制の内容が変化した事例であるといえる。

　(オ)　大阪地判昭57・11・25（表No.8）

学校行事の一環として外国旅行中に、小学6年生の生徒がホテルから転落死した事案において、裁判所は、「小学6年生は幼児や小学校低学年の児童と比較すれば、心身の発達も相当進み、判断能力、行動能力も備わりつつあるから、児童自身が高層ホテルのベランダが危険であると判断し、そこに近寄らないようある程度自己規制をなしうるものと解されるから、被告としては、旅行出発前に危険箇所に近寄らないよう十分注意し（この限度で〔中略〕安全教育をする義務があると解される）児童の宿泊した階に教師の部屋をとり、児童の就寝後にも巡視し、異常のないことを確認した以上、危険の発生を予測できる特段の事情がない限り、原告主張の不寝番等の措置をとり児童を監視する義務を負担するものではない」と判示した。また、宿泊先の選定についても、通常宿泊施設に大人向け、子ども向けという区別があるわけでもなく、本件ホテルへの宿泊それ自体が児童の生命身体に危険をもたらすとは認められないから、宿泊先の選定においても注意義務違反はないと判示した。

本事例は、そもそも、転落死をした経緯（どこからどのように）すら不明であった事案であり、かつ請求が棄却された事案であるため、裁判所として原告の主張する様々な注意義務について判断をする必要があったという事情は考慮に入れる必要はあるが、上記①～③の各要素に言及した一事例として参考になると思われる。

第Ⅲ章　運動中・学校行事中の事故

　(カ)　京都地判昭 54・1・19（表 No.9）

　学級外活動の一環としてなされた湖でのピクニックにおいて中学 3 年生の生徒が水死した事案において、裁判所は、「生徒が泳いでいる間は責任者として自ら監視してその動静に注意し自己が監視しない時は乙山らに十分監視させて事態の変化に即応しうる態勢を整えておくべき義務及び生徒が溺れた際には直ちに救助活動ができる態勢をとる義務があった」とし、引率教員が、生徒には泳ぐ前に準備運動をするようにとしか指示をしなかったこと、被害生徒が溺れた時には飯ごう炊さんの手伝いをしており湖面の監視をしていなかったことなどから、監視義務違反の落ち度があったと認定した。

　なお、本事例では、結論として、監視を十分にしていたとしても、溺れた地点の水深や救助手段がなかったことなどから、溺死という結果は免れ得なかったとして、因果関係を否定し、原告の請求を棄却した。

　この結論については、水難事故にて注意義務違反と賠償責任が認められたその他の裁判例（表 No.2、10、14 など）と比較すると、因果関係の認定において被害者側に厳しい内容となっているといえるため、その点は留意して参照すべきであるが、②監視体制について言及した一事例として参考になると思われる。

　(キ)　札幌地判昭 53・6・23（表 No.10）

　臨海学校における水泳指導中に中学 3 年生の生徒が水死した事案において、裁判所は、被害生徒が溺水していることを他の生徒が発見するまで教員らが把握していなかったことを指摘し、監視掌握する義務に違反があったとした。

　本事案では、71 名の生徒を遊泳させるにあたり、5 名の教員が現実に水泳区域内に入り監視にあたっていた状況も認定し、その上でも監視掌握義務に違反するとしている。

　上述の No.9 や 12 の事案と比較すると、学校側に厳しい判断がなされているといえる。ただ、本件は、先に紹介したとおり、事前調査義務に違反があったとの認定がなされており、その後ろ部分にて本件義務違反が論じられていることから、裁判所としてあまり精緻な分析を行わずに過失を認めた可能性も否定はできないようには思われ、その点は留意すべきである。

　(ク)　神戸地判昭 49・5・23（表 No.12）

　修学旅行での雪渓見学の際に、高校 2 年生の生徒が雪庇の下敷きとなり死亡

した事案において、裁判所は、高校生の「心身の発達の程度は成人に近いものがあり、自己の行為により如何なる結果が生じ、如何なる責任を負担するかの判断能力も成人のそれに近いものがあり、このような能力のある年令に達している生徒には、自主的に自己の行為を規制し、責任をもつて行動することを期待しうるものである。従つて、これら生徒を引率する教員は、右のような能力に達していることを前提とした適切な注意と監督、即ち、右のような能力を有している者が通常の行為をなす場合においても、なお生命身体に危険が発生することが客観的に予測される場合に、それに応じた事前の適切な注意と監督を為すべき義務があると解するのが相当」と判示し、③生徒の能力によって、①指示・注意や②監視体制の中身が変わってくると述べた。

その上で、「生徒に雪渓の危険性を理解させ、これに近づかないように監視することが引率者としての最も重要な注意義務の内容である」として、本件では、解散地点にて、雪渓の成因と危険性について説明がなされており「近よるな、乗るな、さわるな、石を投げるな、等と個別的、具体的な注意がなされ、おおよその見学すべき場所も指示され」ていたこと、本件雪庇の危険性は外観上も十分認識できるものであったこと、などから教員らに注意義務違反はない、と判示した。

本事例は、高校生に対して、事前調査においても確認できていた危険性について、どのように注意や指示をし、監視をすれば足りるかを判断した一事例として参考になると思われる。

　㋙　東京地判昭 47・8・8（表 No.13）

臨海学校にて、小学 5 年生の生徒が、遊泳訓練実施中に水死した事案において、裁判所は、以下のとおり監視体制を認定した上で、注意義務は尽くされていたと認定した。

①訓練に参加した小学 5 年の児童は、10-25 メートル泳げる泳力を有していた

②訓練水域の水深は、腰付近の深さ程度であった

③ 25 × 5 メートルの範囲内で、遊泳させた

④ 86 名の児童を 4 名の引率教員で全体的監視を行った

⑤遊泳時間を約 10 分に限り、離水後は早期に児童の所在を確認し万一事故が発生しても直ちに児童を救助しうる体制をとっていた

193

第Ⅲ章　運動中・学校行事中の事故

という点を裁判所は認定し、このような場合、「児童一人一人の挙動を常に監視しなくても、通常直ちには児童の生命身体に危険が発生するおそれはない」とし、注意義務は尽くされていたと判示した。

　本事例は、とかく学校側に厳しい注意義務を課す判断となりがちな裁判において、注意義務が尽くされたと判示した事例として参考になると思われる。

　なお、監視体制という点だけみると、表No.10の事例よりも学校側に優しい結論となっているようにも思われるが、本事例はNo.10と異なり認識していなかった深みにはまったという事例ではないため、足がつかないような深みがあったかなかったかという点の違いが、結論に影響を及ぼしている可能性はあると思われる。

　　(コ)　大阪地判昭46・7・14（表No.14）

　臨海学校の遊泳訓練実施中に、高校1年生の生徒が水死した事案において、裁判所は、学校側は監視船を用意していたが事故発生時には事故現場よりはるか離れた沖にでていたこと、周囲に救命用具の用意がなかったこと、水泳及び救助能力の十分な者を十分に配置していなかったことを指摘し、注意義務を怠ったと判示した。

　なお、本事例は先に紹介したとおり、事前調査が十分でなかったとして過失を認めた事案でもあり、当日の監視義務違反を詳細に認定しなくとも損害賠償責任は認められるという前提での判示であるため、その点は留意の上、一事例として参考にすべきであると思われる。

　　(サ)　津地判昭41・4・15（表No.15）

　同じく臨海学校の遊泳訓練実施中に、多数の中学生が水死した事案において、裁判所は、生徒を入水させるにあたっては、まず教員が入水し、水深や潮流を調べ、生徒の生命に危険がないように水泳場を設定し、かつ生徒に危険箇所について十分警告し、教職員のうち水泳ができる職員を水泳区域の境界線に配置し、生徒が逸脱することのないように監視をすべき義務があったと判示し、学校側にこの注意義務への違反があったと認定した。

　本事例も、臨海学校実施時における当日の注意義務について言及した一事例といえるが、本事例は36名もの女生徒が溺死し、社会的にも極めて耳目を集めた事件であり、裁判所として過失がないとする結論は考えにくかった可能性

［典型判例］8　学校行事における事故と安全配慮義務

があるといった事案の特殊性に留意の上参考にされるべき事案であろう。

4　過失相殺について

⑴　本典型判例の判示

本典型判例は、上記のとおり学校側の（下見の）過失を認定し、損害を認定した上で、過失相殺について、引率教諭が2度にわたって走ってはならないと注意をしたこと、「遠足のような郊外活動にあっては、学校内とは異なり予想外の危険が存在することは前述のとおりであるから、児童としては、より一層先生の注意を守り、その指示に従わなければならない。このような一般的教育ないし基礎的なしつけは、学校においてもさることながら、家庭内における不断の教育において果たされるべき面が大きい」こと、被害生徒が小学4年生であり、「それなりの分別を持つ年齢にあったこと」から、5割の過失相殺が相当であるとした。

⑵　その他裁判例における過失相殺

その他校外学校行事における注意義務が問題となった裁判例では、以下のような過失相殺がなされている。

⑺　大阪地判平24・11・7（表No.1）

林間学校にて、小学5年生の生徒が、部屋で鬼ごっこをして遊んでいた際に、宿泊施設の出窓から転落し、重傷を負った事案において、裁判所は、被害生徒が、前日にも同施設に宿泊しており、本件出窓と地面の距離などから、落下した場合の危険性を十分に認識できていたこと、本件出窓の窓ガラスが開いていることに十分気付くことができたこと、年齢に照らしてそのことを期待できることなどから、4割の過失相殺が相当であると判示した。

⑴　横浜地判平23・5・13（表No.2）

修学旅行中に高校3年生の生徒が海で溺れて亡くなった事案（水泳訓練ではない）において、裁判所は、「両生徒は、本件事故当時、満17歳の高校3年生であったから、このような年齢及び学年に相応して、成人に匹敵する判断能力の下、危険箇所を発見し、これを回避する自主的な行動をとることが期待されていた」としたうえで、被害生徒が「指示された目的地及び活動場所ではないことを十分認識しながら、本件事故現場で海に入ったもの」であることから、

195

「かなり軽率な面があったことは否定できない」と判示した。

　一方で、「両教諭と両生徒の過失を勘案するに、両教諭は、二で認定した関係官公署への問い合わせ及び実地踏査といった事前調査義務や、リーフカレントを含む海浜流の危険性に関する注意喚起義務を全くといっていいほど果たさなかったのであるから、その過失は、相当大きい」とし、これら両者の過失の内容と程度を比較し、教諭の過失の方が生徒よりも大きいとして、4割の過失相殺が相当であると判断した。

　本事例は、被害生徒に指示からの逸脱があった事例であるとともに、両者の過失の内容と程度を比較して相当な過失相殺割合を導き出した事例として参考になると思われる。

　　(ウ)　浦和地判昭 61・12・25（表 No.7）

　林間学校において、昼食のため立ち寄った河原の岩場から転落し中学 2 年生の生徒が亡くなった事案において、裁判所は、「本件川原から離れて行動しないようにと解される教師の指示および水に近寄るなという指示があったにもかかわらず本件川原から離れて本件岩場に赴き、しかもダムの放流で水嵩の増していた川の流れに接する先端部分にしゃがみこんだ後、立ち上ろうとして体のバランスを崩し水流に滑り落ちるという」被害生徒の過失を指摘し、「中学 2 年生でいまだ成人と同視することはできないものの、すでに事理弁識能力がありしかも相当程度身の安全を守る能力を備えていた筈の一郎の前記行動はこれを重視せざるをえ」ないとして、75％の過失相殺が相当であると判示した。

　本事例は上記の表 No.2 の事例と同じく被害生徒に指示からの逸脱があった事例である。

　　(エ)　長野地判昭 52・1・21（表 No.11）

　宿泊旅行中に花火をした際に、中学 1 年生の生徒が、広場の除雪溝に転落して死亡した事案において、裁判所は、被害生徒が「本件事故当時心身とも健全な 13 才 3 月の男子であったから、右年令に相応して危険箇所の発見、危険回避の判断及び行動も自らなしうることが期待される」として被害生徒にも落ち度があったことは否定しがたいものの、集団行動から離脱したとか、規律違反の行為をしたわけではないこと、本件除雪溝の存在を教員も含め認識していなかったこと、除雪溝自体に転落事故防止措置も講じられていなかったことから、

被害生徒の過失は軽微であるとして1割の過失相殺が相当であると判断した。

(3)　各裁判例からみる過失相殺の考慮要素

これら各裁判例の過失相殺の判断からすると、過失相殺にあたっては、被害生徒の年齢や能力を前提とした上で、

①指示や注意、または一般的に期待される行動からの逸脱行為があったか、

②事故の原因となった行為の危険性が認識できたか、

という点が重要な考慮要素となっているものと思われる。

具体的には、上記のとおり、表No.7（75％過失相殺）の事例は、指示に反して川原に近づき、また川が増水しており近づくことの危険性も容易に認識できた（上記①と②）という事例であり、結果として75％もの過失相殺がなされている。

そして、表No.1は開いた出窓のカウンターに腰掛ける行為の危険性が認識できた事例（上記②）、表No.2は指示からの逸脱行為（上記①）があったものの、海に入ることの危険性が認識できていなかった[10]（上記②）事例であり、これらは4割の過失相殺がなされている。

この点、被害生徒自身の行為が被害の一因となったとはいえない事例（表No.6）、教員の許可を得て行った行為による事例（表No.5）や、（逸脱行為なく）遊泳訓練実施中に被害にあった事例（表No.10、14、15）においては、過失相殺はなされていない。

本典型判例は、走ってはならないとの注意を守らなかった事例である一方、本件崖の存在は認識できておらず走り回る行為の危険性の認識ができなかった事例、言い換えれば上記①のみの事例ともいえ、5割の過失相殺という点はやや被害生徒側に厳しい判断であったとも位置付けられるように思われる。

なお、本稿のテーマとは異なるため詳述はしないが、本典型判例においては、本件公園を管理する県に対して、「設置又は管理に瑕疵」（国賠2条）があったとして、県も被告となっているところ、本典型判例は、教員らの過失に基づく市の賠償責任（国賠1条）と、「設置又は管理」の「瑕疵」（国賠2条）に基づ

---

10) 同事例は、高校3年生の事案であり、海に入ること自体の危険性より、リーフカレントなどの危険性が重視された事案であったため、海に入ること自体の危険性（落ち度）はそこまで評価されなかったものと思われる。

第Ⅲ章　運動中・学校行事中の事故

く県の責任の競合を認めた。そして、県との関係での過失相殺については、県の責任と被害生徒の過失を比較すると被害生徒の過失は大きくないとして、県との関係では2割の過失相殺とし、過失相殺の割合を市と県と異ならしめる判断[11]をしており、事件解決の妥当性の観点から参考になる裁判例であるといえる。

Ⅲ　実務的観点

　上述のとおり、本典型判例は、主に、校外学校行事を実施するにあたって、教員には「校内における教育活動以上に、児童の安全確保上特段の注意と綿密な準備が要求される」こと、つまり学校側が負う事前調査（下見）の義務とその内容について具体的な事例を示した一事例として参考になるものといえる。

　この点、実務的には、様々な校外学校行事を実施する場合の基準というものが、文科省からの通達や各教育委員会での基準にて定められている。例えば、文科省からの通達でいえば、遠足・修学旅行一般について、事故防止のための全般的事項として、

　①平常から道徳教育や生徒指導の充実に努め、特に事前の安全指導の徹底を図ること。

　②経路、交通機関等について、事前に十分調査し、検討しておくこと。特に、新しい経路や交通機関を選ぶ場合には、細心の注意を払い、より入念に検討すること。

　③宿泊施設の選定にあたっては、その周辺の環境について、教育的に十分検討するとともに、安全、保健衛生についても特に配慮すること。また、宿泊施設の状況、特に非常口や危険箇所などを調査し、適切な措置をとり、万一の災害に備え、退避、救助等について配慮しておくこと。

といった事項に留意するようにとの通達が出されている（昭和43年10月2日文初中第450号）。

---

11)　過失相殺の割合が異なることにより、県と市とで負う損害賠償責任の金額が異なることになるため、賠償金額の一部についてのみ不真正連帯債務を認めたものと考えられる。

198

［典型判例］8　学校行事における事故と安全配慮義務

　また、各自治体の教育委員会の校外における学校行事等実施基準[12]では、例えば、水泳について、実施地を選定する場合には、①潮流、流速等、②実施地の河床、海底の状況、③実施地付近の汚物、病菌の有無等、④実施地の川岸、海辺における地形の状態、⑤実施前及び実施中の水温、⑥従前の事故の有無に十分留意しなければならないとされている。

　そのほかにも、登山であれば登山の事故防止の通達[13]が存在するなど、様々な通達や通知[14]が存在する。

　これらの通達や基準は、通常、裁判になれば、最低限履行されているべきものとして引用され、それが守られた上で具体的事案に応じてどんな準備をすべきだったのかが議論されることになるため、そのような実施基準を参照することが必要となることには留意すべきである。

　以上が、校外学校行事実施にあたっての注意義務のまとめであるが、このように裁判例が、学校側に校内活動以上の注意義務を過度に課すことについては、「当該校外活動に内在する危険性に対応できない生徒の能力を、教員の高度な注意義務によって補完することが前提ならば、そのような校外活動はそもそも学校の教育活動として行うべきではない」と批判し、危険性の高い教育活動が本当に必要なのかは根本的な議論がなされるべきだとの意見[15]もあるところである。

　また、公立学校の事案で、特に重大な被害が生じた事案については、裁判所としても被害者や遺族への配慮や、賠償責任を負うのは個人ではなく国であるという意識もあるためか、学校側の過失認定が甘くなる傾向[16]も皆無ではないように思われ、安易に過度な注意義務を認定することによる教育活動への萎縮効果[17]といった視点は、学校事故事案を検討するにあたり、一つの視点と

12）例えば、鹿島市の「校外における学校行事等実施基準」（昭和36年4月1日教委訓令第3号）など。
13）東京都平成15年3月31日14教指企第691号。
14）冬山登山についてではあるが、「冬山登山の事故防止について（通知）」（4スポ庁第1554号令和4年12月2日）がスポーツ庁から出ていたりもする。
15）神内聡『学校内弁護士　学校現場のための教育紛争対策ガイドブック〔第2版〕』（日本加除出版、2019年）81頁。
16）表の裁判例（15件）で請求棄却となった裁判例6件のうち、3件（No.3、4、8）は私立高校の事案である。

199

第Ⅲ章　運動中・学校行事中の事故

して持っておくべきように思われる。

（直田　庸介）

〈表〉校外学校行事における教員らの安全配慮義務（注意義務）が問題となった主な
　　　裁判例

No.	裁判所・日付等	概要	被害生徒	請求
1	大阪地判平 24・11・7 判時 2174 号 86 頁 判タ 1388 号 130 頁	林間学校での、宿泊施設の出窓からの転落し重傷を負った事故	小 5	認容
2	横浜地判平 23・5・13 判時 2120 号 65 頁	修学旅行中の海での水難死亡事故	高 3	認容
3	高知地判平 6・10・17 判時 1514 号 40 頁	国外修学旅行中の列車事故による死亡事案	高 1	棄却
4	神戸地判平 4・3・23 判時 1444 号 114 頁 判タ 801 号 208 頁	遠足での登山中の落石による死亡事故	高 3	棄却

17）現に、その当否は別として、海や河川における水泳はそもそも禁止、としている教育委員会も存在する。

注意義務違反の有無とその中身	事前調査	過失相殺	備考
あり 危険な行為が予見できたのに、指導や指示を行わなかったこと	言及なし	4割	
あり 危険箇所やリーフカレントについての事前調査義務及び注意喚起義務に違反した	言及あり	4割	市販の旅行雑誌、旅行業者担当者からの情報提供だけでは、事前調査を尽くしたとはいえない、と判示
あり（ただし、因果関係なし） 下見が不十分であり、事前調査を怠ったと判示 学校側の負う事前調査義務について、「旅行業者の一般的な安全性判断基準よりも、多様な観点からより厳格な安全性の判断をなすべき」とし、旅行業者の判断で代替することはできない、とも述べた	言及あり	－	私立高校の事案 義務違反と事故との間に因果関係がない（義務を尽くしても回避できなかった）として請求を棄却した 事前調査義務のあるべき事項についても言及 交通機関についての安全確認義務も含まれる、と判示
なし 「高校の教職員は、成人に劣らない判断能力を有する生徒が通常の自主的な判断及び行動をしてもなお生命、身体等に危険を生じるような事故が発生することを客観的に予測できるような場合でなければ生徒の行動について逐一指導監督するまでの義務はないというべき」と判示	言及なし	－	私立高校の事案 被害生徒が指定外コースを登った事案であるため、事前調査については問題となっていない もっとも、指定外コースを登ることについて一教諭が話を聞いていた事実もあり、他の裁判例と比べて被害生徒側にやや厳しいようにも思われる事案

第Ⅲ章　運動中・学校行事中の事故

5	松山地今治支判平元・6・27 　判時 1324 号 128 頁 　判例地方自治 74 号 50 頁	合宿訓練中の登山において、崖から転落し重傷を負った事故	中 1	認容
6	広島高判昭 63・12・7 　判時 1311 号 74 頁	修学旅行中の生徒間での暴力事件に起因する被害事故	中 3	認容
7	浦和地判昭 61・12・25 　判時 1252 号 87 頁	林間学校において、昼食のため立ち寄った河原の岩場から転落死した事故	中 2	認容
8	大阪地判昭 57・11・25 　判タ 491 号 104 頁	学校行事の一環として外国旅行中に、ホテルから転落死した事例	小 6	棄却
9	京都地判昭 54・1・19 　判時 925 号 105 頁	学級外活動の一環としてなされた湖でのピクニックにおいて、水泳場にて水死した事故	中 3	棄却
10	札幌地判昭 53・6・23 　判時 915 号 80 頁	臨海学校における水泳指導中の水難死亡事故	中 3	認容

[典型判例] 8　学校行事における事故と安全配慮義務

あり 被害生徒が崖下に落ちた帽子を取りにいくことの許可を求めたことに対して、やめるように指示せず、取りに行くことを許可した点について過失があると判示	言及なし	なし	教諭の許可に従って帽子を取りに行き転落したものであり、許可に従った被害生徒に過失相殺すべきほどの落ち度はないと判断
あり 問題生徒を監視し、問題行動が見られた場合は、指導や監視体制を強化する義務を怠った	言及なし	なし	被害生徒は、生徒間の暴力行為に巻き込まれた立場のため過失相殺は問題となっていない
あり 「生徒の動静に注意し、生徒が本件川原より離れて行動するというような具体的状況が生じた場合は、当然それに気づき、生徒が危険に近づくことを防止し、生徒を危険から引き離し、事故の発生を防止するため具体的状況に応じた適切な処置を講ずべき義務」に違反した	言及あり	75%	教育委員会担当者が下見をしており、特段の事情がない限り、引率教員が自ら事前に下見をする法的義務までは負っていたとはいえない、とし、事前調査には違反はないとした
なし 旅行出発前に諸々の注意をなし、旅行当日もオリエンテーション、班別集会、夕食後の三回にわたり注意をし、宿泊した階に教師の部屋をとり、児童の入室後も巡視をし、異常のないことを確認していることから、安全配慮義務の不履行はないと判断	言及なし	–	私立学校の事案 転落原因が不明であることもあり、比較的あっさりと義務違反はないと認定した判決 ホテルの選定についても問題はないと判示
あり（ただし、因果関係なし） 引率教員に、監視を怠り、かつ速やかに適切な救助活動を行わなかった過失があるが、溺死という結果を避けることはできなかった、として因果関係がない（請求棄却）と判断	言及あり	–	過失と死亡との間に因果関係がないとして、損害賠償請求は棄却された事前調査がなされていない事案だが、有名な水泳場であったこと、少人数による親睦が目的であったことなどから、過失なしとした。
あり 水泳指導に際し使用水域の深浅及び海底の起伏の状況につき充分な調査をなすべき注意義務を尽さず、生徒の監視掌握すべき義務を怠った	言及あり	なし	過失相殺については抗弁もなく、特に言及はない

第Ⅲ章　運動中・学校行事中の事故

11	長野地判昭 52・1・21 　判時 867 号 100 頁	宿泊旅行中の旅館前広場にて花火をした際に、除雪溝に転落し死亡した事故	中1	認容
12	神戸地判昭 49・5・23 　下民集 25 巻 5 ～ 8 号 436 頁 　判時 767 号 75 頁	修学旅行中に雪渓見学の際に、雪庇の下敷きとなり死亡した事故	高2	棄却
13	東京地判昭 47・8・8 　下民集 23 巻 5 ～ 8 号 423 頁	臨海学校の遊泳訓練実施中、水死した事故	小5	棄却
14	大阪地判昭 46・7・14 　判時 649 号 65 頁 　判タ 267 号 266 頁	臨海学校の遊泳訓練実施中、水死した事故	高1	認容
15	津地判昭 41・4・15 　下民集 17 巻 3・4 号 249 頁 　判時 446 号 23 頁 　判タ 190 号 154 頁	臨海学校の遊泳訓練実施中、水死した事故	中学生多数	認容

あり 下見にて除雪溝の存在を見逃し、生徒に対し適切な注意喚起と監視をしなかった違反がある	言及あり	1割	下見について「慎重な下見調査をして危険箇所を把握し、生徒を引率するに当っては、さらに危険箇所の発見に努め、生徒に対し事前に警告、注意したうえ、生徒の行動を監視して、生徒の生命、身体の安全を確保すべき注意義務を負っている」と判示
なし 教諭らから、雪渓の成因と危険性について説明があり、近よるな、乗るな、さわるな、石を投げるな、等と個別具体的な注意がなされ、おおよその見学すべき場所も指示がなされていたため、注意義務違反はない、と判示	言及あり	−	請求棄却事案 下見にて、危険であることを認識し、それに従って注意をしていたと認定
なし 86名の児童に対し、4名の教員で全体的な監視をし、遊泳時間を10分に限り、離水後は早期に児童の所在確認を行っていたことなどを理由に、注意義務は尽くされていたと判断	言及なし	−	注意義務の具体的な内容としてどういった義務を負っているかという規範定立はしていない
あり 事前に十分に改訂の調査をし、訓練水域の設定をすべき義務、地元観光協会に安全対策について協力を求める義務、救助能力の十分なものを配置し救命用具も直ちに役立つ地点に用意するべき義務を怠った	言及あり	なし	被害生徒に過失相殺されるべき過失はなかったと判示
あり 事故当日の水泳場設定にあたり附近の海底の地形潮流を調査し、安全性を確かめるべき注意義務、生徒を入水させるに当り本件異常流につき生徒に警告を与えるべき注意義務、標示竿からの生徒の逸脱を防止するため厳重に監視すべき注意義務に違反	言及なし	なし	36名もの生徒が溺死した事故 市教委について、監視船についての予算措置を講じるべき義務を怠ったとも判示している 過失相殺について言及なし

第Ⅳ章　生活指導・懲戒権行使、人格権等に関する事故

[典型判例] 9　暴行・いじめに対する安全配慮義務、自殺・死亡との因果関係

典型判例 9　暴行・いじめに対する安全配慮義務、自殺・死亡との因果関係

最高裁（三小）平成4年10月6日判決〈昭和63年（オ）第1421号〉
裁判集民166号21頁・判時1454号87頁・判タ815号130頁

I　典型判例の紹介

1　ひとことで言うとどんな判例か

　本判決は、私立大学の応援団の合宿における暴行・死亡事故につき、学校法人の被用者である職員に具体的な作為義務を認め、かつ、同義務に基づく措置をとることは事業の範囲に属するとし、民法715条に基づき学校法人に使用者責任を認めた[1]。ここには典型判例となり得る一般的規範が含まれている。

2　判決要旨

　上告人（学校法人）の被用者である（大学の各部長を構成員とする）執行部会議、教授会等の構成員たる職員は、原判示の具体的な作為義務を負うに至ったものであり、かつ、このような措置をとることは上告人の事業の範囲に属するものと解されるから、上告人には民法715条1項に基づく責任がある（原審の結論を支持）。

　原審（控訴審）は「同大学の執行部会議、教授会等は、応援団に対し、暴力行為を止めるよう強く要請、指導し、応援団がこれに従わない場合には、部室として使用されている建物の明渡しを求め、あるいは練習のための学内施設の使用を禁止し、応援団幹部に対する懲罰処分（停学、退学など）を行うなどの

---

1)　本判決の解説として加藤新太郎・NBL524号51頁以下、瀬川信久・私法判例リマークス(8)（平成5年度判例評論）法時別冊80頁以下などがある。

第Ⅳ章　生活指導・懲戒権行使、人格権等に関する事故

具体的措置を採る義務があったのに、これを怠った過失があり、したがって、上告人は不作為による不法行為に基づく責任を負う」と判示した。

3　事案の概要―原審の事実認定

　本判決は原審（大阪高判昭 63・6・29 判時 1289 号 58 頁・判タ 672 号 267 頁）の事実認定を次のように整理している。

　(1)　被上告人（原告）らの二男である亡 A は、上告人が設置する大学に昭和 58 年 4 月に入学し、応援団に入団したが、同年 8 月 28 日、29 日に学外で実施された応援団の夏期合宿練習において、上級生から気合入れの名の下に違法な暴行を受け、右暴行に起因する急性硬膜下血腫に基づく脳圧迫により同年 9 月日死亡した。

　(2)　応援団は、学生の自治組織である学友会から公認されない有志団体として結成され、大学構内の建物の一部を上告人に無断で占拠し、部室として使用していたが、上告人から黙認されており、構内において練習を続けていたほか、年一回講堂を借り、乱舞祭と名付けて、学長の挨拶文も掲載されたパンフレットまで用意し、練習の成果を学内で発表していた。

　(3)　昭和 46 年ころ以降大学の非常勤講師が応援団相談役に就任しており、また、昭和 56 年に学内で開催された講演会を一部の学生が妨害する挙に出た際、大学当局が応援団に当該講演者の警護を依頼したこともあった。

　(4)　応援団においては、気合入れの名の下に、上級生から下級生に対する、手拳で顔面を殴る、腹部などを足蹴りし、竹刀で臀部を殴るなどの、度を超える違法な暴力行為が恒常的に公然と行われ、大学当局もこれを十分に承知していた。

　(5)　A が入団した昭和 58 年 4 月以降、大学当局に対し、応援団に入団した新入生の退団希望を認めてもらえない等の苦情が持ち込まれ、顔面打撲の診断書を示す者さえあったので、同年 6 月、大学の各部長を構成員とする執行部会議は、自由な退団を認めるよう応援団を指導することを決め、学生部長が応援団の幹部である上級生らにその旨を伝え善処を求めたが、右幹部らは、殴ることも練習の一部で暴力ではないと弁明し、その論は社会的に通用しないという同部長の説得にも応じなかった。

210

⑹　そして、応援団は、その後も気合入れを伴う練習を続け、大学当局側は直接これを是正させる措置をとらなかったところ、本件死亡事故が発生した。

4　典型判例たる所以

　本判決は、私立大学の応援団員が上級生から受けた暴行によって死亡した事故について、使用者である学校法人が被用者に対して負うべき具体的作為義務を明らかにし、同義務を怠った学校法人に対して不作為による使用者責任（民715条1項）を認めた。使用者責任に関するこの考え方は典型判例として学校事故の実務理論になり得るものである。

　本書シリーズが収録する典型判例は、最高裁に限定されるものではない。高裁、地裁、簡裁の裁判例も、先例の価値があり紛争処理実務の発展に貢献すると考えられる場合には典型判例の候補になり得る。最高裁や高裁が原審の判断を妥当としこれを維持する場合も同様である。なお、このような捉え方は、法規範の形成において下級審裁判例が果たしてきた機能を明確にするであろう。

Ⅱ　典型判例の分析

1　判決要旨をどう理解すべきか

　原審は、控訴人（学校法人）は応援団に対し気合いを入れると称した暴力行為を止めるよう強く要請、指導し、応援団がこれに任意に従わないときには部室として使用されている建物の明渡しを求めるとか、練習のための学内施設の使用を禁止する旨、さらには応援団幹部に対する懲罰処分（停学、退学など）を行う旨をそれぞれ警告し、これに従わないときには右明渡し、施設使用の禁止、懲罰処分を現実に行うなど是正のための具体的措置をとる義務があったとし、本件事故は控訴人が右措置をとらなかったために発生したとして、控訴人の執行部会議及び教授会、さらには学長、理事において右措置をとらなかった点に過失があったと認めた。

　本判決は原審の結論を支持し、「上告人の責任を肯定した原判決の判示中には、学校法人自身の在学契約上の義務と当該学校法人の被用者の不法行為法上

第Ⅳ章　生活指導・懲戒権行使、人格権等に関する事故

の注意義務とを混同しているかのような部分があり、必ずしも適切でないが、以上の趣旨をいうものとしてこれを是認することができる。論旨は、採用することができない。」と判断した（学校法人の上告を棄却）。

本判決は、原審判決について「在学契約上の義務と学校法人の被用者の不法行為法上の注意義務との混同がある」と指摘した。学説は安全配慮義務の性質について債務不履行責任と捉えるか不法行為責任と捉えるかについて検討を重ねた[2]。重要なことは、本判決が理論的な混同があると指摘しながらも、学校法人に対して一定の注意義務を認め、義務違反を認定したことである。本判決のかかる柔軟な態度は、安全配慮義務論において参考になる。典型判例のなかに実在（実際に存在すること）を認めることができる。判例の法創造は学説における議論の対立を克服するであろう。

2　上告理由の考え方について

上告理由の基礎となる安全配慮義務の考え方は「支配と管理」を重視するものであり、骨子、次のように述べる。H 大学は、在学契約に基づいて、学生が大学の施設の内外で実施される教育活動に参加している間、又はそれに参加したことに関連して、その身体、生命に生じる危険を防止する安全配慮義務を負うが、クラブ活動に参加した学生のクラブ活動に伴って生じる生命、身体についての危険を未然に防止するなどの安全配慮義務は負わない。百歩譲って、クラブ活動に対して学校側に何等かの安全配慮義務が認められるとしても、少なくとも、学校側の関知し得ない学外での合宿訓練においては、学校側は管理権を行使する術がなく、安全配慮義務を認めることは不可能を強いる。被害学生に対する安全配慮義務とは、上告人とこの学生との間の具体的な関係であるにも拘らず、その根拠として指摘する義務違反の事実については抽象的な指摘にとどまっている。すなわち、被害学生について現実の被害があり、また被害が相当程度予測されるという具体的な可能性があり、学校側がこれを認識しているか、あるいは認識すべきであったという事情が認定されない限り、学校側に

---

2)　安全配慮義務に関する論考として平野裕之「拘置所に収容された被勾留者に対する国の安全配慮義務」民商 153 巻 1 号 94 頁以下を参照。

212

安全配慮義務を課するべきではない。

　上告理由における以上の考え方は、安全配慮義務の１つの論理を述べるものである。しかし、これによると学校事故の被害者を救済することはできないであろう。本判決が紛争処理実務において採用しなかったことの意義は大きい。

Ⅲ　実務理論

1　使用者責任

(1)　使用者責任と安全配慮義務論―使用者の注意義務の内容

　使用者責任は過失の立証責任を被害者から加害者に転換し、いわゆる中間責任として構成されている。これは被害者救済を図るものである。本件における責任論に関する原審の判断は、以下に引用するように安全配慮義務に基づいている。

　「安全配慮義務は、ある法律関係に基づいて特別な社会的接触の関係に入った当事者間において、当該法律関係の付随義務として当事者の一方又は双方が相手方に対して信義則上負う義務として一般的に認められるべきものであり、その具体的内容は、当該法律関係、当該具体的状況などにより異なるものであると解されるところ、控訴人主張のように支配管理の有無によって安全配慮義務の有無が決せられると一律にいうことはできず、支配管理の状況も右義務の具体的内容を決する一事由となるというべきである。

　本件において、応援団活動は、控訴人の教育活動そのものであるとはいえないが、控訴人の管理する学園におけるクラブ・サークル活動として少なくとも控訴人から容認されていたといいうるから、前記のとおりの控訴人の管理の権限及び義務に伴い、これに参加している学生の活動に関しても控訴人の安全配慮義務が及ぶということができる。ところで、大学自身が行う教育活動そのものでない大学生のクラブ・サークル活動は、大学教育の目的、実情、学生自身の年齢、能力などを考慮すれば、本来、学生の主体的、自主的活動に委ねられるべきもので、原則として大学当局がこれに容喙すべきものではない。しかしながら、そのことが前記控訴人の管理の権限及び義務自体を全面的に否定する

第IV章　生活指導・懲戒権行使、人格権等に関する事故

ことにならないことはいうまでもなく、本件のように、クラブ・サークル活動において違法な暴力行為が恒常的に行われ、大学当局がそれを承知している場合に、当局がこれに関与し、是正のために前記のような措置を執ることは、学生の主体性、自主性を無視したことにならず、教育者が行使すべき当然の権限であり、義務であって、学生の自治、思想・信条・結社の自由を侵害するものでなく、これを肯認すべきである。〔中略〕

次に、Aが応援団活動に積極的に参加し、前記気合い入れを容認し、これを甘受し、控訴人にこれを告知せず、なんらの苦情も申し出なかったことは前記のとおりであるが、応援団では前記気合いを入れると称する暴力行為が前記のとおりの態様で常時行われていたのであり、控訴人はこれを知っていたのであるから、春、夏の合宿を含めた練習中に、応援団員、とりわけ一回生の応援団員の生命・身体に対する侵害の危険が恒常的に存在することを予見することは可能であったということができ、それはAからの個別的告知、苦情の有無にかかわらないというべきである。そして、本件が控訴人の主張する危険への接近の法理の適用によって控訴人の前記責任の免除されるべき場合でないことは明らかである。」

以上を要約すると、本件では①クラブ・サークル活動において違法な暴力行為が恒常的に行われ、大学当局がそれを承知している場合に、当局がこれに関与し、是正のために措置をとることは、教育者が行使すべき当然の権限であり、義務であること、②応援団では気合いを入れると称する暴力行為が常時行われていたのであり、控訴人はこれを知っていたのであるから、春、夏の合宿を含めた練習中に、応援団員、とりわけ一回生の応援団員の生命・身体に対する侵害の危険が恒常的に存在することを予見することは可能であったということができ、それはAからの個別的告知、苦情の有無にかかわらないこと、を述べている。

(2)　使用者と被用者の共同不法行為責任

本件第一審判決（京都地判昭61・9・30判時1221号109頁・判タ623号244頁）は、被告応援団員らの行為について、Aの急性硬膜下血腫の成因たる暴行は被告応援団員ら全員の共同加功によるものではないが、被告応援団員らは予めAに対しかかる暴行が加えられることを予想し、かつそれを容認して

214

［典型判例］9 暴行・いじめに対する安全配慮義務、自殺・死亡との因果関係

いたと解するのが相当であるとして、共同不法行為者としての責任を免れることができないと判断した。原審及び本判決はこれを踏襲している。

私立学校の責任については使用者と被用者の共同不法行為責任が認められるが、国公立学校の場合はどうか。判例は国家賠償法1条を適用し（最判昭62・2・6裁判集民150号75頁。本書［典型判例3］参照）、国又は公共団体の責任のみが認められ、直接加害行為を行った公務員の責任は認められない。しかし、裁判規範ないし行為規範のあり方としては加害行為をした公務員の責任が問われないことは問題ではないだろうか（立法論上の課題であるとの指摘がある）。考え方としては、学校における教育活動の性質を考慮すると私立学校と同様に捉え、解釈論上も民法によって対応することが適切である。第1に、国立大学法人、公立大学法人や、その付属校では、法人の責任として民法による対応が可能であり、実務理論の統一を図るためには国公立学校にも応用することが考えられる[3]。第2に、このように捉えることによって、安全配慮義務は私立学校、国公立学校を問わず解釈論における共通の根拠になり得るであろう（公立中学校の教員に学校の履行補助者としての責任を認めた後掲東京高判平19・3・28参照）。

(3) **使用者責任と被用者への求償**

本件では争点となっていないが、使用者責任の求償の問題がある。すなわち、使用者あるいは使用者に代わって事業を監督する者は、その被用者が事業の執行につき第三者に加えた損害を賠償する責任を負い（ただし、使用者が被用者の選任及びその事業の監督について相当の注意をしたとき、又は相当の注意をしても損害が生ずべきであったときは、この限りでない）（民715条1項、2項）、この場合に、使用者又は監督者から被用者に対する求償権を行使することは妨げない（同条3項）。

使用者責任は報償責任の考え方に基づいている。事業の種類、態様によっては、使用者責任は危険責任の考え方を参考にすることができる。報償責任の考え方を考慮すると、被用者への求償（民715条3項）を無条件に認めることは必ずしも合理的でない。そこで判例は信義則に基づき、一定の状況のもとに求

3）塩野宏『行政法Ⅱ行政救済法〔第6版〕』（有斐閣、2019年）320頁参照。

第Ⅳ章　生活指導・懲戒権行使、人格権等に関する事故

償の範囲を限定している（最判昭51・7・8民集30巻7号689頁）。かかる柔軟な考え方は被用者から使用者に対するいわゆる逆求償を認める判断にも繋がっている（最判令2・2・28民集74巻2号106頁）。

2　実務的注意点

(1)　安全配慮義務について

本判決は前述のように安全配慮義務について上告理由の考え方を否定した。判例は、学校事故の安全配慮義務をより一般的に捉えようとしていることに留意しなければならない。

安全配慮義務の内容については、当然のことではあるが幼稚園、小学校、中学校、義務教育学校、高等学校、中等教育学校、特別支援学校、大学及び高等専門学校などの特徴や、本件のようなクラブ・サークル活動中か、授業中か、それ以外かなどを事故の状況とともに考慮することが必要である。

(2)　相当因果関係について

判例は相当因果関係論を形成している。暴行、いじめ、体罰、懲戒などに関して児童・生徒が自殺・死亡した場合に、裁判例は伝統的に事実的因果関係を「あるかないか」で判断する伝統的因果関係論に基づき、自殺・死亡について予見可能性があったかどうかを問い、法的因果関係としての相当因果関係を判断してきた。そして、判例は自殺・死亡への予見可能性の有無を判断し、予見可能性がない場合には相当因果因果関係を否定する。最判昭52・10・25裁判集民122号87頁は県立高校3年の男子生徒が授業中の態度や過去の非行事実について担任教師から3時間余にわたり応接室に留めおかれ反省を命ぜられた上、頭部を数回殴打されるなど違法な懲戒を受け、それを恨んで翌日自殺した場合であっても、右懲戒行為がされるに至った経緯等とこれに対する生徒の態度等からみて、教師としての相当の注意義務を尽くしたとしても生徒が右懲戒行為によって自殺を決意することを予見することが困難な状況であった事情のもとにでは、教師の懲戒行為と生徒の自殺との間に相当因果関係はないと判断した。同判決の考え方は判例法としてその後の裁判例に一定の影響を及ぼしている（東京地判平28・2・24判時2320号71頁、中野富士見中学校事件控訴審東京高判平6・5・20判時1495号42頁など）。

［典型判例］9　暴行・いじめに対する安全配慮義務、自殺・死亡との因果関係

　学校事故の裁判では、加害者側に属する諸事情のなかから特定の要因を選び出し、その要因を中心にして自殺・死亡に対する予見可能性の有無が争点となっている。予見可能性の概念が抽象的であることを考慮すると、より具体的、総合的な事実認定を必要とする。事実認定は訴訟等において事件の内容を確定することをいい、証拠によって行われる。ここでは評価がなされている。いじめ、懲戒などの態様にもよるが自殺・死亡への決定的な打撃力をみいだし難い場合があり、そのために裁判において自殺との間に因果関係がないとされ、また、学校生活はおよそ子どもの自殺・死亡を想定しておらず予見可能性がないとの判断に繋がり易い。これは事実的因果関係を「あるかないか」で捉える伝統的因果関係に基づく判断である。しかし、かかる判断は問題がある。

　学説（有力説）は通常損害・特別損害の判断について、伝統的考え方から一歩を進め自殺・死亡の予見可能性を広く認めようとしている[4]。また、寄与度論によれば寄与度に基づき自殺・死亡との因果関係が認められる。寄与度に着眼することによって医学、科学に基づく解決が可能となり、客観的判断に基づく公正な被害者救済を実現することができるものと考える[5]。

⑶　**いじめ、体罰、懲戒について**

　いじめ、体罰、懲戒は異なる概念であるが、児童・生徒に及ぼす影響は重なるところがあり、自殺の要因になることがある。

　いじめの定義について、2013年に制定されたいじめ防止対策推進法は「この法律において「いじめ」とは、児童等に対して、当該児童等が在籍する学校に在籍している等当該児童等と一定の人的関係にある他の児童等が行う心理的又は物理的な影響を与える行為（インターネットを通じて行われるものを含む。）であって、当該行為の対象となった児童等が心身の苦痛を感じているものをいう」と定めている（いじめ対策2条1項）。ここに児童等とは、学校に在籍する児童又は生徒をいう（同条3項）。

---

4)　藤井俊夫『学校と法』（成文堂、2007年）150頁、伊藤進『学校事故賠償責任法理』（信山社、2,000年）110頁、小賀野晶一「中野富士見中学校いじめ損害賠償請求事件」判例地方自治92号82頁など。学校事故ではないが瀬川信久「過労自殺についての使用者の不法行為責任」判タ1046号78頁も参照。

5)　小賀野晶一「学校事故―自殺事例に関する因果関係論からの考察」『損害賠償法と責任保険の理論と実務（平沼髙明先生古稀記念論集）』（信山社、2005年）138頁以下。

第Ⅳ章　生活指導・懲戒権行使、人格権等に関する事故

　学校事故の紛争処理実務では懲戒と体罰との違いを適切に判断することが必要である。学校教育法は「この法律で、学校とは、幼稚園、小学校、中学校、義務教育学校、高等学校、中等教育学校、特別支援学校、大学及び高等専門学校とする」と定め（学教1条）、11条ただし書は「校長及び教員は、教育上必要があると認めるときは、文部科学大臣の定めるところにより、児童、生徒及び学生に懲戒を加えることができる。ただし、体罰を加えることはできない。」と定めている。いじめ防止対策推進法2条2項はこの規定を引用する（特別支援学校の幼稚部は除かれる）。事例をみると、最判平21・4・28民集63巻4号904頁（体罰に係る国家賠償請求事件）は、市立小学校の教員が、女子数人を蹴るなどの悪ふざけをした小学校2年生の男子を追い掛けて捕まえ、胸元をつかんで壁に押し当て、大声で「もう、すんなよ。」と叱った行為が、学校教育法11条ただし書にいう体罰に該当するものではないとし、国家賠償法1条の違法性は認められないとした。同事件は小学校2年生という幼い児童の事案であるが、一般化し、身体に対する有形の行為は体罰として捉えることが妥当であろう（詳細は本書［典型判例10］参照）。

⑷　過失相殺について

　本件原審は被害者には落ち度があったとして40パーセントの過失相殺を認めた。すなわち、「Aも、一回生とはいえ、大学生として、前記気合いを入れると称する暴力行為が違法である旨の常識的判断をすることができたにもかかわらず、応援団の練習に積極的に参加し、前記気合い入れを容認してこれを甘受し、控訴人にこれを告知することをしなかったのであり、右は、大学生として当然要求される適正な判断に欠け、応援団の前記特異な論理を無批判的に受け入れた相当でない態度、処置というべく、そのことが本件事故につながり、控訴人が前記措置を執りえなかった原因ともなっているといえるから、過失相殺として控訴人の損害賠償を定めるにつきこれを斟酌すべきである」と判断した。40パーセントの減額は被害者にやや厳しいようにもみえるが、相応の規範定立をしたものといえる。

　成年年齢は2018年6月の民法改正（2022年4月1日施行）により20歳から18歳に引き下げられた。事案によることはもちろんであるが、18歳以上の大学・高等専門学校生等には成人としてのより自立した行動が求められるであろ

［典型判例］9　暴行・いじめに対する安全配慮義務、自殺・死亡との因果関係

う。

3　寛容の民法論からのアプローチ

　けんか（暴行、傷害など）による負傷者の救護義務に関する最判平20・2・28判時2005号10頁を取り上げる。少年ら（当時15歳～17歳）から暴行を受け約3時間後に病院に搬送され6日後に死亡した事故につき、Aの遺族が民法に基づき現場にいた少年らとそれぞれの両親に対して損害賠償を請求した事案である。裁判では、少年らについて不作為による不法行為（先行状況に基づく作為義務）、暴行現場にいた少年らにAを救護すべき法的義務があるかどうかが争点となった。本判決は暴行が行われている現場に居た少年らにおいて、本件暴行を制止すべき法的義務や本件暴行を抑制するため本件現場から立ち去るべき法的義務や、救急車を呼びあるいは第三者に通報するなど、Aを救護するための措置をとるべき法的義務を負っていたとまでいうことはできないと判断した。もっとも、最高裁判所裁判官5名のうち裁判官横尾和子、同泉徳治の反対意見があり、「Aが一刻も早く医療機関に搬送されて救急医療を受けられるようにするため、同人の受傷を消防署等に通報すべき義務があったにもかかわらず、通報を怠ったもので、不法行為責任を負うから、同不法行為責任を否定した原判決を破棄し、本件を原審に差し戻すべきであると」と述べ、被告らの通報義務を認めている。

　本件は事故における基本的問題について民法709条の解釈論が分かれた事例であり、民法における規範定立の曖昧性を示している。根本的には、事故法の根拠である民法論を再検討することが必要であり、民法大宇宙のもとに寛容の民法論に立脚しなければならないと考えている。寛容の民法論は、人間尊厳原則に立ち、地球とそこに生存する生命を尊重するという地球環境主義を基礎にした民法論をめざしている。現代民法論の要諦となるものは、民法の考え方を「合理原則から人間尊厳原則へ」、転換することではないだろうか[6]。例えば、不登校はいじめが原因になっていることがあるが、不登校の原因を求めるとともに、児童・生徒のために公教育、私教育を問わずより豊富な選択肢（フリー

---

6)　小賀野晶一「寛容の民法論―近代民法から現代民法へ」法学新報130巻5・6号33頁以下。

第Ⅳ章　生活指導・懲戒権行使、人格権等に関する事故

スクールの充実など）を提供することも必要であろう。考え方の要点は子ども
の幸せであり、笑顔が満ち溢れる学びと遊びの場を提供することである。寛容
の民法論は問題解決アプローチのもとに「優しく厳しく」の規範を追求する。
学校事故の責任論では、加害行為の性質・内容や、被害の性質・内容を客観的
に吟味しなければならない。関連して、法政策のあり方として、事故の背景と
なった社会的状況を考慮し、学校における子どもの安全及び危機管理を一層徹
底することが必要である [7]。

Ⅳ　下級審の運用・発展

1　自殺・死亡の予見可能性と因果関係

　前掲最判昭 52・10・25 の法理、すなわち自殺・死亡への予見可能性の有無
を判断し予見可能性がない場合には相当因果因果関係を否定する考え方は、判
例法としてその後の下級審裁判例に継承されてきた。中野富士見中学校事件第
一審東京地判平 3・3・27 判時 1378 号 26 頁（区立中学校 2 年生）は、「学校当
局者としては、生徒の自殺徴候の迅速正確な発見に努め、その防止のために万
全の措置を講じるべきことはいうまでもないけれども、それはあくまでも一般
的な可能性・危険性の予測に立って可及的に事故の発生を防止すべき教育行政
上の課題としてのことであって、事故の発生後における損害賠償責任の存否を
めぐっての法的判断としての予見可能性あるいは相当因果関係の有無の問題と
はおのずから次元を異にすることである。」と述べ、暴行についてのみ責任を
肯定した。同事件控訴審東京高判平 6・5・20 判時 1495 号 42 頁は、いじめ
が自殺の主たる原因としつつ予見可能性がなかったとして自殺の責任を否定し、
いじめについて慰謝料を認めた。また、例えば、岐阜地判平 5・9・6 判時
1487 号 83 頁は、県立高校 2 年女子生徒の自殺には相当因果関係が認められな
いとして損害賠償責任を否定した。すなわち、「陸上部顧問ないし教師の体罰

7）主として教育関係者を対象にした教育・啓蒙書として学校安全対策研究会編『チェックリスト 子
　どもの安全と危機管理』（第一法規、2005 年）、戸田芳雄編『学校・子どもの安全と危機管理』（少
　年写真新聞社、2012 年）などがある。

ないし懲戒によって生徒が自殺するということは極めて特異な出来事であって、通常生ずべき結果ではないというべきである」という考え方のもとに自殺の予見可能性を否定し、相当因果関係を否定した。

一方、以上とは異なり死亡・自殺との間の因果関係を認める下級審裁判例もある。福島地いわき支判平2・12・26判時1372号27頁である。市立中学校3年生が自殺した事案について、いじめと自殺・死亡との間の因果関係を肯定し、損害算定にあたり本人及び家庭側の事由を斟酌し、過失相殺類推適用の形式のもとに損害額を70%減額した。すなわち、「学校側の安全保持義務違反の有無を判断するに際しては、悪質かつ重大ないじめはそれ自体で必然的に被害生徒の心身に重大な被害をもたらし続けるものであるから、本件いじめが太郎（仮名）の心身に重大な危害を及ぼすような悪質重大ないじめであることの認識が可能であれば足り、必ずしも太郎が自殺することまでの予見可能性があったことを要しないものと解するのが相当である。」と判断した。これは実質的には寄与度論に基づく判断をしたものといえないだろうか。また、寄与度論は自殺・死亡事例以外にも活用できる。松山地判平10・4・15判タ995号142頁は、高校の教諭が生徒（県立高校3年男子）を説論中に暴行加え生徒が症状を発現させた場合に、事故から3年間について相当因果関係を認め、発現した症状は被害者の心因的要因に基づくとして損害の40パーセントを認めた。

学校事故において自殺・死亡との因果関係が認められるかどうかは、第1に、それぞれの事案によって判断されるものである。とりわけ当該行為について、加害行為の性質、態様などの加害性、被害の内容などの被害性を考慮しなければならない。第2に、法理論、法的構成をどのように捉えるかが判断に影響を及ぼす。事実的因果関係を「あるかないか」で捉える伝統的因果関係論に立つか、寄与度論に立つかどうかによって違いが生じるのではないかと考える。

2　安全配慮義務

本判決の後に出された下級審裁判例から次の2件を取り上げる。

新潟地判平15・12・18判例地方自治254号57頁は、公立中学2年生の男子生徒が自殺した事件について、学校側は自殺を予見することができなかったとして、自殺に対する責任を否定したが、いじめ自体を回避する義務を怠ったと

第Ⅳ章　生活指導・懲戒権行使、人格権等に関する事故

して、その限度で安全配慮義務違反による損害賠償責任を認めた。安全配慮義務については、「公立中学校における教員には、学校における教育活動及びこれに密接に関連する生活関係における生徒の安全の確保に配慮すべき義務があり、特に、生徒の生命、身体、精神、財産等に大きな悪影響ないし危害が及ぶおそれがあるようなときには、そのような悪影響ないし危害の現実化を未然に防止するため、その事態に応じた適切な措置を講じる一般的な義務（安全配慮義務）がある。」とし、「上記の義務に違反して他人に損害を与えた場合には、国家賠償法1条に基づいて国又は地方公共団体はその損害を賠償する義務を負うところ、教員の上記義務は、損害結果を予見し（結果予見可能性）、当該結果を回避する義務（結果回避義務）から構成されるというべきである。」と述べる。そして、以上の一般論を当該事案に適用し、予見可能性の有無及び結果回避義務を尽くしたか否かを吟味し安全配慮義務違反の有無を判断した。

東京高判平19・3・28判時1963号44頁（鹿沼いじめ事件）は、公立中学校における生徒間のいじめが原因で被害生徒が自殺したと認め、いじめを阻止しなかったことについての教員らの安全配慮義務違反を認めた（安全配慮義務違反と生徒の自殺との間の相当因果関係は否定）。教員の安全配慮義務について、「学校は、保護者の委託を受けて教育する責務を負い、保護者から受託した生徒につき、学科について教育するだけではなく、学校における教育活動及びこれに密接に関連する生活関係における生徒の安全を確保すべき義務を負うのであり、学校の支配下にある限り、生徒の生命、身体、精神及び財産等の安全を確保すべき義務を負い、外部者による侵害だけではなく、生徒による侵害に対しても同様で、学校において、他人の生命、身体等の安全の確保に関する規律を習得させる機会を生徒に与えることも期待されていると解せられる。教員は、学校のこれらの義務の履行を補助する者としての責任を負うというべきである。」と述べる。

Ⅴ　展　望

本稿は学校事故のうち、暴行による死亡事故に関する典型判例を取り上げ、子どもの自殺事例の要因となり得る暴行・いじめを中心に、体罰や懲戒に及ん

[典型判例] 9　暴行・いじめに対する安全配慮義務、自殺・死亡との因果関係

で検討した。

　学校における暴行・いじめなど問題行動・不登校は依然として深刻であり、子どもの生活、学校教育の現場に様々な負担を及ぼしている[8]。前掲いじめ防止対策推進法は「重大事態への対処」について学校別に規律する（同法第5章参照）。国は文部科学省・こども家庭庁を中心に各種の対策を進めている（「いじめの防止等のための基本的な方針」(2013年10月11日、文部科学大臣決定、最終改定2017年3月14日）など）。国と連携し、地方公共団体、学校の取組みも進められている。寛容の民法論はこれら実務の基礎理論となり得るであろう。

　学校は子どもの生活において大きな働きをしている。暴行・いじめの実態に適切に対応することによって、学校や地域社会から暴行やいじめがなくなることを祈りたい。

（小賀野　晶一）

---

8)　文部科学省「児童生徒の問題行動・不登校等生徒指導上の諸課題に関する調査」http://www.mext.go.jp/b_menu/toukei/chousa01/shidou/1267646.htm 参照。

第Ⅳ章　生活指導・懲戒権行使、人格権等に関する事故

典型判例 10　懲戒権行使の際の有形力の行使、体罰

最高裁（三小）平成 21 年 4 月 28 日判決〈平成 20 年（受）第 981 号〉
民集 63 巻 4 号 904 頁・判時 2045 号 118 頁・判タ 1299 号 124 頁

Ⅰ　典型判例の紹介

1　ひとことで言うとどんな判例か

　教員が児童に対して有形力を行使したとしても、その目的、態様、継続時間等に鑑み、学校教育法 11 条ただし書にいう体罰に該当せず、違法性が認められない場合があることを明らかにした。

2　判決要旨

　公立小学校の教員Aが、悪ふざけをした 2 年生の男子Xを追い掛けて捕まえ、胸元の洋服を右手でつかんで壁に押し当て、大声で「もう、すんなよ。」と叱った行為は、Xの悪ふざけの内容（休み時間に、通り掛かった女子数人を蹴った上、これを注意したAのでん部付近を 2 回にわたって蹴って逃げ出した）、悪ふざけをしないよう指導するために行われた行為であって悪ふざけの罰として肉体的苦痛を与えるために行われたものではないこと、Aの行為の態様・継続時間等に照らし、教員が児童に対して行うことが許される教育的指導の範囲を逸脱するものではなく、学校教育法 11 条ただし書にいう体罰に該当せず、国家賠償法上違法とはいえない。

3　事案の概要

　原審（福岡高判平 20・2・26 民集 63 巻 4 号 936 頁）が確定した事実関係の概要は次のとおりである。

Xは、平成14年11月当時、B市の設置にかかる公立小学校（以下「本件小学校」）2年生の男子であり、身長は約130cmであった。Aは、当時、本件小学校の教員として3年3組の担任を務めており、身長は約167cmであった。Aは、Xとは面識がなかった。

　Aは、同月26日の1時限目終了後の休み時間に、本件小学校の校舎1階の廊下で、コンピューターをしたいとだだをこねる3年生の男子をしゃがんでなだめていた。

　同所を通り掛かったXは、Aの背中に覆いかぶさるようにして肩をもみ、Aが離れるように言っても肩をもむのをやめなかったため、Aは、上半身をひねり、右手でXを振りほどいた。

　そこに6年生の女子数人が通り掛かったところ、Xは、同級生の男子1名と共に、じゃれつくように同人らを蹴り始めた。Aは、これを制止し、このようなことをしてはいけないと注意した。

　その後、Aが職員室へ向かおうとしたところ、Xは、後ろからAのでん部付近を2回蹴って逃げ出した。

　Aは、これに立腹してXを追い掛けて捕まえ、Xの胸元の洋服を右手でつかんで壁に押し当て、大声で「もう、すんなよ。」と叱った（以下、Ⅰ及びⅡにおける「本件行為」）。

　Xは、同日午後10時ころ、自宅で大声で泣き始め、母親に対し、「眼鏡の先生から暴力をされた。」と訴えた。その後もXには、夜中に泣き叫び、食欲が低下するなどの症状があり、通学にも支障を生ずるようになり、病院に通院して治療を受けるなどしたが、これらの症状はその後徐々に回復し、Xは元気に学校生活を送り、家でも問題なく過ごすようになった。

Ⅱ　典型判例の分析

1　原審の判断

　原審は、前記Ⅰ3記載の事実関係の下において、次のとおり判断して、被控訴人（X）の上告人（B市）に対する請求を、慰謝料10万円等合計21万4145

第Ⅳ章　生活指導・懲戒権行使、人格権等に関する事故

円及び遅延損害金の支払を命ずる限度で認容した。

　①胸元をつかむという行為は、けんか闘争の際にしばしば見られる不穏当な行為であり、Xを捕まえるためであれば、手をつかむなど、より穏当な方法によることも可能であったはずであること、②Xの年齢、XとAの身長差及び両名にそれまで面識がなかったことなどに照らし、Xの被った恐怖心は相当なものであったと推認されること等を総合すれば、本件行為は、社会通念に照らし教育的指導の範囲を逸脱するものであり、学校教育法11条ただし書により全面的に禁止されている体罰に該当し、違法である。

2　本判決

　本判決は、次のとおり判断して、裁判官全員一致の意見により原判決のうち被上告人敗訴部分を破棄し、Xの請求には理由がないとして第一審判決を取り消し、Xの請求を棄却した。

　前記Ⅰ3の事実関係の下で行われたAの本件行為は、児童の身体に対する有形力の行使ではあるが、他人を蹴るというXの一連の悪ふざけについて、これからはそのような悪ふざけをしないように被上告人を指導するために行われたものであり、悪ふざけの罰として被上告人に肉体的苦痛を与えるために行われたものではないことが明らかである。Aは、自分自身もXによる悪ふざけの対象となったことに立腹して本件行為を行っており、本件行為にやや穏当を欠くところがなかったとはいえないとしても、本件行為は、その目的、態様、継続時間等から判断して、教員が児童に対して行うことが許される教育的指導の範囲を逸脱するものではなく、学校教育法11条ただし書にいう体罰に該当するものではないというべきである。したがって、Aのした本件行為に違法性は認められない。

3　解　説

（1）　学校教育法11条は、「校長及び教員は、教育上必要があると認めるときは、文部科学大臣の定めるところにより、児童、生徒及び学生に懲戒を加えることができる。ただし、体罰を加えることはできない。」と定めており、体罰は法律上禁じられた行為である。

［典型判例］10　懲戒権行使の際の有形力の行使、体罰

⑵　もっとも、教育現場における全ての有形力の行使が体罰として違法となるとすれば、教育の目的を果たし得ない事態ともなってしまうことが懸念される。この点本判決は、本件行為が有形力の行使であることは認めつつも、その目的、態様、継続時間等に鑑み体罰該当性を否定したものであり、本件の事実関係を踏まえた事例判断ではあるが、教育現場において参照すべき意義を有する判決である。

前記Ⅰ3のとおり、本件行為を受ける前、Ｘは他の児童数人を蹴っており、Ａに注意されたにもかかわらずさらにＡを2度蹴って逃げて行ったものであり、Ｘ自身、複数人、複数回にわたって有形力の行使を継続していた。ことにＡに対する行為はＡによる注意の後にされたものであり、行為をやめさせるためには更に強い指導が必要な状況であったこと、胸元の洋服を右手でつかんで壁に押し当て、大声で「もう、すんなよ。」と叱るという行為は小学校2年生に対して行うにはやや不穏当であるとはいえ、長時間にわたり続けられたものでもないことからすれば、本判決の結論は是認できる。

Ⅲ　実務理論

1　典型判例の位置付け

本判決は、指導の対象となったＸの行為や、Ａの行為の目的・態様・継続時間等に鑑み体罰には該当しないと判断したものであり、広く教育現場における有形力の行使を認めたものと一般化することはできないが、具体的な事例の下での判断であるとはいえ、教育現場で有形力を行使すれば直ちに違法な体罰であるということはない、と示した意義は大きいと思われる。

2　文部科学省通知

平成19年2月、文部科学省より「問題行動を起こす児童生徒に対する指導について」（18文科初第1019号）及び別紙「学校教育法第11条に規定する児童生徒の懲戒・体罰に関する考え方」が出されていたが、その後、「懲戒と体罰の区別等についてより一層適切な理解促進を図るとともに、教育現場において、

227

第Ⅳ章　生活指導・懲戒権行使、人格権等に関する事故

児童生徒理解に基づく指導が行われるよう」、改めて考え方と参考事例を示すこととしたとの説明とともに、本判決後の平成25年3月13日、「体罰の禁止及び児童生徒理解に基づく指導の徹底について」（24文科初第1269号）及び別紙「学校教育法第11条に規定する児童生徒の懲戒・体罰等に関する参考事例」が文部科学省により出された（以下、別紙も併せて「本通知」）。

　本通知においては、体罰は、学校教育法11条において禁止される違法行為であるのみならず、児童生徒の心身に深刻な悪影響を与え、教員等及び学校への信頼を失墜させる行為であること、また、体罰により正常な倫理観を養うことはできず、むしろ児童生徒に力による解決への志向を助長させ、いじめや暴力行為などの連鎖を生む恐れがあることが指摘され、教員等は、指導にあたり、児童生徒一人一人をよく理解し、適切な信頼関係を築くことが重要であり、このために日頃から自らの指導の在り方を見直し、指導力の向上に取り組むこと、また、懲戒が必要と認める状況においても、決して体罰によることなく、児童生徒の規範意識や社会性の育成を図るよう、適切に懲戒を行い、粘り強く指導することが必要であるとされている。

　さらに、教員等が児童生徒に対して行った懲戒行為が体罰に当たるかどうかは、当該児童生徒の年齢、健康、心身の発達状況、当該行為が行われた場所的及び時間的環境、懲戒の態様等の諸条件を総合的に考え、個々の事案ごとに判断する必要があるとされ、認められる懲戒の具体例として以下のものが挙げられている（ただし、肉体的苦痛を伴わないものに限るとされている）。

　・放課後等に教室に残留させる。

　・授業中、教室内に起立させる。

　・学習課題や清掃活動を課す。

　・学校当番を多く割り当てる。

　・立ち歩きの多い児童生徒を叱って席につかせる。

　・練習に遅刻した生徒を試合に出さずに見学させる。

　また、正当な行為（通常、正当防衛、正当行為と判断されると考えられる行為）の具体例として、以下のものが挙げられている。

①児童生徒から教員等に対する暴力行為に対して、教員等が防衛のためにやむを得ずした有形力の行使

228

［典型判例］10　懲戒権行使の際の有形力の行使、体罰

・児童が教員の指導に反抗して教員の足を蹴ったため、児童の背後に回り、体をきつく押さえる。

② 他の児童生徒に被害を及ぼすような暴力行為に対して、これを制止したり、目前の危険を回避するためにやむを得ずした有形力の行使

・休み時間に廊下で、他の児童を押さえつけて殴るという行為に及んだ児童がいたため、この児童の両肩をつかんで引き離す。

・全校集会中に、大声を出して集会を妨げる行為があった生徒を冷静にさせ、別の場所で指導するため、別の場所に移るよう指導したが、なおも大声を出し続けて抵抗したため、生徒の腕を手で引っ張って移動させる。

・他の生徒をからかっていた生徒を指導しようとしたところ、当該生徒が教員に暴言を吐きつばを吐いて逃げ出そうとしたため、生徒が落ち着くまでの数分間、肩を両手でつかんで壁へ押しつけ、制止させる。

・試合中に相手チームの選手とトラブルになり、殴りかかろうとする生徒を、押さえつけて制止させる。

3　実務上の実践

　本通知が指摘するとおり、体罰は、児童生徒の心身に与える影響や、体罰は児童生徒の教諭等への恐怖心を生むだけで、体罰によって児童生徒が自己の問題性への真の気付きを得るなど指導として奏功するということも考えられず、これを行ってはならないことは当然ではある。しかし、一切の有形力の行使が認められないとすれば、児童生徒が教諭等の有形力の行使を伴わない指導に従わない場合や、自他への危険行為を繰り返すような場合にもこれを制止する手段がなくなり、教育現場にとって過度の制限となる。

　本判決の判示や、本通知がいう上記具体例は実務上の実践において参考とすべきものである。

229

第Ⅳ章　生活指導・懲戒権行使、人格権等に関する事故

Ⅳ　裁判例の推移

1　刑事責任に関するもの

(1)　最判昭 33・4・3 裁判集刑 124 号 31 頁

(ア)　判決要旨

被告人らの行為は形式的に軽くノックしたに止まるという程度のものであったとは認められず、これを刑法 208 条に該当する暴行であるとした原判決（原審：大阪高判昭 30・5・16 高裁刑集 8 巻 4 号 545 頁）の判断は正当である。原判決が殴打のような暴行行為はたとえ教育上必要な懲戒行為としてでも犯罪の成立上違法性を阻却せしめるとは解されないとしたこと、並びに、学校教育法 11 条違反行為が他面において刑罰法規に触れることがあるものとしたことは、いずれも正当として是認できる。

(イ)　事案の概要

児童／生徒Ａは、Ｂ村の設置にかかる公立中学校の 2 年生であったとき、講堂で他の生徒数名と騒いでおり、助教諭Ｃから再三注意されたがこれを聞かなかったので、助教諭ＣはＡの頭部を右平手で 1 回殴打した。Ａは小学校 6 年生であったとき、他の児童数名とＢ中学校の玄関付近におり、写生の時間に担任に嘘をついて野球をして学校に帰ってきたとのことであったため、Ｂ中学校の教師Ｄが「中学校に入ってきたらこんな味や」と言いながら、Ａら数人の児童の頭部を右手拳で 1 回殴打した。吉野簡判昭 26・3・20 は、Ｃ・Ｄ共に罰金千円、執行猶予 1 年の有罪判決を下した。

高裁では、被告人らの「形式的に軽くノックしたに止まる程度のものであった」との主張を排斥し、当該殴打は「これによって傷害の結果を生ぜしめるような意思をもってなされたものではなく、またそのような程度のものではなかったと推察できる」とはしつつも、「それがために当該殴打行為が刑法 208 条の暴行に該当しないとはいえない」とするなどし、第一審判決が支持された。さらに最高裁も前記(ア)のとおり原審を支持し、判決確定となった。

(ウ)　解　説

刑法 208 条は「暴行を加えた者が人を傷害するに至らなかったときは、2 年

以下の懲役若しくは30万円以下の罰金又は拘留若しくは科料に処する。」と定めており、ここでいう「暴行」とは「人の身体に対する有形力の不法な行使」のことであると解されている。

原審が認定し、最高裁でもそのとおり首肯された被告人の行為は、生徒に向けた直接的な有形力の行使であり、「暴行」に該当することは争い難い。被告人側は、被告人の行為は形式的に軽くノックしたに止まるものであると主張するとともに、教育上必要な懲戒行為として当該行為を行ったものであり、正当行為として違法性が阻却されるべきであると主張した（刑法35条により「法令又は正当な業務による行為は、罰しない。」とされている）。他に、被告人らは、学校教育法が11条違反行為に対して直接罰則を規定しておらず、同法違反者に対しては監督官庁が監督権の発動その他行政上の措置をとり得るのであって、別途刑罰を科すべきものではないこと、殴打の動機は子女に対する愛情に基づくものであること、全国的に現に広く行われている一例に過ぎないことなども主張したが、いずれも排斥された。

本件では、裁判所の認定にかかる上記事実関係の下では正当行為として違法性が阻却されるべきものではないとの判断も首肯し得るものとは考えられるが、次項の裁判例のように、C・Dの行為の前のAの行為の態様や、事前の口頭注意への反応、C・Dの行為の程度や周囲の受け止めなどもさらに詳細に認定されれば、行為態様が「軽くノックしたに止まるもの」ではなかったとしても、なお正当行為として許容される余地もあり得たのではないかと思われる。

(2)　**東京高判昭56・4・1判時1007号133頁・判タ442号163頁**

(ｱ)　判決要旨

原審（水戸簡判昭55・1・16）の事実認定には誤りがあるとし、新たに事実を認定した上（詳細は次項）、被告人の行為は懲戒目的によるものであってその程度も軽微な暴行行為であるとし、これは学校教育法11条にいう体罰には該当せず、教員の正当な懲戒行為の範囲内であるとして刑法35条により違法性が阻却される（被告人は無罪）とした。

(ｲ)　事案の概要

被告人は、本件当時B市の設置にかかる中学校に保健体育及び国語の教師として勤務しており、3年1組を担任していた。ある日、全校生徒を対象とする

第Ⅳ章　生活指導・懲戒権行使、人格権等に関する事故

体力診断テストを行うため、体育館に教員10数名と400人前後の生徒が集合し、待機していた。被告人は立位体前屈テストの担当責任者であり、午前8時55分ころ、同テストを行うため体育館に入り、測定場所に向かって歩きながら、「体前屈係の人は集まりなさい」と声をかけたところ、被告人の左側の方で、A（2年8組に在籍し、クラスの中央委員を務めていた）が「何だ、○○（被告人の名前を呼び捨てにしたもの）と一緒か」と言いながら、仲間の生徒にずっこけの動作をして見せた。被告人はすぐ測定場所付近にAを呼び、「何だ○○、とは何ですか」とたしなめた。

　その後の被告人の行為については原審と本判決が異なる判断を下している。本判決の認定によると、被告人は、上記行為の後、その場で1、2分間にわたりAに「今言ったことをもう一度先生に言ってごらん」「言っていいことと悪いことがある。2年生になったんだから、そんなことを判断できないのではいけない」「そんなへらへらした気持ちでは3年生に対して申しわけがない。中堅学年としてもっとしゃきっとしなければいけない」等と言葉で注意を与えながら、同人の前額部付近を平手で1回押すように叩いたほか、右手の拳を軽く握り、手の甲を上にし、もしくは小指側を下にして自分の肩あたりまで水平に上げ、そのまま拳を振り下ろして同人の頭部をこつこつと数回叩いた（以下、本項における「本件行為」）。

　Aは本件当日から8日後、脳内出血を死因として亡くなったが、この脳内出血が外因性のものであるかどうかは不明とされている。

　(ウ)　解　説

　本件では、被告人の行為に関する認定が覆ったことで、結論も覆ることとなった。この点、被告人及びAの近くにいた生徒4名が当日の状況につき証言しており、被告人が怒ってかなり強くAの頭部を拳骨で複数回叩いたなどとの証言が複数ある一方、生徒の1人は「捜査官の取調べの際、被告人のはたき具合は普通だとも言った。いろいろ聞かれてはっきりしたことがわからなくなってしまった」とも述べており、他の生徒も「被告人は多少加減してやっている感じだった」「なでるより少し強かった」「男の先生が叩くほどではなかった」「諭すような感じであった」「強さは中程度だった」などとも述べていたこと、体育主任である教員Cは当日付近にいたが、「被告人がAに対して『何だ○○、

232

[典型判例]10　懲戒権行使の際の有形力の行使、体罰

とは何ですか』と叱責するような声を発したので、被告人の方を振り向いたところ、軽く拳を握った被告人の右手が肩のあたりまで水平に挙がっていた。気合いをかけているなとは思ったが、声も体育のとき普通に使う程度の大きさであったし、特に制止するような雰囲気でもなかったので自分は次の動作に移った」と述べ、本件の数か月後に生徒3名から事情を聴いた際、生徒らは相互に「こづく、という状態かな」と言っていたとも述べていること、本件行為が体育館内の教員及び生徒の衆人環視の中でなされたにもかかわらず大多数の者はこれに気付かず、しばらくの間この時のことが生徒間の話題になった形跡もないことなどから、本判決においては、被告人の行為は上記認定の限度で認めるべきであるとされた。

　本判決は、本件行為を前記のとおり認定し、本件行為も有形力の行使にはほかならず、他に特段の事情が存在しない限り暴行罪が成立すること、また教育上の懲戒の手段としての有形力の行使は必要最小限度にとどめることが望ましいことについてまず述べている。その上で、教師が必要に応じ生徒に対し一定の限度内で有形力を行使することも許されてよい場合があることを認めなければ、教育内容はいたずらに硬直化し、血の通わない形式的なものに堕して、実効的な生きた教育活動が阻害され、ないしは不可能になる虞れがあることも否定できないとした。そして、本件行為について、その動機・目的はAの軽率な言動に対してその非を指摘して注意すると同時に同人の今後の自覚を促すことにその主眼があったものとみられ、その対応・程度も平手及び軽く握った右手の拳でAの頭部を数回叩いたという軽度のものに過ぎないこと、Aの年齢、健康状態及び行った言動の内容等も併せて考察すると、本件行為はいたずらに個人的感情に走らないようその抑制に配慮を巡らし、かつ、その行動の態様自体も教育的活動としての節度を失わず、また、行為の程度もいわば身体的説諭・訓戒・叱責として、口頭によるそれと同一視してよい程度の軽微な身体的侵害にとどまっているものと認められることから、懲戒権の行使としての相当性の範囲を逸脱してAの身体に不当・不必要な害悪を加え、又は同人に肉体的苦痛を与え、体罰といえる程度にまで達していたとはいえず、Aとしても受忍すべき限度内の侵害行為であったとした。

　本判決の解説文（判タ442号163頁）には、「校内暴力等中学校の生徒らの非

233

第Ⅳ章　生活指導・懲戒権行使、人格権等に関する事故

行が社会的に問題となり、これに対し教育に携わる者がいかに対処すべきかについても関心を集めているところである」との記載がある。

　この点、平成 23 年版犯罪白書[1] に掲載された図では、出発点とされた昭和 53 年から 56 年にかけて右肩上がりに校内暴力事件の事件数及び検挙・補導人員数が増加しており、事件数は昭和 58 年（2,125 件）、検挙・補導人員は昭和 56 年（1 万 468 人）をそれぞれピークとしてその後減少に転じてはいるもの、昭和 61 年ころまでなお相当数があったことが分かる。本判決は昭和 56 年に出されたものであり、このような時代背景の中で下された判断であった。

　令和 4 年版犯罪白書[2] によれば、校内暴力の事件数及び検挙・補導人員は、上記ピーク時以降は大きく減少し、その後の増減を経て、平成 26 年以降は減少し続けていたが、令和 3 年には前年より増加し、それぞれ 587 件（前年比 15.8％増）、625 人（同 13.8％増）であった。ピーク時に比べれば少ないとはいえなおこれだけの事件がある中で、教育現場において、適切な懲戒権の行使を躊躇させるようなことがあるべきではなく、事例判決とはいえ本判決の判示は現在なお意義を有するものであると思料する。

2　民事責任に関するもの

(1)　**福岡地飯塚支判昭 45・8・12 判時 613 号 30 頁・判タ 252 号 114 頁**

　(ア)　判決要旨

　県立高校の担任教師が生徒に対し長時間にわたり殴打等を伴う懲戒を行い、これを苦に生徒が自殺したとして両親が県、担任教師、校長を被告として①生徒の死亡により生じた逸失利益相当の損害賠償、②遺族固有の慰謝料、③謝罪広告を求めて提訴した事案について、教師の生徒に対する懲戒行為は違法であるとしたものの、生徒の死亡との因果関係は否定し、県に対し国家賠償法に基づく損害賠償として金 3 万円及び遅延損害金の支払を命じた。県に対するその余の請求及び教師・校長個人に対する請求については認めなかった。

---

1) https://hakusyo1.moj.go.jp/jp/58/nfm/n_58_2_7_2_1_4.html

2) https://hakusyo1.moj.go.jp/jp/69/nfm/n69_2_3_1_5_2.html

[典型判例]10　懲戒権行使の際の有形力の行使、体罰

　(イ)　事案の概要

　県立高校３年生の男子生徒であったＡは、ある日の２時限目の授業中、隣席の生徒２名と私語を続けており、授業を受けている風に見えなかったので、授業を行っていた教諭Ｂが注意するため席に近づくと、当該教科の本を開かず別教科の参考書を机の上に置いていたことが発見された。ＢはＡら３名を叱責し、授業終了まで教室横に立たせた。授業終了後、Ｂは職員室にＡら３名を呼び出して訓戒した上、３時限目の授業開始（午前10時50分）とともに教室に戻るよう指示した。教諭Ｃ（被告となった者）は、職員室で上記状況を認め、３名中Ａが自らの担任するクラスの生徒であり、日頃から学業、素行につき問題があると考えていた生徒であったため、この際十分注意を与えようと考え、Ａを呼び止めて職員室に隣接する応接室のソファーに腰掛けさせ、反省することがあるのではないかと非行事実の告白を求めたが、Ａは反省することは何もないとして反抗的態度を示した。Ｃが「そんなことなら学校を辞めてしまえ」と叱責したところＡは「辞める」といって飛び出したので、Ｃはこれを追って捕まえ、応接室に連れ戻し、さらに反省すべき点があることを認めさせようとする説得等を続けたが、Ａは拒否的態度を変えようとしなかった。その後Ｃは、Ａの意見を聞いた上Ａが指定したＤ教諭にも来てもらい、共に説得してもらったが、Ａは「わかりました。辞めればいいのでしょう」と言って応接室を出ようとしたので、Ｃ及びＤが引き止め、説論を続けた。途中、Ｄが昼食時間開始時に応接室を出て、５時限目が始まる時間にＣも出たが、その間もＡは応接室に留め置かれ、昼食はとっていなかった。午後２時にＣが応接室にもどり反省したかを尋ねたが、Ａはなお反省する気持ちはないと述べた。Ｂも加わり、Ａに対しかつてＡが行った喫煙やカンニングの件を挙げて反省を促したところ、Ａが非行事実を認めたため、Ｃは「なんだそんなことをやっていたのか。やはり反省すべきことがあるではないか」と言いながら平手でＡの頭部を数回殴打した上、明日父親を学校に出頭させるよう言い、午後２時半ころＡを教室に戻らせた。Ａは父親が学校に出頭することを嫌がり、父親はこのような問題について理解がなく出頭しても無駄であると述べ、父親が学校に出頭することは許してくれるようＣに懇願したが、Ｃは聞き入れなかった。

　Ａは同日午後３時半ころ下校したが、その際友人に今後学校には出てこない

第Ⅳ章　生活指導・懲戒権行使、人格権等に関する事故

旨述べ、帰宅後友人宛に手紙6通を投函した。手紙にはCに説諭された同日が大変不愉快であり、Cを恨みに思っていて死んでも忘れないこと、自分は自殺するが君たちが卒業するときにはCのことは宜しく頼むなどの記載がされていた。翌朝、Aは自殺した。

　(ウ)　解　説

　本判決では、まず、Cの行為の違法性につき判断されている。本判決は、まず、教師には教育目的達成のため問題行動のある生徒に対して必要に応じて叱責・訓戒などの事実上の懲戒を加える権限があることは明らかであるとした。しかし、本件においては、従前よりCはAを問題生徒とみなしていた状況がある中（この点についても詳しく判示されているが本稿では割愛した）、Aの当日の非行自体は比較的軽度であり、かつBによる訓戒でAは納得服従していたのに、自己の訓戒に屈服せしめるため、強圧的に、相当の執拗さをもって非行事実の告白と反省を強要し、退学に触れたり父親の出頭を求めるなどの言辞を弄し、応接室を出ようとするAを腕をつかむなどして引き戻し、昼食をとる機会も授業に出席する機会も与えず、約3時間余りにもわたって留め置き、ついにAが非行事実を自認すると殴打の上釈放したのであるから、本件懲戒行為は、故意に、又は少なくともその行使の正当性の範囲に関する判断を誤った過失により、担任教師としての懲戒権を行使するにつき許容される限界を著しく逸脱した違法なものであると判断した。

　Aの自殺について本判決は、本件懲戒行為により誘発されたもので条件関係があったことは容易に推認できるとしながら、教師の懲戒行為によって受けた精神的苦痛ないし衝撃により生徒が自殺を決意し、決行するような心理的反応を起こすことは極めて稀有な事例に属する（この点本件においては鑑定人による鑑定結果も出されている）ものであるとし、懲戒行為がAの自殺を招来するという特別の事情につきCが予見し、予見可能であったことを認めるに足りる証拠はないとして、因果関係については否定した。

　被告県の国家賠償法に基づく責任の有無について、国家賠償法1条1項は「国又は公共団体の公権力の行使に当る公務員が、その職務を行うについて、故意又は過失によつて違法に他人に損害を加えたときは、国又は公共団体が、これを賠償する責に任ずる。」と定めているところ、本判決ではまず、教師の

236

[典型判例] 10　懲戒権行使の際の有形力の行使、体罰

生徒に対する懲戒が「公権力の行使」に当たるのかが判断されている。本判決は、学校教育は学生生徒による国公立学校という公の営造物利用の関係であり、いわゆる特別権力関係に当たり、教師の生徒に対する懲戒権の行使はかかる営造物利用関係における内部規律の維持ないし教育目的達成のためになされるものであって、上記特別権力関係における特別権力の発動としての実質を有する、したがって生徒に懲戒をなすことは国家賠償法1条の「公権力の行使」に当たるとした。慰謝料の額については、本件懲戒行為が思春期にあって感受性が豊かであり、精神的に未熟な段階にある少年Aに対し、屈辱感、劣等感等の精神的苦痛を惹起させたであろうことは容易に推認でき、これに本件懲戒の程度、原因となったAの非行の程度その他諸般の事情を考慮して3万円が相当であると判断された。

　一方、国家賠償法1条の法意に照らし、賠償責任を負う者は専ら国又は公共団体に限られ、公務員個人は他人に対し直接賠償責任を負わないとした。被害者たる他人は十分な賠償能力のある国又は公共団体を相手方として賠償を求めることで完全に経済的満足を得ることができ、これに加えて公務員個人の責任を追及できるとすることは、被害者の私的感情の満足ないしは報復感情の充足を図る以外に何らの実益も期待できないとも述べられている。これについては判例の大勢が同様の立場をとっているが、公務員に故意・重過失がある場合には個人責任をも認めた裁判例もある（大阪高判昭37・5・17高裁民集15巻6号403頁、東京地判昭40・3・24判時409号15頁）。

(2)　**浦和地判昭60・2・22判時1160号135頁・判タ554号249頁**

(ア)　判決要旨

担任教諭が授業中に離席した中学生を注意するため出席簿で頭を叩いたとしても違法な懲戒行為に当たらない。

(イ)　事案の概要

Aは、B市の設置にかかる中学校の2年1組に在籍する男子生徒であった。本件（昭和57年7月）当時、当該中学校では、朝自習（教師らが職員室で朝の打合せのため会合を開いている間、生徒らに自学自習の態度を身につけさせるため、通常10分程度でできる復習問題を出題して解答させるもの）や授業開始時にチャイムが鳴っても着席しない生徒がかなりいたため、規律正しい落着いた生徒の

237

第Ⅳ章　生活指導・懲戒権行使、人格権等に関する事故

育成を期して、生活目標として「チャイムとともに着席しよう」をスローガンに掲げ、授業の開始時のみならず時間中もみだりに離席してはならないことを生徒に徹底させることとしていた。2年1組の担任であった教諭Cも、口頭で生徒に上記の注意を行い、かつ、スローガンを紙に書いて教室内に貼り、一層の徹底を図っていた。

　ある日、職員室での会合が終了した後Cが2年1組の教室へ赴いたところ、Aが自席を離れ、4つほど前の席の男子生徒の傍に立って話をしているのが見えた。そこでCは教室の後部出入口の戸口付近に立ってAの方を向いて無言の注意を与えていたが、Aはなかなか自席に戻らなかった。

　Aは当時13歳、身長160cm余、体重50kg余の健康な男子で、少年野球チームの選手をしていたが、以前から落着きがなく、授業が始まってもなかなか席に着かなかったり、授業中にノートをとらなかったりする受講態度があまりよくない生徒であった。

　Aは、いつもはCの姿を見たときはすぐに自席に戻っていたが、この日はなかなか自席に戻らず、少し経ってから、自分の話が終ったらしくCの立っているすぐそばの自席に戻ってきた。Cは、生活目標に定める規律に違反しながら素直に改悛の態度を示さないAに対し、強く注意を促す意味で、片手に持っていた出席簿（縦35.5cm、横20cm、重さ約28gのボール紙製のもの）で、立っているAの頭を1回叩いた。Cはさほど強く叩いたわけではなく、Aもこれによって気持が悪くなったり体調を崩したりしたことはなかった。CがAの頭を叩いた際、Aが、「そんなにぶつなよ。立っていたのは俺だけではない」という趣旨のことを言ったので、Cは同じく朝自習中に席を立ったことを自認した他の5人の生徒に対しても、注意を促す意味で、同様に出席簿で1回ずつ頭を叩いた（以下、本項における「本件行為」）。

　　(ウ)　解　説

　本判決は、学校教育における懲戒としての有形力の行使について、そのやり方如何では生徒に屈辱感を与え、徒に反抗心を募らせ、所期の教育効果を挙げ得ない場合もあるので、生徒の心身の発達に応じて慎重な教育上の配慮のもとに行うべきであるとしつつ、このような配慮のもとに行われる限りにおいては、状況に応じ一定の限度内で懲戒のための有形力の行使が許容されるものと解す

[典型判例] 10　懲戒権行使の際の有形力の行使、体罰

るのが相当であって、学校教育法 11 条、同施行規則 13 条（現 26 条 1 項「校長及び教員が児童等に懲戒を加えるに当っては、児童等の心身の発達に応ずる等教育上必要な配慮をしなければならない。」と定められている）の規定も右の限度における有形力の行使をすべて否定する趣旨ではないと考える旨判示した。

そして、本件について、前記認定のとおりの C が A に対して本件行為に及んだ経緯、A の反則の程度、A の年令・健康状態等を総合して判断するに、C の本件行為は口頭による注意に匹敵する行為であって、教師の懲戒権の許容限度内の適法行為であるというべきであるとし、A 側の損害賠償請求を棄却した。

前述のとおり、本件は昭和 57 年 7 月当時に発生したものであり、校内暴力の事件数がピークを迎える昭和 58 年直前の出来事であった。このような時代背景を考慮せずとも、本件行為自体は懲戒権の許容限度内と言い得るものであると思料するが、前述の刑事事件判決同様、時代背景も判決の結論を後押しした側面もあるのではないかとも思われる。

なお、本判決ではもう一点、生活指導担当の教諭が中学校におけるいわゆる「つっぱりグループ」の実態を理解させるため保護者に対し生徒の氏名と役割を公表したことが名誉毀損に当たるかどうかが争われており、これについても裁判所は名誉毀損とはならないと判断している。本稿ではこの点については取り上げてはいないが、「つっぱりグループ」への対処に教師が苦慮していたことがうかがわれる論点であり、ここにも時代背景が表れているものと読み取れる。

(3)　**東京地判平 28・2・24 判時 2320 号 71 頁・判タ 1432 号 204 頁**

(ア)　判決要旨

高等学校のバスケットボール部（以下「バスケ部」）の顧問教諭から継続的な暴行や威迫的言動等の行為を伴う指導を受けていた生徒が自殺した場合において、顧問教諭の当該行為は不法行為に該当し、当該行為と自殺との間に相当因果関係が認められ、自殺における当該行為の寄与度は 7 割であるとされ、学校設置者である市に対し、生徒の両親及び兄に対する合計約 7500 万円の支払が命じられた。

(イ)　事案の概要

A は、B 市の設置にかかる高等学校（以下「本件高校」）の 2 年生であり、バ

スケ部に所属していた。C教諭はバスケ部の顧問であり、従来から指導の効果を挙げるために有形力の行使を用いる方法を採っており、Aがバスケ部のキャプテンに就任した平成24年9月下旬以降、Aに対し特に厳しい指導を行うようになった。Aはキャプテンに就任してから約3か月後の平成24年12月、遺書及び手紙（兄の提案によりAがCに対する心情を記載して作成したもの。Cに渡されることはなかった）を残して自殺した。この約3か月間のCの言動として認定されたものは以下のとおりである。①他の生徒ら等の面前で「キャプテン辞めろ」などと語気鋭く責め立てる、②自殺の前月の練習試合の際、ルーズボールへの飛びつき方が悪いとして責め立てた上で頬を1ないし2回殴打し、③自殺の4ないし5日前の練習試合の合間及びその後に合計8ないし11回の殴打とともにボールを顔面に投げてぶつけて唇からの出血や鼻の両側の腫れを生じさせ（これ以前の殴打等で眼球にも傷を生じさせている）、「キャプテン辞めろ」と怒鳴りつけて責め立て、④上記③の翌日の練習試合の際、Cの指示にAが「はい」と返事したのに対し「分かったふりするな」などと怒鳴りつけ、ルーズボールへの飛びつき方が甘いなどと責め立て、⑤自殺の前日の練習試合の際、試合の中断時にプレーの内容が意に沿わないなどとして怒鳴りつけ責め立てながら頬や側頭部を平手で8ないし10回ほど強く殴打し、試合の再開後に詰め寄ってコートの外に後ずさりして移動させながら側頭部辺りを平手で5ないし7回ほど連続して強く殴打し、試合の再開中断時にも怒鳴りつけながら頬や側頭部を3回ほど平手で強く殴打した上で、「叩かれてやるのは動物園やサーカスで調教されてる動物と一緒や。●●（Aの姓）は動物か」などと責め立て、⑥同日の試合後のミーティングで他の部員らの面前でAのせいで負けた、キャプテンから外すなどと語気鋭く責め立て、⑦ミーティング後キャプテンを続けるのが苦しいと申し出たAに対し、キャプテンを辞めるなら試合に出さないと述べ、キャプテンを続けたいと述べたAに対しもっときつく怒られたり叩かれたりしても甘受する旨を応諾させ、「殴られてもやるんやな」などと申し向けた。

　㈡　解　説

　本件では、部活指導の場面における継続的で苛烈な言動が認定されており、自殺に至ってしまったAや家族の心情はいかばかりかと思う。前項①ないし⑦

の言動は、物理的に怪我を負わせる暴行が多数回にわたり繰り返されたことは
勿論のこと、①、⑤、⑥で認定された他の部員などの面前での発言はＡの尊厳
を損うものであり、これらも相まって、Ａの精神的ダメージは甚大なもので
あったと考えられる。現にＡは、自殺の約３日前に作成したＣへの手紙におい
て、Ｃの暴行等による不安や恐怖などを示す記述を複数記載し、約３日後に作
成した遺書にも「本当につらいです」と記述しているほか、自殺の約４日前に
母親に対し、10回くらいＣから殴られ、しんどいのでキャプテンを辞めたい、
Ｃから責め立てられると頭の中が真っ白になる旨述べ、自殺の約３日前の練習
ノートに「もうわけわからないです」と記述するなどしている。Ｃ自身、自殺
の４、５日前の時点（上記③の時点）で、練習の最後に動かなくなり顔に向
かって投げられたボールをよけずに顔面に受けるなどのＡの無反応な状態に驚
き、無気力な状態と認識するなどしたが、さらに上記④以降の行為を行った。
これらの経過に鑑み本判決が自殺とＣの言動との相当因果関係を認めたことは
十分首肯できるものである。

　本判決は、他方で、Ａは気が優しく気遣いが細やかで責任感が強く真面目で
素直であるなどの非常に優れた美点を数多く備えていた一方で、上長による継
続的な強度の暴行や威迫的言動等による強度の身体的、精神的負荷に対して脆
弱な面があったことは否定し難く、自殺という結果の発生にそうした脆弱性が
心因的要因として一定程度寄与したことは否定し難いとして、民法722条２項
（「被害者に過失があったときは、裁判所は、これを考慮して、損害賠償の額を定め
ることができる。」との規定）の類推適用により、３割の寄与度減額を行うとし
た。この判示については家族としてはさまざまな思いもあったところと拝察さ
れるが、原被告双方から控訴はされず、第一審にて判決確定となっている。

Ⅴ　展　望

　学校現場において、必要な懲戒としての有形力の行使が全て否定されるよう
なことはあるべきでなく、典型判例や本通知を参考に、教師らの裁量の下で必
要な懲戒の方法が選択されるべきであると思料する。
　一方で、懲戒として許容される限度を超えた体罰の横行が許されてよいもの

第Ⅳ章　生活指導・懲戒権行使、人格権等に関する事故

では勿論なく、ことに部活の指導にからむような場合（とりわけ強豪校であり強い指導によりチームを常勝に導いている顧問であるなどの場合）、被害者が声を上げにくい現状もあると思われる。

そのような場合、例えば筆者が所属する第二東京弁護士会の仲裁センターにおいては、2020年に「子ども・学校ADR[3]」を立ち上げ、学校問題に詳しい弁護士があっせん人として学校現場における各種問題の解決にあたっており、このような手続を利用して問題の解決をはかることも一案である。裁判と異なり、相手方（学校問題の場合、学校設置者や学校、教師など）に手続応諾義務がある制度ではないが、相手方が手続応諾に躊躇する場合、あっせん人候補者より相手方に対し、本手続は、中立の立場であっせん人が関与し、法や裁判実務も踏まえた適切な解決に向け話合いサポートをするものであることなど、趣旨を説明し、応諾に向け説得を行うこともあり得る。

Ⅳ2(3)のケースでは、大人が聞いても身震いするような苛烈な言動が継続的に行われ、Aが命を絶つという最悪の結果となってしまった。判決に現れた事情からすると、自殺直前のAは、Cに責め立てられると「頭が真っ白になる」、「無反応」・「無気力」の状態であり、自らを守るための回避行動ができる状況にはなかったように思われる。Aを取り巻く者らは、行為者であるC自身上記の「無反応」・「無気力」状態に気付いていたほか、部員らもベンチで泣くAを見たり、Aに「長期休暇が欲しい」と言われ、Cの更なる叱責等から逃れたい心情の表れと理解していたとされ、家庭においても母親が自殺約5日前の時点でAが「精神が病んでいる人の表情に似た顔」であったと認識し、兄がCへの手紙を書くよう提案するなどしていた状況であった。このような場合に、A本人において回避行動としての他者への相談や部活を辞めるという決断ができないことは容易に想定され、Aの外面に現れたSOSを学校現場や家庭が察知し、連携して最悪の結果を免れるために動くことが肝要と思われる。

第二東京弁護士会では、弁護士が子どもの相談をLINEで受ける窓口（弁護士子どもSNS相談）[4]を開設している。学校への相談に恐怖感があるような場

---

3) https://niben.jp/legaladvice/kodomo-adr.pdf
4) https://niben.jp/kodomo_sns.html

合でも、弁護士が秘密を守った状態で悩みを聞くことで、少しでも気持ちの安寧が得られたり、また、我々からアドバイスできることもあると思われる。

　学校現場において適切に規律と秩序が保たれ、児童生徒や保護者と教師との信頼関係の下で、児童生徒の心身の安全を保って教育が行われるよう、我々弁護士も今後ともできる限りのサポートをさせて頂きたい。

（伊東　亜矢子）

第Ⅳ章　生活指導・懲戒権行使、人格権等に関する事故

典型判例 11　保護者の教員に対する人格権侵害

最高裁（一小）平成元年 12 月 21 日判決〈昭和 60 年（オ）第 1274 号〉
民集 43 巻 12 号 2252 頁・判時 1354 号 88 頁・判タ 731 号 95 頁

Ⅰ　典型判例の紹介

1　ひとことで言うとどんな判例か

公立小学校における通知表の交付をめぐる混乱についての批判、論評を主題とするビラの配付行為が、名誉侵害の違法性を欠き、名誉感情侵害に基づく慰謝料については認められるものの、謝罪広告の掲載は認められないとされた裁判例。

2　判決要旨

公立小学校教師の氏名・住所・電話番号等を記載し、かつ、有害無能な教職員等の表現を用いた大量のビラを繁華街等で配布した場合において、当該ビラの内容が、一般市民の間でも大きな関心事になっていた通知表の交付をめぐる混乱についての批判、論評を主題とする意見表明であって、専ら公益を図る目的に出たものに当たらないとはいえ、その前提としている客観的事実の主要な点につき真実の証明があり、論評としての域を逸脱したものでないなど判示の事実関係の下においては、当該配布行為は、名誉侵害としての違法性を欠く。

3　事案の概要

(1)　当事者

原告らは、長崎県内の各小学校に勤務する地方教育公務員かつ、長崎県教職員組合（以下、「県教組」もしくは「組合」という）の組合員である。

被告は、「長崎県教育正常化父母の会」（以下、「父母の会」という）の責任者と称する者である。

(2) 請求及び被告の主張

原告らは、被告が、昭和56年2月初旬ころ、ビラ（以下、「本件ビラ」という）約5000枚を、当時原告らの勤務していた各小学校の児童に下校時手渡したり、当該校区内の各家庭の郵便受けに投函したり、あるいは長崎市内最高の繁華街の街頭で、通行中の一般市民に手渡したりして配布した行為が、原告らを中傷誹謗する目的をもってなされたものであり、その結果、原告らは、名誉感情及び教員としての地域社会の信頼と評価を著しく傷つけられるとともに、嫌がらせの電話がかかってきたり、葉書や封書が舞い込んだり、大日本鉄心会なる宣伝カーに自宅前で数十分に及びボリューム一杯のスピーカーで騒音をたてられたり、氏名を連呼されたりして、精神上多大の苦痛を受けたことから、①慰謝料の請求、②謝罪広告の掲載を求めた。

これに対し、被告は、本件ビラを配布した事実については認めたが、これは専ら公益を図る目的でなされたものであって、ビラ中に「有害無能」との表現もあるが、私行とはほど遠い教育公務員の教育現場での行動を指摘しての文言であり、人身攻撃の意図あるいは殊更な悪意はなく、被告には、原告らに対する名誉侵害の違法性について故意又は過失がない、と主張して争った。

(3) 事案の背景

本件の事案の背景として、裁判所が認めた事実は次のとおりである。

(ア) 小学校におけるいわゆる通知表（以下、「通知表」という）は、法定表簿ではないが、学校が児童の学校生活の状況を保護者に知らせて家庭との連携を図り、教育を効果的に行うため、各学校において児童の発達段階や学校の実情等を考慮し適切な記載内容を定めることが必要であるとされており、通常は、一学年分の表簿とされ、各教師において各学期の終了前に指導要録及び成績一覧表に基づいて記入し、評定上の偏り及び表現上の過誤等を校長が査閲して決裁した上、終業式当日に各担任教師から児童を通じて各家庭に配布される。

(イ) しかし、本件当時、長崎市内の公立小学校において、通知表の様式及び評定記載方法をめぐる論争が展開され、昭和53年度の第1学期に一部の学校において3段階絶対評価方式を5段階相対評価方式に改めたのを契機とし、こ

第Ⅳ章　生活指導・懲戒権行使、人格権等に関する事故

れに反対する教師が終業式当日に通知表を児童に交付しないなどの混乱を生じ、昭和55年度の第1学期には両方式を併用した長崎市小学校校長会作成の通知表の新様式（以下、「校長会案」という）が32校で採用されたが、うち20数校の担任教師が到達度評価欄の記載方法について反対し、第1学期及び第2学期の各終業式当日に一部の学校で通知表が児童に交付されない事態に至り、昭和56年1月の第3学期開始時になお7校56クラスで交付されなかった。

（ウ）　原告ら教師は、組合に所属し、校長は各教師の教育活動について指示権を有するものではないとの立場に立ち、その各勤務先学校において、昭和55年度の第2学期に、校長会案に反対して通知表を各校長の指示どおりに記入せず、その決裁を得られないため児童に交付しなかった。

（エ）　この間、このような事態が長崎市内の教育関係者のみならず一般市民の間でも大きな関心事になっていたところ、かねてより教育問題等について言論活動をしていた被告は、自己の収集した資料に基づき、原告らが右のとおり通知表を交付しなかった事実を確認し、これが組合の指示の下に組合に所属する教師が学校当局に対して行う抗争であるとの認識に立ち、昭和56年2月初旬ころ、長崎県教育正常化父母の会なる実体のない団体の作成名義をもって「父母の皆さん、そして市民の皆さん」と題する本件ビラ約5000枚を作成した上、これを原告らの勤務先学校の児童の下校時に手渡し、各校区内の家庭の郵便受けに投函し、更には長崎市内の繁華街で通行人に手渡して配布した（以下、「本件配布行為」という）。

（オ）　本件ビラには、通知表の交付をめぐる混乱の経過、通知表の性格、原告らが校長会案に反対して各勤務先学校の校長の決裁を得られない状態にあったことなどについて被告らの立場からする詳細な記述がされている一方、その本文中において、「教師としての能力自体を疑われるような『愚かな抵抗』」、「教育公務員としての当然の責任と義務を忘れ」、「お粗末教育」、「有害無能な教職員」等の表現が用いられ、本文に続く「通知表問題でわかった有害無能な教職員の一覧表」と題する一覧表に原告らの各勤務先学校名・担任クラス・氏名・年齢・住所・電話番号が個別的に記載された。

（カ）　原告らは、本件配布行為ののち、担任クラスの児童、その父母及び隣人等から本件ビラの内容につき質問や誤解を受けて困惑し、中には、深夜等に非

難攻撃の匿名電話や嫌がらせの無言電話が自宅に繰り返し掛かり、「無能先生は再び氏名公表」などと印刷した差出人名のない葉書が舞い込み、勤務先学校及び自宅付近で右翼団体の宣伝カーのスピーカーにより氏名等を連呼され、家族に対してまで非難の宣伝をされた者がおり、その他の者も、そのような事実を知り、同様の攻撃を受けるのではないかと落ち着かない気持ちで毎日を送った。

4　第一審の判断

　第一審（長崎地判昭58・3・28民集43巻12号2271頁）は、以下のように理由を述べ、①慰謝料の支払と②謝罪広告の掲載を認めた。

（1）　名誉毀損（名誉感情毀損）の成立について

　第一審は、「本件ビラの記載は、原告らが学校当局の採用した通知表の方式に理不尽な反対をして、校長に通知表の決裁を受けないで愚かな抵抗をしており、通知表も満足につけられず、権利ばかり主張して教育公務員としての責任と義務を忘れており、また、その教育内容もお粗末であり、教員として有害無能である旨をその内容とするもので、原告らを侮蔑し、原告らの名誉感情及び社会人としての信頼と評価を傷つけるものであることは明らかであるから、本件ビラの前記配布行為は名誉毀損行為に当るというべきである。」として、名誉毀損行為の成立を認めた。

（2）　違法性阻却について

　その上で、第一審は、「名誉毀損行為がなされた場合にも、それ　が公共の利害に関する事実に係り、主として公益を図る目的に出たものであり、摘示された事実が真実であることが証明されたときには、右行為の違法性は阻却され、不法行為は成立しないものと解される」と判断枠組みを示し、本件ビラ配布行為が違法性の阻却される場合に当るかにつき、「本件ビラは、通知表をめぐる学校教育問題についてのものであるから、公共の利害に関するものと一応はいえよう」と公共の利害の点については認めながら、「本件ビラの記載内容は」「相対評価方式対絶対評価の問題としてのみ記述されていること」「通知表不交付の事実の外原告ら個々人の本件通知表問題に係る具体的言動については何ら事実の調査をすることもなく原告らが県教組の組合員であるとの認識から、

第Ⅳ章　生活指導・懲戒権行使、人格権等に関する事故

マスコミによる情報を十把ひとからげに原告らの行為と結びつけ有害無能とまできめつけ人格に対する非難攻撃にまで及んでいること」「文書作成者として自己の氏名は勿論責任者の記載もない何ら実体のないいわば架空の団体名義を用いていること」「認定事実にみられる被告の意図等を総合すると、本件ビラは、組合に対する批判的態度をとる被告の思想・信条を世に訴えようとする動機も含まれていたことは否定できないが本件ビラの組合所属教師に対する非難は、その言動に論理的な反駁を加えるというより、『ケチをつけて反対』『屁理屈をこねて』『愚かな抵抗』『教育権だ評価権だと次々に新型の用語を造り出す権力亡者』などの表現で専ら揶揄誹謗するもので被告の組合教師に対する反感ないし敵意の表出というべきものであって、到底主として公益を図る目的の下になされた公正な論評ないし真摯な意見の陳述ということはできない。」とし、「本件ビラ配布行為につき違法性阻却の主張は理由がない」と述べた。

　これに対し、被告は控訴した。

5　原審の判断

　原審（福岡高判昭60・7・17民集43巻12号2287頁）は次のように述べ、第一審を維持した。

⑴　名誉毀損の成立について

「名誉毀損とは、人に対する社会的評価を低下させる行為であつて、単に人の主観的名誉感情を侵害するだけに止る行為を含まないと解することができるが、本件ビラを、被控訴人らが当時勤務する小学校の所在地であり、かつ被控訴人らの大部分が住所を有していた長崎市の繁華街等で5000枚も配布した以上、被控訴人らに対する社会的評価を低下させる行為があつたと認めるのが相当である」として、社会的評価の低下、という文言を用いて、名誉毀損行為の成立を認めた。

⑵　違法性阻却について

　次に、原審は、控訴人が本件ビラに記載した「その非難の内容は公教育ないし教育行政に関する公正な論評、真摯な意見の陳述というより、専ら被控訴人らを揶揄誹謗するものであることに加え、被控訴人らの職務と関係のない住所、電話番号まで明記し、控訴人自身が否定的な評価をしている小学校長に対する

[典型判例]11　保護者の教員に対する人格権侵害

はがきによる非難攻撃のようなことが、立場を異にする側から被控訴人らに加えられてほしいと期待していたことまで容易に推認できるのであつて、本件ビラの作成配布が専ら（もしくは主として）公益を図る目的において為されたと認めることはできない」とした上で、「被控訴人らは地方公務員であるところ、刑法第230条の2第3項は、同法第230条1項の行為が公務員に関する事実に係るときは、事実の証明があることによりその違法性が阻却されるものとし、公務員の公僕的性格にてらして国民に批判の自由を認めている」が、「本件については事実の証明がない」ため、違法性阻却事由は認められないと述べた。

　これに対し、控訴人は上告した。

6　典型判例の判断

　典型判例は、以下のように述べて、①第一審、原審が認めた慰謝料の金額を減額し、②謝罪広告の掲載請求については棄却した。

⑴　原審判断について

　まず、典型判例は、原審について「原審は、⑴本件配布行為は被上告人らの社会的評価を低下させる行為に当たる、⑵本件ビラの内容は、公共の利害に関するものではあっても、被上告人らが組合員であるとの一事からその人格攻撃にまで及び、いわば架空の団体名義を用い、組合所属の教師に対する反感ないし敵意の表出として専らこれを揶揄誹謗するものであり、上告人において被上告人らと立場を異にする側からの非難攻撃を期待していたのであるから、専ら又は主として公益を図る目的に出たものとはいえない、⑶公務員である被上告人らが校長会案に反対して各校長の決済を得られない状態にあったとする点は事実に合致するが、これにより職務命令違反が成立するとしても、校長の職務権限及び教師の教育活動についての見解の相違に基づくものであり、組合の組織的統一行動ではなく、被上告人らが有害無能な教職員でその教育活動の内容が粗末であるともいえず、事実の証明がないことに帰するから違法性は阻却されない」と判断したものであると前置きした上で、「しかしながら、上告人の名誉侵害の不法行為責任を肯認した原審の判断は、にわかに首肯することができない」として、原審の判断を覆した。

249

第Ⅳ章　生活指導・懲戒権行使、人格権等に関する事故

⑵　違法性阻却事由について

　典型判例は、その理由として、「公共の利害に関する事項について自由に批判、論評を行うことは、もとより表現の自由の行使として尊重されるべきものであり、その対象が公務員の地位における行動である場合には、右批判等により当該公務員の社会的評価が低下することがあっても、その目的が専ら公益を図るものであり、かつ、その前提としている事実が主要な点において真実であることの証明があったときは、人身攻撃に及ぶなど論評としての域を逸脱したものでない限り、名誉侵害の不法行為の違法性を欠く」と判断枠組みを示した上で、「このことは、当裁判所の判例（最高裁昭和 37 年㈠第 815 号同 41 年 6 月 23 日第 1 小法廷判決・民集 20 巻 5 号 1118 頁、昭和 56 年㈠第 609 号同 61 年 6 月 11 日大法廷判決・民集 40 巻 4 号 872 頁、昭和 55 年㈠第 1188 号同 62 年 4 月 24 日第 2 小法廷判決・民集 41 巻 3 号 490 頁）の趣旨に徴して明らかであり、ビラを作成配布することも、右のような表現行為として保護されるべきことに変わりはな」く、「本件において、本件ビラの内容からすれば、本件配布行為は、被上告人らの社会的評価を低下させることがあっても、被上告人らが、有害無能な教職員でその教育内容が粗末であることを読者に訴え掛けることに主眼があるとはにわかに解し難く、むしろ右行為の当時長崎市内の教育関係者のみならず一般市民の間でも大きな関心事になっていた小学校における通知表の交付をめぐる混乱という公共の利害に関する事項についての批判、論評を主題とする意見表明というべきである。本件ビラの末尾一覧表に被上告人らの氏名・住所・電話番号等が個別的に記載された部分も、これに起因する結果につき人格的利益の侵害という観点から別途の不法行為責任を問う余地のあるのは格別、それ自体としては、被上告人らの社会的評価に直接かかわるものではなく、また、本件ビラを全体として考察すると、主題を離れて被上告人らの人身攻撃に及ぶなど論評としての域を逸脱しているということもできない。そして、本件ビラの右のような性格及び内容に照らすと、上告人の本件配布行為の主観的な意図及び本件ビラの作成名義人が前記のようなものであっても、そのことから直ちに本件配布行為が専ら公益を図る目的に出たものに当たらないということはできず、更に、本件ビラの主題が前提としている客観的事実については、その主要な点において真実であることの証明があったものとみて差し

支えないから、本件配布行為は、名誉侵害の不法行為の違法性を欠くものというべきである」と述べ、名誉毀損行為については、違法性が阻却されると判断した。

(3) 名誉感情の毀損について

典型判例は上記のように述べ、名誉毀損行為については、違法性が阻却されるとの判断をした一方、被上告人らの名誉感情の毀損については、被上告人らの「社会的地位及び当時の状況等にかんがみると、現実に右攻撃等を受けた被上告人らの精神的苦痛が社会通念上受忍すべき限度内にあるということはでき」ないとして、社会通念上の受忍限度を超えるか、という判断基準のもと、「被上告人らは上告人の本件配布行為に起因して私生活の平穏などの人格的利益を違法に侵害されたものというべきであり、上告人はこれにつき不法行為責任を免れないといわざるを得ない」として、名誉感情の毀損について認めた。

Ⅱ　典型判例の分析

1　典型判例の示した「批判、論評」の基準について

本判例は、公共の利害に関する事項についての批判、論評は、表現の自由の行使として尊重されること、その対象が公務員の地位における行動である場合には、批判等により当該公務員の社会的評価が低下することがあっても、①その目的が専ら公益を図るものであり、②かつ、その前提としている事実が主要な点において真実であることの証明があったときは、③人身攻撃に及ぶなど論評としての域を逸脱したものでない限り、名誉侵害の不法行為の違法性を欠くものである、という、批判、論評の基準について示したという点で、典型判例と評価されるものである。

本判例は、批判、論評は対象となる公務員の社会的評価を低下させるものであり得るし、名誉毀損行為の成立についてはあり得る立場を取りながら、違法性阻却事由についての判断基準を述べ、第一審及び原審の判断を覆す判決を下した。

251

第Ⅳ章　生活指導・懲戒権行使、人格権等に関する事故

2　名誉感情の毀損について

　また、典型判例は、名誉感情の毀損について、「社会通念上の受忍限度」という基準の下、その成否を判断した。次の項では、関連裁判例を紹介するが、関連裁判例1には、この基準が引き継がれていると思われる判断が登場するものである。

Ⅲ　関連裁判例について

1　横浜地判平 26・10・17 判タ 1415 号 242 頁

　関連する裁判例1として、横浜地判平 26・10・17 を紹介する。

　この裁判例は、児童の父母による、当該児童の担任教諭に対する批判発言について、社会的評価の低下及び伝播可能性がないことから、名誉毀損の成立を認めなかったが、教諭として受任すべき批判の限度を超えたものであったとして、名誉感情の毀損の成立を認めた事例である。

（1）　当事者

　原告は、平成 20 年 4 月から、同 21 年 3 月まで甲市立乙小学校（以下、「本件小学校」という）の 3 年 1 組（以下、「本件クラス」という）の担任教諭であった者である。

　被告らは、当時同組に所属していた、児童 Z（以下、「本件児童」という）の父母である（母が Y_1、父が Y_2）。

（2）　請求及び被告らの主張

　原告は、①被告らに対し、被告らが甲市教育委員会において、原告の名誉を毀損する発言をし、原告に精神的苦痛を与えたとして、連帯して慰謝料の支払を求め、②被告 Y_1 に対し、㋐同被告が本件小学校の教室において、原告の名誉を毀損する発言をし、原告に精神的苦痛を与えたとして、慰謝料の支払を求め、㋑同被告が授業中である 3 年 1 組の教室に侵入し、原告に暴行を加えて負傷させたとして、これによる損害金の支払を求めた。

　これに対し、被告らは、上記①については、原告が主張するような発言をしたことはなく、②㋐の名誉毀損については、発言を聞いた人が少なかったため、

252

公然性はないとして名誉毀損の成立を争い、②⑦については、暴行態様を否認するとともに、暴行は原告が本件児童に対し、違法な指導を行ったことを原因としてなされたものであるから、相応の過失相殺がされるべきだと主張し争った。

(3) **事実関係**

本件については、以下のような事実関係が認められている。

(ア) 原告は、本件児童が本件小学校において他の児童を丸太から引っ張り下ろした行為に関し、帰宅後の本件児童に電話で注意をしたことや、授業中、本件児童を叩いて注意をしたことがあった。

(イ) (ア)の後、被告らは、甲市教育委員会(以下、「本件教育委員会」という)を訪れるなどして、本件教育委員会及び本件小学校に対し、原告が、本件児童に、暴行を加えたり、差別的な指導に扱ったりしているので、原告を懲戒処分にするか、担任を変えるか、本件児童のクラスを替えるよう、繰り返し要求した。

(ウ) 本件教育委員会及び本件小学校は、調査の結果、原告が、授業中に騒いでいた本件児童に対し、その腰や背中を軽くたたく程度の指導を行ったことはあったが、体罰や差別に当たるような違法な行為をしたことはないと判断し、被告らに対し、担任の変更もしくは本件児童のクラス替えはできないが、指導の在り方について原告と話し合って解決することを勧めた。

(エ) 被告らは、話合いによる解決に応じず、甲市役所内の本件教育委員会スペースを訪れ、同スペースに深夜まで居座ってそれまでと同様の要求を繰り返すなどした。その際、被告Y₂は、本件教育委員会職員、本件小学校関係者及び原告の前で、「命の危険があるから担任を替えて欲しいと言っているのにどうしてだめなんですか?」、「この担任は、妻がいうには、二重人格、多重人格なんですね。」、「おとなしくて上品で良い先生と思っていたが違うんですね。10月3日の電話ではやくざみたいだったというんですね。」、「差別する。暴行する。暴行とまでいえなくても叩くんですね。」、「陰湿なんですこの担任は。跡の残らないところを選んでたたいているんですね。目つきが悪いんですね。」と大声で発言した(以下、「被告Y₂発言」という)。

(オ) 数日後、被告Y₁は、本件クラス教室内に侵入して同教室の黒板前にい

第Ⅳ章　生活指導・懲戒権行使、人格権等に関する事故

た原告に近づき、「うちの子をこんなふうにしてやったんでしょ」などと言いながら、原告の左側頭部を右手の拳で強く上から下に向かって1回殴打した（以下、「本件暴行」という）。

　(カ)　本件暴行の後、被告Y₁は、110番通報を受けて臨場した警察官によって逮捕された。

(4)　争　点

　本件の争点は、①名誉毀損の成否、②名誉感情の毀損の成否、③本件暴行の態様等である。

　本項では、保護者の教員に対する人格権侵害を掲げていることから、主に①②について、検討をする。

(5)　裁判所の判断

　(ア)　紛争に至る経緯

　まず、裁判所は、紛争に至る経緯（原告の本件児童に対する暴言ないし暴行の有無及び本件児童の不登校との因果関係）について、

　「〈1〉原告は、本件児童が授業中に大声で私語をしたり、級友に対して問題行動を起こすことがしばしばあったことから、同児童に対する注意の回数が増えて行き、厳しく注意するようになったが、それらは全て、本件児童に対する生徒指導の範疇での相当な注意であったと認めることができること、〈2〉しかしながら、本件児童は、原告が他の児童に比べて本件児童のみが一方的に厳しく叱られていると受け止めて、その不満を被告らに話したこと、〈3〉被告らは、本件児童の一方的な説明を聞いて、その真相を原告に直接確認することはしないまま過剰に反応し、甲市教育委員会に対して原告への懲戒処分を求めると共に、本件クラスの担任を替えるか本件児童をクラス替えすることを執拗に要求したこと、〈4〉原告としては本件児童が原告の生徒指導により辛い思いをしているのであれば謝りたいとの意向を有し、また被告らに対しても直接説明をしたいと希望していたが、被告らにおいて、原告と話し合いをすることは拒んだこと、〈5〉本件児童としては、原告が叱り方を変えるのであれば登校したいと希望していたが、かかる希望については被告らの受け入れるところではなかったこと等の事実が認められるのであり、これらの事実からすれば、本件児童の休学は、被告らの要求を通すための手段としてなされたものであり、

254

被告らの意思によるところが大きいと認めるのが相当である。」と認定した。

　(イ)　名誉毀損の成否について

　その上で、名誉毀損の成否については、被告 Y_2 発言を認定した一方、原告の、Y_2 発言の際に本件教育委員会等の職員が 30 名以上もいたとの主張については、事実を認めるに足りる証拠はないとした上で、以下のように判示した。

　「被告 Y_2 発言は、何らの前提事実も知らない一般人の普通の注意と聴き方を基準とすれば、教師である原告が本件児童の指導において差別的、暴力的指導を行ったとの事実を摘示し、原告が児童に不当ないし違法な指導方法を行う人物であるとの印象を聞くものに与えるおそれがあるということができるが、本件教育委員会の職員並びに本件小学校関係者は、被告 Y_2 発言当時、既に原告が本件児童に対し不当ないし違法な指導を行っていないと結論付けた上で、本件クラスの担任あるいは本件児童のクラスを替えることを一貫して拒否していたのであるから、本件教育委員会職員並びに本件小学校関係者が被告 Y_2 発言を聞いた際に、原告につき上記のような印象をもつおそれがあるとはいえず、被告 Y_2 発言が、本件教育委員会職員及び本件小学校関係者の原告に対する社会的評価を低下させたとはいえない。また、本件教育委員会職員及び本件小学校関係者が教育委員会職員又は地方公務員として一般に守秘義務を負っていることに鑑みるに、これらの者から他の者に上記発言内容が流布され、伝播する可能性があるともいい難い。さらに、本件市役所に大きな吹き抜けがあり、本件カウンターの周囲に仕切り等がなかったことなどからすれば、本件協議に参加していない本件教育委員会職員または甲市役所職員が被告 Y_2 発言を聞いた可能性も否定はできないものの、仮に、これらの者が被告 Y_2 発言を聞いていたとしても、これらの者は、被告らが被告 Y_2 発言までの間、頻繁に本件教育委員会を訪れ、複数日にわたって、長時間同所にとどまって抗議を続けるなどして、冷静さや常識を欠いた交渉を継続して行っていることを見聞きしていると考えられることや、本件教育委員会の職員から事実関係を聞くなどして、かかる発言の摘示に係る事実の真偽を容易に知り得るのであるから、かかる発言がこれらの者において原告の社会的名誉を低下させたとはいい難いし、やはりこれらの者も地方公務員として一般に守秘義務を負っていることに照らせば、これらの者が他の者に上記発言内容を流布し、伝播する可能性があるともいい

第Ⅳ章　生活指導・懲戒権行使、人格権等に関する事故

難い。

　そうすると、被告 Y₂ 発言が、原告の社会的評価を低下させたと認めること
はできない。」

　㈡　名誉感情の毀損について

　続いて、名誉感情の毀損の成否について以下のように判示した。「一般に、
小学校教育においては、学校、教師及び父母のそれぞれが、子どもの教育の結
果に利害と関心をもち、教師の指導方法を含めた教育の内容及び方法等につき
関心を抱くのであって、それぞれの立場から上記教育の内容及び方法等の決定、
実施に対し意見を述べ合いながら協力していくことが自然かつ必要不可欠なも
のといえるから、父母らが学級担任の自己の児童に対する指導方法について要
望を出し、あるいは批判することは、当然許されることであって、教師はでき
る限り父母の要望又は批判に耳を傾け、これを受け止めるよう努力すべきであ
り、その内容が教師としての能力や指導方法に関する批判や非難に及ぶことが
あったとしても、直ちに担任教師に対する不法行為を構成するような違法性が
あるということはできない。しかしながら、父母らのかかる要望、批判又は非
難が、担任教師に対する人格攻撃に及ぶなど上記目的による批判ないし非難を
超えて、担任教師が受忍すべき限度を超えたものである場合には、同人の人格
的利益である名誉感情を毀損するものとして違法性を認めることが相当である。

　これを本件についてみるに、被告 Y₂ 発言は、本件児童の指導方針に関し教
師たる原告を批判ないし非難するものであるところ、被告 Y₂ は、本件児童か
らの伝聞のみを根拠として、原告と直接協議して本件児童の供述の真偽を判断
することもないままに、執拗に自らの要求を通すべく数時間にもわたり本件教
育委員会に居座り、原告が差別、暴行を加える不当ないし違法な指導を行う人
格的に問題のある教師であると発言しているのであるから、かかる発言は、教
師としてのみならず人間の本質というべき事柄について原告をいたずらに批判
ないし非難しているというべきであって、人格攻撃に当たる侮辱的な発言であ
り、原告が教師として受任すべき批判ないし非難の限度を超えて、原告の名誉
感情を毀損する違法な行為であったと認めるほかなく、被告 Y₂ は、これに
よって原告が被った損害を賠償する責任を負うというべきである。」

［典型判例］11　保護者の教員に対する人格権侵害

⑹　関連裁判例１の分析

①　名誉毀損の成否について

　本裁判例は、名誉毀損の成否について、社会的評価の低下という要件の充足について判断し、これを否定した。すなわち、被告 Y_2 発言は、事情を知らない一般人であれば、原告の社会的評価を低下させるおそれがある発言といえるが、本件で当該発言を聞いたのは本件について事情を知っている本件教育委員会関係者及び本件小学校関係者であって、社会的評価を低下させるおそれはないこと、また、当該発言を聞いたものが守秘義務を負っていることから、伝播可能性はないこと（さらに、当該発言を聞いた者以外の本件教育委員会職員や甲市役所職員も本件について事情を知っている、もしくは知り得るから、社会的評価を低下させるおそれはなく、同様に守秘義務を負うから、伝播可能性はないとした）から、社会的評価の低下を否定したものである。

　この判断は、不特定の表現の受け手に着目したものでなく、特定の受け手に着目をしてなされているものであるという点で、着目されるものだといえる。

　この点、本件では社会的評価の低下の要件が否定されたが、仮に、被告 Y_2 発言が、本件教育委員会スペースのような閉じられた場所でなく、オープンな場所で、事情を知り得ない一般人にむけてされたものであったなら、名誉毀損が成立した可能性はあったと考えられるものである。

②　名誉感情の毀損の成否について

　本判決は、名誉感情の毀損の成否については、通常教師と保護者は、それぞれ子どもの教育の結果に利害と感心をもち、教師の指導方法を含めた教育の内容及び方法等につき関心を抱くのであるから、それぞれの立場から意見を述べ合い、協力していくことが自然かつ必要不可欠であって、その中で保護者が教師に指導内容等に要望を出したり、指批判をしたりすることは、当然許されるものであって不法行為を構成しない、としながら、そうはいっても、教師に対する人格攻撃に及ぶような場合は、「教師が受忍すべき限度」を超えることも有り得るという判断枠組みを示し、その成立を認める判断をしたものである。

2　さいたま地熊谷支判平 25・2・28 判時 2181 号 113 頁

　関連する裁判例２として、さいたま地熊谷支判平 25・2・28 が存在する。本

第Ⅳ章　生活指導・懲戒権行使、人格権等に関する事故

件は、小学３年生の児童の保護者による、担任教諭に対する名誉毀損、侮辱の
成立が問題になった事件である。

(1) 事案の概要

　原告は、公立小学校の教諭であり、小学３年生の児童Ａの担任であった者である。被告は、当該児童Ａの父 Y_1 と母 Y_2 である。

　原告は、学校における原告の児童Ａに対する接し方に関連した、被告らによる学校の連絡帳への書き込みや a 市教育委員会（以下、「市教委」という）での言動、あるいは、警察署への被害届提出が、原告の名誉を毀損するなどし、これにより精神的損害を被った旨主張し、被告らに対し、慰謝料等の支払を求めた事案である。

(2) 主な事実経過

① 　被告 Y_2 は、市教委を訪れ、応対した市教委職員に対し、原告の対応について相談をした。

② 　被告らは、児童Ａと原告との間でやり取りされる連絡帳に、原告の対応に対する苦情等を書き込むようになった。

　　被告らによる連絡帳（なお、問題となる書き込みがなされた連絡帳を特に、「本件連絡帳」という）への書き込みは、合計40回を超えた。

③ 　被告らは、市教委を訪れ、原告に関する文書（以下、「本件書面」という）を提出した。

④ 　被告らは、給食の際、原告が児童Ａに対し暴行を働いたと主張する件について、埼玉県 a 警察署（以下「a 警察署」という）を訪れ、被害申告及び相談をした。

⑤ 　原告は、ア乃至エの被告らの行為が名誉毀損、侮辱に当たるとして、損害賠償を請求した。

(3) 裁判所の判断

　(ア) 教育現場の問題であるという指摘と訴えの利益について

　裁判所は、まず、被告らが本件について、被告らによる連絡帳への書き込み等の問題は、市教委等で話し合われ、解決されるべき事柄であって、本案判決により紛争を解決することは、期待できないから、権利保護の利益を欠くなどとして、本件訴えは、却下されるべきである旨主張したことにつき、本件の背

景に教育現場の問題がある等としながらも、教育内容そのものの問題ではなく、名誉毀損等が問題になっているとし、訴えの利益を肯定した。

　(イ)　名誉毀損の成立について

　次に、被告らの本件連絡帳への書き込みによる名誉毀損の成立については、名誉毀損の成立の判断枠組みとして、「民事法における名誉とは、人の品性、徳行、名声、信用等の人格的価値について社会から受ける客観的評価、すなわち社会的名誉であり、名誉毀損とは、この客観的評価を低下させる行為のことであるとされる」旨述べた上で、本件で「被告らの本件連絡帳への書き込みが、原告の社会的評価を低下させるものであるか否かが問題となる」ところ、本件連絡帳への書き込みの内容を個別にみると、例えば「原告が、計算テストにおける児童Ａの解答を消して不正解としたという事実を指摘する」旨の書き込みは「教諭が、テストにおける児童の解答を消して不正解にするなどということは、職務上許されないものであることは明らかで、原告が、故意に職務上許されない行為をしたと指摘することが、原告の社会的評価を低下させるものであることは、あまりにも明らかである。」とし、本件連絡帳への書き込みが、「原告の社会的評価を低下させる部分を含むことは、明らかである。」とした。

　また、名誉毀損が成立するためには、事実の摘示が必要であるか否かも問題となるが、上記のような書き込みは、「原告が、計算テストにおける児童Ａの解答を消して不正解としたという、人の社会的評価を低下させるような具体的事実を摘示するものであるから、事実の摘示が必要であると解したとしても、本件各書き込みに、これを満たす部分があることも、認められる。」とした。

　しかし、「名誉毀損が成立するためには、それが公然と行われる必要がある」とし、「公然とは、不特定または多数の者が認識し得る状態におくことであり、不特定または多数の者に伝播する可能性がある場合には、その行為は、公然性を有するものと解すべきである」と判断枠組みを示した上で、「認定の事実によれば、確実に、本件連絡帳そのもの、あるいは、本件連絡帳の写しを目にしたといえる者は、原告のほか、校長、教頭、学年主任及び市教委学校教育課課長程度ということになる」とし、これらの者は「本件各書き込みの内容について、地方公務員法34条1項の守秘義務を負うことになる」ことから、「これらの者から、本件各書き込みの内容が、みだりに伝播するとは考えにく

第Ⅳ章　生活指導・懲戒権行使、人格権等に関する事故

い」として、「本件連絡帳への書き込みによって、未だ『公然』と名誉を毀損
したとはいえない」ため「本件連絡帳への書き込みによる名誉毀損の成立は、
認められない」とした。

　(ウ)　侮辱の成立について

　裁判所は、本件各書き込みによる侮辱の成立については、「原告は、被告ら
が、事実を摘示しないで、原告の名誉感情を害した（侮辱）とし、不法行為の
成立を主張するので、侮辱の成否が問題となる。その際、原告は、侮辱につい
ては、公然性は要求されない旨主張する。この点、民法上、侮辱が不法行為と
して成立するかどうかは、行為者がなした表示の内容、手段ないし方法及び表
示がなされた時期、場所並びに関係当事者、ことに被害者の職業、年齢、社会
的地位等諸般の具体的事情を総合的に考察して、当該表示が被害者の人格的価
値に対する社会的評価を低下させるかどうかを判断して、これを決定すべきも
のであり」と判断枠組みを示し、公然性については、「侮辱が公然となされた
ことは、判断に当たり斟酌すべき一つの事情ではあるが、不法行為成立の必須
の要件ではない、と解するのが相当である（東京高判昭和56年8月25日判時
1019号81頁）。」「したがって、本件各書き込みが公然性を欠くとしても、そ
れによって、侮辱が成立しないとはいえない。」とした。

　その上で、「ところで、本件各書き込み中、当事者が侮辱の成否を問題とす
る表示としては、『悪魔のような先生です』、『最低の先生だと思っている』等
がある。しかし、本件各書き込みの具体的内容、経過からみても、これらの表
示は、児童Ａに対する対応を巡って、被告らが、原告に対する反感を強める
なか、ひどい先生と同種の表現として使用したものとみることができる。そう
すると、諸般の事情を考慮しても、原告の人格的価値に対する社会的評価を低
下させるものとみることはできない。したがって、上記表示による侮辱の成立
は、認められない。」として、侮辱の成立を否定した。

3　典型判例と関連裁判例1、2との対比

(1)　名誉毀損の成否について

　典型判例と関連裁判例1、2は、大きくみると名誉毀損の成立についての判
断枠組みは一致している。典型判例では、被告による批判、論評が、関連裁判

260

例1では、保護者による担任教諭へ発言が、関連裁判例2では、保護者による担任教諭との連絡帳への書き込みが、「社会的評価を低下させるもの」であるかの判断をしているものである。その上で、（典型判例のビラ配布行為が公然性を有することは当然だが）関連裁判例についてはそれぞれ、伝播可能性（公然性）について判断をしているものである。

　関連裁判例1と2の比較でいうと、関連裁判例1は、保護者による発言が、不特定多数の表現受領者ではなく、個別具体的な表現受領者（事情を知る校長など）の原告に対する社会的評価を低下させたるものであるか、という点を判断しているのに対し、関連裁判例2は、保護者による書き込みが社会＝不特定多数の表現受領者の原告に対する社会的評価を低下させるものであるか、で判断しているところに差異があるといえる。

　ただし、関連裁判例はともに、表現が社会的評価を低下させるものであるかの判断の後で、その伝播可能性について判断する際に、表現受領者の職務上の守秘義務について言及し、最終的には、名誉毀損の成立を否定する、という同様の結論に至っているところが興味深いといえる。

(2) 名誉感情の毀損（侮辱）について

　名誉感情の毀損（侮辱）については、典型判例と関連裁判例1については、共通して「受忍限度論」について述べている。ただし、典型判例は、「社会通念上の」受忍限度としたのに対し、関連裁判例1は「担任教師としての」受忍限度という形で基準を事例に絞ったように思われるものである。対して、関連裁判例2の判断枠組みは少し異なっており、人格的価値に対する社会的評価の低下があったか、という枠組みを示しているものである。

　しかし、それぞれの判断枠組みは異なるものの、実際には総合的な判断が行われており、例えば、仮に関連裁判例2が典型判例や関連裁判例1の判断枠組みを用いていたとしても、その結果は同様であった可能性は否定できないように思われる。この点については各種裁判例の積み重ねを待つとともに、それぞれの裁判例を実務上の参考としたい。

第Ⅳ章　生活指導・懲戒権行使、人格権等に関する事故

Ⅳ　実務理論

1　学校現場での担任教諭と保護者の関係性

　上記のように各種裁判例をみてきたが、実際のところ、担任教諭と保護者の関係性とはどのようなものであろうか。

　筆者は、日ごろ、スクールロイヤーやいじめの第三者委員会などで、担任教諭や保護者から話を聞く機会があるが、その関係はなかなか一筋縄にはいかず難しいものがあるといわざるを得ない。

　というのは、まず第一に保護者と担任教諭は、児童生徒の健全な成長、学習力の向上という、同一の目標に向けて、協力する存在として概念されていることが両者の関係性の特徴として挙げられる。

　この点、関連裁判例１でも「小学校教育においては、学校、教師及び父母のそれぞれが、子どもの教育の結果に利害と関心をもち、教師の指導方法を含めた教育の内容及び方法等につき関心を抱くのであって、それぞれの立場から上記教育の内容及び方法等の決定、実施に対し意見を述べ合いながら協力していくことが自然かつ必要不可欠なものといえるから、父母らが学級担任の自己の児童に対する指導方法について要望を出し、あるいは批判することは、当然許されることであって、教師はできる限り父母の要望又は批判に耳を傾け、これを受け止めるよう努力すべきであり、その内容が教師としての能力や指導方法に関する批判や非難に及ぶことがあったとしても、直ちに担任教師に対する不法行為を構成するような違法性があるということはできない。」として、その認識が述べられている。

　この特徴を有する結果、保護者としては、当該児童生徒のために思って、時には担任教諭のクラス運営を「批判」をするといういわば大義名分を有することがあり、その大義のもとでは、担任教諭に対する指摘や批判は、人格攻撃には当てはまらない、受忍限度の範囲内という評価がされがちとなっている。

　第二に、学校教育においては、校長以下の裁量が認められていることの反射的思考として、学校のことは学校の中で解決するとう観念を、学校も、保護者も、また、社会としても有していると考えられる。その結果、上記のような民

262

[典型判例]11 保護者の教員に対する人格権侵害

事訴訟という手段を、担任教諭が取り得るか、というと、なかなか難しいと言わざるを得ない。

2 学校現場での対応方法

(1) 手引きやガイドラインについて

この点、実際の教育現場に対しては、保護者らとの関係について、手引きやガイドラインが各都道府県教育委員会等より発出されている[1]。以下でその一部について紹介する。

(2) 学校問題解決のための手引き（東京都）

東京都教育相談センターからは、「学校問題解決のための手引（令和4年3月改訂）」が出されている。

当手引きは、「理不尽な要求等を繰り返す、学校が対応することが困難な保護者等への学校の向き合い方を支援するために」作成されてきたものであり、学校問題解決に向けた初期対応に必要な視点ついてまとめられている。

例えば、当手引第Ⅱ章「学校が行う保護者等へのよりよい対応」の冒頭には、次のような記載がある。

「学校には、毎日のように保護者や地域の方から、電話や連絡帳、来校などにより、多種多様な情報が寄せられます。その中には、素朴な質問や相談、学校に対する不安や不満、要望や苦情…などもあります。保護者や地域の方のどのような意見であっても、こちらの接し方によってその後の流れが決まってしまうことが多くあります。よりよい対応を行うためには、先入観で相手を判断したり勝手に決め付けた対応をしたりすることなく、そのときの保護者や地域の方の意見を聴き、その背景にある事情や心情を把握することが大切です。素朴な質問や相談であっても、こちらの対応が不適切なものだったり誤解されかねないものだったりすると、学校に対する不満や不信感が生じ、無理難題や過剰な要求に発展することがあります。逆に、最初は不満や苦情であったのに、よく聴いて丁寧に対応していくうちに、互いの誤解が解け、相互理解

---

1) 参考として文部科学省HP：「保護者等からの過剰な苦情や不当な要求への対応に関する教育委員会における取組について」（https://www.mext.go.jp/a_menu/shotou/hatarakikata/mext_00600.htm）

263

第Ⅳ章　生活指導・懲戒権行使、人格権等に関する事故

が深まり、学校と協力関係が結べることもあります。これも本来は学校も家庭も、子供のためという同じ目標を共有している仲なのですから、決して不思議なことではありません。」

　これは、保護者等から学校への働きかけは、素朴な質問から過剰な要求までグラデーションがあるものの、本来的には、子供のため、という同じ目標の下にいるのだから、学校側の聴き方次第で、そのグラデーションはより穏やかなものになり得る、という視点に立っているものと思われる。

　一方で、そのような対応を続けても、対応が穏やかにならなかったものについては、次のように述べられている。

　「要望や苦情が執拗に繰り返される事例の中には、傾聴し、解決策を提示する対応だけでは解決できないものもあります。場合によっては『距離をおく。』『適切な関係性を保持する。』などの関わりの工夫が必要になる場合もあります。適切な関わりを行えるようにするために、警察や法律、心理、福祉、保健・医療等の専門家による助言を進んで受けるようにします。その助言を参考に、当該の教職員に任せきりにならないよう、管理職が話合いに同席したり、管理責任がある者として代表して話をしたりなどの体制をとります。その際、管理職はあらかじめ当該教職員から、事案の詳細を聴いておくとともに、専門家の助言内容を受け、組織として対応方針を意思統一しておくことがポイントになります。」

　問題が解決せず、エスカレートしていくような場合には、もう学校側の聴く姿勢を改善する、という段階にはなく、専門家の助言を受けるなど、対応方法についても抱え込まずに変えていく必要があると思われる。

　また、東京都の学校問題解決サポートセンターでは、学校と保護者等との間に起きた解決が難しくなってしまった問題について、専門的な判断が必要となる困難な案件については、弁護士、精神科医、公認心理師等、警察職員経験者、行政書士、福祉職、保護者代表の専門家等に諮り、公平・中立な立場で、解決のための助言を相談者に文書で回答しています、とのことである。

［典型判例］11　保護者の教員に対する人格権侵害

V　展　望

1　学校教員の人格権について

　典型判例、関連裁判例でみてきたように、保護者の教員に対する人格権侵害に関しては、名誉毀損や名誉感情の毀損を成立させ、損害賠償を認める理論があるものの、実際にそのような民事訴訟という戦いの場を教員が選べるかというと、これまでの慣習的な保護者と教員の関係性や、保護者らから教員への「情報提供」や「要求」が「批判」「理不尽なクレーム」に変化し得るもので、どこからが訴訟対応などに移行すべきか判別しにくい、という点から、なかなか困難であると思われる。

2　今後について

　上記手引き等では、問題がこじれた後に、法律家などの各種専門家がアドバイザーとして関わることが想定されており、初期対応については、現場の教員、管理職のスキルに任せられている部分が多いと思われる。

　この点、可能であれば初期の段階から、法律家の視点で問題を検討することが有用であると思われる。学校の問題は学校で解決する、保護者の話は学校がしっかり聴いて対応する、というのも一つの姿である一方、活用すべき専門家については、初期段階から活用することが検討されても然るべきなのではないか。

　例えば、訴訟等の前段階として、学校と保護者らの間で調整役のように話を聞く役割として弁護士を活用するなど、方法は様々あるように思われる。

　もちろん問題がエスカレートした場合は、本項で紹介したような民事訴訟も選択され得るべきである。初期段階から訴訟段階まで、それぞれの段階で法的観点からアプローチがされることが有用で、そのように保護者と学校の問題を早期に解決することが、最終的には教育における主役である子どもたちの利益になるものだと考える。

（前田　俊斉）

第Ⅳ章　生活指導・懲戒権行使、人格権等に関する事故

| 典型判例 | **12** | **アカデミックハラスメント** |

神戸地裁姫路支部平成29年11月27日判決〈平成27年（ワ）第489号〉
判タ1449号205頁・裁判所HP

Ⅰ　典型判例の紹介

1　ひとことで言うとどんな判例か

　本判決は、①国立大学の教授が学生へ教育指導の過程で行った発言が、アカデミックハラスメントに該当する違法なものであるとして、教授個人の民法709条に基づく賠償責任を認め、②国立大学法人よる教育、研究活動は国家賠償法1条1項の「公権力の行使」に当たるとして、当該教授の不法行為について、国立大学法人の国家賠償法上の賠償責任を認めて①との不真正連帯債務であるとし、また、③国立大学法人には、学生との在学契約に基づく安全配慮義務違反があるとして、国家賠償法上の賠償責任を認めた事例である。

2　判決要旨[1]

(1)　Y₁教授の行為のハラスメント該当性

　「教授は教育研究活動を行うに当たって広範な裁量を有することから、学生に対して教育・研究活動の一環として指導や注意等をすることも教授の裁量として認められ、直ちに違法であるとはいえない。そうすると、教授の学生に対する言動がアカデミックハラスメント行為に該当し、違法であるか否かは、その言動がされた際の文脈や背景事情などを考慮した上で、教授としての合理的、正当な指導や注意等の範囲を逸脱して学生の権利を侵害し、教授の裁量権の範

――――――――――

1)　判タ1449号206頁以下。

266

囲を明らかに逸脱、濫用したか否かという観点から判断すべきである。」と判断基準を示し、Xの主張したY₁教授の合計25の各行為のうち、一部の行為につき違法であると判断した。

⑵　**Y₁教授の民法709条責任の成否**

Y₁教授の各行為が「教育、研究活動において発生したもの」と認定し、国立大学の教授であるY₁教授による「国立大学法人の教育、研究活動は、国家賠償法1条1項の『公権力の行使』に当たるものである」とした上で、「しかし、国立大学法人法は、独立行政法人通則法51条を準用しておらず、国立大学法人法19条の適用のある場合を除けば、国立大学法人の教職員は、みなし公務員ではないとされていることに加え、国立大学の設置主体が国から国立大学法人に変更されたことにより、私立大学と学生との間の在学契約と、国立大学法人と学生との間の在学契約には何らの差異を見出すこともできないということができる。そして、大学教授が大学において、教育、研究活動を行うこと自体は、公権力の作用ではなく、警察官や消防士のように公権力を行使するに当たっての萎縮効果といったリスクを考慮する必要もない。そうすると、このような関係においては、国家賠償法1条1項の損害賠償責任は使用者責任と同様に考えることができるから、公務員個人の不法行為責任を否定する理由はなく、被告Y₁個人も、民法709条に基づく不法行為責任を負うと解すべきである。」として、Y₁教授個人に民法709条の責任を認めた。

⑶　**Y₂大学の安全配慮義務違反の有無**

「国立大学法人と学生との間の在学関係は、契約関係であるところ、被告大学は、信義則上、教育、研究に当たって支配管理する人的及び物的環境から生じ得る危険から、学生の生命及び健康等を保護するよう配慮すべき安全配慮義務を負っていると解される。」「被告大学としては、安全配慮義務の具体的内容として、アカデミックハラスメント行為が発生する以前においては、①アカデミックハラスメント行為の防止のために教職員に対する教育・研修を実施する義務があり、また、実際にアカデミックハラスメント行為が発生した後においては、②被害を申告してきた被害者の言い分に耳を傾けて誠実に対応し、③被害者の学習環境が損なわれることのないように配慮をし、④事実関係を調査して適切な時期に被害者に報告するとともに、⑤加害者によるさらなる加害行為

第Ⅳ章　生活指導・懲戒権行使、人格権等に関する事故

を防止する義務を負っていると解するのが相当である。」とし、Y₂大学には、
①ないし⑤の義務違反があるとして国家賠償法1条1項の責任を認めた。

3　事案の概要

(1)　原告Xは、被告Y₂大学の大学院生であったところ、Y₂大学の教授で、
Xの指導教員であったY₁教授から、アカデミックハラスメント行為（合計25
の行為）を受け、精神的苦痛を受けたとして、Y₂大学に対しては国家賠償法1
条1項、Y₁教授個人に対しては民法709条に基づき、後記(2)と合わせて1000
万円及び遅延損害金の支払を求めた。

上記Xの主張に対し、Y₁教授は、これらの言動を否認又は違法性を争うと
ともに〔争点1〕、国家賠償法1条1項の「公務員」には、国立大学法人の教
員も含まれ、その教員の教育活動上の行為は、同項の「公権力の行使」に当た
るから、国立大学法人の教員の教育活動上の行為につき不法行為が成立し、国
立大学法人が国家賠償法1条1項に基づき責任を負う場合は、教員個人が重ね
て責任を負うことはないと主張した〔争点2〕。

(2)　また、Xは、Y₂大学が在学契約に基づく安全配慮義務として有効な対
策を怠ったとして、国家賠償法1条1項に基づき、慰謝料の支払を求めた。

これに対し、Y₂大学は、本件原告に対するアカデミックハラスメント行為
以前については、ハラスメント防止規程を設け、同規程を周知させ、相談体制
と整えるなどの防止措置をとっており、また、Y₁教授の問題行動を大学が認
識した以降は、同規程に基づき、関係者から事実関係の調査を実施し、原告に
は調査の進捗状況について説明を行い、Y₁教授に懲戒処分及び口頭注意をし
たとして、大学としては取り得る限りの措置を講じたから、安全配慮義務違反
の事実はないと反論した〔争点3〕。

4　典型判例たる所以

国立大学の教授による学生に対するハラスメント行為について、教授個人に
民法709条責任を認めた事例は、本判決以前にもあったが、教育指導過程で行
われた行為ではない事例[2]や国立大学法人の公共団体性を否定したものであっ
た[3]。本判決は、Y₁教授の行為が教育指導の過程で行われたものと認定した

268

上で、国立大学の教授による教育指導が「公権力の行使」に当たるとの従来の判例を維持しつつも、教授個人に民法709条責任を認めた点で他に類をみない裁判例である。また、本判決は、教授の学生に対する指導等が、どのような場合に教授の裁量権の逸脱濫用となるのか、ハラスメント事案の発生前後の大学側の対応として具体的にどうすべきであったのか、子細に検討がなされており、実務上参考になるものである[4]。

Ⅱ　典型判例の分析

1　アカデミックハラスメントの定義と違法性の判断基準

「パワーハラスメント」や「セクシャルハラスメント」などについては厚生労働省の指針[5]（以下「パワハラ指針」という）にその定義が明記されているが、本稿執筆時点では「アカデミックハラスメント」の定義について、法文、通達、指針等では明記されていない[6]。本邦で最初に「アカデミックハラスメント」の名称が用いられたとされる大阪地判平12・10・11判タ1098号234頁（奈良医大アカハラ事件）以降、本判決も含め、判決において「アカデミックハラスメント」の定義を示した例は少ない[7]。もっとも、重要なのはアカデミックハ

---

2) 東京地判平17・4・7判タ1181号244頁　被告教授は、指導学生であった原告留学生に対し、ホテルのラウンジでの飲酒に誘い、原告がこれに応じたところ、帰宅までの間に卑猥な言葉をかけ、胸を触るなどしたというセクシュアルハラスメントの事案。「その内容としてはもちろん、行為の外形上も到底公務員がその職務を行うについてされたものということはできない。」と判断し、国立大学法人は賠償責任を負わず、被告教授個人に賠償責任が認められた。

3) 岐阜地判平21・12・16裁判所HP。

4) 本判決の評釈として、判タ1449号205頁がある。

5) 「事業主が職場における優越的な関係を背景とした言動に起因する問題に関して雇用管理上講ずべき措置等についての指針」（令和2年厚生労働省告示第5号）。

6) 通達等ではないが、令和元年度文部科学省委託調査の報告書（『「大学教育改革の実態把握及び分析等に関する調査研究」～大学におけるハラスメント対応の現状と課題に関する調査研究～』）において、「教育、研究の場における、立場、権力を利用して、不適切な言動・指導を行い、その指導等を受ける者に就学・教育・研究上又は就業・職務遂行上の不利益を与え、その環境を悪化させること。人格攻撃、指導の拒否、正当な理由のない教学上の不利益、研究妨害などが含まれる。」と定義されている。

7) 判決中にアカデミックハラスメントの定義をこころみたものとして、名古屋地判令2・2・17判時2493号23頁・判タ1502号222頁がある。

第Ⅳ章　生活指導・懲戒権行使、人格権等に関する事故

ラスメントの定義そのものではなく、当該行為の違法性であって、いずれの裁判例も、教授の裁量権の逸脱、濫用の有無、指導の合理性、相当性の点から判断しており、パワーハラスメントの事案と同様の枠組みであるといえよう[8]。

2　本判決における Y₁ 教授の行為の違法性判断

　パワハラ指針において、職場におけるパワーハラスメントの代表的な行為類型として、身体的な攻撃（暴行、傷害）、精神的な攻撃（脅迫、名誉棄損、侮辱、ひどい暴言）、人間関係からの切離し、過大要求、過少要求、個の侵害（私的なことに過度に立ち入ること）などが挙げられている。これらパワーハラスメントの行為類型に加えて、アカデミックハラスメント特有の行為類型としては、学習・研究活動の妨害（不合理な指導）、指導の放棄、指導上の差別的取扱い、進級・卒業・就業等の妨害、講義・実習の取上げ、私用の強要などが挙げられる。

　X が主張した Y₁ 教授のハラスメント行為のうち、裁判所が違法性について判断したものを類型別に分類すると次のとおりである。

　（1）　指導の放棄、差別的取扱い

㋐　Y₁ 教授が、論文作成の手順を指導しなかったこと

〈裁判所の判断〉「論文をどのような手順で作成するのかについては唯一の正解があるというわけではなく、研究内容の他、ゼミに属する学生の知識、能力や研究の方針がどの程度固まっているのか、研究活動の進捗状況などの事情を考慮して、教授が自己の裁量に基づいてある程度柔軟に決定できると解されることからすると、B 准教授が原告に指導したような論文作成の手順を Y₁ 教授が指導しなかったからといって、直ちにそれが指導の放棄に当たるということはできない。」

㋑　Y₁ 教授が、入学後 2 週間目から、何らの指導もしないまま、原告に対し、いきなり修士論文を作成するように指示した上で、原告が作成した修士論文冒頭の「問題と目的」について、理由を告げることもなく突き返したこと

〈裁判所の判断〉「修士課程の学生は一般にある程度の論理的な思考力を有

---

8) 後掲京都地判令5・3・30WLJ／DB2023WLJPCA3306010、大学の定めたハラスメント規程の解釈に、パワハラ指針を参照している。

[典型判例]12　アカデミックハラスメント

しており、4月はまだ研究活動が始まったばかりの時期であることからすると、教授から指導される前にまずは自分で問題点を分析し、自ら論文として明らかにする目標を設定する能力を身につける目的で、明確な理由を告げずに返すことも、教授の指導として正当な範囲であるといえないこともない」「しかし、〔中略〕その書き方が分からない他のゼミ生に対して、「私が今日1度書いてあげましょう」と原告とは全く違った対応をした行為は、同じゼミに属する原告と他の学生との間差別的な取扱いをするものであり、そのような取扱いについて合理的な理由がなければ、学生として教授から能力の差に応じて等しく指導を受けつつ学習、研究活動を行う権利を侵害するもので、教授の裁量権の範囲を逸脱、濫用したものということができ、アカデミックハラスメント行為に該当し、違法であるというべきである。」

㈦　Y_1教授が、7月6日と同月13日のゼミ中に原告に話し掛けなかったこと

〈裁判所の判断〉「被告Y_1のゼミは原告を含めて6名と少人数であるから、2回連続してゼミの間特定のゼミ生に終始話し掛けないというのは通常は考えにくいといえる。」「したがって、被告Y_1の上記行為は、合理的な理由が認められず、指導を放棄し、原告の人格を傷つける行為であって、教授としての裁量権の範囲を逸脱し、アカデミックハラスメント行為に該当し、違法というべきである。」

(2)　精神的な攻撃

㈢　Y_1教授が、Xに対して「100人に1人か2人、書けない人がいるんだよ。」、「あんたは発達障害だよ」、「いい精神科知ってますよ。教えたげようか」などと発言したこと

〈裁判所の判断〉「発達障害者や精神疾患のある者をおとしめる意味を含むとともに、被告Y_1の期待した行動とはならない原告を発達障害のある者又は精神疾患のある者と決めつけ、原告の人格を傷つけるものであり、そのような発言におよそ合理的な理由や正当性を見い出すことはできず、教授の裁量権の範囲を明らかに逸脱、濫用したものであるから、アカデミックハラスメント行為に該当し、違法であるというべきである。」

㈣　Y_1教授が、他の学生に対し、Xが検査室に単独で立ち入ったと述べたこと

〈裁判所の判断〉「本件コースの学生は、研究目的であれば指導教員の許可

271

第Ⅳ章　生活指導・懲戒権行使、人格権等に関する事故

を得て検査室への立入りが許されているところ、あえて原告が検査室に単独で立ち入っていたことを学生の前で述べたことは、原告がルール違反の問題行動を起こしているかのような印象を他の学生に与えるもので、原告の名誉を傷つけ、誹謗中傷し、教授の裁量権の範囲を明らかに逸脱、濫用したものであるから、アカデミックハラスメント行為に該当し、違法というべきである。」

㈹　Y₁教授は、Xと同期の学生に対し、原告が性急に学校の教員からデータを取ろうとしていたことについて、「Xさんはちょっと暴走気味だね」と発言したこと

〈裁判所の判断〉「被告Y₁の上記発言は、原告が学校の教員から性急にデータを取ろうとしていたことについて、それが望ましくないという教授としての意見を表明したものであって、同期のゼミ生の前で話した点については、その必要性には疑問が残るものの、原告を誹謗中傷するものであるとまではいえず、教授の裁量権の範囲を逸脱、濫用したものであるとまでは認められないから、アカデミックハラスメント行為に該当して、違法であるとはいえない。」

㈺　Y₁教授が、他の学生もいる院生ルームにおいて、Xが前日に行った試行カウンセリングについて「あれはひどい、あれはカウンセリングじゃない。ただのおばちゃんの世間話をしとるとしか言いようがない」と発言したこと

〈裁判所の判断〉「おばちゃんの世間話と評して否定的評価を述べたことは、それ自体だけを見れば、原告を侮辱し、人格を傷つけるものであるとも思われる。しかしながら、学生が行った試行カウンセリングについて気になった事項の指摘や学生に対する指導、注意を他の学生がいる場で行うことは、他の学生からも客観的な指摘を受けることで互いに自らのカウンセリングの問題点について自覚し、クライアントからの話の聞き出し方について改善を図るために有益であると考えられることからすれば、どこが問題であるかを具体的に指摘し、その上で上記発言がされたとすれば、具体的な問題点について比喩的に表現したものであり、比喩の内容はやや適切さを欠くとしても、合理的な指導の範囲を逸脱したものであるとまではいえない。」「そして、証拠（被告Y₁本人）によれば、被告Y₁は、原告に対し、試行カウンセリングの際に、通常は聞こえないはずの面談の声が隣の部屋まで聞こえてきたことから、原告にカウンセリングの場面では相談に来ただけのクライアントに対して、感情的に盛り上がる

ことは適切でないと注意した趣旨であることが認められ、原告の試行カウンセリングの問題点についてある程度は具体的に指摘をしていたと考えられるから、上記発言は、アカデミックハラスメント行為に該当せず、違法であるとはいえない。」

㋖　Y_1 教授が、講義やゼミ、サッカー教室の際に、原告を度々「おばさん」等と呼んだこと

〈裁判所の判断〉「被告 Y_1 が、講義やゼミ、サッカー教室の際に、原告を度々『おばさん』等と呼んだ行為について、サッカー教室で、子供の目線から親しみを込めた表現として、原告のことを『おばさん』等と呼ぶことがあったとしても、被告 Y_1 が少なくとも講義やゼミにおいてそのように呼ぶことは、原告が了承をしているのであれば格別、原告の年齢や性別を理由とした侮蔑的な呼称であり、原告の人格を傷つけるものであるから、教授としての裁量権の範囲を逸脱しており、アカデミックハラスメントに該当し、違法というべきである。」

　⑶　**個の侵害、私用の強要**

㋗　Y_2 が、原告に対し、保護者の前でその子供の家庭教師をするように発言したこと

〈裁判所の判断〉　研究に資する面も否定はできないが、「本来の研究活動とは異なる私用としての側面が強いといえる。」「保護者の前という断りにくい状況下で家庭教師をするように発言し、原告に事実上諾否の自由を奪って私用を強要した点で、合理的な指導の範囲を逸脱、濫用し、学生の意思決定の自由を侵害し、教授の裁量権を逸脱、濫用したものというべきであるから、アカデミックハラスメント行為に該当し違法である」。

㋘　被告 Y_2 が、原告に対し、Ｉ主催のサッカー教室の活動への参加を勧誘したこと、不登校児のためにサッカー教室を極力休まないように伝えたこと

〈裁判所の判断〉「原告の研究活動に資する面がある上、被告 Y_1 が原告を誘った際の行為態様は証拠上明らかではなく、参加を強いるような行為態様を認めることはできない」

　また、大人達が休むことは、学校だけでなくサッカー教室の大人たちにも見捨てられたと感じられてしまうため、不登校児の心理に望ましくないとする

第Ⅳ章　生活指導・懲戒権行使、人格権等に関する事故

Y_1 教授の主張に合理性を認め、正当な注意の範囲内であり、「原告の私生活に不当な干渉をしてプライバシーを侵害するものとは認められない」としてアカデミックハラスメント該当性を否定した。

(4)　**学習・研究活動の妨害（＋精神的攻撃、修了の妨害）**

㈦　Y_1 教授が、Ⅰ主催のサッカー教室の手伝いについて、質問紙の回収に行くために休みたいとXが申し出たのに対し、サッカー教室を休むことは不登校児からの信頼を失うことから避けるように注意するとともに、アンケートを実施するのであれば研究計画書が仕上がってからでないと考察がうまくできず、地獄を見ることになると注意したこと

〈**裁判所の判断**〉（サッカー教室を休むことを避けるように注意した行為については、上記㈡と同様の理由で違法性を否定した上で、アンケートの実施につき、地獄を見ることになると注意した行為について）「被告 Y_1 としては、研究計画書が未完成の状態で調査を行っても、データの集積が不十分になり、うまく考察を行うことができず苦労すると考えており、そのことについて忠告する趣旨で注意をしたものであると認められることからすれば、正当な注意の範囲内であって教授としての裁量権の範囲を逸脱、濫用したものであるとまではいえず、原告の研究活動を妨害したものであるとは認められないから、アカデミックハラスメント行為には該当せず、違法であるとはいえない。」

㈢　Y_1 教授が、原告に対し、試行カウンセリングを行うためのスーパーバイザーを紹介するに際し、原告の都合を考慮せず、試行カウンセリングを優先するよう示唆したこと

〈**裁判所の判断**〉「結果として、原告が希望する講義の受講を諦めさせ、原告の研究活動を妨害したことが認められ」「原告の研究活動に役立つものであると認められるものの、大学院の修了に必須というわけではなく、試行カウンセリングを実施しない学生もおり、原告が試行カウンセリングを優先して直ちに実施しなければならないという合理的な理由もうかがわれない」として教授の裁量の範囲の逸脱し違法性を認めた。

㈣　Y_1 教授は、事前に、原告に対して、（面談に）「行って話を聞けばよい」と発言し、準備をするように指示していなかったにもかかわらず、当日になって、原告に対し、面談の準備をしてきたかを尋ね、準備をしていなかった原

告に対し、「あんたは1から100まで言わんとわからんのか！」と大声かつ厳しい口調で原告を叱責したこと

〈裁判所の判断〉「面接における事前の準備の必要性について丁寧に説明せずに、前後で矛盾するかのような指示をして原告を混乱させ、原告の研究活動を妨害するとともに、指示に従わなかった原告に問題があるかのように非難している点で、不合理な叱責であり、原告を侮辱し、その人格を著しく傷つけるものであるから、教授の裁量権の範囲を逸脱、濫用し、アカデミックハラスメント行為に該当し、違法というべきである。」

㈦　Y_1教授が、使用目的を確認しないまま、Xから検査室の鍵を取り上げたこと

〈裁判所の判断〉「本件コースの学生は研究目的であれば、指導教員の許可を得て検査室への立入りが許されていることからすれば、被告Y_1が使用目的を確認しないまま、原告から検査室の鍵を取り上げた行為は、学生の研究活動を妨害し、教授の裁量権の範囲を明らかに逸脱、濫用したものであるから、アカデミックハラスメント行為に該当し、違法というべきである。」

㈧　Y_1教授が、調査に用いる質問紙の具体的な問題点や、調査に行くことがなぜ倫理違反となるのかについて何ら説明をすることもなく、「倫理違反だ」、「あの質問紙にはクレームがついてる」などと発言し、「だいたい私に何を求めているんだ」、「地獄を見ろ」などと発言したこと

〈裁判所の判断〉「倫理違反の行為は、それが発覚すれば場合によっては学生の研究活動ができなくなるおそれもある上、質問紙の内容が不十分なままデータ収集を行っても、無駄な結果となるばかりか、その後の分析、考察を経ての論文作成に大きな支障を来すことになることは容易に想像できることに鑑みると、仮に被告Y_1の主張するとおり、原告の作成した質問紙が不十分であり、かつ研究計画の上からその質問紙によるデータ収集等に倫理上の問題が発生すると考えたのであれば、被告Y_1としては、原告の作成した質問紙について具体的な問題点を指摘しながらその改善を促し、かつ、原告が倫理違反の行為を犯すことがないように、研究計画を完成させてから調査に行くべきで、それまでは調査に行かないように強く指導するべきであったといえる。」

（本件事実のもとでは）「原告が質問について被告Y_1からこれで問題ないとの

第Ⅳ章　生活指導・懲戒権行使、人格権等に関する事故

了承を得たものと受け止めるのは自然なことである。また、被告 Y₁ は、同月22日には、原告がゼミを休んで A 市の学校へ調査に行くことについて許可しており、原告としては、調査に行くことについて研究倫理上何ら問題はないと考えることも自然である。」。（上記 Y₁ 教授の発言は、）「質問紙の作成や調査に行くことに関して前後で矛盾する指導となり、不合理な指示により原告を混乱させ、原告の研究活動を妨害する結果となるとともに、原告に十分な指導や説明をしなかったという自らの落ち度を棚に上げ、指示に従わなかった原告に専ら問題があるかのように非難している点で不合理な叱責であり、更に原告を侮辱し、その人格を著しく傷つけるものであるから、教授としての裁量権の範囲を明らかに逸脱、濫用しており、アカデミックハラスメント行為に該当し、違法というべきである。」

(タ)　Y₁ 教授が、ゼミ合宿において、X が修士論文の「問題と目的」を発表した際に、理由を告げることなく突如「データを捨てろ。そして、『問題と目的』もテーマの 1 行目から全部リセットしろ」と命じたこと

〈裁判所の判断〉「そもそも、質問紙に基づいて収集したデータを捨てて、修士論文の冒頭部分の『問題と目的』を作成し直すことは、原告の研究テーマを全否定するものであるとともに、それまでの作業が全て無駄となることを意味し、2 年間という限られた期間で修士論文を書き上げなければならないこと、原告は、この時点で、被告 Y₁ の添削を受けた質問紙に基づき、114 名の教師からデータ収集をしており、今後はそのデータの分析に取り掛かる予定であったことをも考慮すると、合理的な理由がない限り、原告の研究活動に重大な支障を生じさせ、ひいては、2 年間での修了を妨害するものであり、教授の裁量権の範囲を逸脱、濫用し、アカデミックハラスメント行為に該当し、違法であるというべきである。」

本件認定事実のもとでは被告 Y₁ の行為には、合理的な理由がないとして教授の裁量権の範囲を逸脱、濫用を認め、アカデミックハラスメント行為に該当するとして違法であると判示した。

3　加害教員の個人責任と国家賠償法 1 条 1 項の適用関係

国家賠償法 1 条は、1 項で公務員による公権力行使についての国と公共団体

[典型判例] 12　アカデミックハラスメント

の賠償責任を定めているが、同条 1 項が適用される場合に、加害公務員個人が民法 709 条に基づく賠償責任を負うか否かについては明文の規程がない。加害公務員の個人責任の成否について、最高裁は否定説の立場をとっており（最判昭 30・4・19 民集 9 巻 5 号 534 頁）、故意による不法行為の場合も同様の立場としている [9] [10]。

　本判決は、①国立大学法人の教職員はみなし公務員ではないとされていること（国立大学法人法は、独立行政法人通則法 51 条を準用していない）、②国立大学の設置主体が国から国立大学法人に変更されたことにより、私立大学と学生間における在学契約と何らの差異がなくなったこと、③大学教授による教育、研究活動は、公権力の作用ではなく、警察官等が公権力を行使するにあたっての萎縮効果を考慮する必要がないことを理由に、教授個人の民法 709 条の責任を認めている。①・②の理由付けについては、前掲岐阜地判平 21・12・16 が、国立大学法人の国家賠償法 1 条 1 項の要件である公共団体性を否定した理論 [11] と同旨であるが、本判決では、公共団体性の否定ではなく、国家賠償法 1 条の適用がある場合には、違法な公権力の行使にあたった公務員は被害者に対して直接に不法行為責任を負わないとする確立された判例法理 [12] に制限をかけるものとして用いられている。

　私立大学でのアカデミックハラスメント事案については、加害教員個人の不法行為（民 709 条）に基づく賠償責任と大学の使用者責任（民 715 条）に基づく賠償責任の両方の成立が認められているが、国公立大学における事案では、国公立大学法人が国家賠償法 1 条 1 項の責任を負う場合、加害教員個人の賠償

---

9) 現在では、前掲最判昭 30・4・19 と最判昭 53・10・20 民集 32 巻 7 号 1367 頁（芦別事件）を引用して、加害公務員の個人責任を否定するパターンが定着しており、裁判所の立場として否定説は確固たるものとなっている。（近藤卓也「公務員の個人的責任」『行政法判例百選Ⅱ』469 頁）

10)「最高裁は、故意の場合を含めて、公務員個人責任を否定する趣旨」（宇賀克也「国家賠償法」（有斐閣、1997 年）94 頁）。

11) 前掲岐阜地判平 21・12・16「国立大学法人は、法令上、行政処分の権限が明示されていないこと、国立大学法人について独立行政法人通則法 51 条が準用されず、同法人の設置、運営する大学の職員は公務員ではないこと、私立の学校法人と学生との間の在学契約と国立大学法人と学生との間の在学契約とに何らの差異も見いだせないことからすると、国立大学法人は、国家賠償法 1 条 1 項にいう『公共団体』にあたらないと解される。」

12) 前掲最判昭 30・4・19、最判昭 46・9・3 判時 645 号 72 頁、前掲最判昭 53・10・20、学校関係の事案としては最判昭 52・10・25 判タ 355 号 260 頁がある。

第Ⅳ章　生活指導・懲戒権行使、人格権等に関する事故

責任が成立しないという、私立か国公立かで責任の成否に不均衡が生じていると指摘されている[13]。国又は公共団体が国家賠償法1条1項により賠償責任を負う場合、国又は公共団体は、同条2項により、行為者である加害公務員に対し求償請求することができるものの、実際に求償権が行使されることは少ない。求償されず、事実上加害公務員が何ら責任を負わないケースが多数を占めるとみられる現状においては、求償権があることを根拠にこの不均衡が解消されているとは言い難い[14]。本判決は、従来の判例の立場を維持しつつ、当該不均衡の解消をはかったものと解され、結論としては妥当であると考えるが、従来の判例の射程を制約する理論としては、課題が残っているように思われる。

4　大学の安全配慮義務

(1)　概　説

本判決において、大学には安全配慮義務の中身として①教育研修義務、②誠実対応義務、③学習環境配慮義務、④調査報告義務、⑤再発防止義務があることが述べられている。大学がこれらの義務を負うことについては、本判決以前から私立・国公立の事案いずれでも認められている。在学契約に基づき大学にこれらの義務があるとされるのは、単位認定、論文・卒業認定、各種許可、推薦などの権威・権限を当該加害者たる教員に与えたのは大学であること、これらの権威・権限の剥奪、不適切な行使をコントロールし、安心して学習できる環境を用意することができるのもまた大学であるからであろう。

(2)　①教育研修義務

Y₁教授は、Xに対するハラスメント以前に、別のゼミ生に対する言動が、大学のハラスメント対策委員会において、アカデミックハラスメント行為に当

---

13) 不均衡を指摘するものとして、山本克美「キャンパス・セクシュアル・ハラスメント訴訟と大学の教育研究環境配慮義務―大学と加害教員の責任の並存及び大学の処分の相当性をめぐって―」立命館法学 2005 年 2・3 号（300・301 号）456 頁、曽和俊文「国家賠償法(3)（下）行政の不作為と国家賠償、公務員個人の個人責任」法教 419 号 85 頁がある。

14) 裁判例として数は少ないが、求償が認められた学校事案としては、大阪地判平 23・8・9 判例集未登載（学校設置者である堺市が、加害教員に対して、求償権を行使し認容された事案）、大分地判平 28・12・22 裁判所 HP（加害教員への求償権の不行使が違法であることの確認を求める住民訴訟が提起され、認容された事例）がある。

たると認定され、口頭での厳重注意処分を受けていた。Y₂大学は、学内規程の整備、周知徹底のための広報、講演会などの研修を行っていたが、Y₁教授に対して、再度アカデミックハラスメント行為をしないよう、個別に教育、研修を実施しなかったことが教育研修として不十分であるとして、教育研修義務違反を認めている。

大学の教育研修義務としては、ハラスメント発生以前は、学内規程の周知徹底、一般的な研修の実施で足りると思われるが、毎年研修を受講していても、ハラスメントを行ってしまったということは、一般的な研修が当人には効果がなかったということであるから、ハラスメント歴のある教職員に対しては、単に役職を解いたり注意をするだけでなく、そのハラスメントの内容、程度に応じて個別の研修の実施をすべきとするのはもっともなことであろう。

(3) ②誠実対応義務

本判決は、大学が、ハラスメント委員会を立ち上げるための手続の流れについて明確に説明を行わなかった点が誠実対応義務違反であるとした。ハラスメントの被害者が、報復や二次被害を恐れて被害申告を躊躇することは当然想定されるところである。被害者の意思決定及び被害を申告しやすい環境を整えるには、相談を受ける時点で、その相談内容の取扱い、大学の介入・調査に必要となる手続などの教示は必須である。大学のハラスメント相談にあたる担当者は、手続を熟知し、これを説明できるようにしなければならない。

(4) ③学習環境配慮義務

本判決は、Y₁教授に対する行動範囲の限定、院生ルームへの出入禁止、中間発表会への出席停止、原告に対する誹謗中傷・名誉を棄損する言動の禁止等を、大学が負う学習環境配慮義務の具体的内容として挙げている。本件では、Y₂大学はXから平成24年9月に相談を受け、Xはゼミを移籍し、11月には関係者への聞き取りを実施し、Y₁教授に対し口頭注意を行い、12月には、ゼミ移籍後はハラスメントを受けていない旨をXから聴取していた。その後、平成25年4月にXがⅡ2(セ)のハラスメントを受け、Xと大学副学長との面談が実施され、5月に院生ルームの仕切り壁工事が行われた。同年6月にXが申立てを行い、ハラスメント対策委員会が設置され、7月にハラスメントの関係者に対する調査が開始され、10月にY₁教授に対して中間発表への出席停止措

第Ⅳ章　生活指導・懲戒権行使、人格権等に関する事故

置を講じたという時系列であった。学習環境を整備するには、大学は、ハラスメントの詳細を把握しなければならないし、設備、人員の変更を伴うものであれば、関係者への説明も必要となってくる。本判決は、院生ルームに仕切りを設置し、中間発表を欠席させた他に措置を講じなかったことは不十分であり、学習環境配慮義務違反があるとしたが、どの時点でどの程度まで配慮措置を講ずべきであったのかについては述べられていない。配慮措置の内容によっては、被害学生が特定されてしまう可能性もあり、相談段階で、被害学生が匿名性を重視した場合の対応は、大学としても頭を悩ませるものであろう。

(5)　④調査報告義務

本判決では、㋐規程を形式的に適用し、合理的な理由なく調査の開始を遅らせたこと、㋑進捗状況を報告しなかったこと、㋒判定の具体的な内容や理由を口頭又は書面で説明しなかったことが、調査報告義務違反に当たるとした。㋐については、規程の解釈の誤りであり、㋑・㋒については規程で定められた事務的事項を正しく運用できていなかったことによるものである。

(6)　⑤再発防止義務

本判決は、Y_1 教授にハラスメント歴があること、ゼミ移籍後も X と Y_1 教授が接触する可能性があったこと、平成 24 年 11 月の時点で、関係者への聞き取りから Y_2 大学が被害状況を把握し、Y_1 教授が事実関係の多くを否定していることから、Y_2 大学は、同時点で Y_1 教授に対して、定期的な面談、研修等により再発防止策を講じる義務があったとした。ハラスメント対策委員会の調査により、Y_1 教授の言動がハラスメントに該当すると判断されたのは、平成 25 年 12 月のことであるが、ハラスメント対策委員会の設置・判断前に、再発防止義務を認めている。本件 Y_2 大学の規程内容は不明であるが、ハラスメントの申立てが、事実調査に留まらず最終的に懲戒処分にまでつながるものである場合、単純に関係の改善を希望し懲戒処分まで望まない被害者は、申立てまで行わないこともある。大学は、申立ての有無にかかわらず、被害状況等を把握した以上は対応しなければならないということであろう。

[典型判例]12　アカデミックハラスメント

Ⅲ　参考判例

1　アカデミックハラスメント該当性の判断基準と該当行為

⑴　名古屋地判令2・12・17判時2493号23頁・判タ1502号222頁

「いわゆるアカデミックハラスメントとは、研究及び教育機関における教員等の優位な立場にある者から学生等の劣位な立場にある者に対してされる、ハラスメント行為の一つであり、ハラスメントの受け手である学生等の人格権等の権利利益の侵害になり得るものであるが、他方で、学生等に対する教育上の見地から、教員等には研究教育上の一定の裁量が認められるところであり、教員等の学生等に対する言動が不法行為法上の違法行為に該当するかは、両当事者の立場及びその優劣の程度のほか、当該行為の目的や動機経緯、立場ないし職務権限等の濫用の有無、方法及び程度、当該行為の内容及び態様並びに相手方の侵害された権利利益の種類や性質、侵害の内容及び程度等の諸事情を考慮して、当該行為が教員等の学生等に対する研究教育上の指導として合理的な範囲を超えて、社会的相当性を欠く行為といえるかどうかにより判断する」

「このことは、大学院の博士課程に在籍する大学院生であっても、博士課程修了後の客員研究員として在籍する者であっても変わらない」

⑵　京都地判令5・3・30WLJ/DB2023WLJPCA3306010

「そこで、原告の行為がハラスメントに該当するか否かを判断するに当たり、Aの行為の問題性が、必要な考慮要素となるかについて検討する。」

パワハラ指針においても、「パワーハラスメントに該当するには、業務上必要かつ相当な範囲を超えたものであることが必要であり、業務上必要かつ相当な範囲を超えた言動とは、明らかに当該事業主の業務上必要性がない、又はその態様が相当でないものを指し、その判断に当たっては、当該言動の目的、当該言動を受けた労働者の問題行動の有無や内容・程度を含む当該言動が行われた経緯や状況、業種・業態、業務の内容・性質、当該言動の態様・頻度・継続性、労働者の属性や心身の状況、行為者との関係性等を総合的に考慮することが適当であり、個別の事案における労働者の行動が問題となる場合は、その内容・程度とそれに対する指導の態様等の相対的な関係性が重要な要素となるこ

281

第Ⅳ章　生活指導・懲戒権行使、人格権等に関する事故

とについても留意が必要であるとされている。そして、被告におけるアカデ
ミック・ハラスメント（ハラスメント防止規程2条2号）とパワー・ハラスメ
ント（同条3号）の各定義は、主体及び客体等の点で異なる部分はあるものの、
同じくハラスメントに該当する言動を定めたものであることからすれば、パワ
ハラ指針の考慮要素に関する上記の考え方は、被告のハラスメント防止規程に
おけるアカデミック・ハラスメントにも基本的に妥当するというべきである
（なお、パワハラ指針が制定されたのは、本件ハラスメント認定よりも後であ
るが、ハラスメント該当性についての考え方として十分参考に値するというべ
きである。）。」「以上を踏まえて検討すると、原告がAに対して反省文の提出を
求めた行為は、教員から学生に対する指導の一環としてなされたものであると
ころ、Aの行為の問題性が大きいほど、指導の許される必要かつ相当な範囲は、
一般的には広くなると解される。」「したがって、Aの行為に問題があるか否か
は、原告の行為がハラスメントに該当するか否かを判断するに当たり、必要な
考慮要素になるというべきである。」

　「もっとも、パワハラ指針でも指摘されているとおり、ハラスメント該当性
の判断に当たっては、Aの行為の問題性のみならず、Aの心身の状況や、原告
との関係性等をも、総合的に考慮することが適当である。」

2　国家賠償法1条1項の適用と加害教員の個人責任の関係

(1)　概　説

　平成16年に国立大学が独立行政法人化した後において、国立大学法人の教
職員の職務行為について国家賠償法1条1項が適用の有無が論点となっていた。
肯定例として東京地判平21・3・24判時2041号64頁、否定例としては前掲岐
阜地判平21・12・16があったが、名古屋高判平22・11・4裁判所HP（前掲岐
阜地判の控訴審）が肯定する判断をして以降、下級審の動向としては、肯定の
立場をとるものが多数派である。なお、本稿執筆時時点では、この論点につい
て判断した最高裁判例は存在しない。

(2)　名古屋高判平22・11・4裁判所HP

　（最判昭30・4・19、最判昭62・2・6（公立学校における教職員の教育活動も「公
権力の行使」に当たると判示）の立場を示した上で）

［典型判例］12　アカデミックハラスメント

「国立大学は、我が国の学術研究、高等教育及び研究者養成の中核を担うとともに、全国的に均衡のとれた配置により地域の教育、文化、産業の基盤を支え、学生の経済状況に左右されない進学機会を提供するなどの重要な役割を果たしているところ（当裁判所に顕著な事実）、国立大学法人は、このような国立大学を設置することを目的として国立大学法人法の定めるところにより設立される法人であり（同法2条1項）、国立大学の設置、運営等を業務としている（同法22条1項）。なお、各国立大学法人の名称及び主たる事務所の所在地並びに当該国立大学法人の設置する国立大学の名称は国立大学法人法によって定められており（同法2条2項、4条）、国立大学法人制度の下でも国立大学の設置が従前の国立学校設置法と同様に法定という形で国の意思によるものであることが明らかにされている。」

「国立大学法人の資本金については、国の機関が独立行政法人化した場合と同様に、法人成立の際に国が有する国立大学に関する一定の権利を承継し（同法附則9条1項）、基本的に承継した当該権利に係る財産の価額に相当する金額が政府から国立大学法人に対して出資されたものとされ（同条2項）、この金額が国立大学法人の資本金となるものとされている（同法7条1項）。また、政府は、必要があると認めるときは、追加して金銭及び土地建物等を出資することができる（同条2項、3項）。」

「国立大学法人においては、学長が学校教育法92条3項に規程する職務（校務をつかさどり所属職員を統督する職務）を行うとともに、国立大学法人を代表してその業務を総理するが（国立大学法人法11条1項）、学長の任命は国立大学法人の申出に基づいて文部科学大臣が行うこととされている（同法12条1項）。国立大学法人の業務を監査する監事（同法11条4項）も文部科学大臣によって任命される（同法12条8項）。また、国立大学法人については、文部科学大臣が国立大学法人からあらかじめ意見を聴取し当該意見に配慮等した上で6年間において国立大学法人が達成すべき業務運営に関する目標を中期目標として策定し、教育研究の質の向上に関する事項、業務運営の改善及び効率化に関する事項、財務内容の改善に関する事項、大学の自己点検及び評価並びに情報発信に関する事項等についての基本的な方向性が定められ（同法30条）、国立大学法人は、中期目標に基づき当該目標を達成するための計画を中期計画

283

第Ⅳ章　生活指導・懲戒権行使、人格権等に関する事故

として作成し、文部科学大臣の認可を受けなければならないこととされている（同法31条）。このように、国立大学法人においては、国立大学の自主性、自律性や教育研究の特性に配慮しつつも（同法3条）、引き続き国から必要な財政措置を受けることを前提として国による一定の関与が行われる。」

「なお、国立大学法人の役員及び職員については秘密保持義務が課されるほか（同法18条）、刑事罰の適用については公務員とみなされ（同法19条）、例えば、公務執行妨害罪の客体や収賄罪の主体となり得るものとされている。」

「さらに、国立大学法人の財務及び会計については独立行政法人通則法の財務及び会計に関する規程が準用される（国立大学法人法35条）。また、国の財源措置すなわち政府が予算の範囲内で独立行政法人に対しその業務の財源に充てるために必要な金額の全部又は一部に相当する金額を交付することができることを定める独立行政法人通則法46条を準用することにより、国立大学法人に対する国の財政上の責任が明確化されている。」

「以上のとおり、国立大学法人が法律によって設立され、我が国における高等教育、学術研究等に関して重要な役割を担う国立大学の設置運営等の目的及び権能を付与された法人であり、国からの必要な財政措置及びこれを前提とする一定の関与を受けながら国立大学の設置運営等に当たっていること等からすれば、国立大学法人は国家賠償法1条1項の『公共団体』に該当する」。

「次に、国立大学法人の教職員による教育活動上の行為が国家賠償法1条1項の『公権力の行使』に該当するか否かが問題となる。」

「国立大学法人成立前の国立大学の教職員による教育活動については『公権力の行使』に該当し、国家賠償法1条1項が適用されるところ、前記のとおり新たに国立大学の設置主体となった国立大学法人に公共団体性が認められること、国立大学法人制度は国の機関として位置付けられていた国立大学を法人化して予算、組織及び人事に関する大学の裁量を拡大し、国立大学の自主性、自律性を高めること等を目的とする制度であり、同制度自体が国立大学における教育活動の性質を変更するものとは解されないこと、国立大学法人の成立時において、従前の国立大学が国立大学法人の設置する国立大学となり（国立大学法人法附則15条）、現に国が有する一部の権利及び義務を国立大学法人が承継し（同法附則9条）、従前の国立大学の学長が原則として任期満了まで引き続

284

き国立大学法人の学長を務め（同法附則2条）、従前の国立大学の職員が原則として国立大学法人の職員となるなど（同法附則4条）、従前の国立大学と国立大学法人の設置する国立大学との間に同一性が認められることを考慮すれば、国立大学法人が設立され、国立大学の設置主体が国から国立大学法人に変更されたからといって、教職員による教育上の行為の性質が異なるとする実質的な根拠を見いだすことはできない。」「したがって、国立大学法人A大学の教職員である控訴人による教育活動上の行為の性質に変化はなく、法人化前と同様に『公権力の行使』に該当するというべきである。」

「たとえ国立大学法人と学生との間の法律関係が当事者の合意に基づく在学契約関係であるとしても、大学における教育活動は、我が国における高等教育及び学術研究の中心として、広く知識を授けるとともに、深く専門の学芸を教授研究し、知的、道徳的及び応用的能力を発展させることを目的として行われる非権力的作用であるというべきであり、これを純然たる私経済作用であるとみることはできない。」

2　学校の安全配慮義務

⑴　札幌地判平25・6・3判時2202号82頁・裁判所HP　【事実関係の調査義務】

被告A町立小学校6年生であった児童が、自宅で縊首した状態で発見され、死亡した。当該児童の両親である原告は、児童が5年生の時に行われたB教諭の違法な指導により多大な精神的苦痛を被ったことが原因であると主張し、また、A町は真実解明調査及び報告義務違反があったとして、A町に対し国家賠償法1条1項又は民法415条に基づく損害賠償請求、被告北海道に対して国家賠償法3条1項に基づき損害賠償請求した。

裁判所は、B教諭の指導は、5年生の指導としてはやや厳しいものであったことは否定できないが、教育的効果を期待し得る合理的なものであったとして違法性を否定した。一方、調査報告義務については、次のように判示した。

「学校設置者は、在学する児童の学校生活上の安全に配慮して、無事に学校生活を送ることができるように教育・指導をすべき立場にあるのであるから、児童の自殺が学校生活上の問題に起因する疑いがある場合、その原因を究明す

ることは、健全な学校運営にとり必要な事柄である。したがって、このような場合、学校設置者は、他の児童の健全な成長やプライバシーに配慮した上、児童の自殺が学校生活に起因するのかどうかを解明可能な程度に適時に事実関係の調査をしてその原因を究明する一般的な義務を負う」。「また、自殺した児童の保護者から、自殺の原因についての報告を求められた場合、学校設置者は、信義則上、在学契約に付随して、当該児童の保護者に対し、上記調査義務に基づいた結果を報告する義務を負う」。

「この報告義務に違反したときは、国賠法上違法との評価を受けるが、上記調査義務は、上記のとおり学校設置者としてその健全な学校運営のために一般的に負う義務と理解できるから、上記調査義務違反は国家賠償法上の違法評価とは直ちに結びつくと解することはできず、上記報告義務違反の判断の一要素に留まると解するのが相当である。」とし、認定した事実においては、調査及び報告がなされたとはいえないとして、調査及び報告義務違反を認めた。

Ⅳ　実務の留意点

1　ガイドライン・通達等

文部科学省は、セクシュアルハラスメントについては、大学等が行うべき具体的な取組みや措置について通達[15] によって示しているものの、その他のハラスメントについては、本稿執筆時点では統一的なガイドライン等は存在せず、各大学等にその対応を委ねている。「事業主が職場における優越的な関係を背景とした言動に起因する問題に関して雇用管理上講ずべき措置等についての指針」（令和2年厚生労働省告示第5号　以下「パワハラ指針」という）を受けて、文部科学省は、「事業主が自らの雇用する労働者以外の者（受験生、学生、求職者等）に対する言動に関し、同様の方針を示すことが望ましいとされていることに御留意ください。」と、対策を講じることを通達[16] で促しているものの、

---

15)「セクシュアルハラスメントを含む性暴力等の防止に向けた取組の推進について（通知）」（令和4年11月22日4文科高第1246号）

[典型判例]12　アカデミックハラスメント

大学等によってその対策の程度にはばらつきがあるようである。前掲京都地判令5・3・30でもパワハラ指針が参照されていることからしても、学内規程の整備にあたって、同指針に対応しているか検討されるべきであろう。

2　大学のハラスメント対応における人材の確保と専門性

　大学が安全配慮義務を全うするには、ハラスメント発生以前から担当にあたる人員を確保していることが必須である。初動対応を誤ると、本件Xのように結局大学院の入学から修了までほぼ全期間を苦しい環境の中、研究生活を過ごさせることになる。現状では、大学職員、教員、心理系の専門家、コールセンターなどの民間会社、弁護士などが、ハラスメントの対応に携わっているが、窓口、相談、調整・調停（ハラスメントの判断を行わない調整機能のみ）、調査（ハラスメント認定）、処分まで迅速に行うには、各段階の担当者をつなぐ事務的な作業を行う者も必要である。学内規程の内容にもよるが、調査担当者は、大学に調査報告をした後は、任務を終了しており、その後大学が当事者に適切な報告を行ったのか否かは関知しない。Y$_2$大学の誠実対応義務違反と調査報告義務違反については、全体の流れを把握し、この各手続と手続の間をつなぐ事務的役割を統括管理する者の不在によるものではないかと推測する。

　大学の現状としては、相談員の専門性の不足が指摘されており、臨床心理士などの起用が有用であると思われるが[17]、調査、処分の段階では、調査技術や証拠の扱い、事実認定、規程の解釈、適切な手続運用など、心理職とは別のスキルが必要である。性的な言動などは、明らかに教育指導とは無関係であるため対応しやすいが、指導中の注意などが加害行為とされる場合には、学術的側面も加わり、ハラスメントの判断は非常に難しいものとなろう。対応を誤ると大学が加害者（安全配慮義務違反）として被害者に訴えられる可能性がある一方で、ハラスメントの認定や懲戒処分を不服として加害教員から訴えられるファイトバックの可能性もある。加えて、これらが世間に明るみになることで

---

16)「女性の職業生活における活躍の推進に関する法律等の一部を改正する法律及び関係省令等の施行に伴うハラスメント防止のために講ずべき措置について（通知）」（令和2年11月13日2文科高第746号）

17)　葛文綺他「大学のハラスメント相談における心理職の専門性」臨床心理学19巻3号352-360頁。

第Ⅳ章　生活指導・懲戒権行使、人格権等に関する事故

の風評被害も懸念されるところである。このようなリスクを抱えた大学が、公平な第三者として忖度なく判断ができるのかとの疑問はないではないが、結局のところ大学以外に学内での環境の改善、調整を行える能力があるものはなく、何らリスクを負わないとすれば大学は問題を放置するであろう。大学は修学年内での卒業・修了というリミットがあり、学生が被害者の場合は、うやむやにして卒業させることができてしまう。

　大学は、捜査機関ではないため調査能力に限界があることに加え、教員が持ち回りで調査を担当していることも多く、対応スキルが蓄積されない。調査には時間もかかり、教員の研究活動を圧迫する。大学の教員同士の関係は、会社における上司と部下のような上下関係ではなく、あいまいである。教員に判断させることで、教員同士の関係に新たに亀裂を生じさせる危険性もはらんでいる。この様な大学特有の複雑な事情や第三者性（中立性）に重きを置いて、事実調査及びハラスメント該当性の判断までを、弁護士などの学外の法律家に依頼している大学もある。学外の調査委員をそろえるには、ある程度の費用を要するが、それだけのことを研究活動を本業とする教員にさせていることにほかならず、困難案件などに絞るなどして一部を外部に委託するだけでも、対応にあたる教員たちの疲弊は和らぐであろう。

　大学の設置法人の顧問弁護士又は学内弁護士が、ハラスメントの相談窓口や調査委員に就いているケースも従来からよく見られるが、注意が必要である。ハラスメント申立手続にかかる事実関係調査、判断等に関わった案件について、後の民事調停で学校法人側の代理人に就いたことが、弁護士職務基本規程5条に違反し、弁護士法56条1項に定める弁護士としての品位を失うべき非行に該当するとして懲戒処分を受けた事例もあり、顧問弁護士等をハラスメント調査に起用した場合、大学は、訴訟化した際の代理人を探す必要が生じるであろう。

　人員の確保は、すぐにできるものではない。学内規程の整備とともに、運用にあたる人材の確保・育成が、大学には求められている。

（君嶋　　恵）

[典型判例]13　セクシャルハラスメント

典型判例 **13** **セクシャルハラスメント**

> 東京地裁令和 2 年 8 月 28 日判決〈平成 29 年（ワ）第 43480 号等〉
> 　判タ 1486 号 184 頁・裁判所 HP

I　典型判例の紹介

1　ひとことで言うとどんな判例か

　大学の女子ソフトボール部において、監督の部員に対するセクシャルハラスメント行為について不法行為該当性を認めた一方、大学を設置する法人及び代表者の事後対応について不法行為及び債務不履行該当性を認めなかった裁判例である。

2　判決要旨

　まず、「膝の上に座らせて身体を密着させること、胸や太ももに触ること及び抱擁を繰り返すこと」は、「異性間の身体接触を伴」い、「いずれも性的な意味合いを持つ行為として評価されるもの」であって、「実際に原告は性的な不快感を覚えた」ことから、「原告の性的自己決定権を侵害する違法な行為であったというべきである」。また、「口止めの趣旨と解される発言」等は、「上記の行為と一体となって」原告に対する「性的な意図を感じさせる発言」ということができ、「原告に性的な不快感を与えるもの」であり、「原告の性的自己決定権を侵害するものというべきである」。監督が「女子選手を励ます際に胸や太ももを触る必要はないこと」、原告に口止めしていることから、「各行為のもつ性的な意味合いを理解しながら、あえてこれを行ったものというべき」であり、「性的意図をもって故意に」各行為を行ったものと認められる。

　一方で、法人が、監督を総監督という地位に就任させたことは、監督に対す

289

第Ⅳ章　生活指導・懲戒権行使、人格権等に関する事故

る「最終的な処分」ではなく、原告からセクシャルハラスメント行為の申告を受け、監督を「部活動の現場から離れさせる措置」であり、その「経過を説明することが好ましかったとはいえるにしても」総監督という地位に置いたこと及びそのことを原告に説明しなかったこと自体が「直ちに不法行為ないし何らかの義務違反を構成するとはいえない」。また、法人が、第三者委員会による調査報告書を原告に開示しなかったことは、監督によるセクシャルハラスメント行為の問題が「当事者以外においても取り上げられるようになった状況下」において、「強制力を有せず限界のある第三者委員会が限られた時間の中で行った調査の結果が第三者に開示されることは、無用の誤解を生む可能性もあり、第三者への開示をしないことへの同意を求めた」法人の「対応はやむを得ないものであった」以上、原告から第三者への開示をしないことへの同意が得られないことを理由として調査報告書を開示しなかったことが「不法行為を構成するとまではいえない」。さらに、原告が大学を卒業し、部活動から離れている状況で、法人が、原告に説明しないまま監督を「部活動の現場に復帰させることが直ちに原告の権利を侵害する不法行為を構成するものとはいえ」ない。加えて、監督によるセクシャルハラスメント行為は、「重大な性犯罪等に該当するものであるとまではいえないこと」、監督が「部活動の指導を主たる業務として」雇用されていたにもかかわらず、約1年間にわたり、「部活動を指導する立場から外された状態が続き」、かつ「給与の減額を受けて」おり、「一定の不利益を科していた」こと、そもそも、法人が雇用する監督に対し、「どのような処分をすべきかは就業規則等に基づき」法人によって定められるべきものであって、「被害者である原告の要望に基づき当然に解雇等の処分がされなければならないものではないこと」から、法人の対応が「原告の何らかの法益を侵害したとまでいうことはできない」。したがって、法人らの事後対応について、いずれも「不法行為は成立」せず、「債務不履行責任等を負うこともない」。

3　事案の概要

　原告が大学（以下「本件大学」という）の女子ソフトボール部においてキャプテンを務めていた当時、部活動の監督（以下「本件監督」という）から以下の行

為を受け、心的外傷後ストレス障害（PTSD）に罹患したとして、本件監督に対し、不法行為に基づく損害賠償を請求し、本件大学を設置する学校法人（以下「本件法人」という）に対し、使用者責任又は在学契約に伴う安全配慮義務等の違反に基づく損害賠償を請求した。

①合宿所の監督室に呼び出し、二人きりの状態で、椅子に座った体勢で本件監督自身の両膝を両手でパンパンと軽く叩きながら「ここに座りなさい。」と繰り返し述べ、30分以上、本件監督の膝の上に腰かけさせた。

②①の体勢で、両腕を原告の身体の前方に回し、腹から胸の下あたりで交差させて原告の身体を引き寄せるとともに、自身の額を原告の背中に30分以上くっつけた。

③②の後、原告が監督室にあるベッドに腰かけたところ、原告の右隣のベッド上に腰かけ、お互いに向き合う体勢になり、「お前と心と心を通わせてやっていきたい。」、「心と心がつながらないとダメ。」などと言って、右手で原告の左胸を触った。

④③に続けて、原告に対し、「男女の関係は愛だよ。」、「おれは原告を女性として見ている。」、「原告が私のことを本当に信頼していたら、私が原告に脱げと言ったら、原告は脱げるんだよ。」、「行動で示せ。」、「原告と私とは赤い糸でつながっている。」、「家には女房がいるけど、グラウンドにはいない。お前がその代わりをやれ。」、「好きになってほしい。」などと言った。

⑤④の後、2、3分の間、原告の太ももをジャージの上から触った。

⑥⑤の後、原告に対し、「最近太ってきたんじゃないのか。」と言いながら、左手で原告の右頬を数秒間触った。

⑦⑥の後、原告に対し、「ふたりのことは、私の女房とコーチ、チームメイトの誰にも言うな。」、「言ったら私が変だと思われるだろ。」、「言ったらどうなるのか分かるよな。」と言った。

⑧⑦の後、部屋を出ようとする原告に対し、身体の正面から抱きつき、両手を原告の背中から腰あたりに回し、その状態を約30秒間続けた。

⑨約1か月の間に、約6回、合宿所の監督室で二人きりになるように原告を呼び出し、入口の引き戸も閉めるよう指示した上で、身体を近付けて抱き付くという抱擁行為をした。

第Ⅳ章　生活指導・懲戒権行使、人格権等に関する事故

⑩合宿所の監督室に原告を呼び出し、パジャマを着てベッドに横になった状態で「一緒に寝ないのか。」と述べた。

また、原告は、本件監督の行為に関する十分な調査や原告に対する説明を怠り、本件監督に対し適切な処分を行わなかったとして、本件大学の代表者らに対し、不法行為に基づく損害賠償を請求し、本件法人に対し、本件法人の代表者がその職務を行うについて原告に加えた損害の賠償責任（私学 29 条、一般社団法人及び一般財団法人に関する法律 78 条）又は在学契約に伴う安全配慮義務等の違反に基づく損害賠償を請求した。

4　典型判例たる所以

本判決は、通常、客観的証拠に乏しいセクシャルハラスメント行為について、セクシャルハラスメント行為を受けた者による記録の信用性を検討することによって事実認定を行ったものである。また、本判決は、セクシャルハラスメント行為を受けた者に対する事後対応を説明しなかったこと等について、第三者委員会による調査の特性を踏まえ、不法行為及び債務不履行該当性を認めなかったものである。

Ⅱ　典型判例の分析

1　典型判例の解説

本事案では、本件監督による上記①ないし⑩の行為の有無及び不法行為の成否並びに本件法人の使用者責任又は債務不履行責任の有無のほか本件法人らの事後対応に係る不法行為責任及び債務不履行責任の成否が争点となった。具体的には、原告に対する説明がないまま本件監督を監督から解任し、総監督に就任させたこと、第三者委員会による調査報告書の開示請求に対し、第三者に開示しないことに同意するならば名前をアルファベットに置き換えて開示するという条件を付して開示を拒否したこと、原告が本件大学を卒業した後、原告に対する説明がないまま本件監督を部活動の指導に復帰させたこと、本件監督に対し、原告に謝罪させることを含め何ら適切な処分をしなかったこと等が挙げ

られる。

　本件監督による上記①ないし⑩の行為の存在及び不法行為の成立並びに本件法人の使用者責任は認められたものの、本件法人らの事後対応について不法行為責任が認められず、損害額は79万2440円（慰謝料70万円、治療費等2万400円、弁護士費用相当額7万2040円）と認定された。

　なお、本判決後、当事者双方が控訴し、令和3年4月22日に控訴審での判決が下された[1]。控訴審判決では、本件監督によるセクシャルハラスメント行為と原告のPTSD等のり患には相当因果関係が認められるとして、損害額が112万2440円（慰謝料100万円、治療費等2万400円、弁護士費用相当額10万2040円）に増額され、確定した。

2　判断枠組み

(1)　セクシャルハラスメント行為

(ア)　本件監督の責任

　原告に対するセクシャルハラスメント行為に関する記録として、原告の先輩に対するLINE、本件大学における学生相談室の主任兼カウンセラーに対する相談、原告が通院したクリニックの診療における説明、本件大学の学長との面談における報告、第三者委員会のヒアリング調査における説明、部活ノートへの記載がある。本判決は、これらの記録に加え、以下の理由から、原告に対するハラスメント行為を認定した。

　①、②、③、⑤、⑥、⑧の行為について、原告が、本件監督の指導を受けるためにわざわざ本件監督が在籍する本件大学に入学し直しており、当該各行為以前に、本件監督との信頼関係を築いていきたい旨の手紙を本件監督に差し入れていることから、当該各行為時点において、原告が本件監督を女子ソフトボール部の監督として信頼していたことがうかがわれ、本件監督を貶めるような虚偽の報告をする動機がないとして、当該各行為を認定した。もっとも、①、②の行為について、行為当時73歳であり、膝が悪かった本件監督が、30分以上にわたって成人女性である原告を膝の上に座らせておくことは困難であると

---

1)　東京高判令3・4・22LEX/DB25569735

第Ⅳ章　生活指導・懲戒権行使、人格権等に関する事故

考えられ、時間は数分程度のものであったと認定された。

　④の行為について、発言内容が具体的であり、上記のとおり原告が虚偽の報告をする動機がないとして、④の行為を概ね認定した。しかしながら、「好きになってほしい。」という発言については、本件大学の学生相談室の主任のメモに記載がないこと、第三者委員会作成の調査報告書において認定されているものの、認定の根拠となった具体的資料が明らかでないことから、原告からの聴取内容が整理・要約されていく過程で、具体的な発言内容と異なる発言が記録された可能性があるとして、認定されなかった。

　⑦の行為について、上記のとおり原告が虚偽の報告をする動機がなく、①から⑥及び⑧の行為の大部分が認められることを前提にすれば、本件監督が原告に対し、口止めを目的とした発言をすることは自然であるとして、⑦の行為を認定した。

　⑨の行為について、上記のとおり原告が虚偽の報告をする動機がなく、⑧の行為が認められることから、合宿所において同様の抱擁行為が繰り返されることは不自然でないとして、⑨の行為を認定した。

　⑩の行為について、発言内容が相応に具体的であり、上記のとおり原告が虚偽の報告をする動機がないとして、⑩の行為を認定した。

　なお、原告は、上記行為の後、女子ソフトボール部の部員との関係に悩んでいることを本件監督に相談していた点について、本判決は、これまで多数の実績を有し、日本の女子ソフトボール界において監督としての実力が高く評価されている著名な監督として絶対的立場にある本件監督に対し、キャプテンではあるもののレギュラーではない一選手であった原告が直接的に抗議することは容易ではなかったと推測されること、原告が、キャプテンとしての立場から、上記行為を受けてもなお、部活動における課題を本件監督に相談することはあり得ると判断した。

　そして、本判決は、上記行為について、性的な意味合いを持つ行為、あるいは、それらの行為と一体となって性的な意図を感じさせる発言であり、原告の性的自己決定権を侵害するものであると評価し、本件監督の不法行為責任を認めた。

　もっとも、本判決は、本件監督のセクシャルハラスメント行為が、重大な性

294

犯罪に該当するようなものではなく、原告は上記行為以前から女子ソフトボール部のキャプテンとしての悩みやストレスを抱えていたことから、原告の心身の不調や原告に現れた症状が全て本件監督のセクシャルハラスメント行為に起因するということはできないと判断した。

〔イ〕 本件法人の責任

本判決は、本件監督が、本件法人が雇用する職員であり、女子ソフトボール部の強化のため招聘され監督として指導にあたっていたこと、本件大学における女子ソフトボール部は、強化クラブと位置付けられ、ホームページ上でその活動が対外的に紹介されるなど本件法人のイメージアップや入学希望の学生を多く集める上で重要な役割を果たしていたものとうかがわれることからして、広報活動の一角を担う活動として本件法人の事業の一部に位置付けられるものといえること、本件監督の原告に対する上記行為が行われたグラウンド及び合宿所は本件法人の施設であることからすると、当該合宿所において、部活動の指導の過程において、監督と部員という関係性を利用して実行された上記各行為は、本件法人の事業の執行についてなされたものと認められるとして、本件法人の使用者責任を認めた。

(2) 事後対応

本件法人及び本件大学は、本件監督によるセクシャルハラスメント行為の事後対応として、原告及び本件監督から事実関係を聴取し、第三者委員会を設置したものの、第三者委員会が本件法人に提出した調査報告書は、原告に開示されなかった。また、原告への説明もなく、本件監督に対し、女子ソフトボール部の監督の職務の解任と部員との接触禁止を指示した後、かかる指示を撤回し、部活動の直接の指導にあたらない総監督の地位に就け、原告が本件大学を卒業した後に部活動の指導を再開させた。さらに、本件監督の基本給、役職手当及び特別手当を減額又は不支給とした。

本件監督を監督から解任し、総監督に就任させたことについて、本判決は、本件法人の就業規則上の適切な手続の下で懲戒処分等としてではなく、当事者である本件監督と原告を引き離す観点から、本件監督を女子ソフトボール部に関与させないようにするために暫定的に本件監督を監督から解任し、手続的に疑義のある監督解任という状態を解消しつつ、本件監督を部活動の現場から離

第Ⅳ章　生活指導・懲戒権行使、人格権等に関する事故

れさせるために総監督という地位に就任させたと判断し、本件監督を総監督に
就任させたこと及び原告にその説明をしなかったことについて本件法人の不法
行為責任を認めなかった。なお、本件監督は、監督解任後も部活動の現場に複
数回顔を出していたことについて、本判決は、本件監督が、本来は訪れてはな
らないにもかかわらず個人的に訪れたものであり、本件法人によって組織的に
行われたものではないため、上記認定を左右するものではないと判断した。

　また、第三者委員会が本件法人に提出した調査報告書について、本判決は、
原告の父親が、本件監督が辞めないのであればマスコミ等に言うしかないと発
言し、本件法人の対応に不満を表明していたこと、女子ソフトボール部の卒業
生保護者一同という名義や本件監督の教え子並びに被害者有志という名義で本
件監督によるセクシャルハラスメント等に関する文書が本件法人に送付されて
いたこと、原告が特定の公益財団法人に本件監督によるセクシャルハラスメン
ト行為について通報・相談していたことから、本件監督によるセクシャルハラ
スメント行為が、原告と本件監督という当事者以外においても取り上げられる
ようになった状況下において、強制力を有せず限界のある第三者委員会が限ら
れた時間の中で行った調査の結果が第三者に開示されることは、無用の誤解を
生む可能性もあり、第三者への開示をしないことへの同意を求めた本件法人の
対応はやむを得なかったと判断し、第三者への開示をしないことへの原告の同
意が得られなかったことを理由として調査報告書を開示しなかったことについ
て本件法人の不法行為責任を認めなかった。

　さらに、原告が本件大学を卒業した後に本件監督を部活動の指導に復帰させ
たことについて、本判決は、原告が部活動を離れていることから、本件法人の
不法行為責任を認めなかった。

　加えて、本件法人による処分の適正について、本判決は、本件監督の原告に
対する言動が、セクシャルハラスメントに該当することは明らかであるものの、
重大な性犯罪等に該当するものとはいえないこと、本件監督は女子ソフトボー
ル部の指導を主たる業務として本件法人に雇用されていたにもかかわらず、部
活動を指導する立場から外された状態が続くなど、本件監督に一定の不利益を
科しており、何らの対応もしていなかったわけではないと判断した。そもそも、
本件法人の本件監督に対する処分は、就業規則等に基づき定められるものであ

り、原告の要望に基づくものではないことから、本件法人の処分が原告の何らかの法益を侵害したとはいえないと判断した。また、本件監督は、本件法人との関係でもセクシャルハラスメント行為の存否を争っていたため、本件監督に謝罪させることは困難であったと判断した。

　以上のことから、本判決は、本件法人らの事後対応について、不法行為が成立せず、本件法人が債務不履行責任等を負うこともないと判断した。

3　控訴審の判断

　(1)　控訴審においても、本件監督による上記①ないし⑩の行為の有無及び不法行為の成否及び本件法人の使用者責任又は債務不履行責任の有無の他本件法人らの事後対応に係る不法行為責任及び債務不履行責任の成否が争点となった。

　(2)　控訴審では、以下のとおり、原告による記録の信用性について、より詳細に検討し、原審判決を支持した。

　　(ア)　①、②、③、⑤、⑥、⑧の行為について、原告の先輩に対するLINEについては、「2者間のトークのやり取りを客観的に記録したものであり」、原告本件監督から「受けた行為が具体的に記録されており、トークの送信者である1審原告に対して当該トークに関する尋問が行われていること」、トーク履歴の画面によれば、本件監督によるセクシャルハラスメント行為があった日に「トーク履歴に記載のメッセージのやり取りがされたものと認めるのが相当であること」等から、トーク履歴の信用性が認められた。

　また、本件大学の学生相談室の主任、原告の主治医及び本件大学の学長に対する原告の申告内容については、原告がセクシャルハラスメント行為によって「強い不快感、恐怖感及び緊張を感じ、多大な精神的負担を負った」状況で、各行為の「内容及び態様の全てを正確に記憶していないこと」や「被害を申告する際にその内容に多少の相違が生ずることは必ずしも不自然であるとはいえ」ないことから、複数の者に対する被害申告の「内容が完全に一致していないことをもって直ちに1審原告の申告内容の信用性が左右されるものとはいえ」ないとして信用性が認められた。

　そして、原告の供述は、「膝痛を抱える当時73歳の」本件監督が、「成人女性である1審原告を膝の上に座らせた状態を30分以上も維持した」、本件監督

が「全国大会が迫っている時期に突如セクハラ行為に及んだ」、原告が女子ソフトボール部の「チームメイトに相談していない」など、「内容が不自然かつ不合理」のようにも思われる。しかしながら原告がセクシャルハラスメント行為によって「強い不快感、恐怖感及び緊張を感じ、多大な精神的負担を負った」状況で、「特に膝の上に座らされるというようなセクハラ行為が行われた時間を正確に記憶して申告することは必ずしも容易ではない」ことから、膝の上に座らされる行為の「継続した時間を正確に記憶していないこと」は「必ずしも不自然であるとはいえ」ない。また、「全国大会が近付いて監督とキャプテンの緊密な連携が必要となる時期に」本件監督が原告を複数回にわたり監督室に呼んで各行為に及んだことや、キャプテンを務めていた原告がセクシャルハラスメント行為のことをチームメイトに相談できなかったことは、「別段不自然なことでは」ないことから、原告の供述の信用性が認められた。

　もっとも、当時73歳という本件監督の「年齢と膝半月板損傷により手術を受け、膝痛により通院を続けていた」という本件監督の状態に照らすと、「30分以上にわたって成人女性である1審原告を膝の上に座らせておくことは困難であったといわざるを得ず」、原告が本件監督の「膝の上に座る際になるべく腰を浮かせるようにして自身の体重を」本件監督の「膝にかけないようにするような態勢を30分以上も維持することもまた困難である」（原文ママ）。このことから、セクシャルハラスメント行為を「著しく精神的に苦痛に感じた1審原告にとって主観的には非常に長い時間に感じられたことは理解できるものの」、「客観的には数分程度であったものと認めるのが相当」であるとして、原告の判断を一部否定した。

　　（イ）　④の行為について、原告が、本件大学の学生相談室の主任、原告の主治医及び本件大学の学長に対して申告した内容は概ね一致し、第三者委員会によるヒアリングの結果ともほぼ一致すること、「多少の表現の相違が生ずることは別段不自然であるとはいえない」こと、④の発言に対し、原告が「何らかの返答をすることはそもそも困難」であり、原告の「回答があきらかでないことをもって1審原告の供述が具体性を欠くとはいえない」こと、原告の「精神状態から事後に第三者に対して被害申告する際に多少の表現の相違が生ずることは別段不自然であるとはいえないこと」、原告が殊更に本件監督を「おとし

めるような虚偽の報告をする動機がないこと」等から、原告の陳述及び供述の信用性が認められた。

(ウ) ⑦の行為について、原告が主治医及び本件大学の学長に対して申告した内容は、口止めをしたという内容において一致していること、本件監督が原告に「口止めをすることは自然であると認められる」こと、原告が殊更に本件監督を「おとしめるような虚偽の報告をする動機がないこと」等から、原告の陳述及び供述の信用性が認められた。

(エ) ⑨の行為について、本件大学の学長に対する原告の申告は、本件監督によるセクシャルハラスメント行為から約3か月後に本件監督の「処分を求める目的で行われた」面談において行われたものの、原告は、本件監督による最後のセクシャルハラスメント行為が行われた日の約12日後に本件大学の学生相談室の主任に対して申告した内容と同様の内容であったこと等から、本件大学の学長に対する原告の申告内容の信用性が認められた。

また、原告は、部活ノートに本件監督の抱擁行為を記載しているところ、抱擁の語が、「一般に身体を接触させて抱きかかえるという意味で用いられるもの」であることから、ノートの記載自体からいかなる態様の行為であるか明らかであること、本件大学の学生相談室の主任との面談及び本件大学の学長との面談の際に、部活ノートを示し、本件監督から「このノートは誰か見るかもしれない。絶対に誰にも見せるな」と言われたこと等を申告していることに照らせば記載内容、作成時期、本件監督への提出の有無等について疑義がないこと、原告が殊更に本件監督を「おとしめるような虚偽の報告をする動機が」なく、原告の陳述及び供述の信用性が高いことに照らせば抱擁の回数について他に客観的証拠がないことをもって認定が左右されるものではないと判断された。

(オ) ⑩の行為について、原告が本件大学の学生相談室の主任及び本件大学の学長に対して申告した内容は、「一緒に寝ることを求める内容のものであるといえ、ニュアンスが大きく異なるものでは」ないこと、本件監督から「突然一緒に寝ることを求める趣旨の発言をされた1審原告が大きな精神的動揺の中でその発言内容を文言の細部に至るまで正確に知覚し、記憶し、叙述することは必ずしも容易ではなかったと考えられ、その後の被害申告において発言の文言が多少異なっていたとしても別段不自然であるとは」いえないこと、原告が

第Ⅳ章　生活指導・懲戒権行使、人格権等に関する事故

申告した本件監督の「発言内容が相応に具体的であることや1審原告に殊更に虚偽の報告をする動機がないこと」等から、原告の申告内容の信用性が認められた。

(3)　控訴審では、本件監督によるセクシャルハラスメント行為が、原告の「性的自己決定権を侵害する違法な行為」であるとして、不法行為を構成することが認められた。また、本件監督によるセクシャルハラスメント行為の内容及び態様に加え、それらの行為が女子ソフトボール部の「一選手に対して絶対的な立場にある監督という地位を利用して行われたもの」であり、原告が本件監督によるセクシャルハラスメント行為の直後から心身に変調を来してPTSD等と診断されていること等に照らせば、原告は、本件監督によるセクシャルハラスメント行為によって「著しい精神的苦痛・衝撃と大きな精神的負荷を受け、その結果、PTSD等にり患したものと認めるのが相当」であるとして相当因果関係が認められた。

そして、控訴審では、本件法人及び本件大学の事後対応について、原審の判断を支持し、不法行為が成立せず、本件法人が債務不履行責任等を負うこともないと判断された。

4　典型判例についての見解

本判決は、本件監督によるセクシャルハラスメント行為について、原告による記録の信用性を検討して認定しているものの、原告が本件監督を貶めるような虚偽の報告をする動機がないという、ある種の性善説に基づいた判決であると解される。原告による記録というのは、原告の先輩に対するLINEや、原告が記載した部活ノート、原告の主治医や本件大学の教授等に対する申告内容といった、原告が自ら発信した内容にすぎず、その真正を裏付ける客観的証拠は何もないからである。見ず知らずの者による場合と異なり、一定の関係性を有する者によるセクシャルハラスメント行為については、果たして本当に行為者を貶める動機がないといえるか慎重に判断する必要がある。本事案の場合、原告が本件監督の指導を受けるためにわざわざ別の大学から本件大学に入学し直していることもさることながら、本件監督によるセクシャルハラスメント行為の直前の時期に、本件監督との信頼関係を築いていきたい旨の手紙が原告から

[典型判例] 13　セクシャルハラスメント

差し入れられていたことが重視されたものと考えられる。

　また、本判決は、本件法人らによる事後対応について、調査結果を原告に報告することが望ましいとの立場をとりつつも、セクシャルハラスメント行為の悪質性の程度や調査の性質、調査時の状況等に鑑み、原告に調査結果を報告しなかったとしても、可能な限りの対応をしていれば直ちに不法行為責任及び債務不履行責任を負うものではないと判断したものと解される。本判決は、教育機関に限定されず、組織内で不適切行為が生じた場合における事後対応の参考になるものと考えられる。

Ⅲ　実務理論

1　総　論

　教育機関におけるセクシャルハラスメントには、主に、教職員間でのハラスメント、教職員から児童・生徒・学生に対するハラスメント（スクール・ハラスメント）、児童・生徒・学生間でのハラスメントの3種類に分けられる（教育実習生が含まれる場合もある）。以下では、教職員から児童・生徒・学生に対するハラスメントや性犯罪・性暴力について、実際にどのような対策が講じられているかを中心に概観する。

2　国の対策[2]

　(1)　政府は、性犯罪・性暴力対策を強化するため、令和2年、男女共同参画局を中心として「性犯罪・性暴力対策強化のための関係府省会議」[3] を開催した。これは、平成31年3月に続いた性暴力の無罪判決[4] を受け同年4月11日に始まったフラワーデモ等の影響により、性犯罪・性暴力の問題に関する社

---

2)　文部科学省総合教育政策局男女共同参画共生社会学習・安全課「文部科学省における性犯罪・性暴力対策への取組」（令和5年6月27日）。
　〔https://www.cfa.go.jp/assets/contents/node/basic_page/field_ref_resources/aceeb993-95c7-4465-9db7-3753b9e6694b/2e0d25e1/20230627_councils_kodomokanren-jujisha_%20x2UksA0k_18.pdf〕
3)　https://www.gender.go.jp/kaigi/sonota/kyoukakaigi.html

301

第Ⅳ章　生活指導・懲戒権行使、人格権等に関する事故

会的機運が高まったことから、令和2年度から令和4年度を性犯罪・性暴力対策の集中強化期間として取組を強化するために開催されたものである。具体的には、「性犯罪・性暴力対策の強化の方針」[5]に基づき、性犯罪に厳正かつ適切に対処するための刑事法の検討（「性犯罪に関する刑事法検討会」[6]の開催等）、再犯防止プログラムの拡充（「性犯罪者処遇プログラム検討会」[7]の開催等）、被害申告・相談をしやすい環境の整備（ワンストップ支援センターの全国共通短縮番号（#8891）の導入や無料化、SNS相談（Cure time）の通年化、全国どこからも24時間相談できるよう夜間休日コールセンターを設置するセンターの増設、性犯罪被害相談の全国共通番号（#8103）の周知等）、被害者支援の確立（「困難な問題を抱える女性への支援の在り方に関する検討会」[8]の開催、若年被害女性等支援モデル事業の実施等）、「生命（いのち）の安全教育」の推進・社会全体への啓発等が実施された。

　しかしながら、性犯罪・性暴力の被害は改善せず、対策を更に強化するため、令和5年度から令和7年度を性犯罪・性暴力対策の更なる集中強化期間とし、「性犯罪・性暴力対策強化のための関係府省会議」と「こどもの性的搾取等に係る対策に関する関係府省連絡会議」[9]の合同会議が開催されることとなった。「こどもの性的搾取等に係る対策に関する関係府省連絡会議」とは、国家公安委員会を中心として子どもの性被害に係る総合的な対策を検討・推進するために開催されてきた会議であり、合同会議とすることで関係府省が一層の連携を図り、子ども・若者の性被害防止対策を強化することを目的とする。

　「性犯罪・性暴力対策強化のための関係府省会議」と「こどもの性的搾取等に係る対策に関する関係府省連絡会議」の合同会議では、「性犯罪・性暴力対策の更なる強化の方針」[10]に基づき、性犯罪・性暴力対策として、新たに、わいせつ行為を行った教員等の厳正な処分と再発防止（①教員等に関する対応、

4）福岡地判平31・3・12、静岡地判平31・3・19、名古屋地判平31・3・26、静岡地判平31・3・28。

5）https://www.gender.go.jp/policy/no_violence/seibouryoku/pdf/policy_02.pdf

6）https://www.moj.go.jp/keiji1/keiji12_00020.html

7）https://www.moj.go.jp/hogo1/soumu/hogo10_00010.html

8）https://www.mhlw.go.jp/stf/newpage_00520.html

9）https://www.cfa.go.jp/councils/child-safety-conference

10）https://www.gender.go.jp/policy/no_violence/seibouryoku/pdf/kyouka_02.pdf

②保育士に関する対応、③日本版ＤＢＳ（※下記2(3)参照）の導入に向けた検討）、学校等で相談を受ける体制の強化（スクールカウンセラーやスクールソーシャルワーカーの配置、教育委員会等に対する相談対応の周知等）、発達段階に応じた教育・啓発活動（①「生命（いのち）の安全教育」の更なる推進、②教職員等への研修、③性差別意識の解消、④学校等における教育や啓発の内容の充実）を挙げている。また、新たな課題等への対応として、AV出演被害の防止及び被害の救済（AV出演被害防止・救済法の周知・広報、相談対応の支援、厳正な取締り等）、インターネット上の性暴力等への対応（違法行為への厳正な対処、児童ポルノ画像等の流通・閲覧防止等）、痴漢撲滅に向けた政策パッケージの確実な実行（痴漢を防ぐ取組、加害者の再犯を防ぐ取組、被害者を支える取組、社会の意識変革を促す取組等の実行）、被害者や支援者等に対する誹謗中傷の防止が挙げられた。

　また、同合同会議では、有識者・支援者等からのヒアリングを通じ、子ども・若者に対する性犯罪・性暴力の根絶を実現することが喫緊の課題であることが明らかとなり、「こども・若者の性被害防止のための緊急対策パッケージ」[11]に基づく取組が取りまとめられた。具体的には、①加害を防止する強化策（改正刑法等による厳正な対処・取締りの強化、日本版DBSの導入に向けた検討の加速、保育所等におけるわいせつ行為も含む虐待を防止するための制度的対応の検討、児童・生徒等への教育啓発の充実）、②相談・被害申告をしやすくする強化策（相談窓口の周知広報の強化、SNS等による相談の推進、子育て支援の場等を通じた保護者に対する啓発、男性・男児のための性暴力被害者ホットラインの開設、相談・被害申告への適切な対応のための体制整備）、③被害者支援の強化策（ワンストップ支援センター等の地域における支援体制の充実、学校等における支援の充実、医療的支援の充実、法的支援の充実）が掲げられている。

　(2)　自由民主党及び公明党においては、「与党わいせつ教員根絶立法検討ワーキングチーム」が立ち上げられ、令和3年、教育職員等による児童生徒性暴力等の防止等に関する法律（教育職員性暴力等防止法・わいせつ教員対策新法）が成立した。これは、①教員等による児童生徒性暴力等の防止（教員・児

11）https://www.cfa.go.jp/assets/contents/node/basic_page/field_ref_resources/72e390fa-db00-44e9-af2e-084e71c76b93/b890b2f3/20231121_policies_child-safety_efforts_kinkyutaisaku_03.pdf

第Ⅳ章　生活指導・懲戒権行使、人格権等に関する事故

童生徒に対する啓発等）、②教員等による児童生徒性暴力等の早期発見・対処（調査・通報等）、③教員採用権者による特定免許状失効者等[12]データベースの活用義務、④特定免許状失効者等に対する免許状再授与に関する授与権者（都道府県教委）の裁量的拒絶権等について規定されている。

　本法に基づき、文部科学省では、「教育職員等による児童生徒性暴力等の防止等に関する基本的な指針」[13]が策定され、教員等による児童生徒性暴力等に関するアンケート調査等の実施、スクールカウンセラー・スクールソーシャルワーカー等による教育相談体制の整備、特定免許状失効者等のデータベースの整備・40年分の記録の蓄積、特定免許状失効者等に対する免許状再授与審査の基本的な考え方・再授与が不適当と考えられる例・主な考慮要素や提出書類例の提示等、具体的な施策等が示された[14]。

　（3）　また、令和6年6月26日には、学校設置者等及び民間教育保育等事業者による児童対象性暴力等の防止等のための措置に関する法律が成立した。本法により学校設置者等は、教員等に対し、特定性犯罪前科の有無を確認し、児童対象性暴力等が行われるおそれがある場合の防止措置を実施するよう義務付けられた。また、民間教育保育等事業者は、学校設置者等が講ずべき措置と同等のものを実施する体制が確保されている事業者が認定・公表され、学校設置者等と同等の措置を実施するよう義務付けられた。特定性犯罪前科の有無を確認する仕組みとしては、対象事業者が申請し、前科がある場合には、従事者本人に通知したうえで、犯罪事実確認書を対象事業者に交付するとされている（いわゆる日本版DBS）。特定性犯罪前科の有無の確認は、新規採用者のみならず、既に教員として雇用している者も対象に含まれる。

3　各都道府県等の対策

　各都道府県及び指定都市の教育委員会では、従前よりセクシャルハラスメント防止のためのガイドライン・要綱等を作成するなどして教職員に対する研

12）児童生徒性暴力等を行ったことにより教員免許状が失効等となった者。
13）https://public-comment.e-gov.go.jp/servlet/PcmFileDownload?seqNo=0000232739
14）文部科学省「教育職員等による児童生徒性暴力等の防止等に関する基本的な指針 主な内容」〔https://www.mext.go.jp/content/20220323-mxt_kyoikujinzai01-000011979_03.pdf〕

修・指導を行ってきた。令和2年9月時点では、全ての都道府県・指定都市教育委員会の懲戒処分基準において、児童生徒へ性暴力等を行った教員は原則懲戒免職とする旨の規定が整備されている[15]。

また、令和4年、教育職員等による児童生徒性暴力等の防止等に関する法律が施行されたことを受け、ガイドライン・要綱等を改訂し、改めてスクール・セクハラの根絶に向けての対応を策定した都道府県・指定都市もある。例えば、東京都では、「使命を全うする！～教職員の服務に関するガイドライン～」[16]において、児童生徒性暴力等、性的行為・セクシャルハラスメント等を含めた服務事故につき、定義や具体的行動、過去の服務事故等を示している。スクール・セクハラが生じた場合の相談窓口・対応について示したガイドラインを記載している都道府県及び指定都市もある。

教育委員会の所管ではない私立学校や大学については、各学校において独自の規程を設けている。また、都道府県によっては、私立学校に関する相談窓口を設けている例もある。例えば、東京都では、東京都生活文化スポーツ局の私学部私学行政課小中高担当において、私立学校に関する相談を受け付けている。

Ⅳ　展　望

1　裁判例の傾向

(1)　事業執行性

教員が児童・生徒・学生に対し、課外活動中にセクシャルハラスメント行為を行った場合、学校の使用者責任が問われる場面において、事業執行性が問題となる。

この点、東京地判平13・11・30判時1796号121頁では、正規の授業時間外に学外で行われた、参加者の大多数が授業の履修者ではない合宿においてハラスメント行為が行われたが、合宿において参加者を指導する行為者の地位、合

15）上記2

16）https://www.kyoiku.metro.tokyo.lg.jp/staff/personnel/duties/files/release_guideline/
r6_04kaitei.pdf

第IV章　生活指導・懲戒権行使、人格権等に関する事故

宿と授業内容との共通性、合宿参加者と授業参加者との共通性等の事情に照らせば、当該合宿は授業の延長として実施されたと判断され、事業執行性が認められた。

また、名古屋地判平15・1・29労判860号74頁では、ハラスメント行為は調査旅行中に行われたところ、当該調査旅行は、大学学長の旅行命令に基づくものであり、大学を設置する市の派遣基準を踏まえれば、単なる自主研修ないしは職務専念義務免除研修ではなく、教育公務員特例法20条における職務研修に当たると判断され、事業執行性が認められた。

一方で、東京地判平17・4・7判タ1181号244頁では、ハラスメント行為は教育活動ないしこれに直接関連する会合等ではなく、全く私的な懇親会後、帰宅する途中で行われたものであり、事業執行性が認められなかった。

以上の例から、セクシャルハラスメント行為が行われた課外活動について事業執行性が認められるかは、当該課外活動と通常の教育活動との内容や参加者における共通性の程度、行為者である教員の地位が考慮要素となる。また、学校からの補助の有無や同課外活動への参加の強制力の程度等も考慮要素となり得る。

(2)　事後対応

教職員が児童・生徒・学生に対し、セクシャルハラスメント行為を行った場合、学校独自の責任として、学校の事後対応が問題となる。

この点、東京地判平21・7・27判例集未登載では、教員がセクシャルハラスメント行為により退職したにもかかわらず、被害者以外の学生の間で退職の責任は被害者にあるのではないかとの印象があり、被害者が孤立していた状況で、学校職員が被害者以外の学生に対し、一身上の理由という強い意向で退職したと説明し、セクシャルハラスメント行為の公表と被害者に責任がないことの説明を求めた被害者の要望に対応しなかったことが、被害者の研究環境を回復させるための措置義務を怠ったと認められた。

一方で、東京地判平17・4・26判例集未登載では、セクシャルハラスメント行為を行った教員から報告文書を提出された学科長が、速やかに学校法人に提出しなかったとしても、被害者から報告を受けた学校法人が行為者に事情聴取を行い、防止・対策委員会を招集して調査委員会を設置するなど調査を進め

ていたことから、債務不履行責任は認められなかった。

　学校は、セクシャルハラスメント行為が生じたことが判明した後、事実関係の調査・報告義務を負うところ、被害者の要望に応じることが望ましいとされる。また、学校は、集団生活を前提としており、被害者のみならず、他の児童・生徒・学生やその保護者に対しても説明が必要な場面も生じ得る。しかしながら、被害者の要望に全て応じる必要はなく、少なくともハラスメント該当性の判定結果及び理由、行為者の処遇を報告すれば足りると考えられる。特に、被害者及び行為者以外に調査した場合、調査対象者のプライバシー保護にも配慮する必要がある。

⑶　**安全配慮義務**

　教職員が児童・生徒・学生に対し、セクシャルハラスメント行為を行った場合、学校独自の責任として、セクシャルハラスメント行為の予防等についての学校の安全配慮義務違反の成否が問題となる。

　この点、上記東京地判平17・4・7では、学校がセクハラ防止指針を定め、相談員の配置、防止対策委員会等の設置をするなどしてセクハラ被害の発生の防止等の対応をしていること、被害者提出の証拠をもって、行為者がセクシャルハラスメント行為を繰り返していたことを学校が認識していたか、認識し得たとはいえないことから、学校において、行為者のセクシャルハラスメント行為を事前に防止するための対応をとることは困難であるとして、安全配慮義務違反が認められなかった。

　また、上記東京地判平17・4・26では、学校法人が、セクシュアルハラスメントの防止等に関する規程を設け、各学校にセクシャルハラスメントに関する学生等の相談窓口を開設し、セクシャルハラスメントに該当するおそれのある問題が生じた場合、調査委員会を設置できることなどを規定していること、大学も、セクシュアルハラスメント防止・対策に関する規程を設け、当該規程に則り、学生相談センターを設置し、セクシャルハラスメント等に関する相談の手順等を記載した学生相談センターのしおりを備え置き、セクシュアルハラスメント相談の手引きを教職員及び学生に配布するなど、セクシャルハラスメントの防止とその疑いのある問題が生じた場合の対処について、相応の対策を講じていたこと、行為者のセクシャルハラスメント行為が、教育、研究現場を

第Ⅳ章　生活指導・懲戒権行使、人格権等に関する事故

離れたところで行われており、そのような個人的行動は、当事者の申し出がない限り、学校法人において察知することが極めて困難であること等から、学校法人がセクシャルハラスメント行為を未然に防止できなかったことに懈怠があったとは認められなかった。

　以上のとおり、教職員がセクシャルハラスメント行為を繰り返していることを学校が認識し、または認識し得た場合は格別、一般的には、セクシャルハラスメント行為を防止する規程等を定め、相談窓口やセクシャルハラスメント防止対策委員会等を設置し、相談窓口の設置を周知していれば、学校におけるセクシャルハラスメント行為の予防等についての安全配慮義務を履行しているものと考えられる。

2　実務への影響

　教職員の児童・生徒・学生に対するセクシャルハラスメントには、事前策と事後策を講じることが考えられる。現時点での事前策としては、セクシャルハラスメント行為を防止する規程等を定め、相談窓口やセクシャルハラスメント防止対策委員会等を設置し、相談窓口の設置を児童・生徒・学生及び教職員に周知することが考えられる。また、学校設置者等及び民間教育保育等事業者による児童対象性暴力等の防止等のための措置に関する法律に基づき、各学校において、教員の特定性犯罪前科の有無を確認することが事前策となるだろう。事後策としては、設置した相談窓口やセクシャルハラスメント防止対策委員会等または必要に応じて第三者委員会を活用し、被害者・行為者または必要に応じて第三者に事情聴取を行い、行為者に適切な処分を下すこと、ハラスメント該当性の判定結果及びその理由並びに行為者に対する処分を被害者に報告することが考えられる。いずれも教育職員等による児童生徒性暴力等の防止等に関する法律に基づき、各都道府県・指定都市の教育委員会が定めた要綱・ガイドライン等や各学校において定められた規程に則った対策をすべきである。

　今後の課題として、セクシャルハラスメントの被害を受けた児童・生徒・学生に対し、精神的な支援をする仕組みを整備することが望ましい。特に、被害者が未成年者である場合も想定されるところ、セクシャルハラスメントの被害によって心身の健全な発達が阻害される可能性があり、心身の不調に対応でき

る制度設計をすることが望まれる。

（大森　未緒）

第Ⅴ章　生活安全、施設管理に関する事故、その他

[典型判例]14　給食アレルギー

| 典型判例 | **14** | **給食アレルギー** |

```
札幌地裁平成 4 年 3 月 30 日判決〈平成元年（ワ）第 951 号〉
　判時 1433 号 124 頁・判タ 783 号 280 頁
```

I　典型判例の紹介

1　ひとことで言うとどんな判例か

　Y 市立小学校に通学する小学 6 年生の男子児童 X が学校給食に出たそばを食してアレルギー症状を発症し、帰宅途中に喘息発作のため異物誤飲をして窒息死した事案について、Y 市の損害賠償責任を認めた裁判例である。

　なお、控訴審において、和解が成立している。

2　判決要旨

⑴　担任教諭の予見可能性及び結果回避可能性について

　「教諭は、本件事故まで、Y 市教育委員会又は学校長等から、そばアレルギーについての具体的情報を提供されていなかったこともあって、そばアレルギーにより気管支喘息などの重篤な症状に陥ることも知らなかった。」

　しかし、「教諭は、小学校の教諭として、学校内の児童の安全を配慮する義務を負担しており、給食についてもその安全等についての研修の義務が課せられていたこと」、「教諭は、昭和 62 年 4 月 6 日付け児童調査票で、X が給食で注意することとして『そば汁』と申告され、同年 4 月末には X からそばは食べられないことを告げられていたこと」、「学校の健康診断書には X に気管支喘息の疾病が存在すると記載されていたこと」、「食べ盛りの X がそばの出る給食時におにぎりとかパン等の給食に代わる食事を持参せず、そばも食べずに 5、6 学年時を過ごしてきたことからすると、教諭は、X の担任教諭として、X がそ

313

第Ⅴ章　生活安全、施設管理に関する事故、その他

ばを食べないことに何か重大な事情が存在し、それが疾病の発症に関連するのではないかと考えるべきことを要求してもあながち不可能を強いるものではな」いとし、さらに、「本件事故以前から、そばアレルギーを警告し、その対策を示す多数の書物が出版され、その危険性が新聞でも指摘されていたことを斟酌すると、教諭には、そばアレルギー症の重篤さと、Ｘに給食でそばを食べさせないことの重要性及びそばを食べることでの本件事故を予見し、結果を回避することは可能であったと認めるのが相当である。」

(2)　**Ｙ市教育委員会の予見可能性及び結果回避可能性について**

「教育委員会は、当該地方公共団体が処理する教育に関する事務及び法律又はこれに基づく政令によりその権限に属する事務（その中に、校長、教員その他の教育関係職員の研修、生徒、児童等の保険、安全、厚生及び福利に関することが含まれる）を管理し、及び執行する（地方教育行政の組織及び運営に関する法律23条）。」

右事実に、「給食についての教育委員会の役割、Ｙ市教育委員会が各種通達等により教諭を含め給食を担当する職員に給食の安全教育の義務を負担し、何よりも安全な給食の提供義務が存在すると解されること、本件事故以前から、そばアレルギーを警告し、その対策を示す多数の書物が出版され、その危険性が新聞でも指摘されていたことを斟酌すると、Ｙ市教育委員会は、学校の日常教育等に追われる教諭より容易にそばアレルギー症の重篤さと、学校給食にそばを出すことに危険を伴う場合が存在すること及びそばを食べることによる本件事故を予見し、結果を回避することは可能であったと認めることができる。」

(3)　**Ｙの過失について**

以上のとおりであるから、学校給食の実施者であるＹ市の学校に関する機関として諸機能を行使するＹ市教育委員会は、学校給食の提供にあたり、その児童に給食の材料等に起因するそばアレルギー症の発生に関する情報を現場の学校の学校長をはじめ、教諭並びに給食を担当する職員に周知徹底させ、そばアレルギー症による事故の発生を未然に防止すべき注意義務が存在し、教諭にも給食時にＸがそばをとらないよう注意し、Ｘからそばを食べてそばアレルギー症状との訴えを受けたのであるから、Ｘを保健室に連れて行き養護教諭に診せるとか、Ｘの下校時に自らないし学校職員等同伴させる等の措置をとるべ

314

き注意義務が存在したと解するのが相当である。

　以上の次第であるから、本件事故は教諭の過失とY市教育委員会の過失が競合して、生じたものと認めるのが相当である。

(4)　過失相殺について

　「Xの母親は、Xがそばアレルギーでそばを絶対に食べないように医者から注意を受けていたこと、Xの母親は、当日、学校から給食にそばが出ることをあらかじめ知らされており、従前から、給食にそばが出るときは、おにぎりやパン等の給食に代わる食事を持参させるよう指示されてこれを了承していながら、当日、育ち盛りのXにそばに代わる昼食を持たせなかったこと、教諭から、Xがそばを食べたこととその異常及びXを帰宅させることを知らされながら、Xを迎えに行く行動をとらなかったことを総合すると、Xの母親にも本件事故について落ち度があり、その過失割合は、X5割、Y5割と認めるのが相当である。」

3　事案の概要

　Y市内に住むXは、幼少期から気管支喘息の持病があり、7歳のときにそばアレルギーに罹患していたところ、小学5年生以後本件事故当日まで学校給食においてそばを食べたことはなく、代わりの食べ物を持ってくることもなかった。

　本件事故が起きるまでの間にXのそばアレルギー等に関するやりとりとして、以下のようなことがあった。

　ⓐXの両親は、小学5年生である昭和62年4月、担任教諭を介して「給食で注意すること」に「そば汁」と記載し、欄外に「小児ぜんそくがありますのでご迷惑をおかけする時もあるかと思います」と記載した児童調査票を学校に提出した。

　ⓑXは、同月、給食で親子そばが出た際、担任教諭に対して、そばが食べられないと告げた。

　ⓒ同年5月上旬の家庭訪問の際、担任教諭は、Xの母親からそばを食べると具合が悪くなる旨聞いたものの、その具体的証言は聞かなかった。担任教諭は、Xの母親に対し、給食にそばが予定されているときは、Xにおにぎ

第Ⅴ章　生活安全、施設管理に関する事故、その他

りやパンを持参させるよう要請した。

ⓓ担任教諭は、同年4月頃、前担任教諭から、Xは喘息がひどいから気を付けるようにとの引継ぎを受けており、小学5年生当時、6、7回の喘息発作を起こして、喘息発作がひどいときはXを保健室に連れて行き、養護教諭に診せた後、学校職員等の付き添いで帰宅させたことが4回程あった。

昭和63年12月8日、Xの母親は、学校からの予告により学校給食でそばが出されることを知っていたが、Xにおにぎりやパン等の給食の代わりとなる昼食を持たせなかった。

Xから、給食時に、担任教諭にそばを食べていいかと尋ねられたので、担任教諭は、「うちで食べていいと連絡がきていないから食べないように」と指示したものの、給食にはいって間もなく口の回りが少し赤くなっているとの申し出があった。担任教諭がそばを食べたか確認したところ、Xが肯定したので、調べたところ、Xがそばの3分の1程度を食べたことが判明した。

そこで、担任教諭は、Xの母親に電話し、Xがそばを食べたこと、口の回りが少し赤くなっていると言っていること、病院に連れて行くのは少しでも早い方がいいと思うのでこれから帰したいと述べたところ、Xの母親から帰してほしいとの返事を受けたので、単独で帰宅させても大丈夫と判断し、Xを保健室に連れて行くことも養護教諭に診せることもなく、一人で帰宅させた。

その後、Xが学校から自宅へ向かう道路端で意識不明の状態で倒れているところを通行人により発見され、病院に収容されたが、そばアレルギーによる強度の喘息発作のため、異物誤飲となり窒息死に至った。

Xの遺族が、担任教諭及びY市教育委員会において安全配慮義務違反があり、又は適切な措置をとらなかった過失があるとしてY市に対して損害賠償を求めたものであり、担任教諭及び市教育委員会が給食でそばを食べさせることにより本件事故が発生することの予見可能性・結果回避可能性の有無が問題となった。

4　典型判例たるゆえん

本裁判例は、学校給食で提供された食材により、アレルギーによる喘息発作のために死亡に至るという、当時では珍しいケースであったため、新聞等によ

316

[典型判例]14　給食アレルギー

り広く報道され、社会の注目を浴びた裁判例である。

　本裁判例後の平成4年7月には、「学校給食指導の手引」の改訂に際して、食物アレルギーに関する項目が取り入れることになるなど、食物アレルギーの危険性に警鐘を鳴らし、学校給食に大きな影響を与えた事件であった[1]。

Ⅱ　典型判例の分析

1　食物アレルギーについて

　食物アレルギーとは、一般的には特定の食物を摂取することによって、皮膚・呼吸器・消化器あるいは全身性に生じるアレルギー反応のことをいう。原因食物は多岐にわたっており、学童〜高校生までの新規発症では、甲殻類、果物が多く、誤食による原因食物は鶏卵、牛乳、落花生、小麦、甲殻類の順に多くなっている。

　皮膚症状が最も多く、次いで呼吸器症状、粘膜症状、消化器症状、中にはアナフィラキシーショックを起こすこともある。

　アレルギー疾患に関する実態については、文部科学省が実施した全国的な調査結果をまとめた「アレルギー疾患に関する調査研究報告書」を平成19年3月に発表し、学校やクラスにアレルギー疾患を有する児童生徒がいるという前提に立った学校の取組が必要であるとの認識がしめされるとともに、学校が医師の指示に基づき必要な教育上の配慮を行うことができるような仕組みづくりについての提言がなされた。

　同調査以後、法律、各種ガイドライン、指針の策定が進められてきたが、そのような背景から、令和4年、児童生徒の各種アレルギー疾患の実態や教育委員会・学校の取組状況などを把握するため、約10年ぶりに調査を実施されることになった[2]。

　食物アレルギーがある児童生徒は、平成25年調査時には40万7546人（回

1）　札幌市教育委員会編『札幌市史第5巻通史5（下）』（北海道新聞社、2002年）512頁参照。
2）　公益財団法人日本学校保健会「令和4年度アレルギー疾患に関する調査研究報告書」

317

第Ⅴ章　生活安全、施設管理に関する事故、その他

答校の児童生徒の4.5％）であったのに対して、令和4年調査では52万6705人（同6.3％）と約12万人増える形となっている。また、アナフィラキシーを起こしたことがある児童生徒についても、平成25年調査時には4万3621人（回答校の児童生徒の0.48％）であったのに対して、令和4年調査では5万1881人（同0.62％）と増加している。

　食物アレルギーにおける原因食物（アレルゲン）については、全体で、鶏卵（25.8％）、果物類（25.0％）、甲殻類（14.9％）、木の実類（12.4％）、ピーナッツ（11.2％）、牛乳・乳製品（11.1％）の順で多かった。

2　アレルギー疾患に対する学校給食における対策について

（1）　学校給食の概要

　本判決が判示するとおり、「小学校・中学校学習指導要領によれば、学校給食は、教育課程上、特別活動のうちの学校活動に位置付けられており、学校教育の一環としての指導が行われている」ものであり、学校給食については学級担任の教師による指導が原則であるものの、栄養教諭の専門性や、学校栄養職員や養護教諭などの協力を得て指導にあたることも必要であるとされている[3]。

　以下、関連法令やガイドライン等に照らして、学校給食とアレルギー対策について確認する。

（2）　関連法令について

（ア）　学校給食法・学校給食実施基準

　学校給食におけるアレルギー事故に関連する法令として、まず、学校給食法があり、学校給食は、児童及び生徒の心身の健全な発達に資するものであり、かつ、児童及び生徒の食に関する正しい理解と適切な判断力を養う上で重要な役割を果たすものとされ（学校給食法1条）、学校給食とは、各種目標を達成するために、小学校及び中学校において実施される給食であると定義づけられる（同法3条）。具体的には、適切な栄養の摂取による健康の保持増進を図ること、日常生活における食事について正しい理解を深め、健全な食生活を営むことができる判断力を培い、及び望ましい食習慣を養うこと、学校生活を豊かにし、

3）文部科学省『〔特別活動編〕小学校学習指導要領（平成29年告示）解説』53頁・57-58頁

318

明るい社交性及び協同の精神を養うこと、食生活が自然の恩恵の上に成り立つものであることについての理解を深め、生命及び自然を尊重する精神並びに環境の保全に寄与する態度を養うこと、食生活が食にかかわる人々の様々な活動に支えられていることについての理解を深め、勤労を重んずる態度を養うこと、我が国や各地域の優れた伝統的な食文化についての理解を深めること、食料の生産、流通及び消費について、正しい理解に導くことを目標として実施される。

そして、文部科学大臣は、学校給食児童又は生徒に必要な栄養量その他の学校給食の内容及び学校給食を適切に実施するために必要な事項について維持されることが望ましい基準（学校給食実施基準）を定め、義務教育諸学校の設置者は、学校給食実施基準に照らして適切な学校給食の実施に努めるものとされ（同法8条）、同基準は、児童又は生徒の個々の健康及び生活活動等の実態並びに地域の実情等に配慮することとなっている（学校給食実施基準3条）。

　(イ)　アレルギー疾患対策基本法・基本指針

平成26年に成立したアレルギー疾患対策基本法（以下「基本法」という）は、アレルギー疾患対策に関し、基本理念を定め、アレルギー疾患対策の推進に関する指針の策定等について定めるとともに、アレルギー疾患対策の基本となる事項を定めることにより、アレルギー疾患対策を総合的に推進することを目的としている（基本法1条）。学校においては、国及び地方公共団体が講ずるアレルギー疾患の重症化の予防及び症状の軽減に関する啓発及び知識の普及等の施策に協力するよう努めるとともに、その設置し又は管理する学校等において、アレルギー疾患を有する児童、高齢者又は障害者に対し、適切な医療的、福祉的又は教育的配慮をするよう努めなければならないとされている（同法9条）。

その上で、平成29年3月、基本法11条1項に基づき、アレルギー疾患を有する者が安心して生活できる社会の構築を目指し、国、地方公共団体が取り組むべき方向性を示すことにより、アレルギー疾患対策の総合的な推進を図ることを目的として、アレルギー疾患対策の推進に関する基本的な指針（以下「基本指針」という）が策定された。

(3)　ガイドライン・指針・通知等

　(ア)　ガイドライン及び学校生活管理指導表の作成

平成16年10月、有識者による調査研究委員会が設置され、以後、公立の小

第Ⅴ章　生活安全、施設管理に関する事故、その他

中高等学校に対する実態調査の実施、実態調査結果の分析・評価、推進方策の検討が行われ、平成19年4月に報告書がまとめられた。

　報告書では、児童生徒においてアレルギー疾患がまれな疾患ではなく、学校やクラスに各種のアレルギー疾患をもつ児童生徒がいることを前提とした学校保健の取組が求められる状況にあること、教職員に対し、アレルギー疾患に関する知識の啓発を進めるとともに、学校の行う取組が、医学的根拠に基づき、安全・確実で効率的なものとなるような仕組みの構築を検討する必要があること等が提言された。

　当該報告書を受けて、平成20年3月、財団法人日本学校保健会により「学校のアレルギー疾患に対する取り組みガイドライン」（以下「ガイドライン」という）及び「アレルギー疾患対応の学校生活管理指導表」（以下「学校生活管理指導表」という）が作成された。

　具体的には、ガイドラインにおいて、食物アレルギーの発症及び重症化防止の対策として、①児童生徒の食物アレルギーに関する正確な情報の把握、②教職員全員の食物アレルギーに関する基礎知識の充実、③食物アレルギー発症時にとる対応の事前確認（必要に応じて訓練の実施）、④学校給食提供環境の整備（人員及び施設設備）、⑤新規発症の原因となりやすい食物（ピーナッツ、種実、木の実類やキウイフルーツなど）を給食で提供する際の危機意識の共有及び発症に備えた十分な体制整備を各学校で徹底するように求められている。

　　（イ）　食物アレルギー対応指針の作成

　ところが、平成24年12月に、食物アレルギーを有する児童が、学校給食終了後にアナフィラキシーショックの疑いにより亡くなる死亡事故が発生したことに伴い、文部科学省主導で、ガイドラインに基づく対応の徹底、教職員に対する研修の充実、緊急時におけるエピペン®の活用、関係機関との連携体制の構築と、これら具体的な対応のための方針の策定などについて、平成26年3月、「今後の学校給食における食物アレルギー対応につい最終報告」（以下「最終報告書」という）として提言がされるに至った。

　この最終報告書を踏まえて、学校及び調理場が地域や学校の状況に応じた食物アレルギー対応方針やマニュアル等を策定する際の参考となる資料として、基本的な考え方や留意すべき事項等を具体的に示し、学校や調理場における食

物アレルギー事故防止の取組を促進することを目的として「学校給食における食物アレルギー対応指針」（以下「食物アレルギー対応指針」という）が作成された。

この指針の構成は、大原則、チェック表、解説、総論となっており、大原則として、食物アレルギーを有する児童生徒にも給食を提供すること（安全性を最優先）、食物アレルギー対応委員会等により組織的に行うこと、ガイドラインに基づき、医師の診断による学校生活管理指導表の提出を必須にすること、安全性確保のために原因食物の完全除去対応を原則とすること、学校及び調理場の施設設備、人員等を鑑み無理な（過度に複雑な）対応は行わないこと、教育委員会等は食物アレルギー対応について一定の方針を示すとともに、各学校の取組を支援することが明記された。

対応指針の具体的な内容としては、①食物アレルギー対応委員会の設置・基本方針の決定、②入学時、進級時、新規発症時における食物アレルギー対応申請の確認（学校生活管理指導表の提出）から対応開始までの流れ、③献立の作成と検討（提供の有無・頻度の検討等）、④給食提供・体制づくり・調理作業における対応、⑤教室での対応が記載されている。

　㈾　文部科学省の通知

文部科学省は、上記㈵で前述した最終報告書を踏まえて、平成 26 年 3 月 26 日、「今後の学校給食における食物アレルギー対応について」と題する通知（以下「文科省通知」という）を出しており、教育委員会における対応として、以下の内容等を定めた。

　ⓐ　学校におけるアレルギー対応についての方向性の明示　　ガイドラインや学校生活管理指導表を活用しながら、教育委員会内の共通理解のもとに、その推進を図ること、関係者と定期的に協議の場を設け、管内の学校の施設整備や人員配置、アレルギーのある児童の情報について関係者間で共有しながら、具体的なアレルギー対応について一定の指針を示す。

　ⓑ　アレルギー対策の研修会の充実　　一定の質を確保しつつ、職種に関わらず、全教職員がアレルギー対応について学ぶためのアレルギー対策の研修会等を提供し、また、これらの取組に継続性を持たせるための工夫をする。学校単位での校内研修の実施を進めるとともに、研修会への

第Ⅴ章　生活安全、施設管理に関する事故、その他

講師派遣等に協力する。

ⓒ　その他　　アレルギー対応の充実のために、効果的な給食管理の在り方
や調理場の整備、栄養教諭の配置拡大の方策等について検討する。

また、学校における対応としては、以下の内容等を定めた。

ⓐ　学校におけるアレルギー対応の体制整備について　　学校での管理を求
めるアレルギーの児童生徒に対しては、ガイドラインに基づき、学校生活
管理指導表の提出を必須にするという前提のもと、管理職を中心に、校内
の施設整備や人員配置を踏まえ、具体的なアレルギー対応について一定の
方針を定める。特定の職員に任せずに、校内委員会を設けて組織的に対応
する。給食提供においては、安全性を最優先とする考え方のもと、複数の
目によるチェック機能の強化や食物アレルギー対応を踏まえた献立内容の
工夫、食材の原材料表示、誰が見ても分かりやすい献立表の作成などの実
施に努める。

ⓑ　緊急時の体制整備について　　学校の状況に応じた実践可能なマニュア
ル等を整備し、緊急時対応に備えた校内研修（「エピペン ®」の法的解釈
や取扱い、実践的な訓練）を充実させる。

ⓒ　保護者との連携について　　入学前に、適切なアレルギー対応ができる
よう、学校や調理場の現状を保護者に理解してもらうとともに、食物アレ
ルギー対応に関して、保護者からの十分な情報提供を求める。食物アレル
ギーの児童生徒の保護者に対しては、専門の医療機関に関する情報や、ア
レルギー対応に関する資料を紹介するなど、必要に応じてケアを行う。

㈎　ガイドラインの改訂

平成 26 年の基本法成立、平成 29 年に基本指針が策定され、基本指針の中で
は、アレルギー疾患対策の推進に関する重要事項として、国は、ガイドライン
及び食物アレルギー対応指針等を周知し、実践を促すとともに、学校の教職員
等に対するアレルギー疾患の正しい知識の習得や実践的な研修の機会の確保等
について、教育委員会等に対して必要に応じて適切な助言及び指導を行うこと、
また、教職員等に対するアレルギー疾患の正しい知識の習得や実践的な研修の
機会の確保、アレルギー疾患の正しい知識の啓発に努めることなどが示された。
これを受けて、作成から 10 年が経過したガイドラインを改訂することになり、

[典型判例]14　給食アレルギー

令和元年に改訂されるに至った。

改訂されたガイドラインでは、新しくアレルギー疾患の対応推進体制として、教育委員会等に対して必要に応じて適切な助言及び指導を行うこと、また学校に対して学校全体で組織的に取り組むよう、研修のための資料等が紹介され、また、学校生活管理指導表の書式も変更されている。

3　本裁判例の位置付け

(1)　そばアレルギーについて

本裁判例で問題となったそばアレルギーは、そばを常食として利用する国、地域において古くから患者の存在が知られており、その特徴としては、ピーナッツとともに、摂取された量が極微量であっても重篤な症状が惹起される点にあり、閾値（症状を惹起する最少の量）が数 μ g と極端に低いことが示唆されている[4]。そして、そばアレルギー性疾患として、気管支喘息などが挙げられており、そば殻を吸い込むことで、喘息症状を誘発する場合がある。

そばは、対応指針の③献立の作成と検討において、「特に重篤度の高い原因食物」に位置付けられ、「学校給食での提供を極力減らします」とされている。そのため、本裁判例の事故が起きた当時とは異なり、現時点では、重篤度の高い原因食物は学校給食での提供が極力減らされているはずであり、現時点では学校給食においてそばアレルギーを発症させるケースは限りなく少ないものと思われる。

ただし、現時点においても、体験学習等におけるそば打ち体験において、そば粉をふるいにかける際に、そば粉が宙を舞って吸い込んだり、練るときに皮膚に触れたりすることで、そば粉そばアレルギーを発症するリスクがあり得るため、アレルギー原因食物を扱う授業の際に注意が必要であることに変わりはない。

(2)　担任教諭の過失について

本裁判例は、担任教諭の予見可能性・結果回避可能性に関する判断として、児童調査票に給食で注意することとしてそば汁と申告され、児童からもそばが

---

4)　全国麺類生活衛生同業組合連合会『食物アレルギーの基礎知識』(2014年2月) 22-23頁。

323

第Ⅴ章　生活安全、施設管理に関する事故、その他

食べられないことを告げられていたこと、学校の健康診断書には気管支喘息の疾病が存在すると記載されていたこと、これまでXがそばの給食時に代わりの食事を持参せず、そばを食べなかったことから、Xがそばを食べないことに何らかの重大な事情が存在し、それが疾病の発症に関連すると考えることを要求してもあながち不可能を強いるものではないと認定するとともに、事故以前からそばアレルギーを警告し、その対策を示す多数の書物が出版され、その危険性が新聞でも指摘されていたことも踏まえて、そばアレルギー症の重篤さ、児童に給食でそばを食べさせないことの重要性及びそばを食べることでの本件事故を予見し、結果を回避することは可能であったと認定している。

　現時点であれば、ガイドラインや文科省通知により、学校生活管理指導表の提出を必須にし、担任教諭のみならず、校内委員会等により組織的な対応を求められることになり、児童生徒ごとの個別対応プランの作成が必要となるため、本裁判例のXについても個別対応プランがどのように作成されているか、当該プランに沿った対応がなされているかが学校側の注意義務違反の有無の判断において重要な考慮要素となるだろう。

⑶　**教育委員会の過失について**

　本裁判例は、給食についての教育委員会の役割や給食を担当する職員に給食の安全教育の義務を負担していること、本件事故以前から、そばアレルギーを警告し、その対策を示す多数の書物が出版され、その危険性が新聞でも指摘されていたことを踏まえ、学校の日常教育等に追われる担任教諭よりも容易にそばアレルギー症の重篤さ、学校給食にそばを出すことに危険を伴う場合が存在すること、そばを食べることによる本件事故を予見し、結果を回避することは可能であったと認定している。

　本裁判例の事故以後、給食におけるアレルギー疾患対応に関する理解・対策は進んでいると考えられるため、教育委員会としては、ガイドラインや文科省通知等に即した対応をしていなければ、簡単に注意義務違反が肯定されるであろう。

［典型判例］14　給食アレルギー

Ⅲ　関連する裁判例

⑴　概　観

　本裁判例の事案は、そばアレルギーを有する児童に対する学校給食における
アレルギー対応が問題となった事案であったが、同様にアレルギーや持病等が
問題となった裁判例について傍観する。

　まず、本裁判例と同様に学校給食における持病対応が問題となった事例とし
て、先天性の脳性麻痺により身体障害者福祉法別表第1級の認定を受け、特別
支援学校に在籍していた生徒が、給食介助中の誤嚥により窒息状態に陥り、低
酸素脳症に由来する重篤な脳障害を後遺した事案（後掲福岡高判令2・7・6判時
2483号38頁）がある。

　また、学校給食におけるアレルギー対応以外におけるケースとして、学校給
食以外の食事提供におけるアレルギー対応が問題となった事案や、食事提供以
外におけるアレルギーや持病が授業中に顕在化した事案等があり、前者につい
ては、卵アレルギーを有する児童が児童相談所で一時保護中、食事後に死亡し
た裁判例（後掲東京高判平25・9・26判時2204号19頁）、後者については、喘息
の持病があった小学3年生の女子児童が持久走大会の事前練習中に倒れて死亡
した事案（後掲福岡地判平14・3・11裁判所HP）や男子高校生が柔道授業後に
気管支喘息の発作を原因として死亡した事案（後掲仙台地判平14・3・18裁判所
HP）がある。

　その他、児童生徒の持病等がそのまま顕在化・悪化したわけではないが、事
故により生じた後遺障害に児童生徒自身の身体的素因等が影響しているとして、
素因減額（民法722条2項類推適用）に至った事案として、小学校のプールにお
いて起立性調節障害等の既往を有する児童が水泳の練習中に溺れ四肢・体幹機
能障害により身体障害等級1級に認定された事案（後掲福岡高判平18・7・27裁
判所HP）がある。

⑵　脳性麻痺を有する児童の特別支援学校における給食介護中におきた誤嚥
　　事故に関する裁判例（福岡高判令2・7・6判時2483号38頁・判タ1484号75頁）

㋐　裁判例における事案概要

　先天性の脳性まひにより身体障害者福祉法別表第1級の認定を受けていた

325

第Ⅴ章　生活安全、施設管理に関する事故、その他

中学3年生の生徒Xは、特別支援学校に在籍していたが、担任教諭による給食介助中、誤嚥により窒息状態に陥り、心肺停止となった。その後、低酸素性脳症に由来する重篤な脳障害を後遺するに至った。

　Xの両親らは、給食介助時の安全配慮義務、誤嚥窒息時の救護義務、医療的ケアの必要性等に関する説明義務に違反したことから、本件事故を招来し、Xが重篤な脳障害を後遺したと主張して、国家賠償法に基づく損害賠償を求めた。

　(イ)　判示内容

ⓐ　安全配慮義務違反に関する過失について　　本件事故当時、医療的ケアの対象者ではなかったXに対し、本件特別支援学校独自の判断で、看護師による医行為（吸入・吸引）を施すことはできないのであるから、医療的ケアと同等の措置を講じる義務があるとの主張は失当といわざるを得ない。少なくとも、給食介助を開始するまでの間に、看護師が臨時応急の手当として吸入や吸引を実施すべき状況は発生していなかったというべきである。

　　また、本件事故当日、担任教諭において、Xの飲み込みが普段より悪いことなどを認識していたとしても、そのことを考慮して給食を途中終了するか、いったん中断して看護師等の助言を求めるか、様子を見ながらそのまま給食を続けるかは、同教諭の裁量の範囲内にあったというべきであり、給食を継続した結果、本件事故が発生したからといって、遡って注意義務違反の問題が生じるものではない。

ⓑ　救護義務違反に関する過失について　　誤嚥窒息発生当時、担任教諭が背部叩打法に固執して徒に時間を費やしたという状況は認められず、少なくとも、同教諭はマニュアルや訓練のとおりに行動したものと認められるから、同教諭に救護義務違反があったとは認められない。

ⓒ　説明義務違反に関する過失について　　特別支援学校は、その安全配慮義務に付随して、保護者に対し、医療的ケアの内容と実施のための手続を説明し、その理解を得るとともに、保護者において、適時適切に医療的ケアの申請やその内容の変更等の必要性を判断し得るよう、具体的な医療的ケアの必要性に関して学校が有する情報を提供する義務を負うと解するのが相当である。

　　そして、教員らが認識していたXの摂食状況や、それについての専門家の

[典型判例] 14 　給食アレルギー

意見は、医療的ケアの必要性に関する情報として、適時にX母に提供する義務があったというべきである。また、そのような情報提供をしたときに、X母が吸引に否定的な回答をしたとしても、Xの摂食状況に鑑みれば、代替手段としての吸入について医療的ケアの申請をすることを説明する義務もあったというべきであった。

ⓓ　説明義務違反とXの後遺障害との相当因果関係について　　給食介助前に看護師による医療的ケア（口腔内の観察を前提とした吸入又は吸引）が実施されていれば、貯留していた痰等が除去され、粘稠性の強い塊が形成されることはなく、仮にペースト食を誤嚥したとしても、直ちに気道閉塞（窒息）には至らなかったと考えられる。また、口腔内の観察によって痰等の貯留が認められたが吸入によって排痰ができなかった場合、医療的ケアの申請及び主治医の指示書に基づいて作成された個別マニュアルにより給食を中止する判断をすることも可能となる。したがって、本件事故当時、看護師による医療的ケアが実施されていれば、本件事故を回避し得た高度の蓋然性が認められるというべきである。

　そして、Xが利用していた小規模多機能型居宅介護施設と同じ内容（吸入）で医療的ケアの申請をすることについて、X母が拒絶していたとは考えられないから、仮に、本件特別支援学校からの情報提供によって、吸引に関するX母の考え方が変わらなかったとしても、吸入を含む排痰のための医療的ケア実施の必要性について説明がされていれば、その時点で、医療的ケアの申請がされていた高度の蓋然性が認められる。

(3)　**卵アレルギーを有する児童が児童相談所で一時保護中、食事後に死亡した裁判例**（東京高判平25・9・26判時2204号19頁）

　㋐　裁判例における事案概要

卵等の食物アレルギーを持つ3歳の児童Xが児童福祉法33条に基づく一時保護中、Y市の運営する児童相談所の職員から卵を含む竹輪を食べさせられた後、約6時間後に死亡した。

　Xの両親は、児童相談所の職員が誤ってアレルギー物質を含む食物を食べさせたためAが死亡したとして国家賠償法に基づき、損害賠償を求めた。

　㋑　判示内容

327

第Ⅴ章　生活安全、施設管理に関する事故、その他

本件再一時保護決定におけるXの一時保護先となった児相の職員は、病院及びこども医療センターからの情報により、Xが卵について強いアレルギーを持っており、卵を使った食品を除去した食事を与えることになっていることを認識していたにもかかわらず、平成18年7月27日午前7時30分頃にXが朝食を食べた後にお代わりをした際、卵が含まれる本件竹輪（一本の10分の1。2.5〜3ｇ）を誤ってXに与えて食べさせた。上記職員は、Xに卵を使った食品を食べさせてはならない注意義務があるのにこれを怠ったものというべきであり、その点で過失がある。

⑷　**喘息の持病を有する小学3年生の女子児童が持久走大会の事前練習中に倒れて死亡した事故に関する裁判例**（福岡地判平14・3・11裁判所HP）

　㋐　裁判例における事案概要

喘息の持病があった市立小学校の3年生の女子児童Xが持久走大会の事前練習中、運動誘発性喘息を発症し、呼吸困難となったのち、死亡した。

Xの両親は、小学校校長や同校の教師らには児童に対する安全配慮義務に違反した過失や応急措置における過失などがあると主張して、国家賠償法に基づく損害賠償を求めた。

　㋑　判示内容

ⓐ　Xに持久走に参加させた過失について　　本件事前練習のような持久走大会にぜん息疾患を有する児童の参加を回避すべき義務が発生するというためには，ぜん息疾患を有するという理由のみから導かれる一般的・抽象的なぜん息大発作の発生可能性の存在だけでは足りず，当時の具体的状況の下で突然死亡につながるような大発作が発生する具体的な予見可能性が要求されるというべきである。

　　そして、小学校の教師に過ぎず医学の専門知識を有しない担任教諭及び関係者において、Xが本件事前練習に参加するにあたり、同人が同練習により、ぜん息の軽度の発作ではなく、本件事故のように、死に至るようなぜん息の大発作が発症することを具体的に予見することが可能であったとは認められない。

ⓑ　ぜん息発作が生じた場合は直ちに発見し応急の処置を施せるように準備をし、安全に配慮する義務に違反した過失について　　本件事前練習における

328

［典型判例］14　給食アレルギー

小学校教師らの伴走態勢が不相当なものであったとは認められず、また、本件事前練習を実施するにあたり、養護教諭に連絡し得る態勢を取りつつ、養護教諭をその本拠地である保健室に待機させておくことにも合理性があるというべきであるから、本件事前練習に養護教諭を参加させなかったことについても小学校教師らに過失があるとは認められない。

ⓒ　Xが倒れた後の措置に関する過失について　　緊急時においては、傷病者に対する応急の対応や傷病状態に関する具体的な状況判断を経て適切な決定に至るまでにある程度の時間を要することは社会通念上やむを得ないというべきであることに鑑みれば、Xが倒れてから搬送行為及び医療行為を経て死に至るまでの本件全過程の中において最後尾を伴走していた教諭がXを発見してから救急車の要請までに8分を経過したことを評価した場合に、本件事前練習の引率・指導にあたった小学校教師らに、速やかに救急車を要請しなかった過失があったということまでの評価をすることはできない。

また、救急車の誘導のため本件通路及び本件通路の入口に向かっていたことが認められ、本件事前練習の引率・指導に当たった小学校教師らは救急車が本件事故現場に到着し易くするための一応の対策をとっていたといえるから、救急車の受け入れ態勢について小学校教師らに過失があるということはできない。

⑸　高校生が柔道の授業において気管支喘息の発作を原因として死亡した事故に関する裁判例（仙台地判平14・3・18裁判所HP）

　㋐　裁判例における事実概要

ペルテス病（大腿骨骨董壊死）及びアレルギー性喘息の持病を有していた県立高校1年生であった男子生徒Xが、柔道の授業における練習試合の後、気管支喘息の発作を原因として死亡した。

Xの両親は、学校の設置者であるY県に対し、国家賠償法に基づく損害賠償を求めたものの、結果として、Xの両親の請求は棄却された。争点としては、柔道の担当教諭にXの死亡について過失が存在するか、当該過失とXの死亡との因果関係があるかである。

　㋑　判示内容

ⓐ　Xに柔道の試合をさせた過失について　　柔道担当の教諭は、Xに対し柔

第Ⅴ章　生活安全、施設管理に関する事故、その他

道の授業を受けることの意思を確認し、同人の健康面に配慮した対応を行い、柔道の授業についても段階を踏んで無理のないように実施していたもので、他方、Ｘは、喘息の持病を有していたとはいえ、他の生徒と同じように試合形式を含む柔道の授業を受け、これをこなしていた。さらにＸが本件事故当時、高校１年生であったことに鑑みると、単なる授業以上に激しいことが予想される柔道の練習試合といえども、Ｘの様子から特に喘息発作を引き起こすことが予想される場合や、Ｘが自ら体調の不調を訴えたり、練習試合の内容からしてこれを行うことが危険であることなどを申告したような場合でない限り、練習試合を行わせるべきではなかったと認めることは困難というべきである。しかるに、Ｘの様子や同人から柔道の練習試合を見学させてほしいなどの特段の申告がなかったことからすれば、柔道担当の教諭がＸに柔道の試合をさせたことについて注意義務違反を認めることはできない。

ⓑ　柔道場を退出するときに付添人を付けなかった過失について　　Ｘは、「ちょっと具合が悪いのでトイレに行かせてください。」と申告し、またこの時点で息が荒く苦しそうな状態にあったものであるが、同人は具合が悪いのでトイレに行くと言ったに止まり、喘息発作が発症したと申告したものではないことはもちろんのこと、保健室に行くといったものでもないこと、さらに同人の年齢や判断能力に鑑みると、一般的にＸに対する配慮は必要であるものの、Ｘが息が荒く苦しそうな状態にあるという身体的症状や同人の申告内容だけから、柔道担当の教諭が自らないし他の生徒をＸに付き添わせる義務が存在したとまで認めることはできない。

ⓒ　授業に戻ってこないＸの様子を見に行かせなかった過失について　　まず、予見可能性について、Ｘは、柔道場を退出した後、なかなか戻ってこなかったものであるが、柔道担当の教諭は、Ｘが喘息の持病を抱えていることを知っており、かつＸが具合が悪いと申告し、また息が荒く苦しそうな状態にあったのを直接見て確認していたことに照らすと、遅くとも団体戦１回戦が終了し、引き続いて団体戦２回戦を開始した午前10時40分ころの時点で、Ｘが喘息発作を起こしたのではないかと予見することができたというべきであり、さらには、同人が柔道場に戻ってこないことをもって、同人の生命、身体への危険が及ぶような異変が生じたのではないかとの認識をもつことも

［典型判例］14　給食アレルギー

可能であったというべきである。

　次に、団体戦２回戦の１試合目が終了した後、当該試合に出ていた生徒などに、Ｘの様子を見に行かせておけば、実際よりも早期にＸが喘息発作を起こしていることを発見し得たと考えることができるところ、これによりＸの死亡結果の回避可能性について検討するに、その発見の時期如何によっては、Ｘを発見した生徒が養護教諭に連絡するなどした上、当該生徒や養護教諭ほか同高校の教師が、Ｘの体の締め付けを除去して同人に座位をとらせ、水分を摂取させたり、場合によってはＸに気管支拡張剤を吸入させたり、気道が閉塞している場合には人工呼吸を実施して蘇生させるなどの応急措置を講じたり、さらには早急に救急車を呼んで救命措置を講ずることにより、Ｘの気道の閉塞を阻止あるいは緩和できた可能性も存在するというべきであり、結果として同人の死亡を回避できた可能性は存在したというべきである。

　以上からすれば、柔道担当の教諭は、授業に戻ってこないＸの様子を見に行かせなかったことについて生徒の安全に配慮すべき注意義務を懈怠した過失が存在するというべきである。

ⓓ　上記過失とＸの死亡との間の相当因果関係について　　柔道担当の教諭が上記の注意義務に則った対応をとっていれば、その時期の如何によっては、Ｘの死亡の結果を回避し得た可能性は存在するというべきであるが、Ｘを発見した生徒や連絡を受けたＩ養護教諭はじめＡ高校の教師が、Ｘの体の締め付けを除去して同人に座位をとらせたり、水分を摂取させたりすることでＸの死亡を回避し得たか、さらに同人らが気管支拡張剤を使用できたかどうか、また使用できたとしても、Ｘの急激かつ重度な症状の変化に対し、気管支拡張剤が有効に作用し得たかどうか、また人工呼吸を行ったり簡易救急蘇生器を使用したとして、これらが効を奏したか、同様に早急に救急車を呼んだとしてＸを救命し得たかどうかなどについて、医学的見地はもちろんのこと、通常人の判断基準からしても不明といわざるを得ず、他方、上記の措置以外にＸを救命できた高度の蓋然性を示し得る措置を想定しがたく、また上記の措置が効果を有するとしてもいつの時点までなら効果を有するのかについても同様に明らかでないことに鑑みると、Ｘの死亡を回避できた可能性は存在するとしても、それを回避できた高度の蓋然性を認めるまでには至らないと

331

第Ⅴ章　生活安全、施設管理に関する事故、その他

いうべきである。

　したがって、柔道担当の教諭の注意義務に違反した過失とＸの死亡との間の因果関係を認めることはできない。

⑹　**小学校のプールにおいて起立性調節障害等の既往を有する児童が水泳の練習中に溺れた事案に関する裁判例**（福岡高判平18・7・27裁判所HP）

　㈠　裁判例における事実概要

　小学5年生の児童Ｘが、所属する小学校の水泳クラブの練習中、プール内で溺れ、意識不明となる事故が発生した。当該児童はプールサイドに引き上げられて救命措置を採られたものの、心肺停止状態のまま救急車により病院に搬送され、心肺蘇生術の結果、蘇生はしたが昏睡状態が続き、溺水、心肺停止による四肢・体幹機能障害による身体障害が残った。

　Ｘ及びＸの両親は、小学校を設置する地方公共団体に対して、国家賠償法に基づく損害賠償を求め、一部認容されたものである（Ｘの身体的素因を理由に素因減額がされた）。

　㈡　本裁判例における判示内容

　Ｘが失神状態で本件プール内に浮いていたのが比較的短時間であったにもかかわらず、Ｘが蘇生するまでに相当の時間を要していたものである。そして、この蘇生に関する医師らの各意見を総合すると、一般に、水没後心停止までの時間はおよそ3分であり、心停止から3分以内であれば蘇生の可能性が高く、5分以内でも相当の確率で意識回復ないし蘇生するというものである。これからすると、本件事故の時間的経過は、正に予後の経過が二分されるような微妙な場合に当たることになる。他方、上本件事故との直接的関係を確定できないが、Ｘには、4度の失神歴を伴う起立性調節障害の存在や本件事故後の心エコー検査における異常が認められたものである。これらの事実からすると、蘇生の遅れ、ひいては重篤な後遺障害の発生に関し、Ｘ自身の身体的素因が影響している可能性が相当程度認められることは否定できない。そして、溺水の原因及び機序は多種多様であり、救出までの時間と蘇生ないし重篤な後遺障害の発生との関係についても、ことの性質上、確定した医学的知見に乏しく、不明な点が多いなどの事情に照らすと、このＸの身体的素因の影響に関して、確定には至らないものの、相当程度の可能性をもって、民法722条2項の類推適用

による損害賠償の減額事由として考慮するのが相当である。

　Xらの損害額の3割を減額することは、損害の公平な分担という損害賠償法理からやむを得ないといわなければならない。

Ⅳ　実務への影響

　典型判例における学校給食における事故やその後の事故等によって、学校給食におけるアレルギー疾患対応については大幅な進歩がみられている。その一方で、「令和4年度アレルギー疾患に関する調査研究報告書」によれば、食物アレルギーがある児童生徒数もアナフィラキシー経験のある児童数も増加している状況である。そのため、教育現場においては、アレルギー対応に割くべき資源は年々増していっているといわざるを得ない。

　そして、アレルギー疾患に対する危機意識が高まっているにもかかわらず、現状、アレルギー対応に関する委員会の設置状況については、都道府県教育委員会においては51.1％、市町村教育委員会においては43.3％のみが設置するにとどまっており、また、食物アレルギー対応のマニュアルや指針の状況について、2.1％の都道府県教育委員会、9.4％の市町村教育委員会が提示していない状況である[5]。また、学校におけるアレルギー対応に関する委員会の設置状況は、小学校、特別支援学校、義務教育学校で8割以上、中学校、中等教育学校で7割以上が設置している状況である反面、高等学校では約6割が設置していない状況であった[6]。

　ガイドラインや文科省指針等において定められている基本的な取組について不備があれば、そのことをもって、アレルギー事故に関する責任を課せられるケースも少なくないため、各教育委員会及び各学校においては、ガイドラインや文科省指針等に沿ったアレルギー疾患対応に関する取組の徹底が求められている。

　また、仮に、各種取組がなされていたとしても、前記裁判例でみたように、

5）　前掲注2）51頁。
6）　前掲注2）54頁。

第Ⅴ章　生活安全、施設管理に関する事故、その他

児童生徒のアレルギーの原因食物を提供したことの適否のほか、緊急時における学校側の対応の適否が問題とされるケースも多い。この点は、食事の提供時のみならず、児童生徒が有するアレルギーや持病等が運動時に顕在化した事故の場合にも同様である。いずれにしても、学校側の責任が肯定されるためには、現場の教師が当該事故を具体的にどの程度予見できていたのか、どのように回避することができたのかが肝心である。前記裁判例（福岡地判平14・3・11）においても、判示されているように、当該アレルギーを有することのみから導かれる一般的・抽象的な大発作の可能性というだけではなく、当時の具体的状況の下で突然死亡につながるような大発作が発生する具体的な予見可能性が要求されるのである。そして、予見可能性や結果回避可能性の判断は、学校の教師に過ぎず医学の専門知識を有しない教師において可能か否かという視点で考えることが重要である。

（多屋　紀彦）

［典型判例］15　乳幼児の事故—乳幼児突然死症候群を中心に

典型判例 15 乳幼児の事故
—乳幼児突然死症候群を中心に

東京高裁昭和 57 年 7 月 14 日判決〈昭和 54 年（ネ）第 1841 号〉
　判時 1053 号 105 頁・判夕 480 号 98 頁

I　典型判例の紹介

1　ひとことで言うとどんな判例か

　保育所で生後 1 年 2 か月余の乳幼児が死亡した事故について、当該保育所の保母（現在は「保育士」と呼称するため、以下「保育士」という）らの過失が争われたが、死因は乳幼児突然死症候群（SIDS）であり、保育士らの過失が認められなかった事例。

2　判決要旨

　判決を下した東京高裁は、以下 2 点の控訴人の主張をすべて排斥し、請求を棄却した原判決を維持している。

【控訴人の主張】

① A の死因は窒息によるものである

② A の死因が窒息死ではなく突然死であったとしても、本件保育所について良好な環境の保全義務違反、保育中及び発作中における保育士の監視義務違反及び救命措置義務違反がある

【争点に対する判断】

　まず、①については、「認定各事実を総合し、前認定の本件事故発生に至る状況及び鑑定結果を併せて考慮すると、A は、突然死の発作を起こして死亡した蓋然性が最も高いと認められ、その死因は、乳幼児突然死症候群であると認められるのが相当である。」と判断して、控訴人の主張を排斥している。

335

第Ⅴ章　生活安全、施設管理に関する事故、その他

次に、②についても、「控訴人らは、Ａの死因が突然死だとしても、突然死は、生活水準が低い、保育面積が少ない、衛生状態が悪いなどの保育環境や社会経済的要因と関連のあることがデータ的に確認されており、乳幼児にとってその生理と矛盾する劣悪な環境がストレスを蓄積させ、身体のリズムを狂わせて抵抗力を弱めているのであり、これが突然死の重大な要因になっていると主張し、本件においても保育園の環境の劣悪さがＡの死亡の原因になっており、このような環境を作出しあるいは改善しないまま放置した被控訴人らに責任があると主張する。しかし、乳幼児の突然死については、いまだその原因や発生機序が明らかでないことは先に認定したとおりであり、本件においても、本件保育園の保育環境がＡの死亡の原因になっているとの点については、これを認めるに足りる証拠はない。控訴人らの右主張は、採用の限りではない。〔中略〕、保母は、児童が睡眠中に低酸素症にならないように換気や児童の体位、特に首や顔の位置が悪くないか、鼻づまりやせきで苦しそうにしていないかなどに注意をし、絶えず目を離さないようにすべき義務があり、このような義務を尽くせば低酸素症の段階までにチェックができ、死亡に至るのを防止できるのに、本件保育園の保母らは、Ａに食事を与えた後Ａの部屋から離れ、その間Ａが泣き叫ぶなどの異常を示したにかかわらず、死亡するまでの３時間にわたってＡを観察することなく放置し、適切な措置を怠ったと主張する。しかし、証拠によれば、控訴人ら主張の突然死における死亡に至るまでの経過は、ひとつの仮説として考えられているに過ぎないことが明らかであるし、前認定のとおり、乳幼児の突然死の原因、発生機序については、現在の医学上いまだ解明されるに至っていないのであるから、右のような仮説を前提とする控訴人らの右主張は採用することができない。なお、本件事故当日におけるＡに対する保母らの措置は、先に認定したとおりであって、右保母らについて、長時間にわたってＡの観察をせずに放置したりした事実があったとも認められず、右の保母らは、Ａがミルクを飲んでから眠るまでの間に異常がないことを確認しているのであり、Ａが眠ってからも、その部屋のＡのベッドの見える位置で食事をし、かつ保母が外出する際には一歳児部屋の児童に異常がないことを確認しているのであるし、一人残った保母も一歳児のうち早く目覚めたものから順におむつ替えをしていたものであり、異常を発見されるまでの間にＡが泣

いたりしたことも認められないのである。右事実に照らせば、右保母らにA
の保育に関して過失があったということはできない。」

「控訴人らは、更に、Aの突然死の発作中に何らの救命措置がとられず放置
されていたこと及び仮死状態の際にも何らの救命措置が行われなかったことが
死を決定づけもしくは死を早めたことは明らかであり、保母の監視義務違反及
び救命措置義務違反は少くともAの死について5割の寄与をしたことは明ら
かであるから、突然死の発症自体がやむを得ないものであったとしても、被控
訴人らは、損害額の5割の範囲で損害賠償の責任があると主張するが、先に認
定した各事実に照らすと、保母に睡眠中の監視義務違反や救命措置義務違反が
あったとは認められないから、控訴人らの右主張を採用することはできない。」

「控訴人らは、Aの突然死の発症がやむを得ないものであり、かつ、Aを救
命することが困難であったとしても、その両親である控訴人らは少くとも保母
らに対し、異常を速やかに発見して直ちに救命処置を施してくれることを期待
していたものであり、保母らもその処置を施す義務があったものというべく、
保母らは控訴人らの信頼ないし期待を裏切ったものであり、そのため、Aは
苦しんでいるときにも放置され、何らの手当を受けることなく死亡したもので
あって、これにより控訴人らの被った精神的苦痛は、最善の処置を受けたうえ
死亡した場合に比べて大きく、これを慰藉するに必要な金額は控訴人ら各自金
200万円が相当であり、被控訴人らはこれを損害賠償として支払う義務がある
と主張する。しかし、右保母らがAの異常を発見し得なかったことにつきそ
の過失を問うことができないのは前叙したところから明らかであり、かつ、前
認定の各事実によれば、異常を発見した保母が他の2人に協力を求め、咄嗟に
医師に診せる必要があると判断し、過去の経験から救急車を呼んだのでは余計
に時間が掛かるとの考えから、直ちに徒歩5分位の場所にある甲病院に連れて
行き、医師の診察を求めたのは適切な措置であったと認め得るのであって、控
訴人らの右主張も採用し難い。」と判断して、控訴人の主張を排斥している。

3 事案の概要

　Aは、昭和46年に控訴人らの長男として出生し、昭和47年4月から、本
件保育所に通園していた。Aの死亡事故が起きた日、Aは午前10時30分頃

第Ⅴ章　生活安全、施設管理に関する事故、その他

から30分かけて食事を与えられ、食事後、Aはベッドに仰向けになったまま哺乳びんを持って200cc全量を飲んだが、このとき変わった様子はなかった。本件保育所の保育士らは1歳児の哺乳びんを回収したが、その際、Aはミルクを飲み終わってまだ眠りに就いてはいなかったものの、ベッドに仰向けになったまま静かにしており、掛けぶとんは胸の辺りまで掛かっていた。やがて、Aを含む1歳児は、いつものように昼寝に入った。午後2時頃、保育士らがAのおむつを替えようとしたところ、Aは顔のところまでふとんを被って寝ていたため、ふとんを顔のところだけ剥いだところ、Aの顔が青ざめていた。保育士らがAを抱くと、Aは抱かれたときに薄いチョコレート色の液体を吐いた。保育士らは直ちに救急車を呼ぶ手配をしたが、以前に救急車を呼んだが道が分からずその到着が遅れたことがあったので、本件保育所から歩いて5分位の距離にある甲病院へ連れていった方が早いと考え、Aを抱いて同病院まで連れて行った。同病院に運ぶ途中、Aにはまだ息があったが、午後2時30分ころに病院で診察を受けた時点で、四肢に冷感があり、顔面にチアノーゼが認められ、心音も停止し、瞳孔も散大するなど既に死亡状態であった。医師は、Aに対し応急人工呼吸、酸素吸入、強心剤、昇圧剤の注射、気管内吸引などの処置をしたが回復することなく、同日午後2時50分同医師によりその死亡が確認された。

Ⅱ　典型判例の分析

　本件は判決要旨のとおり争点が複数あったが、審理はそれぞれ異なるアプローチからなされている。一つ目の争点である、「Aの死因は窒息によるものである」というという控訴人の主張に関しては、司法解剖による鑑定結果に基づき、二つ目の争点である、「Aの死因が窒息死ではなく突然死であったとしても、本件保育所について良好な環境の保全義務違反、保育中及び発作中における保育士の監視義務違反及び救命措置義務違反がある」という控訴人の主張に関しては、事故当日の保育士たちの保育行動に基づき審理されている。

(1)　**死因が窒息によるものか**

　Aの死因が窒息によるものであるかの判断については、以下の司法解剖の

［典型判例］15 乳幼児の事故—乳幼児突然死症候群を中心に

鑑定結果によるものである。

①窒息の可能性として頸部や鼻・口周囲に創傷は認められず、これらの部位に窒息の一因である絞扼頸、あるいは暴力的な鼻口閉塞があったとは考え難く、ふとんやシーツにより顔面が覆われた場合でも生後1年を経ている幼児では十分自力ではねのけることが可能と考えられること。

②気管支内には少量の胃内容物が存するものの、気道を閉塞する状態とはなっておらず、単なる胃内容物吸引のみが原因の窒息も否定されること。

③上記二つの条件がたまたま同時に起こった場合には、窒息死に至るであろうことは全く否定できないが、極めて稀な事故といわなければならないこと。

④遺体の病理組織学的検査によると、副腎に出血性の変性部が存し、灰にはその間質に白血球や形質細胞が多く、肝臓にはリボフスチン様物質の沈着が著明に見られるなどAが生前全く健康であったとはいえない異常所見があり、突然死を来しても差し支えないものと考えられること。

これらにより、Aの死因は窒息であるという控訴人の主張を退けた上で、生前何らかの軽微な異常を身体に有し、そのためいわゆる乳幼児の突然死の発作を来して急死したと考えるのが相当であるとした。

乳幼児突然死症候群（以下「SIDS」という）とは、「それまでの健康状態および既往歴からその死亡が予測できず、しかも死亡状況調査および解剖検査によってもその原因が同定されない、原則として1歳未満の児に突然の死をもたらした症候群。」と定義されている。主として睡眠中に発症し、日本での発症頻度はおおよそ出生6,000〜7,000人に1人と推定され、生後2か月から6か月に多く、稀には1歳以上で発症することがある。我が国においても昭和56年より厚生省（現厚生労働省）に研究班が組織されて以来、その病態解明や予防法の確立を目指した研究が続けられてきたものである。

(2)　保育士による監視義務違反及び救命処置義務違反がAの死亡に寄与しているか

事故当日の保育士らの保育行動が過失に該当するかの判断については、以下の認定された事実によるものである。

①保育士らはAがミルクを飲んでから眠るまでの間に異常がないことを確認していること。

339

第Ⅴ章　生活安全、施設管理に関する事故、その他

②Ａが入眠してからも、その部屋のベッドが見える位置で食事をし、かつ保育士の一人が外出する際には部屋の児童に異常がないことを確認していること。

③残った保育士も、早く目覚めた児童から順におむつ替えをしていたが、Ａの異常を発見するまでの間にＡが泣いたりしたことも認められないこと。

④Ａの異常を発見した保育士は他の保育士２人に協力を求め、速やかに医師に診せる必要があると判断したこと。

⑤過去の経験から救急車を呼んだのでは時間がかかると考え、直ちに徒歩５分程の病院に連れて行き、医師の診察を求めたこと。

　これらに照らせば、保育士らが長時間にわたってＡの観察をせずに放置した事実は認められず、保育に関して過失があったということはできないとし、保育士による睡眠中の監視義務違反及び救命処置義務違反がＡの死亡について一定の寄与をしているという控訴人の主張は退けられている。

　また、控訴人は「保母は、児童が睡眠中に低酸素症にならないように換気や児童の体位、特に首や顔の位置が悪くないか、鼻づまりやせきで苦しそうにしていないかなどに注意をし、絶えず目を離さないようにすべき義務がある」旨の主張を述べているが、保育士の実務として絶えず目を離さず児童の傍らで観察し続けることは現実的には不可能である。特に、本件事例は重大事故に関する社会的関心が高まり、「教育・保育施設等における事故防止及び事故発生時の対応のためのガイドライン」[1]が作成されるより半世紀近く前の事故あり、現在のように事故防止マニュアルやチェックリストが存在していない時代背景を鑑みても、突然死の責任を保育士に帰するのは困難であったと考える。

---

1)「教育・保育施設等における事故防止及び事故発生時の対応のためのガイドライン～施設・業者向け～」（平成 28 年 3 月）

[典型判例]15　乳幼児の事故─乳幼児突然死症候群を中心に

Ⅲ　参考判例

1　東京地判昭47・12・27判時706号35頁

⑴　事案の概要

　Aの父親B及び母親Cが家庭福祉員Xに対し、午前8時から午後5時まで（その後合意の上で委託時間が午前8時30分から午後5時までとされている）の約束でAの養育を委託していたところ、昭和44年3月3日にAが就寝中にミルクを吐き、口腔内にもどしたミルクを気管内に吸引したことによる窒息によって死亡したところ、B及びCは、Xは委託契約の趣旨に従い児童を受託中は誠実かつ安全に受託児童を養育する契約上の義務があり、授乳の際には終始そばにつきそって適量の授乳をなし、授乳後気を出させるなど必要な措置をとり、その後も吐乳などのないように児童の姿勢を正したり、吐乳した場合直ちに除去するなどして不測の事態が起らぬよう注意し、一旦異常が発生したときは直ちに発見し至急医師などに連絡して適切な措置をとるべき義務があったにもかかわらず、これを怠り、Aを死亡させた旨主張し、損害賠償を求めた事案である。

⑵　裁判所の判断

　これに対し、裁判所は、「睡眠中といえどもその枕元を離れず、いかなる些細な動きも見逃すことのないように注視していれば、本件の異常事態をより早期に発見しえたとしても、家庭にあって児童を養育する家庭福祉員に対してそこまでの注意義務を負わせることは、社会通念の要請するところを超えるものといわざるをえず、すでに満1才に近くなっていて、前記の如く当日風邪気味であることはうかがわれた筈であるとはいえ、特別な看護を要する症状まではなかったものと認められるAの睡眠中にXのとった行動をもって、養育受託上の注意義務を怠ったものということはできない」旨判示し、請求を棄却している。

⑶　分　析

　本件の争点も、①Aの死因は吐乳吸引による窒息であり、②家庭福祉員Xの注意義務の懈怠がAの死亡に寄与しているというものであり、典型判例と

341

第Ⅴ章　生活安全、施設管理に関する事故、その他

類似している。

　①の吐乳吸引による窒息について、原告は、「ミルクを飲ませすぎたか、授乳後に噯気を出させないで横臥させたからである」と主張していたが、Ａが12時頃に飲んだミルクの量は100ccと適量であり、授乳後も40分ほど遊んでいたが5分ないしは10分も経てば自然に噯気が出ることが通常であること、吐乳の発生が14時55分より少し前くらいであることから、原告の主張を排斥している。むしろ、Ａには発育に遅れがみられ虚弱体質であったこと、事故発生当日まで軽度の気管支炎にかかり、いわゆる鼻かぜの症状を呈していたこと、前々日夜からの飲食が多種にわたり、量的にもやや食べ過ぎ、かつ食べ続けの嫌いがあったことが認められていることから、吐乳吸引の原因は、Ａが体調をこわして日頃にもまして体力が落ち、消化機能や誤嚥を防ぐ反射機能が衰えていたことにあると解している。

　また、②の家庭福祉員Ｘの注意義務の懈怠についても、Ａの昼寝中は2、3メートル離れた隣室からＡの方を向いて夫と雑談し、14時30分頃にはＡの枕元へ行って異常がないことを確認していることから、原告の主張を排斥している。

2　京都地判昭50・8・5判タ332号307頁

⑴　事案の概要

　昭和48年2月2日16時30分頃、当時1歳のＡがＸ保育所2階ベッド上で伏臥中、吐物を出して窒息死したところ、Ａの父親Ｂ及び母親Ｃは、Ｘ保育所が、心身ともに未熟な乳児を保育するにあたっては乳児の健康に格別の注意を払い、事故の発生を未然に防止すべき重大な注意義務を負っていたにもかかわらず、これを怠り、Ａを死亡させたと主張し、損害賠償を求めた事案である。

⑵　裁判所の判断

　これに対し、裁判所は「被告はＡの保育を引受けたのであるから準委任の受任者として善良な管理者の注意を以て保育の任に当るべき義務があったことは当然であり、Ａは死亡当日迎えに来た原告Ｃが傍へ来る少し前の頃吐物を吸引しそれが声門部にひっかかり窒息死したものであるから、もしこの吐瀉を

342

した時傍に保母がおり直ちに適当な処置をとっていたらこの事故を防止し得たのに折悪しく保母のNもMも傍におらずこの処置をとることができなかったといわねばならないが当時B、Cらが保母にAの健康状態やT病院での診療状況を具さに告げて特別扱いを頼んでいた事実がなくかつこうした集団保育の場所で保母に乳児から片時も眼を離すなというのは難きを強うるものである」旨判示し、請求を棄却している。

(3) 分　析

　本件も、保育士の注意義務の懈怠による過失の有無が争点となっているが、前例と同様に本件においても児童が決して健康状態にあったとはいえない点が認められる。特に、原告はAが健康児であるといって保育を依頼していたが、実際には体調不良による休園が多く、保育所の在籍72日間のうち13日間しか登園できない状態であり、事故当日も健康な状態とはいえなかったにも関わらず、原告は保育士らにAに対する懸念や特段の配慮事項を伝えていないことからも、保育士らが事故を予見することは困難だといえる。よって、「満1才2ヶ月ともなればたとへ物を吐いてもこれを吸引して窒息死を起すのが当然とはいえず人間の本能で体位を動かして自衛することが多いのにAは前記のごとく消化不良が多く死亡日の5日前には水様の下痢が四回もあり気管支炎を患って体力がなかったので健康児しか預かれないという被告の方針からいえばむしろ休ますべきであった健康状態にあったためこうした事故が発生したものといえるからこれを以て被告の予見し得た事故でありそこに過失があるというのは相当でない。」と、原告の主張を排斥している。

　病児・病後児保育を実施している事業所を除いて、保育所等は健康状態にある児童しか受け入れることはできない。しかし、保護者における重大事故に対する認識は、保育士等のそれと比べて極めて低く、児童の体調がすぐれないにもかかわらず保育所等に預ける者は後を絶たない。社会において女性の活躍が進む情勢を鑑みれば、子どもの状態に応じて気軽に休みをとることができないという事情にも一定の理解を示すが、結果的には子どもの体調回復を遅らせるだけでなく、重大事故として大きな後悔を生む危険性を孕んでいることを社会全体が認識する必要があると考える。

第Ⅴ章　生活安全、施設管理に関する事故、その他

3　京都地判平6・9・22判時1537号149頁

(1)　事案の概要

Aの両親であるBらは、AをY₁が経営するX保育所に預けていたところ、平成4年1月9日、Aは保育中に体調が悪化し死亡した。その後、Bらは、Aの死亡がYの被保育乳幼児に対する体調監視義務ないし安全配慮義務違反によるものである主張し、損害賠償を求めた事案である。

(2)　裁判所の判断

Aの死因は乳幼児突然死症候群に属するとした上で、「Aの死亡が右症候群に属しかつ右症候群の発生原因が訴訟上も認定できないとすれば、Yないしその被用者の過失によりAの死亡に至る原因が生じたと結論することはできない。そして、一般的に、乳幼児の体調に急な変化が生じたとしても医師等により何らかの処置がなされた結果右乳幼児死亡に至らずにすむ可能性までは否定されないと考えられるものの、どのような処置がなされた場合に死亡に至らないかについては不明であり、医学上乳幼児突然死症候群に基づく死亡事故の場合には医師でも対処が不可能である場合が多いことが認められる。そうすると、被告の保育に問題点があったとしても、本件ではこれとAの死亡との因果関係を肯定することができない」「X保育園の保育担当者Y₂は約2時間Aの様子を確認せず、その間睡眠をとっているところ、Bらは、YにはAを24時間看護観察するべきであったと主張する。しかし、24時間看護を要するような容体であれば、直ちに入院等の処置が必要であるというべきであって、Aの体調がそのように悪化していたことを認めることはできない。そして、一般の保育園ないし保育所において、本件当時のAの程度体調を崩している子供がある場合に常時（24時間体制で）ないし2時間より短期の時間ごとにその子供を観察し続ける（観察する）べき義務があることを裏付ける証拠はない」旨判示し、請求を棄却している。

(3)　分　析

本件も、①死因はミルク誤嚥による窒息によるものであり、②保育士はミルク誤嚥による窒息を防ぐための注意義務と、異常に気付いた後の救命処置義務を懈怠したというものであり、典型判例と類似している。

①のミルク誤嚥による窒息については、司法解剖の鑑定結果に基づきミルク

[典型判例]15　乳幼児の事故—乳幼児突然死症候群を中心に

を誤嚥して窒息したと断じるには相当の疑問があるとし、事故発生時の A の月齢や体調、季節が冬であったこと、就寝中であったこと等の条件を勘案し、SIDS の発生頻度が高い条件と合致していることを認めている。

そして、②の保育士による注意義務と救命処置義務の懈怠についても、A の死因が SIDS であり、その発生原因が認定できないとすれば、保育士らの保育に問題があったとしても A の死亡との因果関係を肯定することができないとし、原告の主張を排斥している。

4　考　察

典型判例並びにこれらの参考判例をみると、事故発生後の司法解剖によっても死因の特定が困難な SIDS の場合は、保育士等の過失と死亡との因果関係が肯定されにくいということが伺える。保育士等の注意義務や監護義務の過失についても、たとえ体調が急変しやすい乳幼児であったとしても、常に児童の傍を離れず 24 時間つきっきりで些細な動きも見逃さず監護する義務が保育士等にあるとは認めていない。

しかし、近年は SIDS の病理学的研究も進み、「乳幼児突然死症候群（SIDS）診断ガイドライン」[2] や「教育・保育施設等における事故防止及び事故発生時の対応のためのガイドライン」により、乳幼児の突然死に関する立証手段や、保育士等の保育上の行動規範も変化を遂げてきたことから、死因として SIDS を否定してうつ伏せ寝等による保育士等の過失を認める判例が増えてきている。

参考判例においても、保育士等は児童の睡眠中に異常がないことを確認しているが、その間隔が 2 時間を超えているものもある。当時の社会通念からは保育士の過失とは認められない事例であっても、安全計画の策定が義務付けられ、重大事故が最も多い午睡は仰向けに寝かせ、0 歳児は 5 分に 1 回、1 歳児は 10 分に 1 回のブレスチェックを行い、十分な明るさを確保して顔色や呼吸に伴う胸郭の動きを観察し、鼻や口の呼吸の音を聞き、身体に触れて体温を確認しなければならないという現在の基準に照らし合わせれば、保育士等の過失を認め

---

2)「乳幼児突然死症候群（SIDS）診断ガイドライン（第 2 版）」平成 24 年 10 月

第Ⅴ章　生活安全、施設管理に関する事故、その他

ざるを得ないこととなるだろう。

Ⅳ　実務理論（実務上の留意点）

1　保育所等における重大事故とは

　保育所等における重大な事故とは、死亡又は治療に要する期間が30日以上の負傷や疾病を伴う重篤な事故等と定義されている。

　内閣府では平成27年より教育・保育施設等における事故情報を公表しており、現在は令和5年4月に発足したこども家庭庁の公式サイトで確認することができる。集計結果を経年で比較すると、重大事故の報告件数は平成27年が627件、平成28年が875件、平成29年が1,242件、平成30年が1,641件、令和元年が1,744件、令和2年が2,015件、令和3年が2,347件、令和4年が2,461件と毎年増加している。ただし、現実は重大事故が8年間で約3.9倍になるほど教育・保育の質が低下しているとは考えづらいことから、教育・保育施設事業者における重大事故に関する意識が高まり、報告義務への理解が浸透してきた証左ではないかと考える。

　重大事故報告のうち、死亡事故については平成27年が14件、平成28年が13件、平成29年が8件、平成30年が9件、令和元年が6件、令和2年が5件、令和3年が5件、令和4年が5件となっている。平成18年から平成27年の10年間の平均死亡事故件数が14.6件であったことを鑑みれば、近年の減少傾向は後述するガイドライン等が浸透してきた成果と捉えることもできるが、それでも直近3か年は横ばいで推移していることからも、死亡事故の発生をゼロにすることの難しさを痛感させられる。

　死亡事故の件数を事業者別にみると、半数以上が認可外保育施設で発生しており、統計データとして記録されている平成16年移行変化がみられない。直近でも令和5年3月に宮崎市の認可外保育施設において0歳児が午睡中に死亡するという痛ましい事故が発生したことは記憶に新しい。

　死亡事故における主な死因は、SIDS、窒息、病死、溺死、その他原因不明の5項目となっているが、最も多いのがその他の原因不明であり平成27年以

降の8年間で42件（64.6%）となっている。次いで病死が多く11件（16.9%）、以下窒息が7件（10.8%）、SIDSが3件（4.6%）、溺死が2件（3.1%）の順となる。一見すると、本件事例のようなケースは非常に稀だと錯覚してしまうが、死亡事故を発生時の状況別に分析すると、睡眠中が最も多く41件（63.1%）にも達する。つまり、乳幼児の死亡事故は睡眠中に起こりやすいものの、本件事例でも争点となっていたように、その死因を明らかにすることは子どもの先天的疾患の有無や両親も含めた生育環境、発生当日の体調、発生時の教育・保育状況、司法解剖による鑑定結果など、ケースごとに異なる個別の要素の組み合わせから複合的に判定する必要があることからも、非常に困難であることが伺える。

なお、重大事故の報告件数が増加傾向にあることは先に述べたとおりだが、そのほとんどが負傷等であり、中でも圧倒的多数を占めるのが骨折である。負傷等の内訳は、意識不明、骨折、火傷、その他の4項目となっているが、平成27年以降の8年間で骨折が80.9%、その他が18.1%、意識不明が0.7%、火傷が0.3%であり、順位の変化はなく、比率の大きな変動もみられない。年齢別に見ると5歳児が最も多く、次いで4歳児となり、年齢が下がるごとに発生件数も減少していく。これは、年齢の上昇とともに施設利用者が増加する、即ち保育所や幼稚園に入園する子どもが増えていくことからも当然の帰結といえるが、重大事故の約8割が骨折であることを鑑みると、外界に対する好奇心の芽生えといった心理的成長に対して身体的な成長が追い付いてきたことに伴い行動が活発化していくことも大きな要因だと考えられる。

以上より、保育所等における重大事故といっても、生活全般に大人の介助が必要であり、事故が発生した際には生命に関わるリスクが大きい乳児期から、子ども自身に基本的生活習慣が身に付き活発に行動するようになってきた幼児期へと事故の性質が変化していくことから、保育士等に求められる知識や対応も自ずと異なってくるといえる。

2　重大事故を防止するための留意点

(1)　職員配置基準の遵守

保育所等における重大事故に対する社会の関心は非常に高く、中でも死亡事故が発生した際には連日にわたって大きく報道される傾向にあり、保育環境の

第Ⅴ章　生活安全、施設管理に関する事故、その他

不備や保育士等の行動に過失があったのではないかと反射的に疑惑の籠った視線を向けられることになる。令和 5 年 3 月 19 日に発生した宮崎市の認可外保育施設における 0 歳児の死亡事故も、死因や事故発生時の保育状況が明らかにされていない段階で、うつぶせで寝かせていたことや、時間帯によっては職員数が国の配置基準を満たしていなかったことが報じられている。事故との因果関係や死因として断定する表現にはなっていないものの、記事を目にした読者にとっては、配置基準を満たしていない人手不足の施設で不適切な保育を行っていたことが原因だと容易に連想し得る内容に、報道の危うさを感じる。

　だからこそ、事業者としてまず留意しなければならないのが、配置基準に則った職員の確保である。保育所の場合は、児童福祉法（昭和 22 年法律第 164 号）45 条の規定に基づき、児童福祉施設の設備及び運営に関する基準（昭和 23 年厚生省令第 63 号）33 条 1 項において、「保育所には、保育士、嘱託医及び調理員を置かなければならない」とし、同条 2 項にて「保育士の数は、乳児おおむね 3 人につき 1 人以上、満 1 歳以上満 3 歳に満たない幼児おおむね 6 人につき 1 人以上、満 3 歳以上満 4 歳に満たない幼児おおむね 15 人につき 1 人以上、満 4 歳以上の幼児おおむね 25 人につき 1 人以上とする。」と定めている。つまり、保育所では 0 歳児 3 人に対して 1 人、1・2 歳児 6 人に対して 1 人、3 歳児 15 人に対して 1 人、4 歳児以上は 25 人に対して 1 人の保育士を配置しなければならない。子どもの健やかな成長を見守り重大事故を未然に防ぐためには、見守る保育士等の十分な人数が必要である。

　ここで事業者の多くが抱える実務上の大きな課題が浮上してくる。認可保育所は当然のことながら、認可外の保育施設であってもそのほとんどが配置基準以上の職員を確保している。しかしながら、先述の事例のとおり、時間帯によっては職員数が国の配置基準を満たしていなかったと指摘を受けるケースがあるが、ここで注目すべきは時間帯によってはという箇所になる。この課題の要旨を先に述べると、利用者側のニーズと労働者側のニーズが合致しないということである。保育所等の利用を必要としているのは、大多数が就労により自宅での保育が困難な家庭である。児童福祉施設の設備及び運営に関する基準 34 条において、「保育所における保育時間は、1 日につき 8 時間を原則」とされているが、保護者がフルタイムで就労している場合は勤務時間と通勤時間を

348

合わせれば必然的に1日8時間利用の原則を超過することになる。そうして、就労等による保育の必要性を行政から認定された保護者は11時間まで児童を預けることができてしまうことから、正規雇用の保育士とは早番から遅番まで不規則なシフト勤務が求められる職種となっている。その上、児童の健やかな育ちのためには保護者との緊密やコミュニケーションや職員相互の申送り、書類作業など、保育士の業務は非常に多岐にわたることから突発的な残業が発生することも稀ではない。

　一方で視点を転じれば、保育所等で働く保育士らも一人の労働者であり、仕事が終わればプライベートな生活がある。保育士であっても、当然ながら家庭を持ち同じように保護者として子育てをしている者も多い。「保護者が安心して働けるように子どもを預かっているのに、忙しくて自分の子育てが後回しになっていることに矛盾を感じる」という嘆きは頻繁に耳にする。東京都保育士実態調査報告書（令和元年5月公表、東京都福祉保健局）においても、仕事量が多いが27.7％、労働時間が長いが24.9％と退職理由の上位にあり、同時に妊娠・出産が22.3％、結婚が18.4％、子育て・家事が13.5％とライフステージの変化の影響を大きく受けていることが分かる。

　また、全職種の平均年齢が43.1年なのに対し保育士は36.7年と低く、勤続年数も12.4年に対して7.8年と短い（令和元年度賃金構造基本統計調査）ことからも、保育士資格を取得したものの正規雇用の保育士としての勤務を数年で諦める者が多いといえる。令和3年時点で保育士登録者数は約173万人にのぼるが、保育所等の社会福祉施設に従事している者は4割以下の約66万人である。しかも、この数字には常勤ではない短時間勤務の保育士も1名とカウントされているため、フルタイム勤務を行う保育士はさらに少ないことになる（子ども家庭庁、令和5年11月7日、子ども・子育て支援等に関する企画委員会資料）。東京都保育士実態調査報告書（令和元年5月公表、東京都福祉保健局）の過去に保育士として就業した者が再就業する場合の希望条件においても、条件として勤務日数が77.8％、勤務時間が76.3％と高く、退職した保育士の多くが自身の生活環境に合致した無理のない働き方を希望している。

　では、無理のない働き方とは具体的に何を指すのか、筆者の経験則であり正確な統計データを有しているわけではないが、最も多いのが週3日前後、午前

第Ⅴ章　生活安全、施設管理に関する事故、その他

9時以降から午後4時前後までの勤務である。保育士自身の子どもが登校してから夕刻までの空き時間を有効利用しつつ、習い事や家の都合もあるので平日5日間の勤務は避け、配偶者の扶養範囲内で資格を活かして働きたいというパターンである。それでも業界全体として保育士不足が慢性化している中では非常にありがたい労働力となることから、全国の保育所等における非常勤保育士の割合は42％にも達している（全国保育協議会会員の実態調査2021）。こうして保育士の働き方が多様化していく一方で、保育利用の長時間化を求める保護者は増えていることから、延長保育や土曜日保育を担当する保育士が確保できないという事態が深刻化しているのである。これが、時間帯によっては職員数が国の配置基準を満たせないという課題の大きな要因だと考えるが、この点に踏み込んだ政策提言は皆無に等しく、近年のように保育士試験の開催回数を増やし、処遇改善費を増額して賃金を改善したところで、問題の本質を捉えていないことから保育士不足の解消は困難だと思われる。

　とはいえ、事業者としてこのような構造的不整合を理由に職員不足を黙認することは安全管理の観点からも許されないため、早朝から夕刻以降の閉園に至るまで、あらゆる時間帯での職員確保に細心の注意を払わなければならない。

⑵　行動の先を予測し、目を離さない

　職員配置基準については、保育士にとっての実務上の留意点というより保育所等を運営する事業者にとっての留意点であった。しかし、重大事故を防止するためには児童を最も身近に見守る保育士の事故防止に対する意識向上や万が一事故が起こった際に迅速かつ的確な措置が行えるようなトレーニングが必要である。

　その基礎となるのが、児童の行動の先を予測することと目を離さないことである。好奇心の赴くまま自由に行動するのが子どもの特徴であり、積み重ねた経験を一般化することで自らの行いの帰結を予測できるようになるのは数年先の段階である。だからこそ、最も身近な存在である保育士の見守りが重要になってくる。子どもの行動すべてに先回りをして手助けすることは貴重な成長の機会を奪うことになってしまうため自重すべきだが、行動の結果を想像できない子どもに代わって起こり得る重大事故を予測して対策を講じていくことが大切である。

[典型判例]15　乳幼児の事故─乳幼児突然死症候群を中心に

　令和5年5月2日に埼玉県久喜市内の認可保育所の園庭において、3歳児童が築山の斜面に設置された標識ロープを掴んで遊んでいたところ、児童の首に当該ロープが巻き付いた状態で発見され、一時意識不明の重体となる痛ましい重大事故が発生した。事故発生時は配置基準を上回る保育士が園庭に居たにもかかわらず、誰も異変に気が付かなかったのである。事故検証委員会の報告書（久喜市特定教育・保育施設等における重大事故検証報告書、令和6年1月、久喜市特定教育・保育施設等重大事故検証委員会）には、発生原因及び問題点として、ロープを掴んで遊ぶ児童を見た保育士たちに事故を予見できた者がいなかったことから、ロープの危険性に対する認識の不足があったと指摘している。事故発覚の16分前まではロープのある築山付近で担任の保育士が見守っていたが、他の児童から別の遊具に誘われて移動したため発生時は目を離しており、園庭には他にも5人の保育士が居たものの、築山を離れる際に保育士間の声掛けも行われていなかったため連携がとれていなかったという。子どもの行動から重大事故の可能性を予測し、職員間の連携によって目を離さないようにすることが如何に重要かを思い知らされる事故であったと考える。

　ただし、同報告書内の指摘に対して、現実的に解決が困難な課題として立ちはだかるのが十分な保育士の確保である。配置基準は満たしていたものの十分な人員配置ではなかったと指摘されているが、そもそも先述のとおり人材の確保が容易ではない上に、認可保育所は行政からの委託費収入で人件費を賄っている以上、配置基準を大幅に上回る保育士を雇用することは不可能といわざるを得ない。委託費収入の財源である我が国の保育・子育て予算はOECD（経済協力開発機構）平均の3分の1と低水準であり、保育者1人当たりが見る子どもの数もOECD平均18人に対して日本の配置基準は3歳児で20人、4・5歳児に至っては30人と大きく劣っている。令和5年6月、次元の異なる少子化対策を謳って閣議決定された「こども未来戦略方針」では、「こども・子育て支援加速化プラン」として令和6年度から4・5歳児の配置基準を30対1から25対1へ改善され、令和7年度以降は1歳児の配置基準を6対1から5対1に改善すると示しているが、果たしてこれで十分といえるのか甚だ疑問が残るというのが現場を担っている保育士らの実感であろう。

351

第Ⅴ章　生活安全、施設管理に関する事故、その他

(3)　マニュアル化と共有・実践

　重大事故は、発生背景に必ず複数の要因が存在するといわれている。仮に不可抗力の要因があったとしても、ヒューマンエラー等の他の要因を排除することで事故を未然に防いだり、被害を最小に留めたりすることができる。そのための有効な手立ての一つが、業務マニュアルやチェックリストの策定である。

　平成26年9月に「教育・保育施設等における重大事故の再発防止策に関する検討会」が内閣府に設置され、同検討会の最終取りまとめを踏まえ、特に重大事故が発生しやすい場面ごとの注意事項や、事故が発生した場合の具体的な対応方法等について、各施設・事業者、地方自治体における事故発生の防止等や事故発生時の対応の参考となるよう「教育・保育施設等における事故防止及び事故発生時の対応のためのガイドライン」が作成された。同ガイドラインは、内閣府、文部科学省、厚生労働省の連名で平成28年3月31日付にて通知され、全国の市町村、関係機関及び保育所等の事業者に周知されるものとなった。

　それでも、令和3年7月には福岡県中間市において、保育所の送迎バスに置き去りにされた児童が亡くなるという痛ましい事故が発生するなど、ヒューマンエラーに起因する重大事故が繰り返される中、児童福祉法等の一部を改正する法律（令和4年法律第66号）において、「児童の安全の確保」に関するものについては、国が定める基準に従わなければならないこととする改正が行われた。また、令和4年9月には、静岡県牧之原市において、認定こども園の送迎バスに置き去りにされたこどもが亡くなるという事故も発生し、これを受け「児童福祉施設の設備及び運営に関する基準等の一部を改正する省令」（令和4年厚生労働省令第159号）において、保育所等については令和5年4月1日より安全計画の策定が義務付けられた。これまでも、児童福祉法（昭和22年法律第164号）に基づく児童福祉施設の設備及び運営に関する基準（昭和23年厚生省令第63号）や保育所保育指針（平成29年厚生労働省告示第117号）、先述のガイドライン等によって重大事故の防止に向けたマニュアル策定は行われてきたが、それにとどまらずマニュアルの見直しや共有の計画、施設・設備・園外環境の安全点検計画、訓練・研修計画に至るまで、保育所等の安全に関する事項全般が網羅的に一元化されたことは、大きな一歩だと思われる。

　さて、重大事故を予防するためには、計画やマニュアルを策定するだけでな

く、その中身を職員全員で共有し、保育実践に落とし込んでいくことが肝要である。例えば、重大事故が最も多い午睡中の安全管理については、SIDS や窒息を防ぐために、寝具や周辺環境の点検を毎日行い、仰向けに寝かせ、0 歳児は 5 分に 1 回、1 歳児は 10 分に 1 回のブレスチェックを行い、十分な明るさを確保して顔色や呼吸に伴う胸郭の動きを観察し、鼻や口の呼吸の音を聞き、身体に触れて体温を確認しなければならないが、それをマニュアルとして周知するだけでなく、確実に遂行するためにチェックリストを用いて記録をとりながら複数の職員で確認していくことが大切である。同時に、重大事故に対する理解を深めるために、救命救急対応（心肺蘇生法、気道内異物除去、AED・エピペン® の使用等）の実践的な研修を行うなど、万が一の際には全ての職員が適切な対処がとれるよう資質の向上に努めなければならない。

Ⅴ　展　望

　我が国における女性の就業率（25 ～ 44 歳）は増加を続けており、令和 3 年には 78.6％に達している。特に過去 10 年で 10 ポイント以上の上昇を見せており、女性の活躍は社会にとって必要不可欠なものとなっている。そして、女性の就業率（25 ～ 44 歳）と 1・2 歳児保育利用率には正の相関があり、少子高齢化が進む中でも保育所の利用児童は増加基調にある（令和 3 年 5 月 26 日厚生労働省子ども家庭局保育課）。特に、平成 12 年時点で 20％未満であった 1・2 歳児の保育所等利用率は、令和 4 年には 50％を超えていることからも、女性における妊娠・出産後の社会復帰の早期化とそれに伴う子どもの入所時期の低年齢化が進行していることが伺える。このような、都市部を中心とした保育所利用児の低月齢化と長時間保育ニーズの拡大に対し、行政も保育施設の数を増やすことで対応してきたが、量的拡大に対してそれを担保する質の確保が追い付いていないのが、我が国の保育現場の実態である。

　SIDS の特性として、発症は生後 2 か月から 6 か月に多く以降は月齢を重ねる毎に症例が低減していくことからも、保育所等にとっては、子どもの入所時期の早期化は生命に関わる重大な事故リスクの増加要因として認識する必要がある。乳幼児や未就学児という表現は生後 0 日から小学校就学までの子どもの

第Ⅴ章　生活安全、施設管理に関する事故、その他

総称だが、保育実践においてはそれぞれの年齢や子ども一人ひとりの発育状況に応じたきめ細やかな配慮が必要であり、保育士等に求められる知識や対応も異なってくる。特に、食事や排泄、衣服の着脱といった基本的生活習慣が身に付き、かつ集団内での規範意識とそれに伴う感情のコントロールが可能となる以前の3歳未満児に対する保育については、生活全般において大人の介助が不可欠であることを鑑みても、保育士等の役割は大きく責任も重い。

　こうした中で、重大事故を防止するためのマニュアルも策定され、日々チェックリストに則った保育が求められるようになった。安全管理の観点からは有効な手立てであった反面、業務としてやらなければならないことが増えすぎたため、子どもが好きでその成長を見守ることに喜びを見出していたはずの保育士が、増大する役割と重責により疲弊して退職するという事態が発生している。そうして保育を担う人材が不足し、保育現場にゆとりがなくなり、結果として重大事故を誘発する、という本末転倒な負の連鎖が始まっている。事実として、少子化の影響を遥かに上回る速度で保育士等を目指す若者は減少を続けており、全国の指定保育士養成施設では定員未充足による閉鎖が相次いでいる。こうした現状を打破し、保育における重大事故を防止するための展望として、二点ほど要点を上げてみたい。

　一つ目は、配置基準の一層の見直しである。先述のとおり、令和5年6月、次元の異なる少子化対策を謳って閣議決定された「こども未来戦略方針」では、「こども・子育て支援加速化プラン」として令和6年度から4・5歳児の配置基準を30対1から25対1へ改善され、令和7年度以降は1歳児の配置基準を6対1から5対1に改善すると示しているが、それでも近年の保育士等の業務量の増加や児童の安全管理の強化を考えれば、まだ不十分だといわざるを得ない。自治体によっては独自予算を用いて既に同等以上の配置基準を運用しているところもあるが、財政状況に余裕のない地方には困難であり、地域による保育格差という新たな問題が生じている。配置基準の見直しについては国も課題と認識しているものの、財源確保の具体的な目処が立たないため頓挫していると言われているが、少子化に歯止めをかけるためにも速やかな改善が求められるところである。

　二つ目が、ICTを活用した保育士業務の軽減である。この点については、国

354

を挙げて推進しているところでもあり、ICT 化を促すための補助金も用意され、令和 3 年 3 月には厚生労働省から「保育分野の業務負担軽減・業務の再構築のためのガイドライン」も公開されている。保育現場で ICT を活用していくことは、保育士の業務効率化・負担軽減や働きやすさの向上だけでなく、児童の安全確保も射程に捉えている。保育記録や事務処理、保護者との連絡業務を効率化することによって、児童と向き合う時間が確保できるようになるというのが ICT 化の主題であるが、重大事故を防止するという観点からすれば、より直接的な活用も有効である。例えば、SIDS や窒息による重大事故の発生を未然に防ぐために、睡眠中の児童の体動をセンサーが検知してうつ伏せ寝や異常が発生した場合には速やかに警告が発せられるシステムがある。これらは、天上に設置したカメラの映像から AI が状態を検知するものや、センサーが児童を寝かせるマット型になっているもの、襟元に小型のセンサーを取り付けるものなど、様々なタイプが存在しているが、いずれも保育士の業務を補助してヒューマンエラーを防ぎ、保育の安全性を高めることができると考える。ICT 活用法として、保護者への連絡と睡眠時の SDIS チェックが保育士の労働条件を向上させることも判明しており[3]、保育士の業務負担を軽減しながら安心して働くことができる環境を整えるという観点からも、全ての保育施設への普及が期待される。

（家永　亮）

3）小崎恭弘ほか「保育施設運営の観点から見た保育士の職務満足度に関する検討」大阪教育大学紀
　要人文社会科学・自然科学 71 巻 35 - 43 頁

第Ⅴ章　生活安全、施設管理に関する事故、その他

典型判例 16　学校施設、設備の設置管理に関する事故

┌───┐
│最高裁（三小）平成 5 年 3 月 30 日判決〈昭和 61 年（オ）第 315 号〉│
│民集 47 巻 4 号 3226 頁・判時 1500 号 161 頁・判タ 856 号 197 頁│
└───┘

Ⅰ　典型判例の紹介

1　ひとことで言うとどんな判例か

　町立学校の施設・設備を本来の用法と異なる用法で利用者が利用して損害が生じた場合に、当該施設・設備が、本来の用法に従って使用する限りは安全であり、かつ、当該利用者の異なる用法での利用が設置管理者である町の通常予測し得ないものであれば、町は、国家賠償法 2 条 1 項の損害賠償責任を負わない。

2　判決要旨

　幼児が、テニスの審判台に昇り、その後部から座席部分の背当てを構成している左右の鉄パイプを両手で握って降りようとしたために転倒した審判台の下敷きになって死亡した場合において、当該審判台には、本来の用法に従って使用する限り転倒の危険がなく、上記幼児の行動が当該審判台の設置管理者の通常予測し得ない異常なものであったなど判示の事実関係の下においては、設置管理者は、上記事故につき、国家賠償法 2 条 1 項所定の損害賠償責任を負わない。

3　事案の概要

　原判決（その引用に係る第一審判決を含む）の確定した事実関係は、概要、次のとおりである。

［典型判例］16　学校施設、設備の設置管理に関する事故

　(1)　被上告人 X$_1$ は、昭和 56 年 8 月 14 日午後 4 時すぎころ、弟の A、甥の B とともに、長男の C（昭和 50 年 10 月 10 日生）を連れて上告人 Y の設置する甲中学校に赴き、A、B の二人と校庭内のテニスコートでテニスに興じていた。C はその間、球拾いをしたり、校庭を走り回るなどして遊んでいたが、同日午後 4 時 30 分ころ、被上告人 X$_1$ らがテニスをしていたコートのネットの横、サイドラインの約 1 メートル外側に置かれてあった本件審判台に昇り、その座席部分の背当てを構成している左右の鉄パイプを両手で握って審判台の後部から降りようとしたため、本件審判台が後方に倒れ、C はそのまま仰向けに倒れて審判台の下敷きとなった。その際、C は、後頭部を地面に強打し、被上告人 X$_1$ らが直ちに病院に運んで手当を受けさせたが、同日午後 6 時 10 分ころ脳挫傷により死亡した。

　(2)　本件審判台は、地上から座席までの高さが約 1.4 メートル、背当ての最上部までの高さが約 1.8 メートル、重量が約 24 キログラムで、鉄パイプと L 字型鋼によって骨格が作られ、座席部分に木製の板を渡したもので、その前面には昇降用の階段を配して傾斜がつけられているが、後部の支柱はほぼ垂直の形状をしていた。

　(3)　しかし、審判台の前部階段を普通に昇り降りするという本来の用法に耐えられないほど本件審判台の重心の位置が後部に偏っていたわけではなく、本件審判台が設置されてから本件事故が発生するまでの 20 年余の間、人身事故が発生したことは一度もなく、その間、本件審判台が倒れたことは一度あったが、それは生徒がふざけて後方に引っ張ったためで、本件審判台は、本来の用法に従って利用する限り、転倒の危険を有する構造のものではなかった。

　(4)　また、甲中学校の校庭は、土の地面で、本件審判台が置かれていた付近には多少の凹凸が存したが、土の校庭に通常存し得る程度のものにすぎず、本件審判台を所定の場所に置いた場合に、後方に向かって幾分低く傾斜していたことがうかがわれないでもないが、本来の用法に従って利用する限り、本件審判台の転倒を誘発するようなものではなかった。

　(5)　甲中学校の校庭と外部とは、一部が柵などによって仕切られているのみで、一般人の出入りを妨げる門扉などは設けられておらず、また、かつて小学校が併設されていた関係上、昭和 56 年ころまでは、校庭内に滑り台、ブラン

357

第V章　生活安全、施設管理に関する事故、その他

コ、遊動円木、雲梯などが設置されていたことから、近所の子供らや家族連れなどの遊び場として利用されていたもので、その状態は、本件事故当時も続いていた。

4　典型判例たる所以

　本判決は、学校の施設・設備を含む、国家賠償法2条1項の「営造物」に関して、本来の用法とは異なる用法で利用し損害が生じた場合における国家賠償法2条1項の「瑕疵」の判断方法について、従前の判例の判断枠組みを原則論から丁寧に判示し、特にその判断枠組みの正当化根拠を詳細に明示し、最高裁判所の姿勢を明確化した判例と位置付けることができる。

II　典型判例の分析

1　原審（仙台高判昭60・11・20民集47巻4号3253頁）の判断

　原審は、前記事実関係の下において、次のとおりの判断を示し、本件事故が上告人Yの本件審判台の設置及び管理の瑕疵に起因することは否定できないから、上告人Yは、公の営造物の設置管理者としての責任を免れないとして、被上告人X₁及びX₂の国家賠償法2条1項に基づく損害賠償請求を一部認容した第一審判決を正当とし、上告人Yの控訴及び被上告人らの附帯控訴をいずれも棄却した。

　(1)　本件審判台は、本件事故前、転倒による死傷事故が起きたことはなかったのであるから、本来の用法に従う限り危険はなかったと考えられる。

　(2)　しかし、本件審判台の構造及びその安定性、本件校庭の利用状況に鑑みると、学齢児前後の幼児が保護者に伴われることなく、又は保護者同伴で本件校庭内に至り、保護者の気付かないうちに本件審判台に昇り、本件事故時のような方法で座席後部の背当て部分の鉄パイプをあたかもジャングルジムのように用いるなどの行動に出、その結果、審判台が後方に倒れるおそれがあり、これが倒れた場合、その素材や重量のため死傷事故を惹起する可能性があることは、本件審判台の設置管理者には通常予測し得るところであった。

358

［典型判例］16 学校施設、設備の設置管理に関する事故

(3) したがって、本件審判台の設置管理者としては、本件審判台が後方に転倒することがないように、これを地面に固定させるか、不使用時は片付けておくか、より安定性のある審判台と交換するなどして、事故の発生を未然に防止すべきであったというべきである。

2 本判決

本判決は、次のとおり判示して、原判決中、上告人Y敗訴の部分を破棄し、同部分につき、第一審判決を取り消し、被上告人X₁及びX₂の請求を棄却した。

(1) 国家賠償法2条1項にいう「公の営造物の設置又は管理に瑕疵」があるとは、公の営造物が通常有すべき安全性を欠いていることをいい、右の安全性を欠くか否かの判断は、当該営造物の構造、本来の用法、場所的環境及び利用状況等諸般の事情を総合考慮して具体的、個別的に判断すべきである（最高裁昭和42年（オ）第921号同45年8月20日第一小法廷判決・民集24巻9号1268頁、最高裁昭和53年（オ）第76号同年7月4日第三小法廷判決・民集32巻5号809頁参照）。

本件において、その設置又は管理に瑕疵があったと主張されている当該営造物とは、具体的には、上告人Y町立の甲中学校の校庭に設置されたテニスの審判台であるが、一般に、テニスの審判台は、審判者がコート面より高い位置から競技を見守るための設備であり、座席への昇り降りには、そのために設けられた階段によるべきことはいうまでもなく、審判台の通常有すべき安全性の有無は、この本来の用法に従った使用を前提とした上で、何らかの危険発生の可能性があるか否かによって決せられるべきものといわなければならない。

本件審判台が本来の用法に従ってこれを使用する限り転倒の危険を有する構造のものではなかったことは、原審の適法に確定するところであり、甲中学校の校庭において生徒らがこれを使用し、20年余の間全く事故がなかったことは、原審の上記判断を裏付けて余りあるものというべきであろう。

そして、本件審判台が上記のように安全性に欠けるものでない以上、他種の審判台と比較して安全性が劣っているとか、これを地面に固定すべきであるとか、競技や練習終了後にはその都度片付けて置くべきであるとかいうのは、実情にはそぐわない非難というほかはない。

359

第Ⅴ章　生活安全、施設管理に関する事故、その他

(2)　本件事故の発生した甲中学校の校庭が幼児を含む一般市民に事実上解放されていたことは、前述のとおりであるが、このように、公立学校の校庭が開放されて一般の利用に供されている場合、幼児を含む一般市民の校庭内における安全につき、校庭内の設備等の設置管理者に全面的に責任があるとするのは当を得ないことであり、幼児がいかなる行動に出ても不測の結果が生じないようにせよというのは、設置管理者に不能を強いるものといわなければならず、これを余りに強調するとすれば、かえって校庭は一般市民に対して全く閉ざされ、都会地においては幼児は危険な路上で遊ぶことを余儀なくされる結果ともなろう。

公の営造物の設置管理者は、本件の例についていえば、審判台が本来の用法に従って安全であるべきことについて責任を負うのは当然として、その責任は原則としてこれをもって限度とすべく、本来の用法に従えば安全である営造物について、これを設置管理者の通常予測し得ない異常な方法で使用しないという注意義務は、利用者である一般市民の側が負うのが当然であり、幼児について、異常な行動に出ることがないようにさせる注意義務は、もとより、第一次的にその保護者にあるといわなければならない。

(3)　以上説示するところによって本件をみるのに、本件事故時のＣの行動は、本件審判台に前部階段から昇った後、その座席部分の背当てを構成している左右の鉄パイプを両手で握って審判台の後部から降りるという極めて異常なもので、本件審判台の本来の用法と異なることはもちろん、設置管理者の通常予測し得ないものであったといわなければならない。そして、このような使用をすれば、本来その安全性に欠けるところのない設備であっても、何らかの危険を生ずることは避け難いところである。幼児が異常な行動に出ることのないようにしつけるのは、保護者の側の義務であり、このような通常予測し得ない異常な行動の結果生じた事故につき、保護者から設置管理者に対して責任を問うというのは、もとより相当でない。まして本件に現れた付随的事情からすれば、Ｃは、保護者である被上告人Ｘ₁らに同伴されていたのであるから、同被上告人Ｘ₁らは、テニスの競技中にもＣの動静に留意して危険な行動に出ることがないように看守し、万一その危険が察知されたときは直ちに制止するのが当然であり、また容易にこれを制止し得たことも明らかである。

360

［典型判例］16　学校施設、設備の設置管理に関する事故

(4)　これを要するに、本件事故は、被上告人 X₁ らの主張と異なり、本件審判台の安全性の欠如に起因するものではなく、かえって、前記に見るような C の異常な行動に原因があったものといわなければならず、このような場合にまで、上告人 Y が被上告人 X₁ 及び X₂ に対して国家賠償法 2 条 1 項所定の責任を負ういわれはないというべきである。

3　解　説

(1)　学校の施設・設備の欠陥による事故の場合の賠償責任根拠

国公立学校及び国立大学法人の学校[1]においては、事故原因となった施設・設備が「公の営造物」に該当する場合[2]、国家賠償法 2 条 1 項（いわゆる営造物責任）に基づく損害賠償責任の成否が問題になることが多い。

私立学校においては、事故原因となった施設・設備が「土地の工作物」に該当する場合、民法 717 条 1 項（いわゆる土地工作物責任）に基づく損害賠償責任の成否が問題になることが多い。

なお、「実際の教育紛争では、学校の施設・設備の欠陥と、学校や教員の注意義務違反のいずれが原因かを区別するのは困難なので、国家賠償法 1 条と 2 条、あるいは使用者責任と土地工作物責任の両方を追及する場合も多い」[3]。

(2)　国家賠償法 2 条 1 項の要件について

本判決は、町立中学校のテニスコートの審判台に係る事故に関し、幼児遺族らの国家賠償法 2 条 1 項に基づく損害賠償請求について判示したことから、以下では、国家賠償法 2 条 1 項の内容を中心に解説していく。

---

1)　国立大学法人に対する国家賠償法 2 条適用の肯否については、国立大学法人が「公共団体」に該当する等とし、肯定説でほぼ見解が一致している（西埜章『国家賠償法コンメンタール〔第 3 版〕』（勁草書房、2020 年）982 頁）。なお、国立大学法人に対する国家賠償法 1 条適用の肯否については争いがあるが、名古屋高判平 22・11・4 裁判所 HP、福岡高判平 27・4・20LEX/DB25540289 等の複数の裁判例は、これを肯定している。

2)　「公の営造物」に該当しない場合でも、「土地の工作物」に該当する場合は、民法 717 条 1 項に基づく損害賠償責任の成否が別途問題になり得る（深見敏正『リーガル・プログレッシブ・シリーズ　国家賠償訴訟〔改訂版〕』（青林書院、2021 年）196 頁、千葉地判昭 49・3・29 判時 753 号 67 頁、東京地判平元・10・16 判時 1333 号 123 頁参照）。

3)　神内聡『スクールロイヤー－学校現場の事例で学ぶ教育紛争実務 Q & A170』（日本加除出版、2018 年）163 頁。

361

第Ⅴ章　生活安全、施設管理に関する事故、その他

　国家賠償法2条1項は、「道路、河川その他の公の営造物」の「設置又は管理」に「瑕疵」があつたために他人に損害を生じたときは、国又は公共団体は、これを賠償する責に任ずる、と定める。

　「公の営造物」とは、国又は公共団体により直接公の目的に供される有体物ないしは物的施設をいう（判例・通説）[4]。民法717条1項の「土地の工作物」（土地に定着して人工的作業を加えることによって成立した物）より広い概念であることでほぼ見解が一致している[5]。また、「公の営造物」には動産を含む（判例・通説）[6]。

　「設置又は管理」は、民法717条の「設置又は保存」と同義とされ、「設置」とは、設計・建造をいい、「管理」とは、その後の維持・修繕・保管をいう（通説）[7]。両者の相違は、原始的瑕疵と後発的瑕疵の相違ともいい得るが[8]、両者を区別する意義は乏しいとされる[9]。

　そして、国家賠償法2条1項において最も重要な要件である「瑕疵」とは、「通常有すべき安全性を欠いていること」をいい（最判昭45・8・20民集24巻9号1268頁）、その判断方法については、「当該営造物の構造、本来の用法、場所的環境及び利用状況等諸般の事情を総合考慮して具体的、個別的に判断すべき」とされている（最判昭53・7・4民集32巻5号809頁）。

　すなわち、国家賠償法2条1項の責任根拠は、いわゆる「危険責任の法理」にあり（最判平7・7・7民集49巻7号2599頁等）、危険物の所有・管理を社会から許されたのであるから危険防止に尽くすべき注意義務があり、危険物から生じた損害について絶対的な責任を負わなければならないというものであるが、想像し得るあらゆる危険に対処し、これを防止し得る絶対的安全性の具備の要求は、不能を強いることにもなりかねず非現実的であるため、利用者の常識的秩序ある利用方法を期待した相対的安全性の具備をもって足りるというべきであり、「通常有すべき安全性」の具備をもって足り、前述の判断方法を用いて

---

4)　西埜・前掲注1）979頁、985頁。
5)　西埜・前掲注1）979頁。
6)　深見・前掲注2）197頁、西埜・前掲注1）991-993頁。
7)　西埜・前掲注1）1001頁。
8)　牧山市治〔判解〕最判解説民昭和53年度261頁。
9)　伊藤進『学校事故の法律問題』（三省堂、1983年）264頁。

規範的判断がなされることになる。

「瑕疵」概念については、現在の学説上の代表的な見解は、客観説（公の営造物が通常有すべき状態や設備を具備しないこと）と義務違反説（損害防止措置の懈怠に基づく損害回避義務違反）といわれ、客観説が通説と評されている[10]。判例は、前掲最判昭45・8・20が、前述の定義に加え、国家賠償法2条1項に基づく国及び公共団体の賠償責任について「その過失の存在を必要としない」と判示したことや、前掲最判昭53・7・4の判断基準の内容等から、客観説に立脚しているといわれる[11]。もっとも、現在、この論争は、主として理論構成上の問題であり、いずれの説に立つかによって結論に大差はないといわれている。

「通常有すべき安全性」について、前掲最判昭53・7・4が「場所的環境」に係る事情を考慮して「具体的、個別的に」判断すべきと判示したこと等からすると、たとえ同じ構造、内容の「公の営造物」であっても、設置される場所（周辺環境）の如何により、要求される通常すべき安全性の内容は異なり得るといえる。また、前掲最判昭53・7・4が「利用状況」という時期により変動し得る要素を事情として考慮し「具体的、個別的に」判断すべきと判示したこと、最判昭61・3・25民集40巻2号472頁が、点字ブロック等の新開発された視力障害者用安全設備を駅のホームに設置しなかった事案での通常有すべき安全性の判断において、「その安全設備が、…事故防止に有効なものとして、その素材、形状及び敷設方法等において相当程度標準化されて全国的ないし当該地域における道路及び駅のホーム等に普及しているかどうか…等の諸般の事情を総合考慮することを要する」と判示し、相当程度標準化の有無や当該地域の普及程度という、時代や時期により変動し得る要素を考慮事情として認めたこと等からすると、設置・管理の時期の如何により、要求される通常有すべき安全性の内容は異なり得るといえる[12]。このように、要求される通常有すべき安全性は、場所や時代によって異なり得るといえよう[13]。

---

10) 深見・前掲注2) 205頁、西埜・前掲注1) 1002-1003頁。
11) 深見・前掲注2) 206頁。
12) 深見・前掲注2) 207頁も、「安全性への知見の確立、法規制の変更等で通常有すべき安全性を欠いているかの判断が時期により異なることもあり得る」としている。

第Ⅴ章　生活安全、施設管理に関する事故、その他

　また、「通常有すべき安全性」の判断にあたっては、「法令や内部規則の定める基準のごときは、一応の判断基準となり得ても絶対的なものでなく、単にその基準に合致したからといって、ただちに瑕疵がないとはいえない。」[14]。

(3)　営造物を本来の用法とは異なる用法で利用し損害が生じた場合における瑕疵の判断方法について

　営造物を本来の用法とは異なる用法で利用し損害が生じた場合における「瑕疵」該当性を判断したのは、最高裁判決ではおそらく前掲最判昭53・7・4が初めてと思われる。

　すなわち、前掲最判昭53・7・4は、当時6歳の子供が、市内の道路南端に設けられた防護柵の上段手すりに後ろ向きに腰かけて遊ぶうちに誤って4メートル下の高校の校庭に転落し、頭蓋骨骨折等の負傷を負い、後遺症として精神障害が残った事案（なお、本件防護柵は、2メートル間隔に立てられた高さ80センチメートルのコンクリート柱の間に上下2本の鉄パイプを通して手すりとし、路面から上段手すりまでの高さは65センチメートル、下段手すりまでの高さ40センチメートルであった）において、前述の「瑕疵」の定義、判断方法を示した上で、「本件防護柵は、本件道路を通行する人や車が誤つて転落するのを防止するために被上告人によつて設置されたものであり、その材質、高さその他その構造に徴し、通行時における転落防止の目的からみればその安全性に欠けるところがない」、本件子供の「転落事故は、同人が当時危険性の判断能力に乏しい六歳の幼児であつたとしても、本件道路及び防護柵の設置管理者である被上告人において通常予測することのできない行動に起因するものであつたということができる。したがつて、右営造物につき本来それが具有すべき安全性に欠けるところがあつたとはいえず、上告人のしたような通常の用法に即しない行動の結果生じた事故につき、被上告人はその設置管理者としての責任を負うべき理由はない」と判示し（下線部は筆者注）、原審と同様、損害賠償請求を認めなかった。

　本判決の第一の意義は、事例に即しての判断であるものの、前掲最判昭53・

13）西埜・前掲注1）1033頁も、「通常性は営造物の種類・場所・利用状況等によって異なるから、個別的に判断されるのは当然のことである」と述べる。

14）牧山・前掲注8）261頁。

[典型判例]16　学校施設、設備の設置管理に関する事故

7・4の判断枠組みを原則論から丁寧に述べ、①通常有すべき安全性は、原則として、本来の用法に従った使用を前提に安全であれば肯定される、②通常予測し得ない行動（方法）により悪しき結果が生じても営造物設置管理者は責任を負わない、と明確化したことにある。

なお、ここでいう予測可能性は、「営造物の瑕疵による危険性が客観的に存在するのかどうか等から考えるべきものなので、理論上は過失におけるそれとは異なったもの」であり[15]、「瑕疵」概念において客観説を採用したとの一般的理解を根本から揺るがすものではない。

(4)　守備範囲論

本判決の第二の意義は、営造物を本来の用法とは異なる用法で利用し損害が発生した場合における「瑕疵」該当性の前記判断枠組みについて、その正当性の根拠を明らかにしたことである。

すなわち、一点目は、「公立学校の校庭が開放されて一般の利用に供されている場合、幼児を含む一般市民の校庭内における安全につき、校庭内の設備等の設置管理者に全面的に責任があるとするのは当を得ないことであり、幼児がいかなる行動に出ても不測の結果が生じないようにせよというのは、設置管理者に不能を強いるものといわなければならず、これを余りに強調するとすれば、かえって校庭は一般市民に対して全く閉ざされ、都会地においては幼児は危険な路上で遊ぶことを余儀なくされる結果ともな」るとして、いかなる危険をも防止する安全性の要求は設置管理者に不能を強いて不当であり、このような要求があまりに強調されれば、営造物設置の社会的衰退化をもたらし、かえって社会的な不利益を招きかねないことである。二点目は、「本来の用法に従えば安全である営造物について、これを設置管理者の通常予測し得ない異常な方法で使用しないという注意義務は、利用者である一般市民の側が負うのが当然であ」るとして、本来の用法ならば安全な営造物を通常予測し得ない異常な方法で使用しないよう注意する負担、責任を、営造物利用者側に課しても不合理でないことである。三点目は、「幼児について、異常な行動に出ることがないようにさせる注意義務は、もとより、第一次的にその保護者にある」として、幼

---

15)　宇賀克也ほか編『行政判例百選Ⅱ〔第7版〕』（有斐閣、2017年）492-493頁〔田村泰俊〕。

365

第Ⅴ章　生活安全、施設管理に関する事故、その他

児のしつけの第一次的な監督義務が保護者にあることである[16]。

このような「利用者と設置管理者との間で危険回避責任の分担を図り、一定の領域の外の損害につき設置管理者を免責する発想」については、「守備範囲論」と呼ばれている[17]。

(5)　本判決と原審とで結論を異にした理由

本判決、原審のいずれも、本件審判台に関し、本来の用法に従う限り危険はなかったと判断した点は、同じである。

しかしながら、本件事故時のＣの行動に関し、原審は、本件審判台の構造、安定性、本件校庭の利用状況に鑑みると、学齢児前後の幼児が本件のような行動に出て、その結果、審判台が後方に倒れ、死傷事故が生じ得る可能性のあることを通常予測し得たと判示したのに対し、本判決は、極めて異常なもので、通常予測し得ないと判示したものであり、この点が、本判決と原審とで結論を異にした理由である。

(6)　「本来の用法」と「通常の用法」の関係性

やや玄人好みの論点として、本判決は、責任範囲の原則を画する概念として、「本来の用法」という用語を用いたのに対し、前掲最判昭53・7・4は、「上告人のしたような通常の用法に即しない行動の結果生じた事故につき、被上告人はその設置管理者としての責任を負うべき理由はない」と判示し、「通常の用法」という用語を用いたことから、両概念の関係性が論究されてきた。

この点につき、学説をおおまかに二分すれば、両概念を区別し各概念に違う意味を持たせ本来の用法とは異なる用法で営造物を利用し損害が発生した場合における「瑕疵」該当性の前記判断枠組みを整理ないし精緻化することを試みる見解と、両概念の文言の差異に特に反応しない見解に分けることができるが、本稿におけるこれ以上の解説は、本稿の目的にそぐわず、紙面の都合もあり、割愛したい[18]。

---

16)　斎藤誠＝山本隆司編『行政判例百選Ⅱ〔第8版〕』（有斐閣、2022年）482−483頁〔土井翼〕は、「要するに、私人の異常行動による危険惹起については、それを想定した安全確保を設置管理者に求めるのが酷であるのに対して、当該私人には、判断能力を備えた者であれば自己規律を通じた、そうでない者であれば保護者等の監督を通じた安全確保を求めうるし、それが正当化されるということであろう」とまとめる。

17)　土井・前掲注16)　482−483頁。

[典型判例] 16　学校施設、設備の設置管理に関する事故

⑺　過失相殺

　原審は、Cの本件のような行動を通常予測し得たとし、営造物責任に基づく損害賠償責任を肯定した上で、利用者側にも過失が存するとし、3割の過失相殺を認めた。国家賠償法4条により民法722条2項が類推適用されたと考えられる。

Ⅲ　実務理論

1　射　程

⑴　私立学校への妥当性

　本判決は、町立学校の国家賠償法2条1項に基づく損害賠償責任（営造物責任）が問題となった事案において、学校の施設・設備を本来の用法とは異なる用法で利用者が利用し損害が生じた場合の判断枠組みを判示したものであるが、本判決の判断枠組みは、私立学校の民法717条1項に基づく損害賠償責任（土地工作物責任）が問題となる事案において、学校の施設・設備を本来の用法とは異なる用法で利用者が利用し損害が生じた場合においても、同様に妥当すると考えられる。

　というのも、そもそも国家賠償法2条1項の営造物責任と民法717条1項の土地工作物責任とは、適用対象物（「営造物」と「土地の工作物」）や免責規定の有無（民法717条1項ただし書と同趣旨の定めが国家賠償法2条には存在しない）に相違があるものの、「危険責任の法理」を責任根拠とする点で共通していることもあり、土地工作物責任の「瑕疵」の判断方法は、営造物責任と同様と考えられているためである[19]。

18）議論の詳細に関心のある読者は、土井・前掲注16）483頁や、滝澤孝臣〔判解〕最判解説民平成5年度（上）542頁等を参照されたい。

19）伊藤・前掲注9）264頁は、土地工作物責任の瑕疵も、営造物責任の瑕疵も、「特に区別することなく同視できる」とする。

367

第Ⅴ章　生活安全、施設管理に関する事故、その他

(2)　**当該施設・設備の種類・構造、想定する利用者、事故当時までの利用状況が異なれば、「通常予測し得ない行動（方法）」か否かの評価も異なり得る**

　当該施設・設備の種類・構造、想定する利用者、事故当時までの利用状況が異なれば、「通常予測し得ない行動（方法）」か否かの評価も異なり得る。

　特に、学校事故の場合、想定する利用者の範囲が幼稚園生から大学生まで考えられ、いずれを想定するかによって前提にすべき判断能力や行動能力が異なる。年齢が下がるにつれて突飛な行動に出やすい傾向は社会通念であろうから、通常予測し得る危険も増えよう。

　また、当該事故当時までの利用状況、例えば、使用方法に限られず、同種事故歴の有無・内容・講じた対策内容とその効果によっても、通常予測し得たか否かは異なり得る。

2　実務的留意点①（通常予測し得るとは、客観的な事実を基礎にした具体的な予測可能性である）

　判例の傾向は、営造物が本来の用法とは異なる用法で利用されて事故が生じた場合でも、それが通常予測し得た場合は、それをも前提に当該営造物の通常有すべき安全性を確保すべきであり、この安全性に欠如があったのであれば、設置管理者は責任を問われるというものである。

　ここにいう、通常予測し得る場合とは、客観的な事実の裏付けを欠く単なる主観的、抽象的な予測可能性でなく、客観的な事実を基礎にした具体的な予測可能性であることが必要と考えるべきである[20]。

　文言上も、単に「予測し得る」でなく、「通常」予測し得る場合とされており、独善的予測を排斥し、予測を一般的に認め得る客観的事実の存在を予定していると理解し得るためである。また、最判昭55・9・11判時984号65頁も、「当該営造物の利用に付随して死傷等の事故の発生する危険性が客観的に存在し、かつ、それが通常の予測の範囲を超えるものでない限り、管理者としては、

---

20)　滝澤・前掲注18) 544頁も同旨（ただし、異なる用法での利用が「常態化」していた事実まで必要と述べるが、「常態化」まで要するか否かに関しては慎重な検討が必要である）。

368

右事故の発生を未然に防止するための安全施設を設置する必要があるものというべきであり」と判示しており、危険性が客観的に存在していたと認めるに足る事実を要求していると理解し得るためである。

3 実務的留意点②（通常予測し得たとしても、結果回避可能性は別途問題になり得る）

利用者の本来の用法とは異なる用法での利用が通常予測し得た場合でも、私見によれば、結果回避可能性がなかった場合には、「管理に瑕疵」がないとして責任が否定され得る余地が理論的に残っていると考える。

最判昭50・6・26民集29巻6号1136頁は、道路の管理瑕疵が問題となった事案で、「設置した工事標識板、バリケード及び赤色灯標柱が道路上に倒れたまま放置されていたのであるから、道路の安全性に欠如があつたといわざるをえないが、それは夜間、しかも事故発生の直前に先行した他車によつて惹起されたものであり、時間的に被上告人において遅滞なくこれを原状に復し道路を安全良好な状態に保つことは不可能であつたというべく、このような状況のもとにおいては、被上告人の道路管理に瑕疵がなかつたと認めるのが相当である」と判示している。同判決は、「瑕疵」状態は肯定され得るが、「管理に」瑕疵がないと判示したと理解し得る[21]。

したがって、学校の施設・設備の利用者に生じた事故であっても、安全性の欠如する状態が生じてから事故発生に至るまでに、時間的に遅滞なく安全良好な状態へと復することが不可能であるなどの事情がある場合は、「管理に瑕疵」がないとして、責任が否定され得る余地があり得るのではないか。

---

21) 斎藤次郎〔判解〕最判解説民昭和50年度266頁も、道路が安全性を欠如する場合にも、客観的に道路管理者の管理行為が及び得ないような状況では、「管理の瑕疵」がないというほかないとする。通常有すべき安全性を欠いた状態は存在するが、それを管理にかからしめることはできない、管理行為との因果関係がない、管理可能性がないとも言い得ることができよう。

第Ⅴ章　生活安全、施設管理に関する事故、その他

Ⅳ　関連判例・裁判例 [22]

1　プール周囲フェンスの設置管理瑕疵を肯定した事例（最判昭 56・7・16 判タ 452 号 93 頁）

（1）　事案の概要

　市立小学校のプールに転落死亡した幼女（当時 3 歳 7 か月）の両親が、プールの周囲に設置された金網フェンスが幼児にも容易に乗り越えられる不完全なものであったとして、市を被告として国家賠償法 2 条 1 項に基づいて損害賠償を請求した事案。

　なお、本件プールは、児童公園に隣接していて、その周囲の金網フェンスは、一辺の長さ 5 センチメートルの菱形状の金網を高さ 1.8 メートルに張ったもので、いわゆるしのび返しの設備はなく、児童公園に遊ぶ幼児は容易にこれに近づくことができる状況にあった。

（2）　判　　断

　「小学校敷地内にある本件プールとその南側に隣接して存在する児童公園との間はプールの周囲に設置されている金網フェンスで隔てられているにすぎないが、右フェンスは幼児でも容易に乗り越えることができるような構造であり、他方、児童公園で遊ぶ幼児にとつて本件プールは一個の誘惑的存在であることは容易に看取しうるところであつて、当時 3 歳 7 か月の幼児であつた亡 A がこれを乗り越えて本件プール内に立ち入つたことがその設置管理者である上告人の予測を超えた行動であつたとすることはできず、結局、本件プールには営造物として通常有すべき安全性に欠けるものがあつたとして上告人の国家賠償法 2 条に基づく損害賠償責任を認めた原審の判断は、正当として肯認することができる。」

　ただし、裁判官藤﨑萬里による要旨以下の反対意見があった。

22）　本稿で紹介するほかにも多数の学校施設の瑕疵に関する裁判例があり、関心のある読者は、塩崎勤編『現代裁判法体系⑨〔学校事故〕』（新日本法規出版、2009 年）、伊藤進『実務判例解説学校事故』（三省堂、2002 年）、第一東京弁護士会子ども法委員会編『子どものための法律相談』（青林書院、2022 年）106 頁〔多屋紀彦〕なども参照されたい。

370

［典型判例］16　学校施設、設備の設置管理に関する事故

　「私は、…多数意見と見解を異にし、原判決を破棄して本件を原審に差し戻すべきものと考える。その理由は、次のとおりである。」、「公の営造物の設置又は管理について危険防止のためどのような設備を必要とするかは、当該営造物の構造、用途、場所的環境及び利用状況等諸般の事情を考慮したうえ、通常予想される危険の発生を防止するに足りると認められる程度のものを必要とし、かつ、これをもつて足りるというべきであつて、およそ想像しうるあらゆる危険の発生に備えてこれを防止しうる設備を要するものとすることは相当でない。」、「本件プールは、児童公園に隣接する小学校敷地内に設けられた学校用プールというのであるから、…同プールにおいて通常予想される転落事故等の危険を防止するためには、小学校児童のみならず、児童公園に遊ぶ幼児に対しても、たやすく同プールに近づくことがないよう、その周囲に立入防止の障壁等を設置する必要があると考えられるところ、その設備は、プールの危険性について十分の思慮分別を有しない幼児にとつて、一応独力では乗り越え難い障壁と認められる程度のものであることを必要とし、かつ、その程度のものをもつて足りるというべきであり、それ以上の設備を要求することはプールの設置管理者に対して酷というべきである。」、「本件プールの周囲に設置された塀は、…右の要件をみたすものとみる余地は十分にあると考える。原審は、亡幸江が右金網フェンスを乗り越えて本件プール内に立ち入つたことが本件プールの設置管理者にとつて予測を超えた行動であつたとすることはできないとしているが、本件プールと児童公園とは右の高さを備えた金網フェンスをもつて隔てられており、亡幸江の両親である被上告人らが同女を右児童公園内で一人で遊ばせていたのは、同女が右金網フェンスを乗り越えるようなことは予想もしなかつたからこそであると思われる。してみると、原審の右認定判断は直ちには肯認し難いというべきであり、原判決は右結論に至る判断基準ないし理由につき首肯するに足りる説示を欠くものといわざるをえない。」、「以上の次第で、前記金網フェンスは、思慮分別を欠く幼児にとつて一応独力では乗り越え難い障壁としての役割を果していたものとみる余地があるにもかかわらず、原審が右の点について考慮することなく、本件プールは公の営造物として本来有すべき安全性を欠いたものとして上告人の損害賠償責任を肯定したことには、国家賠償法2条の解釈適用を誤つた違法があるというべきであり、右の誤りが判決に

371

第Ⅴ章　生活安全、施設管理に関する事故、その他

影響を及ぼすことが明らかであるから、…原判決を破棄し、叙上の点について
さらに審理を尽くさせるため、本件を原審に差し戻すべきものと考える。」

(3)　解　説

典型判例より前に出た判例であるが、最高裁が学校施設・設備に関して管理
の瑕疵を肯定した珍しい事例である。

ただし、本事案は、利用者がプールや周囲フェンスなどの営造物を本来の用
法と異なる用法で利用したために生じた事故でなく、プールという危険物に立
ち入らせないために設置管理されたフェンスの接近防止機能それ自体の十分性、
安全性が問題になった事案であることに留意を要する[23]。

最高裁は、このような接近防止機能の十分性（安全性）の判断にあたっても、
当該事故態様が通常予測し得たか否か、という典型判例類似の判断枠組みを用
いた。

そして、多数意見は、本件フェンスの「構造」に関する事実のほか、本件
プールの「場所的環境」に関する事実を重視し、幼児が本件フェンスを乗り越
えて本件プール内に立ち入ったことが設置管理者の予測を超えた行動とはいえ
ないとして、これを防止し得る状態を欠き、本件プールは通常有すべき安全性
に欠いていたと判断した。すなわち、本件プールは児童公園に隣接し、幼児の
接近が容易に予測され、かつ、同公園から金網フェンス越しにプールが見え、
公園で遊ぶ好奇心旺盛な幼児らが本件プールへ誘われ得るのは、社会通念に照
らし、通常予測し得るにもかかわらず、金網フェンスは、一辺の長さ5センチ
メートルの菱形状の金網であり登りやすく、高さが最大1.8メートルで幼児で
も登ることが可能であり、部分的に有刺鉄線があったものの忍び返しがなく乗
り越えることも可能であり、接近防止機能を果たさなければならないフェンス
として通常有すべき安全性を欠いていると判断した。

反対意見にもかかわらず、また典型判例と結論を異にし、最高裁がこのよう
な厳しい結論を下したのは、本事例において、利用者の使用方法の逸脱に関す
る予測可能性が問題になったのではなく、本件フェンスの本来的な設置目的で
ある危険物接近防止機能の十全性を導く危険の予測可能性（予測範囲）の妥当

---

23)　同旨の問題意識を指摘するものとして、中村哲也〔判批〕判評433号57頁（判時1515号）。

［典型判例］16　学校施設、設備の設置管理に関する事故

性が問題になったためと考えられ、特に思慮分別を欠く幼児らの接近が容易に予測し得たことから、その接近に耐え得る機能を有していたか否かが厳しく問われたと考えられる。

2　教室窓の設置管理瑕疵を否定した事例（高松高判平9・5・23判例地方自治171号71頁）

⑴　事案の概要

市立中学校3年の生徒が、校舎3階にある教室の窓から2階のひさしに飛び降りようとした際、追ってきた他の生徒に押される形となって地面まで落下し、傷害を負った事故において、生徒が落ちた新館3階視聴覚教室の窓には、現在設置されているような防護用パイプ等の設備がなかったとして、国家賠償法2条1項に基づいて損害賠償を請求した事案。

⑵　判　断

「視聴覚教室の床面から本件窓の桟の高さは1メートル11センチメートルであって、生徒が誤って上半身を乗り出して転落するのを防止するのに十分な高さを有していたから、その本来の用法に照らすと、本件窓には通常有すべき安全性に欠けるところはなかった」、「本件事故は、本件窓の桟を乗り越えて2階の庇に下りるという、その通常の用法に反する控訴人の行為によって発生したものである。そして、…、従前、A中学校の生徒で、本件窓から2階の庇に下り立ち、そこからすぐ隣の非常階段に移るという行動パターンをとる生徒がおり、このことをA中学校教職員も知ってはいたが、これに対しては、全校集会においてこれを禁止する指導・注意が与えられていたのであるから、A中学校校舎の設置管理者である被控訴人B市としては、それにもかかわらず、控訴人がこのような行動をとるとは通常予測できなかったというべきである」として、市の責任を認めなかった。

⑶　解　説

たとえ心身未発達の未成年とはいえ、中学3年の生徒に対し、故意に3階窓から飛び降りないよう期待することは守備範囲論の見地からも不合理でない。また、本件事故前にも同様の事象が発生したが、対策としては指導・注意で社会通念上十分であり、本件窓に通常有すべき安全性の欠如があったために生じ

第Ⅴ章　生活安全、施設管理に関する事故、その他

た事故とはいえない。その意味で、生徒の本件行動を通常予測できなかったとの判示は妥当である。

　なお、私見であるが、同様の事象歴の存在にもかかわらず、本件行動を通常予測できなかったと判示したことからすると、通常予測し得たか否かの判断は、純粋な事実としての問題でなく、規範的評価を伴っていると理解するのが当を得ており、同概念は、通常予測「すべき」であったか否かとの規範的概念の意味合い、機能で理解すべきでないか [24]。

3　小学校の多目的ホール又はエントランスホールの床の管理瑕疵を否定した事例（東京地判平 23・9・23 判時 2150 号 55 頁）

(1)　事案の概要

　小学校において、生徒が、授業の休憩時間中、多目的ホール又はエントランスホールで同級生に投げ飛ばされ、床に落下したため傷害を負った事故において、床の材質に瑕疵があるなど主張し、国家賠償法 2 条 1 項等に基づき損害賠償を請求した事案。

(2)　判　断

　主に以下の理由から、本件ホールの床が通常有すべき安全性を欠いていたとはいえないと判断した。

　本件多目的ホールの床材質は「木製フローリング」であり、本件エントランスホールの床材質は「ビニルシート（厚さ 2.8mm の発泡層付ビニル床シート）」であり、いずれも、「一般に国土交通省が公共建築工事標準仕様書において定める床材に関する規定」や「文部科学省が定めた小学校施設整備指針に規定する内部仕上げの材質に関する要件」を満たし、上記「ビニルシートは、特徴として、転倒時の安全性を向上する構造で、滑りにくく、歩行時のショックをやわらげる適度な柔軟性、弾力性を有することが挙げられている製品であり、文教施設の一般教室やロビー、廊下、通路、階段等やスポーツ施設のエアロビクスルームやランニングコース等の床面に用いられるものである」。

---

24)　なお、民法 416 条 2 項の平成 29 年改正（平成 29 年法律第 44 号。いわゆる債権法改正）の議論が類似しており参考となる。

［典型判例］16　学校施設、設備の設置管理に関する事故

　本件ホールは、「もともと児童に運動や遊戯の場として提供することを主目的としている空間ではないものの、実際は、児童が休み時間に遊ぶこともあったこと、また、放課後に開催される子供教室やアフタースクールでは、身体を動かす目的で使用されることもあった」、しかし「本件ホールの床の材質が、他の小学校で同様の場所に用いられているものと比べて安全性の面で有意な差があるとの事実を認めるに足りる証拠はなく、かえって、…その場所にふさわしい材質が用いられており、何らの問題も見いだし難い」。

　「原告は、本件多目的ホールは、フローリング敷であって滑りやすく、また、フローリング敷の下にはコンクリートが敷いてあるため、転倒して頭部を床に打ち付け、負傷を負う可能性が高かった旨主張する。しかしながら、本件事故は、…Ｄ少年が原告を投げ飛ばし、本件ホールの床に落下させ、その結果、原告が５日間の入院加療を要する頭蓋骨線状骨折及び急性硬膜外血腫の傷害を負ったというもので…床で滑ったことによる転倒ではないから…床面の滑りやすさの有無は本件と直接関係しない。また、本件多目的ホールのフローリング敷の直下がコンクリートであることを認めるに足りる証拠もない」。

　確かに、本件多目的ホールが、休み時間や放課後に児童の遊戯に使用され、一定数の事故が生じていたが、それらの事故のうち、３件は、床と何ら関係なく、別の２件は、床で足を滑らせたことによる可能性があるが、床面の材質が他の材質より滑りやすくて転倒しやすいことの立証はなく、本件と何ら関係がない。また、その余の事故も、いずれも当該遊戯中に通常起こり得る受傷にすぎず、本件ホールの床の影響で通常想定される負傷の程度より大きいことを示す証拠もないから、本件ホールの床が他の床と比べ安全性の面で有意差があり、本件ホールの床が通常有すべき安全性を欠くことを基礎付けない。

　本件事故は、Ｄ少年の振り回しによる力の作用を受け、原告が受けた床面との衝突の衝撃は通常の転倒の場合に比べて相当強いものであったと認められ、本件事故は、本件ホールで通常想定される行動により生じた結果とはいえない。

　仮に本件ホールの床材質が、より運動の場に適した、弾力性、衝撃吸収性の高いものであっても、本件事故による原告の傷害結果を避け得たかどうかは不明であり、本件ホールの床材質と本件事故による原告の傷害結果の発生との間に、因果関係を認めることもできない。

375

第Ⅴ章　生活安全、施設管理に関する事故、その他

（3）　解　説

裁判所は、通常有すべき安全性の判断にあたり、文部科学省の小学校施設整備指針や他施設の床材質を考慮し、また、従前の利用状況として、単なる事故歴の存否でなく、床の影響で通常より負傷程度の大きい事故歴があったか否か等、本件床の安全性に疑念を抱かせる事故歴の存否を慎重に検討しており、参考となる。また、床に関し、原告主張の安全性レベルと事故当時の実際のそれとの差が結果に有意差を発生させたのか否か、つまり因果関係につき、慎重に検討した点も参考となる。

なお、本件では、国家賠償法1条責任も否定された。

4　体育館の設置管理の瑕疵を肯定した事例（大阪地判平25・7・29WLJ/DB2013WLJPCA07296001）

（1）　事案の概要

高校のバレー部員が、体育館の天井部分に乗ったボールを取ろうとはしごを使い天井部分に上ったところ、飾り板部分を踏み抜いて転落し、後遺障害を負った事故につき、大阪府に対し、本件体育館の設置又は管理の瑕疵を主張し、損害賠償を求めた事案。

（2）　判　断

本件体育館の天井部分のうち、飾り板部分は、厚さ3ミリのベニヤ板が張られたのみで、人の体重を支えることができない構造であり、本件事故当時、本件体育館の3階に設置されていた本件はしごを使用すれば、生徒が容易に天井部分に上ることができた。

男子バレーボール部では、かねてより、部活動中にボールが天井部分に乗ることがあり、平成19年の事故以前から、部員は、本件はしごを用いて天井部分に上り、ボールを取っていた。平成19年に事故があった後、高校は、本件事故に至るまで、天井部分にボールが乗らないようにする措置や部員が物理的に本件はしごを使用できないようにする措置を何らとっていない。被告は、本件事故の時点において、部活動中にボールが天井部分に乗り、部員がボールを取るため天井部分に上る可能性があることを十分認識でき、ひいては、本件事故を予見できた。

376

この点、被告は、①顧問は、平成 19 年事故以降、部員に対し、天井部分に上ってはいけない旨厳重に注意、指導してきた、②本生徒は、成人に近い判断力、適応力を有する年齢であり、飾り板部分が自己の体重を支えられない構造であることや天井部分から転落すれば重大な事故になることを認識していたが、軽率にも飾り板部分を踏み抜くという通常の高校生がとらないような行動をとっており、本件事故は、被告が予測し得ない本生徒の行動に起因するものであり、本件体育館の設置又は管理に瑕疵はない旨主張する。

　しかし、上記①については、部員に対し、本件事故の予測可能性を否定し得るほどに厳重な注意・指導を徹底していたとは認められない。平成 19 年事故後の指導後も、平成21年3月に部員が天井部分に上りボールを取っていたこと、高校生の男子バレーボール部員であれば本件はしごを使用して容易に天井部分に上がることができる状態であったことを踏まえると、問題が生じた際に場当たり的に注意をするのみで、物理的に天井部分に上がることを防ぐ措置を講じたり、継続的な注意をすることもなかったという事情の下では、部員が天井部分に上がることが予測し得ないものと認めることはできない。

　次に、前記②については、天井部分は、天井通路部分と飾り板部分の下面に同一素材のベニヤ板が張られ、2 階フロアから天井部分を見上げても上記両部分の構造の違いを把握できないこと、顧問が、本生徒を含む部員に対し、天井部分の構造を説明した事実は認められないこと、天井部分は相応に薄暗く、埃等も堆積していることに照らすと、本生徒が天井部分に上った後、本件事故現場まで約 11.1 メートルにわたり強固な素材でできた部分を歩いた事実を踏まえても、本生徒において飾り板部分が自分の体重を支えられないことを認識し、又は、認識し得たとは認められない。

　なお、過失相殺として本生徒の過失 3 割が控除された。また、独立行政法人日本スポーツ振興センターの給付金、大阪府高等学校安全互助会の傷病見舞金が損益相殺の対象となった。

⑶　**解　説**

　前掲高松高判平 9・5・23 と異なり、裁判所は、本件事故を通常予測し得たと判断した。高校生が学校側の注意指導に違反したことが原因の事故といえなくもなく、学校側にやや酷な判断となったが、平成 19 年事故後の注意指導の

第Ⅴ章　生活安全、施設管理に関する事故、その他

内容や経過が同種事故発生の予測可能性を否定し得る程に徹底されていなかったこと、その後も指導違反事象が続き、それを本件事故（平成21年8月）の数か月前に教員が認識していたこと等の事実が重視されたためと考えられる。

5　AED設置義務に関する裁判例

　学校教育法上の学校でなく、営造物責任や土地工作物責任として争点になったものでもないが、保育園においてＡＥＤ設置義務の有無が直接に争点となった山口地判平30・3・7WLJ/DB2018WLJPCA03078023がある。同判決は、「保育所にＡＥＤを設置することを義務付ける規定は存しない」として、同設置義務を否定した（なお、控訴審の広島高判令2・1・23WLJ/DB2020WLJPCA01238009はＡＥＤ設置義務の有無に言及しなかった）。

　現在までに学校のＡＥＤ設置義務を直接に肯定した判決には接していないが、前掲最判昭61・3・25の「安全設備が、…事故防止に有効なものとして、その素材、形状及び敷設方法等において相当程度標準化されて全国的ないし当該地域における道路及び駅のホーム等に普及しているかどうか…等の諸般の事情を総合考慮することを要する」との判示を参考にすれば、今後、法改正[25]や社会的普及[26]により学校におけるＡＥＤ設置が標準的となれば、その欠如が設備瑕疵として営造物責任を問われる時代がくるかもしれない（ただし、その場合でも、結果との因果関係は十分慎重に判断されなければならない）。

Ⅴ　展　望

　学校側への過度な安全性要求は営造物設置の社会的減少など社会的不利益を招きかねないが、学校施設利用者への過度な期待も被害者救済に欠けるのであり、学校施設・設備に内在する危険回避の責任を社会内で適正に分配すべく、

25）なお、既に、地方公共団体によっては、条例により、一定の条件を満たす施設にＡＥＤ設置を義務化している。

26）文部科学省「学校安全の推進に関する計画に係る取組状況調査〔令和3年度実績〕」によれば、令和4年3月末時点で、調査対象校45038校中43207校（95.93％）がＡＥＤを設置しているとの結果であった。

［典型判例］16　学校施設、設備の設置管理に関する事故

引き続き今後も一件一件個別具体的事情に照らした慎重な判断の集積が必要である。

（石原　博行）

（太字は典型判例）

最高裁判所

最判昭30・4・19民集9巻5号534頁	7,277
最判昭33・4・3裁判集刑124号31頁	230
最判昭37・9・4民集16巻9号1834頁・判タ139号51頁	37,165
最判昭45・8・20民集24巻9号1268頁	362,363
最判昭46・9・3判時645号72頁	277
最判昭50・2・25民集29巻2号143頁・判時767号11頁	135
最判昭50・6・26民集29巻6号1136頁	369
最判昭51・7・8民集30巻7号689頁・判時827号52頁・判タ340号157頁	163,216
最判昭52・10・25裁判集122号87頁・判タ355号260頁	216,220,277
最判昭53・7・4民集32巻5号809頁	362－364,366
最判昭53・10・20民集32巻7号1367頁	118,277
最判昭55・9・11判時984号65頁	368
最判昭55・12・18民集34巻7号888頁	37,164,165
最判昭56・7・16判タ452号93頁	340
最判昭58・2・18民集37巻1号101頁・判時1074号52頁・判タ492号175頁	**109,138**
最判昭58・6・7裁判集民139号117頁・判時1084号70頁・判タ500号117頁	**48**
最判昭58・9・6民集37巻7号901頁・判時1092号34頁・判タ509号123頁	165
最判昭59・4・10民集38巻6号557頁	164
最判昭61・3・25民集40巻2号472頁	363,378
最判昭62・2・6裁判集民150号75頁・判時1232号100頁・判タ638号137頁	
	31,67,114,138,181,210
最判昭62・2・13民集41巻1号95頁・判時1255号20頁・判タ652号117頁	96,98,103,136
最判昭63・1・19日裁判集民153号17頁・判時1265号75頁・判タ661号141頁	171
最判平元・12・21民集43巻12号2252頁・判時1354号88頁・判タ731号95頁	244
最判平2・3・23判時1345号73頁・判タ725号57頁	136,168
最判平3・4・11裁判集民162号295頁	164
最判平4・10・6裁判集民166号21頁・判時1454号87頁・判タ815号130頁	**209**
最判平5・2・18判例集未登載	138
最判平5・3・30民集47巻4号3226頁・判時1500号161頁・判タ856号197頁	**356**
最判平7・7・7民集49巻7号2599頁	**362**
最判平9・9・4裁判集民185号63頁・判時1619号60頁・判タ955号126頁	**132**
最判平18・3・13裁判集民219号703頁・判時1929号41頁・判タ1208号85頁	**136,157**
最判平19・1・25民集61巻1号1頁	118
最判平20・2・28判時2005号10頁	219
最判平20・4・18裁判集民227号669頁	57
最判平21・4・28民集63巻4号904頁・判時2045号118頁・判タ1299号124頁	**216,218,224**
最判平27・4・9民集69巻3号455頁・判時2261号145頁・判タ1415号69頁	64,117

381

最決平29・7・17〈平成29年（受）488号〉‥‥‥‥‥‥‥‥‥‥‥‥‥‥‥‥‥‥‥‥‥‥171
最決平29・7・19〈平成29年（オ）395号〉‥‥‥‥‥‥‥‥‥‥‥‥‥‥‥‥‥‥‥‥‥‥171
最決平30・5・30〈平成29年（オ）1019号〉‥‥‥‥‥‥‥‥‥‥‥‥‥‥‥‥‥‥‥‥173
最決平30・5・30〈平成29年（オ）1020号〉〈平成29年（受）1269号〉‥‥‥‥‥‥173
最判平30・9・6LEX/DB25561691‥‥‥‥‥‥‥‥‥‥‥‥‥‥‥‥‥‥‥‥‥‥‥‥‥149
最決令元・10・10〈平成30年（オ）958号〉〈平成30年（受）1175号〉‥‥‥‥‥‥174
最判令2・2・28民集74巻2号106頁‥‥‥‥‥‥‥‥‥‥‥‥‥‥‥‥‥‥‥‥‥‥‥‥‥216

高等裁判所

大阪高判昭30・5・16高刑集8巻4号545頁‥‥‥‥‥‥‥‥‥‥‥‥‥‥‥‥‥‥‥‥‥230
大阪高判昭37・5・17 高民集15 巻6号403頁‥‥‥‥‥‥‥‥‥‥‥‥‥‥‥‥‥‥‥237
福岡高判昭56・3・27民集37巻1号117頁‥‥‥‥‥‥‥‥‥‥‥‥‥‥‥‥‥‥‥‥‥111
東京高判昭56・4・1判時1007号133頁・判タ442号163頁‥‥‥‥‥‥‥‥‥‥‥‥231
東京高判昭57・7・14判時1053号105頁・判タ480号98頁‥‥‥‥‥‥‥‥‥‥‥335
福岡高判昭57・9・20判例集未登載‥‥‥‥‥‥‥‥‥‥‥‥‥‥‥‥‥‥‥‥‥‥‥‥‥50
東京高判昭58・12・12東高民時報34巻9-12号132頁‥‥‥‥‥‥‥‥‥‥‥‥‥‥‥99
東京高判昭59・5・30判時1119号83頁判タ526号271頁‥‥‥‥‥‥‥‥‥‥‥‥‥72
福岡高判昭60・7・17民集43巻12号2287頁‥‥‥‥‥‥‥‥‥‥‥‥‥‥‥‥‥‥‥248
仙台高判昭60・11・20民集47巻4号3253頁‥‥‥‥‥‥‥‥‥‥‥‥‥‥‥‥‥‥‥358
東京高判昭61・11・25判例地方自治47号38頁‥‥‥‥‥‥‥‥‥‥‥‥‥‥‥‥‥‥59
東京高判昭61・12・17判時1222号37頁・判タ624号254頁‥‥‥‥‥‥‥‥‥‥168
大阪高判昭63・6・29判時1289号58頁・判タ672号267頁‥‥‥‥‥‥‥‥‥‥‥210
広島高判昭63・12・7判時1311号74頁‥‥‥‥‥‥‥‥‥‥‥‥‥‥‥‥‥190,201
大阪高判平4・7・24判時1439号127頁・判タ811号115頁‥‥‥‥‥‥‥‥‥‥‥79
東京高判平6・5・20判時1495号42頁‥‥‥‥‥‥‥‥‥‥‥‥‥‥‥‥‥‥‥216,220
高松高判平9・5・23判例地方自治171号71頁‥‥‥‥‥‥‥‥‥‥‥‥‥‥373,377
仙台高判平16・5・28判時1864号3頁・判例地方自治257号31頁‥‥‥‥‥‥123
高松高判平16・10・29判時1913号66頁‥‥‥‥‥‥‥‥‥‥‥‥‥‥‥‥‥‥‥‥‥159
福岡高判平18・7・27裁判所HP‥‥‥‥‥‥‥‥‥‥‥‥‥‥‥‥‥‥‥‥‥‥325,332
東京高判平19・3・28判時1963号44頁‥‥‥‥‥‥‥‥‥‥‥‥‥‥‥‥‥‥215,222
高松高判平20・9・17判時2029号42頁・判タ1280号72頁‥‥‥‥‥‥‥‥‥160
東京高判平21・12・17判時2097号37頁‥‥‥‥‥‥‥‥‥‥‥‥‥‥‥‥‥‥‥‥‥152
名古屋高判平22・11・4裁判所HP‥‥‥‥‥‥‥‥‥‥‥‥‥‥‥33,99,282,361
札幌高判平24・9・13LEX/DB25483042‥‥‥‥‥‥‥‥‥‥‥‥‥‥‥‥‥‥‥‥‥151
名古屋高判平24・12・25判時2185号70頁‥‥‥‥‥‥‥‥‥‥‥‥‥‥‥‥‥‥‥‥4
東京高判平25・7・3判時2195号20頁・判タ1393号173頁‥‥‥‥‥‥‥‥‥153
東京高判平25・9・26判時2204号19頁‥‥‥‥‥‥‥‥‥‥‥‥‥‥‥‥‥‥325,327
大阪高判平26・1・31LEX/DB25502987‥‥‥‥‥‥‥‥‥‥‥‥‥‥‥‥‥‥‥‥‥137
福岡高判平26・6・16判例集未登載‥‥‥‥‥‥‥‥‥‥‥‥‥‥‥‥‥‥‥‥‥‥‥118
大阪高判平27・1・22判時2254号27頁‥‥‥‥‥‥‥‥‥‥‥‥‥‥‥‥‥‥‥‥‥118
福岡高判平27・4・20LEX/DB25540289‥‥‥‥‥‥‥‥‥‥‥‥‥‥‥‥‥‥‥‥361
福岡高判平27・5・29判例集未登載‥‥‥‥‥‥‥‥‥‥‥‥‥‥‥‥‥‥‥‥‥‥‥62

大阪高判平28・11・10D1-Law.com判例体系 ······················ 171
仙台高判平29・4・27判例地方自治431号43頁・裁判所HP ············ 173
福岡高判平29・10・2判例地方自治434号60頁 ························· 7
福岡高判平30・2・1判例地方自治435号55頁 ····················· 150
仙台高判平30・4・26判時2387号31頁・裁判所HP ················· 174
広島高判令2・1・23WLJ／DB2020WLJPCA01238009 ············· 378
福岡高判令2・7・6判時2483号38頁・判タ1484号75頁 ········· 119,325
東京高判令3・4・22LEX／DB25569735 ························· 293
東京高判令4・9・15判例集未登載WLJ／DB2022WLJPCA09156010 ·········· 99

地方裁判所

福岡地飯塚支判昭34・10・9下民集10巻10号2121頁 ················ 137
東京地判昭40・3・24判時409号15頁 ························· 237
東京地判昭40・9・9下民集16巻9号1408頁・判時429号26頁・判タ183号170頁 ········· 60
津地判昭41・4・15下民集17巻3・4号249頁・判時446号23頁・判タ190号154頁
　　　　　　 ·· 194,197,204
広島地判昭42・8・30下民集18巻7・8号899頁・判時519号79頁 ········· 46
福岡地飯塚支判昭45・8・12判時613号30頁・判タ252号114頁 ········· 234
大阪地判昭46・7・14判時649号65頁・判タ267号266頁 ······· 185-188,191,192,194,204
東京地判昭47・8・8下民集23巻5〜8号423頁 ················· 186,193,204
東京地判昭47・12・27判時706号35頁 ························· 341
大阪地判昭48・11・20判時749号87頁 ························· 107
千葉地判昭49・3・29判時753号67頁 ························· 361
神戸地判昭49・5・23下民集25巻5〜8号436頁・判時767号75頁 ······· 185,192,204
京都地判昭50・8・5判タ332号307頁 ························· 342
長野地判昭52・1・21判時867号100頁 ··················· 185,186,196,202
札幌地判昭53・6・23判時915号80頁 ··············· 184,187,192,194,197,202
京都地判昭54・1・19判時925号105頁 ··················· 184,187,192,202
那覇地名護支判昭54・3・13民集37巻1号113頁 ··················· 111
福岡地小倉支判昭56・8・28判タ449号284頁 ····················· 49
神戸地判昭56・11・27判時1044号423頁 ························· 56
横浜地判昭57・7・16判時1057号107頁判タ471号88頁 ················· 70
大阪地判昭57・11・25判タ491号104頁 ··············· 186,191,199,202
長崎地判昭58・3・28民集43巻12号2271頁 ······················ 247
浦和地判昭60・2・22判時1160号135頁・判タ554号249頁 ············· 237
大分地判昭60・5・13判時1184号102頁・判タ562号150頁 ············· 84
東京地判昭60・12・10判時1219号77頁・判タ621号128頁 ············· 116
京都地判昭61・9・30判時1221号109頁・判タ623号244頁 ············· 214
浦和地判昭61・12・25判時1252号87頁 ············· 184,187,190,196,197,202
静岡地判昭63・2・4判時1266号90頁・判タ664号121頁 ············· 137
東京地判昭63・2・22判時1293号115頁 ······················· 88
宮崎地判昭63・5・30判時1296号116頁・判タ678号129頁 ············· 76

383

福岡地判昭63・12・27判時1310号124頁 ……………………………………… 77
松山地今治支判平元・6・27判時1324号128頁・判例地方自治74号50頁……………………… 197,200
福岡地判平元・8・29判タ715号219頁 ……………………………………… 56
東京地判平元・10・16判時1333号123頁 …………………………………… 361
静岡地沼津支判平元・12・20判時1346号134頁・判タ726号232頁 …………… 27
静岡地判平2・3・6判時1351号126頁・判タ729号88頁 …………………… 85
熊本地判平2・11・9判時1377号113頁・判例地方自治91号55頁 ………………… 45
福島地いわき支判平2・12・26判時1372号27頁 …………………………… 221
東京地判平3・3・27判時1378号26頁……………………………………… 220
山口地岩国支判平3・8・26判タ779号128頁……………………………… 78
浦和地判平3・10・25判時1406号88頁・判タ780号236頁 ………………… 178
横浜地判平4・3・5判時1451号147頁・判タ789号213頁……………………… 38
神戸地判平4・3・23判時1444号114頁・判タ801号208頁 ………………… 186,188,190,199,202
札幌地判平4・3・30判時1433号124頁・判タ783号280頁 ……………………… 313
神戸地判平5・2・19判時1467号100頁・判タ822号181頁 ………………… 79
岐阜地判平5・9・6判時1487号83頁 ……………………………………… 220
京都地判平6・9・22判時1537号149頁 …………………………………… 344
高知地判平6・10・17判時1514号40頁 ………………………………… 183,187,199,201
東京地判平7・3・29判タ901号216頁……………………………………… 106
松山地判平10・4・15判タ995号142頁 …………………………………… 221
松山地判平11・8・27判時1729号62頁・判タ1040号135頁……………………… 80
千葉地判平11・12・6判時1724号99頁 …………………………………… 104
大阪地判平12・10・11判タ1098号234頁 ………………………………… 269
東京地判平13・11・14判例集未登載………………………………………… 125
東京地判平13・11・30判時1796号121頁 ………………………………… 305
福岡地判平14・3・11裁判所HP ……………………………………… 325,328,334
仙台地判平14・3・18裁判所HP ……………………………………… 325,329
神戸地判平14・10・8裁判所HP ……………………………………… 123
名古屋地判平15・1・29労判860号74頁……………………………………… 306
東京地八王子支判平15・7・30判時1834号44頁……………………………… 81
新潟地判平15・12・18判例地方自治254号57頁 …………………………… 221
東京地判平16・1・30判時1771号168頁…………………………………… 137
大分地判平16・7・29判タ1200号165頁…………………………………… 104
東京地判平17・4・7判タ1181号244頁 ………………………………… 269,306,307
東京地判平17・4・26判例集未登載 ……………………………………… 306,307
青森地八戸支判平17・6・6判タ1232号290頁 …………………………… 102
盛岡地判平19・6・5判時1991号153頁・判タ1256号206頁………………………… 163
仙台地判平20・7・31判時2028号90頁・判タ1302号253頁……………………… 61
東京地判平21・3・24判時2041号64頁……………………………………… 282
福島地郡山支判平21・3・27判時2048号79頁・自保ジャ1836号170頁 ………………… 152
東京地判平21・7・27判例集未登載 ……………………………………… 306
神戸地判平21・10・27判時2064号108頁 ………………………………… 121
岐阜地判平21・12・16裁判所HP ……………………………………… 269,277,282

名古屋地判平21・12・25判時2090号81頁・判タ1333号141頁 ………………………… 86
横浜地判平23・5・13判時2120号65頁 ……………………… 184,187,192,195,197,202
名古屋地判平23・5・20判時2132号62頁 ……………………………………………… 137
大阪地判平23・8・9判例集未登載……………………………………………………… 278
東京地判平23・9・5判時2129号88頁………………………………………………… 102
東京地判平23・9・23判時2150号55頁 ……………………………………………… 374
大阪地判平24・11・7判時2174号86頁・判タ1388号130頁…………… 189,195,197,200
横浜地判平25・2・15判タ1390号252頁 ……………………………………………… 153
さいたま地熊谷支判平25・2・28判時2181号113頁 ………………………………… 257
大分地判平25・3・21判時2197号89頁 ……………………………………………… 138
大津地判平25・5・14判時2199号68頁 ……………………………………………… 153
札幌地判平25・6・3判時2202号82頁・裁判所HP ………………………………… 285
大阪地判平25・7・29WLJ/DB2013WLJPCA07296001 ……………………………… 376
仙台地判平25・9・17判時2204号57頁 ……………………………………………… 172
名古屋地半田支判平26・5・22労判ジャ29号28頁・LEX/DB25504019 ………… 150
横浜地判平26・10・17判タ1415号242頁 …………………………………………… 252
東京地判平28・2・24判時2320号71頁・判タ1432号204頁………………… 216,239
さいたま地判平28・3・16判例地方自治416号35頁………………………………… 129
仙台地判平28・3・24判時2321号65頁・判例地方自治431号59頁・裁判所HP ……… 173
大阪地判平28・5・16裁判所HP……………………………………………………… 171
福岡地判平28・10・26LEX/DB25544245 ……………………………………………… 59
仙台地判平28・10・26判時2387号81頁・裁判所HP……………………………… 174
大分地判平28・12・22裁判所HP …………………………………………… 139,278
福岡地判平29・4・24判時2360号13頁 ……………………………………………… 150
神戸地姫路支判平29・11・27判タ1449号205頁・裁判所HP……………………… 266
山口地判平30・3・7WLJ/DB2018WLJPCA03078023 ……………………………… 378
大津地判平30・12・13LEX/DB25562668 …………………………………………… 100
福岡地判令元・8・21LEX/DB25564118 ……………………………………………… 143
名古屋地判令2・2・17判時2493号23頁・判タ1502号222頁……………………… 269
東京地判令2・8・28日判タ1486号184頁・裁判所HP……………………………… 289
京都地判令2・10・6交通民集53巻5号1201頁……………………………………… 120
名古屋地判令2・12・17判時2493号23頁・判タ1502号222頁……………………… 281
静岡地沼津支判令3・5・26WLJ/DB2021WLJPCA05266009 ………………………… 99
京都地判令5・3・30WLJ/DB2023WLJPCA3306010 ………………………… 270,281,287

簡易裁判所

吉野簡判昭26・3・20判例集未登載 …………………………………………………… 230
水戸簡判昭55・1・16判例集未登載 …………………………………………………… 231

典型判例シリーズ

実務理論 事故法大系Ⅳ 学校事故

編 著 者	小 賀 野 晶 一 平 沼 直 人
発 行 日	2024 年 9 月 20日

発 行 所	株式会社保険毎日新聞社 〒110 - 0016 東京都台東区台東4 - 14 - 8 シモジンパークビル2F TEL 03 - 5816 - 2861／FAX 03 - 5816 - 2863 URL https://www.homai.co.jp/
発 行 人	森 川 正 晴
カバーデザイン	塚 原 善 亮
印刷・製本	モリモト印刷株式会社

©2024 OGANO Shoichi, HIRANUMA Naoto Printed in Japan
ISBN978 - 4 - 89293 - 482 - 7

本書の内容を無断で転記、転載することを禁じます。
乱丁・落丁本はお取り替えいたします。

典型判例シリーズ　実務理論事故法大系
小賀野晶一　平沼直人　編著

事故法を形成する膨大な数の判例の中から「典型判例」を精選し、法曹関係者や企業の実務担当者の活動にとって基本となる「実務理論」を提示する。

Ⅰ　交通事故　　　　2021年刊　定価（本体4,500円＋税）

交通事故に関わる14件の典型判例を取り上げる。「責任のあり方」「因果関係および損害」「紛争の処理・解決」の大項目に分類し、主要なテーマのもとに裁判で形成されてきた損害賠償責任論、損害論、紛争処理論などの「実務理論」を考察する。関連判例も多数紹介しながら実務の現状と展望にも触れる。

Ⅱ　労働事故　　　　2022年刊　定価（本体4,200円＋税）

労働事故に関わる16件の典型判例を取り上げる。「労災保険」「民事上の損害賠償責任」「損害額の調整」の大項目に分類し、労働災害に関わる事故、様々な労働事故と不法行為責任や賠償問題はもとより、外国人労働者やパワハラ、セクシュアルマイノリティなども本書に収め「実務理論」を解説する。

Ⅲ　建築事故　　　　2023年刊　定価（本体4,200円＋税）

建築事故に関わる19件の典型判例を取り上げる。「責任のあり方」「建築事故と不法行為責任」「損害論」「行政との関係」の大項目に分類し、施工者や設計・監理者の債務不履行責任、不法行為の責任や損害の典型判例のほか建築確認に関わる国賠事案も収録。